高等学校食品专业系列教材

食品酶学

主　　编　郑宝东
副 主 编　张海晖　赵玉巧　陈小娥
编写人员　（按姓氏笔画为序）
　　　　　孙汉巨　张　怡　赵秋艳
　　　　　徐洁杰　曾绍校

东南大学出版社

内 容 提 要

本书按照全国高等院校食品科学与工程、食品质量与安全本科专业的教学要求编写。全书共10章，主要讲述酶学的基本原理以及酶在食品相关领域中的应用。编写过程中编者查阅了国内外大量文献资料，以承袭酶学的经典理论为原则，适当融入国内外食品酶学方面的最新研究成果，并根据多年来的教学实践经验组织内容，以使本书更具适用性、新颖性和针对性。希望读者通过本教材和课程的学习，能对酶学的一些基本概念、食品专业相关酶类的特性及应用有所了解，以便对食品相关领域的工作有所帮助。另外，本书专门编写了"酶的分析与检测"一章，意在提高实践教学的力度。本书也可供食品行业技术人员和研究生参考。

图书在版编目(CIP)数据

食品酶学/郑宝东主编. —南京：东南大学出版社，2006.10(2021.1重印)
(高等学校食品专业系列教材)
ISBN 978-7-5641-0512-9

Ⅰ.食… Ⅱ.郑… Ⅲ.酶学—应用—食品工业—高等学校—教材 Ⅳ.TS201.2

中国版本图书馆CIP数据核字(2006)第089600号

食 品 酶 学

出版发行	东南大学出版社
出 版 人	江建中
责任编辑	顾金亮
地　　址	南京市四牌楼2号(210096)
电　　话	025-83795801(发行科)/025-83362442(传真)
经　　销	江苏省新华书店
印　　刷	兴化印刷有限责任公司
开　　本	787mm×1092mm 1/16
字　　数	499千字 20印张
版　　次	2021年1月第1版第9次印刷
书　　号	ISBN 978-7-5641-0512-9
印　　数	14001—15500册
定　　价	29.80元

＊若有印装质量问题，请直接向读者服务部调换，电话：025-83792328。

高等学校食品专业系列教材

编写委员会

（以姓氏笔画为序）

总 序

受编辑之托，为我等所著的高等学校食品专业系列教材作序，真是诚惶诚恐，迟迟难以下笔。苏轼《与孙子思》云："……余空纸两幅，留与五百年后跋尾也！"此一戏语道出了作序之尴尬。回想起当时来自各地高校食品院系的学者们共同讨论系列教材时认真而热烈的场景，我就勉为其难，介绍一下我们编写这套系列教材的来龙去脉和想法。

2005年11月18—20日，经东南大学出版社和江南大学食品学院的联合组织，在江苏无锡召开了"普通高等教育'十一五'国家级教材规划·食品专业系列教材"编写和申报研讨会，来自江南大学、南昌大学、南京农业大学、合肥工业大学、江苏大学、内蒙古农业大学、福建农林大学、河南工业大学、郑州轻工业学院、河南农业大学、河南科技大学、浙江工商大学、扬州大学、华南农业大学、南京工业大学、南京财经大学、南京师范大学、淮阴工学院、淮海工学院等19所大学食品院系的30余名学者参加了会议。在两天的会议中，学者们探讨了近几年来食品专业教育的得失，研讨了新形势下为进一步推进食品学科创新型人才培养的系列教材的编写要求、体例和分工，明确了31部教材的编写任务。时间过去不到一年，硕果满园的金秋季节在望，这31部教材中已有5部列入普通高等教育"十一五"国家级教材规划，第一部教材《食品添加剂》将正式付梓，其他多部教材也将孕育而生，在近期内陆续出版，真是欣慰之极。

古人曰：教人以道者，师也。作为教师，不仅要教会学生如何掌握知识，更重要的是要教会学生如何运用知识和创造知识。这套系列教材的编者们，少则有十多年、多则有二十年左右从事相应课程教学和本专业领域科研的经历。我们一致的想法是希望把多年实践中的感悟和积累融入到这套教材中，使本系列教材的阅读者在理解和掌握知识的同时，也能对知识的运用和创造有所领悟。

食品工业的GDP在我国国民经济中已连续几年居首位，现已接近2万亿元，食品科技进步与产业发展在国民经济发展中越来越发挥举足轻重的作用。目前全国约有200所高校办有食品专业，每年招收学生2万多人，食品专业的教育教学在一定程度上关系到我国食品工业的健康和可持续发展，编写一套反映当今科技发展现状，符合创新创业型人才培养要求的食品专业系列教材，是我们所有编者的愿望，也是我们义不容辞的责任和义务。

愿我们的国家明天更美好，愿我们的食品工业发展更健康，愿我们在着力创建的和谐社会中享用的食品更安全。让我们所有编写和阅读本系列教材的同仁们共同为此尽绵薄之力！

张　灏

2006年8月3日晚于无锡

前　　言

酶学自20世纪50年代以来发展迅速,已成为食品科学的重要研究方法,以及提升食品工业技术水平的重要手段。

为适应全国高等院校食品科学与工程、食品质量与安全本科专业需求,本书根据近年来国内外食品酶学研究与成果,以承袭经典理论和创新为原则,精心组织编写。此外,本书还专门编写了“酶的分析与检测”,重在提高实践教学的力度。本书也可作为研究生课程的参考用书。

全书共分10章,第1章由郑宝东、张怡、曾绍校编写;第2章、第3章由赵玉巧编写;第4章由徐洁杰编写;第5章由赵秋艳编写;第6章由陈小娥编写;第7章中7.1～7.6由陈小娥编写,7.7～7.9由郑宝东、张怡编写;第8章中8.1～8.3、8.7～8.9由张海晖编写,8.4～8.6由张怡、曾绍校编写;第9章由张海晖、郑宝东编写;第10章由孙汉巨编写。全书由郑宝东统编。

由于编者水平所限,书中难免有错误和不妥之处,敬请读者批评指正。

编　者

2006年5月

目 录

1 绪 论

1.1 酶学研究简史

酶的研究是一门重要课题，因为它处于生物学和物理学的衔接点。一方面，酶在生物学中具有非常重要的意义，生物体内的各种生化反应，几乎都是在酶的催化作用下进行的，酶是生命活动必不可缺的条件之一；另一方面，由于酶的催化作用具有高度专一性，催化效率高且反应条件温和，因此酶作为一种催化剂正日益受到科学家的重视。

酶学已成为一门内容广泛、发展迅速的科学。它的分支遍及很多领域，并与许多学科紧密联系，特别同生物化学、物理化学、微生物学、遗传学、植物学、农学、药理学、毒理学、生理学、医学以及生物工程的关系更为密切。由于酶独特的催化功能，近年来已在食品、轻工、化工、医药、环保、能源和科学研究等各个领域得到广泛应用。

1.1.1 酶的发现及早期研究

人们对于酶的认识和酶学的发展，如同其他学科一样都起源于人类的生产实践。在生产劳动过程中，人们逐渐意识到酶的作用，于是酶的理论研究也就随着酶在生产中的应用而发展起来。

早在几千年前，人类就已经开始利用微生物酶生产食品和饮料。我国人民自古以来就积累了许多有关酶学的经验，4000 多年前，人们就已经在酿酒、制饴、制酱等过程中不自觉地利用了酶的催化作用。在我国古书《书经》中有“若作酒醴，尔维麴蘖”的记载，其意为：若要酿酒，就必须使用麴和蘖。麴是指长了微生物的谷物，蘖是指发了芽的谷物，它们都含有丰富的酶。在《周礼 天官篇》中，则有“膳夫掌王馈食酱有百二十瓮”的语句。这些都说明了酶的应用首先是从食品生产开始的。另外，西方各国在 17 世纪也有了关于酶的记载。

然而，人们真正认识酶的存在和作用，是从 19 世纪开始的。1833 年 Payen 和 Persoz 从麦芽汁提取物中首次发现了淀粉酶，他们将这种由酒精沉淀后得到的可使淀粉水解成可溶性糖的物质命名为淀粉糖化酵素，并指出了它的热不稳定性，初步触及了酶的一些本质问题。到 19 世纪中期，科学家们已陆续发现了胃蛋白酶、多酚氧化酶、过氧化物酶和转化酶等。1855 年，Schoenbein 在植物体内发现了过氧化物酶，由此解决了愈创树脂变色的难题。随后在 1856 年，Schoenbein 又在蘑菇中发现了另外一种酶——多酚氧化酶，能够在氧存在的条件下催化反应生成有色氧化物。另外，在这个时期，许多科学家发现酶的催化作用与酵母在发酵期间的作用相似，因而微生物学家巴斯德（Pasteur）和化学家李比希（Liebig）提出了两种不同观点：巴斯德认为发酵和活细胞有关，酒精发酵是酵母细胞生活的结果；李比希认为发酵及其他类似过程，是由于化学物质的作用，纯粹是化学过程。由此展开了关于发酵本质的长期论战。1897 年，毕希纳两兄弟（Eduard Buchner 和 Hans Buchner）成功地从酵母细胞分离出具有发酵作用的物质，能使糖发酵。这说明巴斯德和李比希的两种观点实质上是一致的。生物化学就是在解决发酵本质的著名论战中产生的。

而“酶”（Enzyme）的概念，是由德国科学家 Kuhne 于 1878 年首先提出用以表示未统一名称的已知的各种酵素。这个词（enzyme）本身的意思是“在酵母中”，起源于希腊语，其中 en 表示“在之内”，zyme 表示“酵母或酵素”。

1.1.2 酶催化的专一性

1894 年，德国化学家 Emil Fischer 对一些碳水化合物代谢的酶进行了经典研究，发现了酶对作用底物（酶对其作用的物质称为底物）的专一性现象。在大量实验研究的基础上，Fischer于 1894 年提出了“锁和钥匙”模型，成功解释了酶的催化反应机制。Fischer 的理论对后人研究酶与底物络合物本质的研究起到深远的影响。其中一个重要理论为，每种酶都只在特定的底物上发生作用。随后在 1930～1940 年间，Bergmann 等在 Fischer 酶催化专一性理论的基础上，合成多肽以研究蛋白酶的作用机理。他们指出一种蛋白酶仅能水解肽链中某些特定氨基酸残基之间的键。随后 Bergmann 等进一步将蛋白酶分成从肽链中部水解肽键的肽链内切酶，和从肽链末端水解肽键的肽链端解酶。酶催化专一性理论研究的另一重要成就是 1959 年 Koshland 提出的“诱导契合”理论，解释了酶的催化理论和专一性，同时也搞清了某些酶的催化活性与生理条件变化有关。

1.1.3 酶学的理论研究

20 世纪初期，定量描述酶作用的方法得到了很大发展。1902 年 Henri 和 Brown 各自独立地提出了以下观点：在固定酶浓度的条件下，逐步增加底物浓度而得到的反应速度—底物浓度的饱和类型曲线是由于形成酶—底物中间络合物的结果。1913 年，Michaelis 和 Menten 提出中间产物学说，推导出酶促反应动力学方程，即著名的米氏方程，定量地描述酶的上述性质：

$$V = \frac{V_{max}[S]}{K_m + [S]}$$

式中：V——反应速度；

K_m——米氏常数；

[S]——底物浓度。

1916 年美国人 Nelson 和 Griffin 将转化酶吸附在骨碳上，发现酶仍显示出催化活性，由此提出了酶与底物结合后在水中呈不溶状态时仍具有催化活性的结论。

从 20 世纪 30 年代起，酶学研究开始以前所未有的速度发展。Hill 和 Meyerhof 等人提出糖酶解途径，Krebs 等人发现三羧酸循环及脂肪氧化降解途径，并指出这些复杂的新陈代谢途径是由一系列酶催化而实现的。

20 世纪 50 年代起，酶学理论方面的研究十分活跃，在蛋白质（或酶）的生物合成理论方面获得了许多突破性进展。1955 年，Sanger 等报道了胰岛素中氨基酸排列的次序以及荷尔蒙的分子量为 6 000，这是在测定蛋白质一级结构上的第一次突破。1957 年 Kornberg 等人发现 DNA 聚合酶并进行 DNA 复制的系列研究。1959 年 Weiss 和 Gladstone 分离得到 4 种核苷酸及一个 DNA 引物。1960 年科学家们首次确定了核糖核酸酶的分子量为13 683。1961 年 Jacob 和 Monod 提出控制蛋白质或酶合成的操纵子假说，到 1963 年 Monod 等又提出了“变构模型”用以定量解释有些酶的活性可以通过结合小分子（效应物）进行调节，阐明了酶生物合成的调节机制，从而奠定了认识细胞中多酶调控作用的基础，使酶的生物合成可以在人们的控制下进行调节。

20 世纪 50 年代开始，由于分子生物学和生物化学的发展，对生物细胞核中存在的脱氧核糖核酸（DNA）的结构与功能有了比较清晰的阐述。70 年代初实现了 DNA 重组技术或称克隆技术，极大地推动着食品科学与工程的发展，也促使酶学研究进入新的发展阶段。另外，近 20 年来的研究发现，除蛋白质以外，核糖核酸（RNA）也有催化活性。例如，1982 年 Cech 等人在四膜虫的 RNA 分子中发现一个具有自身切接功能的片段，称之为“内含子”，它可以从前体 RNA 中特异地把与它本身相同的片段（413 个核苷酸）切下来，然后把剩余的 RNA 部分重新接起来。切下的片段环化成为具有催化活性的 RNA，称之为核酸类酶或催化活性 RNA。1983 年 Altman 和 Pace 等人的研究表明，核糖核酸酶 P（由 RNA 和蛋白质组成）中的 RNA 组分，能单独催化前体 tRNA 从 5′-末端切除某些核苷酸片段，生成tRNA，显示出该 RNA 组分具有核糖核酸酶的催化活性。这个结果使酶的传统概念受到了挑战，提出酶并不一定是蛋白质的问题。我们究竟是否把 RNA 看作酶，或是酶是蛋白质的概念应该改变，随着科学研究的发展，相信在不久的将来会得到解决。

1.1.4 酶的纯化和固定化

酶的纯化在 1920 年后取得了重大的突破。1926 年美国人 Sumner 首先从刀豆中获得了不负载任何其他催化剂的脲酶蛋白质结晶，推翻了 Willstatter 在早先提出的酶是一类吸附在蛋白质载体上的催化剂的假说，从此确立了酶的化学本质是蛋白质的观点，为酶的理化特性研究奠定了基础。

20 世纪 30 年代掀起了酶结晶研究的热潮。最有代表性的成果是 1930 年至 1936 年间 Northrop 等人制取了胃蛋白酶、胰蛋白酶、胰凝乳蛋白酶和羧肽酶 A 的结晶。至此人们已经获取了上百种酶的结晶，另外还有超过 600 种酶被提取纯化。

20 世纪 40 年代，酶的纯化研究获得许多突出成就。在 Peterson 和 Sorber 发展的离子交换-纤维素技术与 Ornsteinhe 和 Davis 发展的聚丙烯酰胺凝胶技术被应用于酶的分离和鉴定后，人们对同工酶有了清楚的认识，结晶还不能作为衡量酶纯度的充分依据。

从 20 世纪 50 年代开始，酶及产酶细胞的固定化技术从酶学理论到生产实践得到了迅速发展。1953 年，德国科学家 Grubhofer 和 Schleith 首先将聚氨基苯乙烯树脂重氮化，将淀粉酶、胃蛋白酶、羧肽酶和核糖核酸酶结合，制成固定化酶，有效地进行了酶的固定化研究。1971 年，出现了固定化菌体技术，70 年代后期人们开始运用固定化细胞技术生产胞外酶。到了 80 年代中期，固定化原生质体技术则被用于生产胞内酶，以去除细胞壁扩散的障碍。酶固定化技术的发展也带来了食品、发酵工业一场大变革。美国在 20 世纪 70 年代初开始采用这一新技术，使玉米淀粉经酶法液化、糖化、异构化和固定化后，成功地工业化生产第一代、第二代和第三代高果糖浆，代替蔗糖作为可口可乐和百事可乐等饮料食品的甜味剂，提高了饮料质量，是一项非常成功的技术创新。

目前为止,已发现自然界存在的酶有 3 000 多种,但真正形成工业规模生产的只有几十种。因此,当今食品酶学的研究开发具有广阔的发展前景。

1.1.5 酶工程的发展

酶工程起源于酶的生产与应用技术的发展。

1894 年,日本人高峰让吉首先从米曲霉中制得高峰淀粉酶以用作消化剂,由此开创了有目的地进行酶生产和应用的先例;1909 年 Rohm 制取胰酶用于皮革软化,并用于洗涤剂;1917 年法国学者 Boidin 制得了细菌淀粉酶,用于纺织退浆;1911 年美国的 Wallestein 制得木瓜蛋白酶,用于啤酒澄清。此后,酶的生产和应用逐步发展。

1949 年,用液体深层培养法进行细菌 α-淀粉酶的发酵生产,揭开了近代酶工业的序幕。20 世纪 50 年代后,随着生化工程的发展,大多数酶制剂的生产已转向微生物液体深层发酵的方法。由于微生物种类繁多,生长繁殖迅速,可在任何季节和地理环境下进行生产,使酶的生产得以大规模发展。Jacob 和 Monod 的操纵子学说阐明了酶生物合成的调节机制,人们可以通过酶的诱导和解除阻遏,显著地提高酶产量。

随着酶生产的发展,酶的应用越来越广泛。在生产应用过程中,人们逐渐发现酶的稳定性较差、不能重复使用等不足之处。于是,为了更好地发挥酶的催化功能,人们开始尝试对酶进行分子修饰,即通过各种方法,使酶分子结构发生某些改变,从而使酶的某些特性和功能发生改变,以满足人们对酶应用的要求。其方法之一就是固定化酶的研究。

自 1969 年日本的千畑一郎首次在工业上应用固定化氨基酰化酶从 DL-氨基酸生产 L-氨基酸后,学者们开始用“酶工程”这个新名词来代表有效地利用酶的科学技术领域。而近 20 多年来,在酶和细胞固定化技术发展的同时,其他酶分子修饰技术也在不断发展进步。此外,酶的化学合成、人工模拟以及各种酶的应用技术研究,使酶工程不断向广度和深度发展,显示出广阔而诱人的前景。

1.2 酶的一般特征

酶既然是生物催化剂,它就具有催化剂一般的特征。酶和一般催化剂一样,只能催化热力学上允许进行的反应,因为在反应中其本身不被消耗,因此有极少量就可大大加速化学反应的进行。它对化学反应正逆两个方向的催化作用是相同的,所以它可以缩短平衡到达的时间,而不改变反应的平衡点。

但酶和一般催化剂比较,又有其不同之处。

1.2.1 酶的催化效率高

酶的一个突出的特点是催化效率极高。同一反应,酶催化反应的速度比一般催化剂催化的反应速度要大 $10^6 \sim 10^{13}$ 倍。有极少量酶就可催化大量反应物发生转变。例如,铁离子和过氧化氢酶都可以催化双氧水(H_2O_2)分解成为水和氧气。在一定条件下,1 mol 铁离子可催化 10^5 mol 双氧水分解。在相同条件下,1 mol 过氧化氢酶却可催化 10^5 mol 的双氧水分解。过氧化氢酶的催化效率达到铁离子的 10^{10} 倍。又如,碳酸酐酶可催化以下反应:

$$CO_2 + H_2O = H_2CO_3$$

碳酸酐酶是已知的催化反应较快的酶之一，每一个酶分子每秒钟能催化 6×10^5 个 CO_2 分子与水结合成为 H_2CO_3，其反应速度比非酶催化反应的速度要快 10^7 倍。

1.2.2 酶作用的专一性

酶的另外一个特点是它具有高度的专一性。酶对其所作用的物质有着严格的选择性。一种酶仅能作用于一种物质，或一类分子结构相似的物质，促其进行一定的化学反应，产生一定的反应产物，这种选择性作用称为酶的专一性。酶的专一性是酶的特性之一。例如，蛋白酶只能催化蛋白质的水解，酯酶只催化酯类的水解，而淀粉酶只能催化淀粉的水解。若用一般催化剂，对作用物的要求就不那么严格，以上三类物质都可以在酸或碱的催化下水解。

酶的种类繁多，各种酶所表现的专一性在程度上有很大的差别。酶的专一性可根据专一程度的不同分成以下 4 种类型。

1）键专一性

这种酶只对底物分子中其所作用的键要求严格，而不管键两端所连基团的性质。例如，酯酶可以水解任何酸与醇所形成的酯，它不受酯键两端基团 R 和 R′的限制。

$$\mathrm{R{-}\overset{\displaystyle O}{\overset{\|}{C}}{-}O{-}R'} + H_2O \rightleftharpoons \mathrm{R{-}\overset{\displaystyle O}{\overset{\|}{C}}{-}O^-} + R'OH + H^+$$

又如二肽酶可以水解二肽的肽键，而不管这个二肽是由哪两种氨基酸组成的。

2）基团专一性

有些酶对底物的要求较高，它们不但要求底物具有一定的化学键，而且对键的某一端所连的基团也有一定的要求。例如，α-葡萄糖苷酶能催化任何 α-葡萄糖苷的水解：

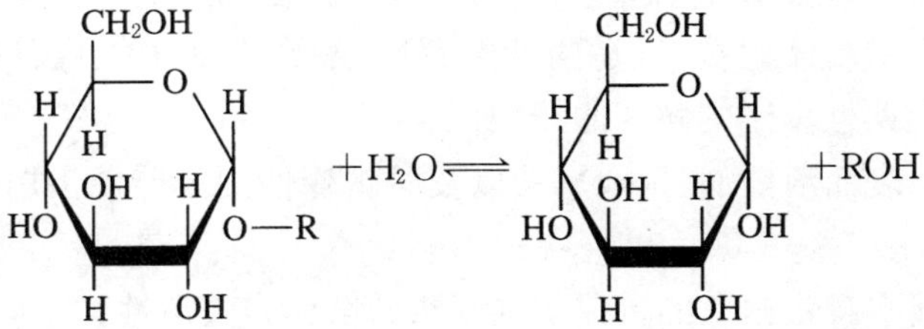

此酶要求底物必须是 D-葡萄糖通过 α-糖苷键所形成的糖苷，但并不要求 R 基团的性质。胰蛋白酶能够催化水解碱性氨基酸，如精氨酸或赖氨酸的羧基所形成的肽键，而对此肽键氨基端的氨基酸残基没有什么要求。

3）绝对专一性

这类酶具有高度的专一性。它们对底物的要求很严格，甚至有时只能催化一种底物，进行一种化学反应。例如，脲酶只能作用于尿素，催化其水解产生氨及二氧化碳。而对尿素的各种衍生物，一般均不起作用。

$$\mathrm{H_2N{-}\overset{\displaystyle O}{\overset{\|}{C}}{-}NH_2} + H_2O \xrightarrow{\text{脲酶}} 2NH_3 + CO_2$$

此外，过氧化氢酶只能催化过氧化氢的分解，琥珀酸脱氢酶只能催化琥珀酸脱氢生成延胡索酸，凝血酶只能水解蛋白质分子中精氨酸残基的羧基与甘氨酸残基的氨基所形成的肽键,因而这些酶对于其所作用的底物都具有高度的专一性。

4) 立体异构专一性

几乎所有的酶对于立体异构体都具有高度的专一性,即酶只能催化一种立体异构体发生某种化学反应,而对另一种立体异构体则无作用。例如,乳酸脱氢酶能催化 L-乳酸脱氢变为丙酮酸,对 D-乳酸则无作用。

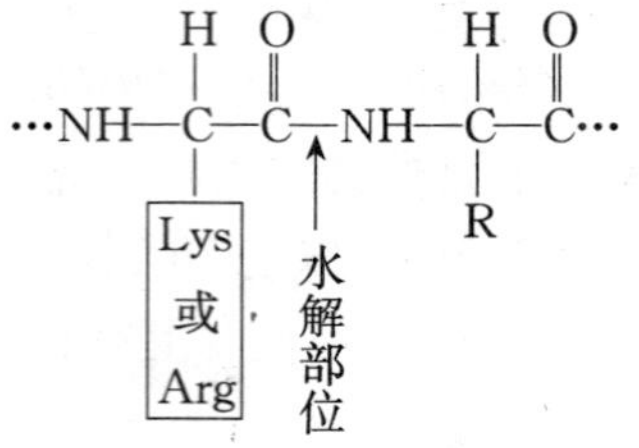

D-氨基酸氧化酶能作用于各种 D-氨基酸,催化其氧化脱氢,但对 L-氨基酸则毫无作用。

1.2.3 大多数酶的化学本质是蛋白质

酶是由生物活细胞产生的有催化能力的蛋白质,只要不是处于变性状态,无论是在细胞内还是细胞外都可发挥催化作用。关于酶是否是蛋白质的问题,在 20 世纪初曾有过争论。在 20 世纪 80 年代之前,人们根据纯酶结晶状态、酶的化学结构和立体结构以及人工合成酶的成功实践,一致认为酶的化学本质是蛋白质。直到 1982 年在生物体内发现了一种具有催化功能的核酸分子即核酸酶,人们对酶的本质又有了新的认识。实际上,在生物体内,除少数几种酶为核酸分子以外,大多数的酶类都是蛋白质。目前在食品工业应用的酶也都是蛋白质。

(1) 酶是高分子的胶体物质,且是两性电解质,酶在电场中能像其他蛋白质一样泳动,酶的活性 pH 曲线和两性离子的解离曲线相似。

(2) 紫外线、热、表面活性剂、重金属盐以及酸碱变性剂等能使蛋白质变性的因素,往往也能使酶失效。

(3) 酶本身能被水解蛋白质的蛋白质水解酶分解而丧失活性。

(4) 对现在所能提供的高度纯化和结晶的酶进行组分分析表明,酶或者是单纯的蛋白质,或者是蛋白质与小分子组成的络合物。

(5) 人们已于 1969 年第一次从氨基酸人工合成了具有催化活性的酶。

酶在生活细胞中产生,但有些酶被分泌到细胞外发挥作用。如人和动物消化管中以及某些细菌所分泌的水解淀粉、脂肪和蛋白质的酶,这类酶称胞外酶。其他大部分酶在细胞内起催化作用,称为胞内酶。这些酶在细胞内常与颗粒体结合,并有着一定的分布。如线粒体上分布着三羧酸循环酶系和氧化磷酸化酶系,而蛋白质生物合成的酶系则分布在内质网的核糖体上。

酶存在于所有的细胞和组织中,并不断地进行自我更新。组成代谢的生化反应绝大多数是在酶的催化下进行的。由于酶具有如此特殊的催化功能,而其催化活性又极易受环境条件的影响发生变化,因而生物体能够通过多方面因素对酶进行调节和控制,使极其复杂的代谢活动不断地有条不紊地进行。因此,酶在生命活动中占有极为突出的地位。

1.3 酶的分类和命名

1.3.1 酶的命名及其面临的问题

1833 年 Payen 和 Persoz 发现，麦芽提取液的酒精沉淀物中包含一种热敏性物质，可将淀粉水解变为糖，由于它能从不可溶的淀粉颗粒中分离出可溶性的糊精，他们将此物质命名为“diastase”，意思是“分离”（中文现译为“淀粉酶”），这样随意的方式成为酶命名的开端，后来命名一种酶时常加词尾“ase”。

在随后的很长一段时间里，出现了各种各样的命名方式。有根据纯化后酶的颜色来命名的，如老黄酶（old yellow enzyme）；有根据酶的来源命名的，如无花果蛋白酶（ficin），胃蛋白酶（pepsin）；有根据酶作用的底物来命名的，如果胶酶（pectase）。

随着大量的新酶被发现，酶的命名开始混乱，文献中经常出现一酶数名或一名数酶的现象。在酶的系统命名发展早期，曾经尝试以酶作用的底物来命名，但这种方式只适宜底物较少的酶，对于可催化底物种类较多的酶则易出现混乱，如植物中催化酚类物质氧化的酶就曾经有甲酚酶（cresolase）、儿茶酚酶（catecholase）、多酚氧化酶（polyphenol oxidase）、酪氨酸酶（tyrosinase）等不同的名称。而且这种命名方式不能体现酶所催化反应的特性，例如胃蛋白酶、胰蛋白酶、胰凝乳蛋白酶、羧肽酶 A 等都是蛋白酶，底物都是蛋白质，但其作用的方式区别很大。

另外，从不同生物品种中分离得到的同一类酶，可能有不同的氨基酸排列次序以及不同的催化机制，甚至在同一生物品种或组织中也存在着能催化相同反应但分子结构不同的酶。这些都是酶的命名法所必须考虑的问题。

1.3.2 国际酶学委员会推荐的分类和命名规则

1955 年，为避免酶的命名混乱，当时的国际生物化学协会（现发展为国际生物化学和分子生物学联合会，IUBMB）决定成立国际酶学委员会（Enzyme Commission）以规范酶的命名。1961 年酶学委员会提交的报告中收录 712 种酶，1964 年《酶的命名》收录 875 种酶，其后 1972 年、1978 年、1984 年、1992 年分别收录了 1 770、2 122、2 477、3 196 种酶，至今每年仍不断的增补。

酶学委员会提出以酶所催化的化学反应性质作为酶的分类和命名规则的主要依据，每一种酶都给以 3 个名称：系统名、惯用名和一个数字编号。

系统名要求能确切地表明底物的化学本质及酶的催化性质，它包括底物名称及反应类型两部分。若酶催化的反应中有两种底物起反应，则这两种底物均需表明，当中用“:”隔开，例如多酚氧化酶其系统名称为：1，2-苯二酚：氧-氧化还原酶。

惯用名不需要非常精确，要求比较简短，使用方便，一般根据酶所作用的底物名称、催化的反应性质、酶的来源或其他特点来进行命名。许多酶的惯用名是沿用系统命名之前就使用的名称。

酶的数字编号系统根据酶所催化反应的类型将酶分为六大类，并以 4 个阿拉伯数字来对每一种酶进行编号。例如乙醇脱氢酶，编号为 EC 1.1.1.1。EC 是指酶学委员会（Enzyme

Commission)，第 1 个数字代表酶的六个大分类，以 1，2，3，4，5，6 来分别代表如下六大酶类：

(1) 氧化还原酶(Oxidoreductases)催化氧化还原反应；

(2) 转移酶(Transferases)催化分子间基团转移的反应；

(3) 水解酶(Hydrolases)催化水解反应；

(4) 裂合酶(Lyases)催化非水解地除去底物分子中的基团及其逆反应；

(5) 异构酶(Isomerases)催化分子的异构反应；

(6) 连接酶(Ligases)(也称为合成酶)催化两分子连接的反应，反应中酶与 ATP 的一个焦磷酸键相偶联。

编号的第 2 个数字为大类中的亚类，如在氧化还原酶类中表示氢的供体，转移酶中表示转移的基团等。每一个亚类再分为几个次亚类，用第 3 个数字来表示，如在氧化还原酶类中第 3 个数字表示氢原子受体的种类，第 4 个数字则是对相同作用的酶进行流水编号。这样就把已知的酶分门别类地排成一个表，称为酶表。每一种酶在这个表中的位置可以用一个统一的编号来表示。

在这种分类方法中，一切新发现的酶都能按照这个系统得到适当的编号，而不破坏原来的已有系统，为不断发现的新酶的编号留下无限的余地。但这个命名系统过于复杂，用数字编号表示不能直观地反应酶的特点，使用起来颇为不便，而且这个规则没有考虑酶的来源以及催化相同反应的酶可能具有的不同氨基酸序列和不同的催化机理，因此必须在文献中标明酶的来源。

1.3.3 同工酶的命名

同工酶是指在生物体内或组织中催化相同反应而具有不同分子形式(包括不同的氨基酸序列、空间结构等)的酶，这种分子形式差异是由于酶蛋白的编码基因不同，或者虽然基因相同，但基因转录产物 mRNA 或者其翻译产物是经过不同的加工过程产生的。国际生化协会同工酶分委员会建议同工酶的名称根据它们在电泳中分离的位置确定，从电泳中向着阳极移动最远的酶开始依次编号。

1.3.4 酶名称的使用建议

系统名一般都比较长，使用起来不方便，在许多场合下仍采用惯用名。但在科技文献中，当一种酶作为主要研究对象时，应在文中第一次出现时标明其系统名、数字编号以及酶的来源，例如乙醇脱氢酶在文中第一次出现时应标明“乙醇：NAD＋氧化还原酶(EC 1.1.1.1)，来源于酵母”，其后则可以使用惯用名“乙醇脱氢酶”。如果酶不是文献中的主要研究对象(例如只是作为试剂使用)，则只需在第一次出现时在惯用名后的括号中标明酶的数字编号如“乙醇脱氢酶(EC 1.1.1.1)”。

1.4 酶学对食品科学的重要性

酶的应用已有几千年的历史，尽管那时人们并没有任何有关催化剂和化学反应本质方面的知识，但在食品的制作加工过程中，人们已经开始不自觉地利用微生物细胞产生的各种酶的催化作用。比如在酿造中利用发芽的大麦转化淀粉，用破碎的木瓜树叶包裹肉以使肉嫩化，都是古代食品制备中应用酶的例子。这些利用酶进行食品生产的古老技术也已代代相传至今。

酶学和食品科学的关系是十分密切的。早在科学家们最初开始研究消化、发酵和水解反应中的酶时就都涉及了食品。很长时间以来，食品科学家们对酶在食品中的各种作用，尤其是导致食品变质败坏的酶作用进行了细致研究。近几十年来，随着酶研究的不断深入和酶生产的快速发展，酶在食品科学中的重要性日益凸现。

1.4.1 酶对食品加工和保藏的重要性

动植物和微生物在生长发育的过程中，伴随着许多重要的酶催化反应的发生及其所起的作用。在生物体发育成熟期间，体内酶的种类和数量始终持续不断地发生变化。而酶在不同细胞、组织和细胞中的作用活性也有所不同。一般认为酶对食品原料的生长发育起到了促进作用。但如果酶活性失去应有的平衡，则会对原料生长起到相反的作用。

植物采摘或动物屠宰后，体内的酶催化作用仍然在继续进行，直至酶系的底物耗尽或pH不再适合反应进行时才终止。水解酶，例如蛋白酶、酯酶、磷酸化酶和糖苷酶等，在动植物死亡后较长时间内还作用于体内细胞。这是由于动植物死亡后体内合成代谢停止而分解代谢加速，细胞组织遭受破坏，蛋白质变性，使这些酶活性增强而引起的。

利用酶的这一性质，人们即可以通过控制食品原料中的酶活力有效改善食品原料的风味和质地结构。控制酶活力的方法主要是热处理法和冷冻法。在不损害食品原料品质的前提下，适当地对其进行热处理，能够在一定程度上降低原料中微生物产生的酶的活力。进行热处理加工时可将过氧化物酶残留量作为指标，以确定果蔬产品最适宜热处理条件。通过冷冻法使食品处于低温环境下，也能够降低酶活力延长食品保藏期。但在冷冻前必须预先将原料热处理，否则解冻后酶活力将会显著回升。

另外，酶作为一种反应的催化剂，在食品加工及保藏的应用中，有着其他物理或化学手段无法比拟的优越性。首先，它不会有任何有害残留物质；其次，由于酶催化反应有着高度的专一性和高效性，酶制剂用量小，经济合算；第三，酶催化反应条件温和，食品营养成分损失少，易于操作且能耗较低。因此，酶制剂在食品工业中的应用开始得很早，且成效显著，研究也相当活跃。

例如，葡萄糖氧化酶作为除氧剂普遍应用于食品保鲜及包装中，延长食品保质期。除氧是食品保藏中的必要手段，葡萄糖氧化酶是一种对氧非常专一理想的除氧剂，能够有效防止食品变质，而对于已经发生的氧化变质作用，它也可以阻止其进一步发展。另外，葡萄糖氧化酶又具有酶的催化专一性，在除氧的同时不会与食品中其他物质发生作用。

溶菌酶能够水解细菌细胞壁肽聚糖的β-1,4糖苷键，导致细菌自溶死亡，而且溶菌酶在食盐、蔗糖等溶液中稳定，耐酸耐热性强，因此非常适宜用于各种食品的防腐。它对多种细菌有抗菌作用，还能杀死肠道腐败球菌，增加抗感染力，同时还能促进婴儿肠道双歧乳酸杆菌增殖，促进乳酪蛋白凝乳，利于消化。溶菌酶对人体完全无毒副作用，是天然安全的食品防腐剂。

1.4.2 酶对食品安全的重要性

食品是人类赖以生存和发展的物质基础，而食品安全问题则是关系到人民健康和国计民生的重大问题。

近几年来，酶制剂工业迅速地发展。特别是随着生物科技的日新月异，人们已经能够通过基因工程手段改造部分微生物基因，从而改变酶蛋白的基本结构，达到强化酶在某方面功能特性的目的。然而，这种做法也给食品酶的应用带来很大的安全隐患。

所有新鲜食品当中都富含各种酶类，相当数量的酶会随人们食用食品而摄入人体内。在摄入的酶中，不仅有动物和植物来源的，而且还有微生物来源的。作为微生物来源的食品酶制剂，通常除了包括酶蛋白本身以外，还含有微生物的代谢产物，以及添加的保存剂和稳定剂。如果将加入食品中的酶作为食品添加剂，那么就应该考虑到卫生和安全方面的问题。

酶作用会使食品品质特性发生改变，甚至会产生毒素和其他不利于健康的有害物质。由于在生物材料中，酶和底物处在细胞的不同部位，故仅当生物材料破碎时，酶和底物的相互作用才有可能发生。此外，酶与底物作用也受到环境条件的影响。有时本身无毒的底物会在酶催化降解下转变成有害物质。例如，木薯含有生氰糖苷，虽然它本身并无毒，但是在内源糖苷酶的作用下产生氢氰酸；十字花科植物的种子以及皮和根含有葡萄糖芥苷，葡萄糖芥苷属于硫糖苷，在芥苷酶作用下会产生对人和动物体有害的甲状腺肿素。

虽然一些酶的作用会产生毒素和有害物质，但是我们也可以利用酶的作用去除食品中的毒素。例如，利用乳糖酶预先处理乳制品，可以有效缓解或消除人体因消化乳糖困难而引起的胃胀气、腹痛、呕吐或拉肚子等症状。另外，由于人体内缺乏 α－D－半乳糖苷酶和 β－D－果糖苷酶，不能水解豆类中的一些寡糖，这不但减少了人体对一些单糖的吸收，而且这些寡糖在肠道中发酵所产生的气体还会引起人体不适。利用植酸酶作用即可显著改善这种情况。另有研究发现，α－葡萄糖基转移酶用于甜叶菊加工，可以脱苦涩味，黄曲霉毒素 B_1 经黄曲霉毒素脱毒酶处理后毒性、致畸性将极大降低。所有这些都证明酶法解毒是一种安全、高效的解毒方法，对食品无污染，有高度的选择性，且不影响食品的营养物质。

1.4.3 酶对食品营养的重要性

酶作用有可能导致食品中营养组分的损失。虽然在食品加工中营养组分的损失是由于非酶作用所引起的，但是食品材料中一些酶的作用也是不能忽视的。例如，脂肪氧合酶催化胡萝卜素降解使面粉漂白；在其他食品，如一些蔬菜的加工过程中脂肪氧合酶也参与了胡萝卜素的破坏过程。另外，在食品加工过程中，酶也参与了维生素 B 的破坏过程。例如，在一些用发酵方法加工的鱼制品中，由于鱼和细菌中的硫胺素酶的作用，使这些食品缺少维生素 B。抗坏血酸是最不稳定的维生素，在食品加工和保藏中，维生素 C 常由于酶或非酶的因素而被氧化。

同样的，我们也可以利用酶作用去除食品中的抗营养素，提高食品的营养价值，使食品中的营养元素更利于人体的吸收利用。例如，由于植酸以钙、镁和钾盐的形式存在于豆类和谷类中，易于同膳食中的铁、锌和其他金属离子形成难溶的络合物，因而使人体吸收这些元素变得困难。此外，植酸还能同蛋白质形成稳定的复合物，从而降低豆类蛋白质的生理价值。植酸酶能催化植酸水解成磷酸和肌醇，如果在加热处理豆类食物之前，先将其粉碎并调成糊状，然后在 55℃和 pH 5.2 条件下利用豆中内源的植酸酶和 α－D－半乳糖苷酶分解，这样处理可以显著降低这些酶的含量。由于豆类和谷类中植酸酶的活力通常是较低的，因此，可以外加植酸酶或富含植酸酶的小麦芽，以促进植酸的分解。近几年植酸酶还用于酿造，以改善原料中磷的利用，以及用于去钾大豆蛋白食物的生产，成为肾脏病患者蛋白质的来源。

1.4.4 酶对食品分析的重要性

酶在食品分析中也有相当重要的应用。酶在定量分析中的应用可以追溯到 19 世纪中期。当时科学家们曾采用麦芽提取物作为过氧化物酶源，以愈创木酚作为共底物或指示剂测定过氧化氢。然而，酶法分析真正的发展应归于它在临床实验室中的广泛应用。早在 1914 年，临床上就开始采用脲酶测定尿中的尿素。但是在临床实验室中酶分析的真正突破要推迟到 1958 年，当时转氨酶分析发展成为诊断肝病和心脏病的一个有效手段。到了 20 世纪 50 年代前已有 60 种物质能借助于酶法分析。这以后，酶法分析的进展主要取决于能否以合理的价格提供纯酶、底物和辅助因子。

酶法分析具有准确、快速、专一性和灵敏性强等特点，其中最大的优点就是酶的催化专一性强。当待测样品中含有结构和性质与待测物十分相似(如同分异构体)的共存物时，要发现待测物特性或要分离纯化待测物往往十分困难。而利用仅作用于待测物的酶，不需要分离就能辨识待测组分，即可对待测物质进行定性和定量分析。所以，酶法分析的样品一般不需要进行很复杂的预处理，尤其适合食品这一复杂体系。此外，由于酶催化的高效性，酶法分析的分析速度大多比较快。目前，酶在食品分析中的应用涉及食品组分的酶法测定、食品质量的酶法评价及食品卫生与安全检测等多个方面。近年来，食品酶法分析由于其方便快捷和技术的不断发展进步，已逐渐成为食品分析检测中的一个重要分支和一种非常有效的分析手段。

1.4.5 酶与食品生物技术

食品生物技术是生物技术的重要分支学科，主要研究基因工程、细胞工程、酶工程、发酵工程在食品工业中的应用。酶工程的主要研究内容是把游离酶固定化，或者把经过培养发酵产生目的酶活力高峰时的整个微生物细胞再固定化，然后直接应用于食品生产过程中物质的转化。

酶不仅可作为一类重要的研究对象，同时也可作为重要的研究工具。例如，以内切酶和连接酶作为工具酶将外源 DNA 或目的基因连接到载体上，获得 DNA 重组体，以欲改造的动植物作为受体，使重组 DNA 进入受体细胞，实现外源 DNA 的转化，从而生产出具有特定优良性状的转基因食品。

思考与练习

1. 酶的一般特性有哪些？

2. 国际酶学委员会推荐的分类和命名规则的主要依据是什么？其优缺点表现在哪里？

2 酶的生产与分离纯化

2.1 酶的发酵技术

酶是一种生物催化剂，是生物活细胞所产生的具有催化功能的蛋白质。因此，酶来自生物体，可利用动物、植物、微生物为原料，经过提取、分离而制得酶。在酶制剂生产的早期，多数是从动植物原料中提取酶，至今有些酶制剂如蛋白酶、淀粉酶和溶菌酶等仍由动植物细胞提取制得。但是，以动植物来生产酶往往受到生长周期、地理、气候和季节等许多因素的限制，不能满足酶制剂在工业上广泛应用的需要。另外，也可用化学方法合成酶。1964 年，我国首次人工合成了胰岛素，并且发展了固相肽合成的自动化技术，近年来又在人工合成酶方面取得了一定发展。但化学合成法在技术上难度大，经济上也不合算，仍未达到广泛应用的程度。早在 1894 年日本人高峰让吉在美国创办 Takamine 工厂，首次用米曲霉固体发酵生产“他卡”淀粉酶作为消化剂。1917 年法国人 Boidin 与 Effront 以枯草杆菌生产淀粉酶，用于织物退浆。直到第二次世界大战以后，随着抗菌素生产的发展，1947 年日本开始采用液体深层发酵法生产 α-淀粉酶，从此酶制剂的生产逐步转向了以微生物发酵生产酶。

利用微生物产酶的优点是：

(1) 微生物种类多，酶种丰富，且菌株易诱变，菌种多样。

(2) 微生物生长繁殖快，易提取酶，特别是胞外酶。

(3) 微生物培养基来源广泛，价格便宜。

(4) 可以采用微电脑等新技术控制酶发酵生产过程，生产可连续化、自动化，经济效益高。

(5) 可以利用以基因工程为主的现代分子生物学技术，选育菌种、增加酶产率和开发新酶种。

2.1.1 产酶微生物

菌种是发酵生产酶的重要条件。菌种不仅与产酶种类、产量密切相关，而且与发酵条件、工艺等关系密切。已经在自然界中发现的酶有数千种，目前投入工业发酵生产的酶有 50～60 种。它们的生产菌种十分广泛，包括细菌、放线菌、酵母菌、霉菌(见表 2-1)。

表 2-1　工业用主要酶的产生菌

微生物类别	菌　名	产生的酶	用　途
细　菌	枯草杆菌	淀粉酶	织物脱浆、制糖、酒精生产、香料加工等
	枯草杆菌	蛋白酶	生丝脱胶、酱油酿造等
	异型乳酸杆菌	葡萄糖异构酶	由葡萄糖制果糖
	短小芽孢杆菌	碱性蛋白酶	皮革脱毛
	大肠杆菌	青霉素酰化酶	制取青霉素母核(6-APA)
酵　母	解脂假丝酵母	脂肪酶	乳品增香、绢丝脱脂、洗涤剂、医药等
霉　菌	点青霉	葡萄糖氧化酶	食品加工、试剂
	橘青霉	5′-磷酸二酯酶	食品助鲜剂、医药
	河内根霉	葡萄糖淀粉酶	酿酒厂糖化
	日本根霉	葡萄糖淀粉酶	制葡萄糖
	红曲霉	葡萄糖淀粉酶	制葡萄糖
	黑曲霉	酸性蛋白酶	啤酒澄清、医药、羊毛染色等
放线菌	转化微白色放线菌	蛋白酶	皮革脱毛

2.1.2　酶的发酵技术

1）培养基

培养基的营养成分是微生物发酵产酶的原料，主要是碳源、氮源，其次是无机盐、生长因子和产酶促进剂等。

(1) 碳源

碳素是构成菌体成分的主要元素，也是细胞贮藏物质和生产各种代谢产物的骨架，还是菌体生命活动的能量的主要来源。当前酶制剂生产上使用的菌种大都是只能利用有机碳的异养型微生物。有机碳的主要来源：一是农副产品中如甘薯、麸皮、玉米、米糠等淀粉质原料；二是野生的如土茯苓、橡子、石蒜等淀粉质原料。此外，以石油产品中 12 至 16 碳的成分来作碳源，如以某些嗜石油微生物生产蛋白酶、脂酶，均已获得成功。

不同的细胞对各种碳源的利用差异很大，所以在配制培养基时应根据不同细胞的不同要求而选择合适的碳源。另外，选择碳源除考虑营养要求外，还要考虑酶生物合成的诱导作用和是否存在分解代谢物阻遏作用。尽量选用具有诱导作用的碳源，尽量不用或少用有分解代谢物阻遏作用的碳源。例如，α-淀粉酶的发酵生产中，应该选用有诱导作用的淀粉作为碳源，而不用对该酶有分解代谢物阻遏作用的果糖作为碳源。

(2) 氮源

氮是生物体内各种含氮物质，如氨基酸、蛋白质、核苷酸和核酸等的组成成分。酶制剂生产中的氮源主要有有机氮源和无机氮源两种。常用的有机氮源有豆饼、花生饼、菜籽饼、鱼粉、蛋白胨、牛肉膏、酵母膏、多肽和氨基酸等;无机氮源有$(NH_4)_2SO_4$、NH_4Cl、NH_4NO_3、$(NH_4)_3PO_4$和尿素等。

不同的细胞对各种氮源的要求各不相同,应根据要求进行选择和配制。一般来说,动物细胞要求有机氮,植物细胞主要要求无机氮。多数情况下将有机氮源和无机氮源配合使用才能取得较好的效果。例如黑曲霉酸性蛋白酶生产,只用铵盐或硝酸盐为氮源时,酶产量仅为有胨时的30%;只用有机氮源而不用无机氮源时产量也低,故一般除使用高浓度有机氮源外尚需添加1%~3%的无机氮源。但是,也有单独使用有机氮源进行酶生产的,例如一些细菌(如枯草杆菌等)的中性及碱性蛋白酶生产、黑曲霉的糖化酶生产等。同样,也有单独使用无机氮源的情况,但这种情况往往只有在碳源中含有一定数量的有机氮时才存在。

(3) 碳氮比

在微生物酶生产培养基中碳源与氮源的比例是随生产的酶类、生产菌株的性质和培养阶段的不同而改变的。一般蛋白酶(包括酸性、中性和碱性蛋白酶)生产采用碳氮比低的培养基比较有利,例如黑曲霉3.350酸性蛋白酶生产采用由豆饼粉3.75%、玉米粉0.625%、鱼粉0.625%、NH_4Cl 1%、$CaCl_2$ 0.5%、Na_2HPO_4 0.2%、豆饼石灰水解液10%等组成的培养基;枯草杆菌中性蛋白酶生产采用由山芋粉3%、玉米粉3%、豆饼粉3.5%、麸皮2.5%、Na_2HPO_4 0.4%、KH_2PO_4 0.03%等组成的培养基。淀粉酶(包括α-淀粉酶、糖化酶、β-淀粉酶等)生产采用的碳氮比一般比蛋白酶生产略高,例如枯草杆菌TUD127 α-淀粉酶生产采用由豆饼粉4%、玉米粉8%、Na_2HPO_4 0.8%、$(NH_4)_2SO_4$ 0.4%、$CaCl_2$ 0.2%等组成的培养基。而在淀粉酶生产中糖化酶生产培养基的碳氮比是最高的。近年来为了提高糖化酶产量,倾向于使用高浓度碳源,玉米粉用量常达15%以上,例如以黑曲霉突变株C-S-11生产糖化酶采用由玉米粉15%、米糠4%、玉米浆1.5%、草酸0.02%~0.04%组成的培养基。以上是蛋白酶和淀粉酶生产培养基碳氮比的一般规律,但是由于菌种很多而其性质各异,很难说都符合上述规律。

在微生物酶生产过程中,培养基的碳氮比也因培养过程不同而异。例如种子培养时,为了适应菌体生长繁殖的需要,要求提供合成细胞蛋白质的氮多些,容易利用的氮源的比例大些,种子培养基的碳氮比一般要比发酵培养基低些。发酵时,不同发酵阶段要求的碳氮比也是不同的。例如在枯草杆菌BF-7658生产α-淀粉酶的发酵过程中,发酵前期要求培养基的碳氮比适当降低,以利菌体生长繁殖,发酵中后期要求培养基的碳氮比适当提高,以促进α-淀粉酶的生成。

(4) 无机盐

微生物酶生产和其他微生物产品生产一样,培养基中需要有磷酸盐及硫、钾、钠、钙、镁等元素存在。在酶生产中常以磷酸二氢钾、磷酸氢二钾等磷酸盐作为磷源,以硫酸镁为硫源和镁源。有时磷酸盐浓度很高,例如黑曲霉ATCC15474 α-淀粉酶生产,培养基中的NaH_2PO_4为4.6%,这是为了造成一个高渗透压的环境来提高酶产量。钙离子对淀粉酶、蛋白酶、脂肪酶等多种酶的活性有十分重要的稳定作用,例如在无Ca^{2+}存在时,灰色链霉菌中性蛋白酶只在pH 7~7.5很小范围内稳定,当有Ca^{2+}存在时,稳定pH范围可以扩大到5~7。钠离子有控制细胞渗透压使酶产量增加的作用,酶生产的培养基中有时以磷酸氢二钠及硝酸钠等形式加入，例如米曲霉 α-淀粉酶生产，添加适量的硝酸钠以促进酶生产。

在天然培养基中，一般微量元素不必另外加入，但也有一些例外。如玉米粉、豆粉为碳源时，添加 100 mg·kg^{-1} CO^{2+}和 Zn^{2+}，放线菌 166 蛋白酶活力可增加 70%～80%。

(5) 生长因子

微生物还需一些微量的像维生素一类的物质，才能正常生长发育，这类物质统称生长因子(或生长素)，其中包括某些氨基酸、维生素、嘌呤或嘧啶等。酶制剂生产中所需的生长因子大多由天然原料提供，如玉米浆、麦芽汁、豆芽汁、酵母膏、麸皮和米糠等。玉米浆中一般含有生长素 32～128 mg/mL。

(6) 产酶促进剂

产酶促进剂是指在培养基中添加某种少量物质，能显著提高酶的产率，这类物质称为产酶促进剂。产酶促进剂大体上分为两种：一种是诱导物。诱导物可以是酶的作用底物、反应产物或底物类似物。一般来说，不同的酶有各自不同的诱导物，例如乳糖诱导 β-半乳糖苷酶及纤维二糖诱导纤维素酶。同一种酶往往有多种诱导物，例如蔗糖和蔗糖甘油单棕榈酸酯对蔗糖酶均有诱导作用。另一种是表面活性剂，如吐温-80 的浓度为 0.1%时能增加许多酶的产量。表面活性剂能增加细胞的通透性，处在气-液界面，改善了氧的传递速度，还可以保护酶的活性。生产上常采用非离子型表面活性剂，如聚乙二醇、聚乙烯醇衍生物、植酸类、焦糖、羧甲基纤维素、苯乙醇等。离子型的表面活性剂对微生物有害。用于食品、医药的酶的生产中所用的表面活性剂必须对人、畜无害。此外，各种产酶促进剂的效果还受到菌种、种龄和培养基组成的影响。

2) 发酵法生产酶的工艺流程

(1) 固体发酵工艺流程

麸皮或米糠等＋水→拌料→灭菌→散冷→接种→装箱→保温、保湿、通风培养
→发酵结束→酶提取→加载体干燥→粗酶

(2) 液体深层发酵工艺流程

斜面菌种→活化→种子罐种子　无菌空气
↓　↓
原料粉碎→拌料桶拌料→培养基灭菌→接种发酵→提取→离心分离→纯化→干燥→成品

3) 液体深层发酵的工艺控制

酶的发酵生产中，发酵效果除了受到菌种产酶性能的影响外，还受到发酵温度、pH、溶氧量等条件的影响。

(1) 温度对产酶的影响

发酵温度的变化主要随微生物代谢反应、发酵中通风、搅拌速度的变化而变化。微生物在生长发育中，不断地吸收培养基营养成分来合成菌体的细胞物质和酶时的生化反应都是吸热反应；培养基中的营养物质被大量分解时的生化反应都是放热反应。发酵初期合成反应吸收的热量大于分解反应放出的热量，发酵液需要升温。当菌体繁殖旺盛时，情况则相反，发酵液温度就自行上升，通风搅拌时还带来一定的热量，这时，发酵液必须降温，以保持微生物生长繁殖和产酶所需的适宜温度。微生物生长繁殖和产酶的最适温度随着菌种和酶的性质不同而异，生长繁殖和产酶的最适温度往往不一致。一般细菌的生长温度为 37℃；霉

菌和放线菌的最适温度为28～30℃；一些嗜热微生物需在40～50℃下生长繁殖，如红曲霉生长温度为35～37℃，而生产糖化酶的最适温度为37～40℃。

在酶生产中，为了有利于菌体生长和酶的合成，也有进行变温生产的。例如以枯草杆菌AS1398进行中性蛋白酶生产时，培养温度必须从31℃逐渐升温至40℃，然后再降温到31℃进行培养，蛋白酶产量比不升温者高66%。据报道，酶生产的温度对酶活力的稳定性有影响，例如用嗜热芽孢杆菌进行α-淀粉酶生产时，在55℃培养所产生的酶的稳定性比35℃好。

(2) pH对产酶的影响

种子培养基和发酵培养基的pH直接影响酶的产量和质量。在发酵过程中，微生物不断分解和同化营养物质，同时排出代谢产物。由于这些产物都与pH有直接关系，因此发酵液pH在不断发生变化。生产上常根据pH的变化情况作为生产控制的根据。

一般来说，培养基成分中碳氮比(C/N)高，发酵液倾向于酸性，pH低；碳氮比低，发酵液倾向于碱性，pH高。pH与通气量的关系是：通气量大，糖、脂得到完全氧化，最后产物为CO_2和H_2O；如果通气量不足，糖、脂氧化不完全，则产物为中间产物有机酸，使培养基pH会有不同程度的降低。不同盐的利用对pH也会产生影响，如$(NH_4)_2SO_4$被利用则pH下降；而一些生理碱性盐(如$NaNO_3$)的酸根被利用则导致发酵液pH上升；在碳源严重不足，微生物被迫利用氨基酸的碳架，留下—NH_4^+，pH亦可能上升。pH的这些变化情况，常常引起细胞生长和产酶环境的变化，对产酶带来不利的影响。因此，生产中常采用一些控制pH的方法：添加缓冲液维持一定的pH；调节通风量维持发酵液的氧化还原电位于一定范围；调节培养基的初始pH，保持一定的碳氮比；当发酵液pH过高时用糖或淀粉来调节，pH过低时，通过氮调节。

(3) 通风量对产酶的影响

通风量的多少应根据培养基中的溶解氧而定。一般来说，在发酵初期，虽然幼细胞呼吸强度大，耗氧多，但由于菌体少，相对通风量可以少些；菌体生长繁殖旺盛期时，耗氧多，要求通风量大些。产酶旺盛时的通风量因菌种和酶种而异，一般需要强烈通风。但也有例外，通风量过多反而抑制酶的生成。因此，菌种、酶种、培养时期、培养基和设备性能都能影响通风量，从而影响酶的产量。目前用于酶制剂生产的微生物都为好气性微生物，生产上普遍采用自动测定和记录溶解氧的仪表。

(4) 搅拌的影响

对于好气性微生物的深层发酵，除了需要通气外，还需要搅拌。搅拌有利于热交换、营养物质与菌体均匀接触，降低细胞周围的代谢产物，从而有利于新陈代谢；同时还可打破空气气泡，使发酵液形成湍流，增加湍流速度，从而提高溶氧量，增加空气利用。搅拌速度主要因菌体大小而异，因为搅拌产生剪切力，易使细胞受损。同时，搅拌也带来一定机械热，易使发酵液温度发生变化。此外，搅拌速度还与发酵液黏度有关。

(5) 泡沫的影响

发酵中往往产生较多的泡沫。泡沫的存在阻碍了CO_2的排除，影响溶氧量，同时泡沫过多影响补料，也易使发酵液溢出罐外造成跑料。因此，生产上必须采用消泡措施。一般除了机械消泡外，还可利用消泡剂。消泡剂主要是一些天然的矿物油类、醇类、脂肪酸类、胺类、酰胺类、醚类、硫酸酯类、金属皂类、聚硅氧烷和聚硅酮，以聚甲基硅氧烷最好。我国常用聚氧丙烯甘油醚或泡敌(聚环氧丙环氧乙烷甘油醚)。理想的消泡剂,其表面相互作用力应低,而且应难溶于水,还不能影响氧的传递速率和微生物的正常代谢。

(6) 湿度

用固体培养基生产酶制剂时,一般培养前期湿度低些,培养后期湿度大些,有利于产酶。

2.1.3 食品生产常用酶的发酵技术举例

1) α-淀粉酶

淀粉酶是研究最早、产量最大和应用最广泛的一种酶类,几乎占全部酶制剂总产量的50%。根据淀粉酶作用方式的不同,淀粉酶可分为以下4种主要类型:α-淀粉酶、β-淀粉酶、葡萄糖淀粉酶和异淀粉酶。此外,还有一些应用不是很广泛、生产量不大的淀粉酶,如环式糊精生成酶,G_4、G_5 生成酶和α-葡萄糖苷酶等。本书仅就淀粉酶中产量最大的α-淀粉酶生产工艺作一介绍。

工业上α-淀粉酶的生产主要来自于细菌和霉菌。霉菌α-淀粉酶大多采用固体曲法生产;细菌α-淀粉酶的生产则以液体深层发酵法为主。用霉菌生产时宜在微酸性环境下培养,细菌一般宜在中性至微碱性环境中培养。微生物生产的α-淀粉酶,根据作用的最适温度不同可分为一般的和耐高温的α-淀粉酶两种。大多数微生物分泌的α-淀粉酶液化温度只能维持在80～90℃,而有些微生物如地衣芽孢杆菌分泌的α-淀粉酶适用于105～110℃下液化淀粉,可以显著缩短反应时间,提高得率并有助于糖化液的精制。

微生物α-淀粉酶的生产一般在酶活达到高峰时结束发酵,离心以硅藻土做助滤剂去除菌体及不溶物。在钙离子存在下低温真空浓缩后,加入防腐剂、稳定剂以及缓冲剂后就成为成品。这种液体的细菌α-淀粉酶呈暗褐色,在室温下可放置数月而不失活。为生产高活性的α-淀粉酶,并便于储运,可把发酵液用硫酸铵盐析或有机溶剂沉淀制成粉状酶制剂,最好储藏在25℃以下,且较干燥、避光的地方。

有些菌株在合成α-淀粉酶时同时产生一定比例的蛋白酶,这种蛋白酶的存在不仅影响使用效果,还会引起α-淀粉酶在储藏过程中的失活,夹杂的蛋白酶量越大,失活就越严重。利用蛋白酶比淀粉酶的耐热性差,将α-淀粉酶的发酵液加热处理可以使淀粉酶的储藏稳定性大为提高。处理的具体方法是在发酵液中添加1%的无水氯化钙,1%的磷酸氢二钠,调节pH为6.5左右,65℃处理30 min。此外,在培养基中添加柠檬酸盐可抑制某些菌株产生的蛋白酶,用底物淀粉进行吸附也可将淀粉酶和蛋白酶进行分离。下面以枯草杆菌BF-7658为例介绍深层液体发酵α-淀粉酶的生产工艺。

枯草杆菌BF-7658淀粉酶是我国产量最大、用途最广的一种液化型α-淀粉酶,其最适温度65℃左右,最适pH 6.5左右,pH低于6或高于10时,酶活显著下降。它在淀粉浆中的最适温度为80～85℃,90℃保温10 min,酶活保留87%。

(1) 培养基

① 斜面培养基

孢子培养一般采用马铃薯培养基。

② 种子培养基

豆饼粉4%,玉米粉3%,Na_2HPO_4 0.8%,$(NH_4)_2SO_4$ 0.4%,NH_4Cl 0.15%,总体积200 L,121℃灭菌30 min。

③ 发酵培养基

基础料：豆饼粉 5.6%，玉米粉 7.2%，Na_2HPO_4 0.8%，$CaCl_2$ 0.13%，$(NH_4)_2SO_4$ 0.4%，NH_4Cl 0.13%，α-淀粉酶 100 万单位。总体积 4 500 L，121℃灭菌 30 min。

补料：豆饼粉 5.3%，玉米粉 22.3%，Na_2HPO_4 0.8%，$CaCl_2$ 0.4%，$(NH_4)_2SO_4$ 0.4%，NH_4Cl 0.2%，α-淀粉酶 30 万单位。总体积 1 500 L，121℃灭菌 30 min。

(2) 发酵

孢子培养一般采用马铃薯培养基，于 37℃下培养 72 h，使菌体全部形成孢子即为成熟。种子培养维持罐温 37℃±1℃，罐压 0.5～0.8 atm①，10 h 后加大通风。当菌体处于对数生长期的后期，立刻接种至大罐，种子培养一般 14 h 左右。发酵控制温度 37℃，罐压 0.5 atm，通气量 0～12 h 控制 0.5～0.6 $(V/V)\ min^{-1}$，12 h 后控制在 0.8～1.0 $(V/V)\ min^{-1}$，发酵后期控制在 0.9 $(V/V)\ min^{-1}$。发酵培养一般采用补料工艺，这样一方面可解除分解代谢阻遏效应，另一方面也有利于 pH 的调节，最终达到提高产量的目的。补料体积和基础培养基体积一般为1∶3左右。从 10 h 左右开始补加，一般前期、后期少，中期多，根据菌体的生长情况来调整。当 pH 低于 6.5，细胞生长粗壮时可酌减；当 pH 高于 6.5，细胞出现衰老并有空胞时可酌增。发酵周期一般为 40 h。

(3) 提取

工业上回收α-淀粉酶一般采用硫酸铵盐析法，硫酸铵浓度、酶液的浓度和 pH 对盐析效果都有影响，甚至α-淀粉酶来源或菌种不同对硫酸铵浓度的要求也不同，如枯草杆菌α-淀粉酶的硫酸铵浓度一般为 37%～50%不等。

2) 蛋白酶

微生物蛋白酶一般按蛋白酶作用的最适 pH 分为酸性、中性和碱性蛋白酶三类。酸性蛋白酶是生产历史较长、工艺比较成熟且较为典型的一种蛋白酶，故以它的生产工艺作为例子来说明。

(1) 工艺流程

黑曲霉 3.350 酸性蛋白酶的生产工艺流程如下所示：

55% $(NH_4)_2SO_4$ ↓（加入盐析步骤）

茄子瓶斜面菌种→种子罐→发酵罐→过滤除菌体→盐析→沉淀脱水→装盘→烘干→磨粉→包装

(2) 生产工艺

① 发酵

种子罐培养采用由豆饼粉 3.65%、玉米粉 0.625%、鱼粉 0.625%、NH_4Cl 1.0%、$CaCl_2$ 0.5%、Na_2HPO_4 0.2%及豆饼粉或蚕蛹粉水解液 10%组成的培养基，初始 pH 5.5，培养温度 31℃±1℃，搅拌转速 230 r/min，通气量为 1∶0.3 $(V/V)\ min^{-1}$，培养时间为 26 h。发酵培养基成分与种子培养基相同，发酵培养基的初始 pH 为 5.5，发酵温度为 31℃±1℃，搅拌转速180 r/min，通气量 0～24 h 为 1∶0.25，24～48 h 为 1∶0.5，48 h～发酵结束为 1∶1.0 $(V/V)\ min^{-1}$。发酵周期 75 h，酶活性一般可达 2 500～3 200 μmL^{-1}。

---

① 1 atm＝101.325 kPa。

豆饼粉或蚕蛹粉水解液制备：取豆饼粉或蚕蛹粉 100 份、石灰 6 份和水 600 份，在 9.8×10^4 Pa 表压下加热水解 1 h。

② 提取

工业用的粗制酶用盐析法提取。将培养物滤去菌体，用盐酸调节 pH 至 4.0 以下，加入硫酸铵使浓度达 55%，静置过夜，倾去上清液，将沉淀通过压滤（或离心）除去母液，于 40℃干燥 24 h，烘干后进行磨粉与包装，即可得工业用粗酶制品。本法盐析收率在 94%以上，干燥后总收率在 60%以上，每克酶活力为 20 万单位左右。也可以在发酵液滤去菌体后用刮板式薄膜蒸发器于 40℃浓缩 3～4 倍，直接作为商品。

如作为医用或啤酒工业用酶，则需进一步精制，其方法是：将压滤所得的酶泥溶于 pH 2.5的 0.005 mol/L 乳酸缓冲液中，用脱色树脂脱色（收率 93%），用真空薄膜蒸发器于 40℃浓缩 2 倍以上（收率 90%），再通过离子交换树脂（732、701 树脂混合床）脱盐（收率 90%）、喷雾干燥或冷冻干燥、磨粉，即可得到淡黄色乃至乳白色的粉状酶制品，酶活性为每克 40～60 万单位。

如果用丹宁沉淀法提取，也可得到具有同样酶活性的制品。

酸性蛋白酶可用做消化剂、消炎剂和啤酒澄清剂，也可供毛皮软化工业等应用。

2.2 酶的分离纯化

酶的分离纯化工作，是酶学研究的基础。酶的纯化过程，就目前而言，还是一门实验科学。一个特定酶的提纯往往需要通过许多次小实验进行摸索，没有通用的规律可循。酶的纯化过程与一般的蛋白质纯化过程相比，又有其本身独有的特点：一是特定的一种酶在细胞中的含量很少；二是酶可以通过测定活力的方法加以跟踪。前者给纯化带来了困难，而后者却能使我们迅速找出纯化过程的关键所在。

2.2.1 酶原料的选择

一般来说，为了使纯化过程容易进行，总是选择目的酶含量最多的生物组织为原料来进行提取纯化。当然，也要考虑原料的来源和取材方便、经济等因素。在分离纯化动物 Cu、Zn－SOD（超氧化物歧化酶）时，一般就以含 Cu、Zn－SOD 很高的动物血球为原材料。Mn－SOD 主要存在于线粒体中，所以，龙虾、灵芝草、人体组织适宜于作为提取 Mn－SOD 的原材料。但龙虾、灵芝草等非常昂贵，人体组织也很难得到，因而，除非是特殊目的的纯化，一般不选用这些材料提取酶。

目前，利用动、植物细胞体外大规模培养技术，可以大量获得以前极为珍贵的原材料（例如人参细胞、某些昆虫细胞等），用于酶的分离纯化。利用基因工程重组 DNA 技术，能够使某些在细胞中含量极微的酶的纯化成为可能。例如，大肠杆菌胞内芳香族氨基酸的合成需要 EPSP 合成酶（丙酮酰莽草酸磷酸合成酶）的参与。现已分离出这种酶的基因并重组入多拷贝质粒 pAT 153，将此质粒转化大肠杆菌，产生一种比野生型大肠杆菌株高 100 倍EPSP 合成酶含量的新菌株。从 18 g 新菌株的菌体中，可纯化得 4.8 mg EPSP 合成酶。

2.2.2 酶的提取

1）生物组织的破碎

各种生物组织的细胞有着不同的特点，在考虑破碎方法时，要根据细胞性质、处理量及酶的性质，采用合适的方法。

（1）机械（匀浆）法

机械（匀浆）法是利用机械力的搅拌、剪切来研碎细胞。常用的有高速组织捣碎机，高压匀浆泵、玻璃或 Teflon 加研棒匀浆器高速球磨机或直接用研钵研磨等。动物组织的细胞器不甚坚固，极易匀浆，一般可将组织剪切成小块，再用匀浆器或高速组织捣碎机将其匀质化。匀浆器一次处理容量约 50 mL，高速组织捣碎机容量可达 500～1 000 mL。高压匀浆泵非常适合于细菌、真菌（如酵母）的破碎，且处理容量大，一次可处理几升悬浮液，一般循环 2～3 次，足以达到破碎要求。

（2）超声波法

超声波是破碎细胞或细胞器的一种有效手段。经过足够时间的超声波处理，细菌和酵母细胞都能得到很好的破碎。若在细胞悬浮液中加入玻璃珠，时间可更短些，一般线粒体经过 125 W 超声处理 5 min 可全部崩解。超声波破碎一次处理的量较大，探头式超声器比水浴式超声器超声效果更佳。超声处理的主要问题是超声空穴局部过热引起酶活性丧失，所以超声振荡处理的时间应尽可能短，容器周围以冰浴冷却处理，尽量减少热效应引起的酶的失活。

（3）冻融法

生物组织经冰冻后，细胞胞液结成冰晶，使细胞壁胀破。冻融法所需设备简单，普通家用冰箱的冷冻室即可进行冻融。该法简单易行，但效率不高，需反复几次才能达到预期的破壁效果。如果冻融操作时间过长，更应注意胞内蛋白酶作用引起的后果。一般需在冻融液中加入蛋白酶抑制剂，如 PMSF（苯甲基磺酰氟）、络合剂 EDTA、还原剂 DTT（二硫苏糖醇）等以防破坏目的酶。

（4）渗透压法

渗透破碎是破碎细胞最温和的方法之一。细胞在低渗溶液中由于渗透压的作用，溶胀破碎，如红血球在纯水中会发生破壁溶血现象。但这种方法对具有坚韧的多糖细胞壁的细胞，如植物、细菌和霉菌不太适用，除非用其他方法先除去这些细胞外层坚韧的细胞壁。

（5）酶消化法

利用溶菌酶、蛋白水解酶、糖苷酶对细胞膜或细胞壁的酶解作用，可使细胞崩解破碎。将革兰氏阳性菌（如枯草杆菌）与溶菌酶一起温育，就能得到易破碎的原生质体，用 EDTA 与革兰氏阴性菌（如大肠杆菌）一起温育，也可制得相应的原生质体。几丁质酶和 3-葡聚糖酶则常用于水解曲霉、面包霉等的细胞壁。酶消化法常与其他破碎方法联合使用，如在大肠杆菌冻融液中加入溶菌酶就可大大提高破碎效果。

（6）化学破碎法

化学破碎法是应用各种化学试剂与细胞膜作用，使细胞膜的结构改变或破坏的方法。常用的化学试剂可分为有机溶剂和表面活性剂两大类。

① 有机溶剂处理

常用的有机溶剂有甲苯、丙酮、丁醇、氯仿等。

有机溶剂可使细胞膜的磷脂结构破坏，从而改变细胞膜的透过性，再经提取可使膜结合酶或胞内酶等释出胞外。例如，将细胞悬浮在 10 倍体积的预冷至－20℃的丙酮之中，搅拌均匀，待自然沉降后弃上清液，抽滤得细胞，再用 2.5 倍体积的－20℃丙酮洗涤，抽干后，把得到的细胞立即放入真空干燥器中，除去残余的丙酮，得到细胞干粉，可长期保存，使用时再用水或缓冲液把胞内的酶提取出来。常用的大肠杆菌谷氨酸脱羧酶就是用这种方法获得的。

② 表面活性剂处理

表面活性剂可以和细胞膜中的磷脂及脂蛋白相互作用使细胞膜结构破坏，增加膜的透过性。表面活性剂有离子型和非离子型之分，对细胞破碎效果而言，离子型表面活性剂较有效，但由于离子型表面活性剂会使酶的结构破坏，引起酶变性失活。所以，在酶的提取方面一般不采用离子型表面活性剂，而采用非离子型的特里顿(Triton)、吐温(Tween)等表面活性剂。例如，用特里顿 X—100 处理诺卡氏菌细胞，从而提取甾醇氧化酶，用胆酸盐处理细胞，提取一种膜结合的葡聚糖酶等。处理完后，可采用凝胶层析等方法，将表面活性剂除去，以免影响酶的进一步分离纯化。表面活性剂处理法对膜结合酶的提取特别有效，在实验室和生产中均已成功使用。

2) 破碎率的测定

为了测定细胞破碎的程度，获得定量的结果，就需要精确的分析技术。可采用以下几种方法：

(1) 直接测定法

利用显微镜或电子微粒计数器可直接计数完整细胞的量，所以可用于破碎前的细胞计量。可是破碎过程中所释放出来的物质如 DNA 和其他聚合物组分会干扰计数，此时可采用染色法，把破碎的细胞从未损害的完整细胞中区别开来，以便于计数。例如，破碎的革兰氏阳性菌常可染色成革兰氏阴性菌的颜色，利用革兰氏染色法未受损害的细菌细胞呈现紫色，而受损害的细菌细胞呈现亮红色。

(2) 测定释放的蛋白质量或酶的活力

细胞破碎后，测定悬浮液中细胞内含物的增量来估算破碎率。通常将破碎后的细胞悬浮液离心，测定上清液中蛋白质的含量或酶的活力，并与 100%破碎所获得的标准数值直接比较。

(3) 测定导电率

Luther 等人报道了一种利用破碎前后导电率的变化来测定破碎程度的快速方法。导电率的变化是由于细胞内含物被释放到水相中而引起的。导电率随着破碎率的增加而呈线性增加。因为导电率的读数取决于微生物的种类、处理的条件、细胞浓度、温度和悬浮液中电解质的含量，因此，应预先用其他方法来进行标化。

3) 酶的提取

酶的提取是指在一定条件下，用适当的溶剂处理含酶原料，使酶充分溶解到溶剂中的过程，也称作酶的抽提。酶提取时首先应根据酶的结构和溶解性质，选择适当的溶剂。大多数酶能溶解于水，可用水或稀酸、稀碱、稀盐溶液提取；有些酶与脂质结合或含较多的非极性基团，则可用有机溶剂提取。为了提高酶的提取率并防止酶的变性失活，在提取过程中，要注意控制好温度、pH值等各种条件。破碎生物组织一般在适当的缓冲液中进行。典型的抽提液由以下几部分组成：

抽提液 = 离子强度调节剂（KCl、NaCl、蔗糖） + pH缓冲剂（各种缓冲液） + 温度效应剂（甘油、二甲基亚砜） + 蛋白酶抑制剂（PM3F、DIFP） + 防氧化剂（DTT、巯基乙醇） + 重金属络合剂（EDTA、柠檬酸） + 增溶剂（TritonX-100）

细胞胞液的离子强度在0.3 mol/L左右，所以通常用0.3 mol/L的蔗糖溶液或0.15 mol/L KCl溶液抽提。如蛋白酶影响较大，则应改用离子强度低于0.1 mol/L的KCl抽提。一般来说，抽提生物膜中的酶需加去垢剂（如Triton X—100，去氧胆酸盐）等增溶剂，促使酶抽提，最后再透析去除增溶剂，恢复酶活性。抽提时为防止过冷、过热引起的酶分子变性失活，可加入适量的二甲基亚砜、甘油加以保护。此外，重金属离子影响和氧化失活作用（如酶的活性中心有巯基等）明显时，也应考虑去除。

根据酶提取时所采用的溶剂或溶液的不同，酶的提取方法主要有盐溶液提取、酸溶液提取、碱溶液提取和有机溶剂提取等。

（1）盐溶液提取

大多数酶溶于水，而且在一定浓度的盐存在条件下，酶的溶解度增加，这称之为盐溶现象。然而，酶浓度不能太高，否则溶解度反而降低，出现盐析现象，所以一般采用稀盐溶液进行酶的提取，盐浓度一般控制在0.02～0.5 mol/L的范围内。例如，用固体发酵生产的麸曲中的α-淀粉酶、糖化酶、蛋白酶等胞外酶用0.15 mol/L的氯化钠溶液或0.02～0.05 mol/L的磷酸缓冲液提取；酵母醇脱氢酶用0.5～0.6 mol/L的磷酸氢二钠溶液提取；6-磷酸葡萄糖脱氢酶用0.1 mol/L的碳酸钠提取；枯草杆菌碱性磷酸酶用0.1 mol/L的氯化镁提取等。有少数酶，如霉菌产生的脂肪酶，用清水提取比盐溶液提取的效果要好。

（2）酸溶液提取

有些酶在酸性条件下溶解度较大且稳定性较好，宜用酸溶液提取。例如，从胰脏中提取胰蛋白酶和胰凝乳蛋白酶，采用0.12 mol/L的硫酸溶液进行提取。

（3）碱溶液提取

有些在碱性条件下溶解度较大且稳定性较好的酶，应采用碱溶液提取。例如，细菌L-天门冬酰胺酶的提取是将含酶菌体悬浮在pH 11～12.5的碱溶液中，振荡20 min，即达到显著的提取效果。

（4）有机溶剂提取

有些与脂质结合比较牢固或分子中含非极性基团较多的酶，不溶或难溶于水、稀酸、稀碱和稀盐溶液中，需用有机溶剂提取。常用的有机溶剂是与水能够混溶的乙醇、丙酮、丁醇等。其中丁醇对脂蛋白的解离能力较强，提取效果较好，已成功地用于琥珀酸脱氢酶、细胞色素氧化酶、胆碱酯酶等的提取。

4）离心分离

离心是借助于离心机旋转所产生的离心力，使不同大小和不同密度的物质分离的技术，在酶的提取和分离纯化过程中，细胞的收集、细胞碎片和沉淀的分离以及酶的纯化等往往要使用离心分离。在离心分离时，要根据欲分离物质以及杂质的大小、密度和特性的不同，选择适当的离心机、离心方法和离心条件。

离心机多种多样，按照离心机的最大转速不同，可以分为常速（低速）、高速和超速等3种。

常速离心机的最大转速在8 000 r/ min以内，相对离心力（RCF）在1×10^4g以内，在酶的分离纯化过程中，主要用于细胞、细胞碎片和培养基残渣等固形物的分离。

高速离心机的最大转速为$1\times10^4\sim2.5\times10^4$ r/min，相对离心力达到$1\times10^4\sim1\times10^5$ g，在酶的分离中主要用于沉淀、细胞碎片和细胞器的分离。

超速离心机的最大转速达$2.5\times10^4\sim8\times10^4$ r/min，相对离心力可以高达5×10^5 g。超速离心可以采用差速离心、密度梯度离心或等密梯度离心等方法。超速离心可用于酶分子的分离纯化。在离心过程中，应该根据需要，选择好离心力（或离心速度）和离心时间，并且控制好温度和pH等条件。

2.2.3 酶的纯化

抽提的酶液是否需要进一步经过纯化，要视其应用部门的要求。一般工业的酶，如纺织工业应用α-淀粉酶脱胶处理，往往采用液体粗酶便可，皮革工业应用的细菌蛋白酶也是如此。食品工业应用的酶，如果粗酶液已达到食品级标准要求，特别是卫生指标，也无需进一步纯化。然而，应用于医药、化学试剂级的酶液必须进一步纯化。

在浓缩液或发酵液中，除含有我们需要的酶以外，还不可避免地存在着其他大分子物质和小分子物质。其中小分子物质在以后的纯化步骤中会自然而然地除去，大分子物质中包括核酸、粘多糖及其他蛋白质等。核酸及其相关蛋白可以用硫酸鱼精蛋白、硫酸链霉素、聚乙烯亚胺、三甲基氨十六烷基溴及$MnCl_2$等预先沉淀，离心除去，必要时可用核酸酶。根据不同材料选择不同的试剂。比如：从植物组织中提取乙醇酸氧化酶，可在提取液中加入0.1%～0.2%硫酸鱼精蛋白，使之与核酸及相关蛋白形成复合物而沉淀，然后在4℃采用15 000 r/min离心而除去。至于粘多糖，常用醋酸铅、乙醇、单宁酸及离子型表面活性剂等处理除去，有时也用酶除去余下的酶和杂蛋白。因此，酶的分离纯化工作主要是，将酶从杂蛋白中分离出来或者将杂蛋白从酶溶液中除去。现有酶的分离纯化方法都是依据酶和杂蛋白在性质上的差异而建立的。

根据酶和杂蛋白的性质差异，它们的分离方法可分为：

(1) 根据分子大小而设计的方法，如离心分离法、筛膜分离法、凝胶过滤法等；

(2) 根据溶解度大小分离的方法，如盐析法、有机溶剂沉淀法、共沉淀法、选择性沉淀法、等电点沉淀法等；

(3) 按分子所带正负电荷多少分离的方法，如离子交换分离法、电泳分离法、聚焦层析法等；

(4) 按稳定性差异建立的分离方法，如选择性热变性法、选择性酸碱变性法、选择性表面变性法等；

(5) 按亲和作用的差异建立的分离方法，如亲和层析法、亲和电泳法等。

下面介绍几种常用的分离方法。

1) 沉淀法

沉淀法是最古老的分离和纯化生物物质的方法，但目前仍广泛应用在工业上和实验室中。由于其浓缩作用常大于纯化作用，因而沉淀法通常作为初步分离的一种方法，用于从去除了菌体或细胞碎片的发酵液中沉淀出生物物质，然后再利用色层分离等方法进一步提高其纯度。沉淀法由于成本低、收率高（不会使蛋白质等大分子失活）、浓缩倍数高可达10～50倍和操作简单等优点，是下游加工过程中应用广泛的方法。

根据所加入的沉淀剂的不同，沉淀法可以分为：① 盐析法；② 等电点沉淀法；③ 有机溶剂沉淀法；④ 非离子型聚合物沉淀法；⑤ 聚电解质沉淀法；⑥ 高价金属离子沉淀法等。上述各种方法中，除第③种有机溶剂沉淀法也能适用于抗生素等小分子外，其他各种方法只适用酶等大分子，故以下的讨论均限于酶。

(1) 盐析法

① Cohn 方程式

高浓度的盐能促使蛋白质沉淀或聚结的现象，还不能很好地从理论上来解释，现在常用Cohn经验式来表示蛋白质的溶解度与盐的浓度之间的关系：

$$\lg S = \beta - K_S I \tag{2-1}$$

式中：S 为蛋白质的溶解度，g/L；

I 为离子强度，$I = 1/2\sum m_i z_i^2$，其中，m_i 为离子i的摩尔浓度，z_i 为所带电荷；

β 为常数，与盐的种类无关，但与温度、pH和蛋白质种类有关；

K_S为盐析常数，与温度和pH无关，但与蛋白质和盐的种类有关。

有时为简单计，也可以用浓度代替离子强度，则式(2-1)成为：

$$\lg S = \beta' - K'_S m \tag{2-2}$$

式中：m 为盐的摩尔浓度。

一些实验结果表明，K_S与温度和pH无关，与蛋白质与盐的种类有关。但这种变化不是很大。例如，以硫酸铵作为沉淀剂时，K_S值对不同的蛋白质来说，其变化不会超过1倍。组成相近的蛋白质，分子量越大，沉淀所需盐的量越少；蛋白质分子不对称性越大，也越易沉淀。不同种类的盐对溶解度的影响，主要是对 K_S 值的影响。K_S值较大，就意味着该盐的盐析效果较好，其中阴离子的影响较显著，而阳离子的影响是第二位的。含高价阴离子的盐，效果比一1价的盐好。阴离子的盐析效果有下列次序：柠檬酸盐 $> PO_4^{3-} > SO_4^{2-} > CH_3COO^- > Cl^- > NO_3^- > SCN^-$，此次序和 Hofmeister 次序或感胶离子序(lyotropic series)相符。但高价阳离子的效果不如低价阳离子，例如，硫酸镁的效果劣于硫酸铵。对于1价阳离子则有下列次序：$NH_4^+ > K^+ > Na^+$。因此，最常用的盐析剂是硫酸铵、硫酸钠、磷酸钾或磷酸钠。但硫酸钠在40℃以下溶解度较低，因而仅适用于对热稳定的蛋白质。磷酸盐在中性范围内实际上是 HPO_4^{2-} 和 $H_2PO_4^-$ 的混合物，其作用比 PO_4^{3-} 差。硫酸铵由于价廉、溶解度大，且能使蛋白质稳定(在2～3 mol/L $(NH_4)_2SO_4$ 中酶可保存几年，同时由于盐的浓度高，可防止蛋白酶和细菌作用)，故是最常用的盐析剂。

硫酸铵的缺点是水解后变酸。在高pH下会释放出氨；腐蚀性强；残留的硫酸铵在食品中虽然量少，也会影响其味，有毒，因此必须除去。

② pH和温度的影响

β值与蛋白质种类关系较大。但如上所述，与纯水中的假想溶解度有关，故和盐的种类基本上无关系(表 2－2 的数据也证明了这一点)，而和 pH 与温度有关。

表 2-2　各种盐对碳氧血红蛋白的 β 和 K_S 值

项　目	磷酸钾	硫酸钠	硫酸铵	柠檬酸钠	硫酸镁
β	3.01	2.53	3.09	2.60	3.23
K_S	1.00	0.76	0.71	0.69	0.33

图 2-1 表示对卵清蛋白(ovalbumin)和碳氧血红蛋白进行盐析时，β 随 pH 的变化。由于 β 代表溶解度的对数，故 β 变化一个单位，溶解度就变化 10 倍。通常 β 在等电点附近有极小值。两种蛋白质的相对溶解度随 pH 而变化很大，从图 2-1 可见，当 pH 从 5 变到 6 时，在一定盐浓度下，两种蛋白质溶解度之比的变化可达几千倍。

在高浓度盐的溶液中，蛋白质的溶解度随温度升高而减小。这是由于蛋白质分子水化时要放热，失水时就要吸热，因而温度升高，有利于失水而沉淀。

图 2-2 表示温度对碳氧血红蛋白溶解度的影响(以磷酸盐作为盐析剂)。

图中直线相互平行，说明 K_S 不随温度而变。温度的变化，相当于直线沿纵轴方向移动。K_S 随 pH 的变化与随温度的变化结果相同。显然，在进行盐析时，必须控制温度和 pH，这常常容易被忽视，特别是温度。

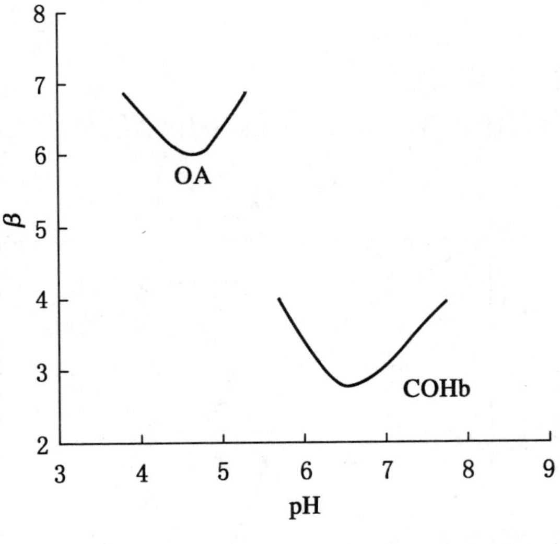

图 2-1　以磷酸盐沉淀 COHb 和以硫酸铵沉淀 OA 时，β 随 pH 的变化

OA—卵清蛋白　COHb—碳氧血红蛋白

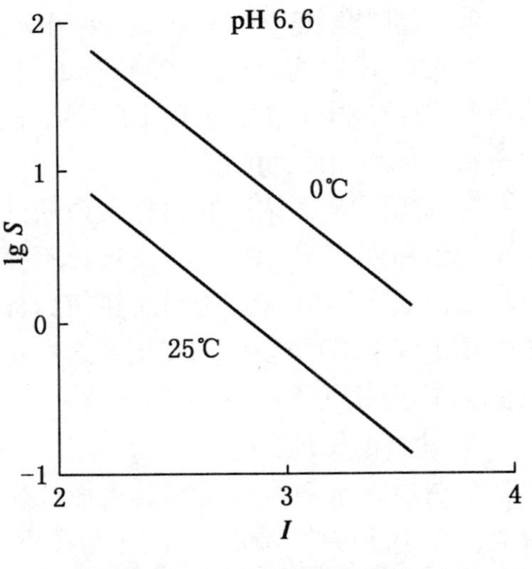

图 2-2　温度对碳氧血红蛋白的磷酸盐盐析曲线的影响

③ $(NH_4)_2SO_4$ 盐析法实际应用时的注意点

$(NH_4)_2SO_4$ 加入后，会使溶液变酸，为保持溶液中性，可加入 50 mmol/L 的磷酸缓冲液。

$(NH_4)_2SO_4$ 的溶解度在 0～30℃变化很少，在水中饱和溶液的浓度约为 4.05 mol/L，饱和溶液的密度为 1.235 g/m^3。如，在 20℃时饱和浓度为 533 g/L，因加入 $(NH_4)_2SO_4$ 体积会增大，1 L 水中加 $(NH_4)_2SO_4$ 至饱和，体积增至 1.425 L，所以要使 1 L 水达到饱和，需加 $(NH_4)_2SO_4$ 761 g。

考虑到溶解$(NH_4)_2SO_4$体积要增大，则于20℃时，使1 L$(NH_4)_2SO_4$溶液物质的量浓度c_1增至c_2所需加入的$(NH_4)_2SO_4$质量为G(g)：

$$G=\frac{533(c_2-c_1)}{4.05-0.3c_2} \tag{2-3}$$

上式如以饱和度表示，则从S_1增至S_2，需加入$(NH_4)_2SO_4$克数为：

$$G=\frac{533(S_2-S_1)}{100-0.3S_2} \tag{2-4}$$

上式还可以列成表，更为方便。

实际所需$(NH_4)_2SO_4$的饱和度，需通过试验决定。对多数蛋白质，当达到85%饱和度时，溶解度都小于0.1 mg/L，通常为兼顾收率与纯度，饱和度的操作范围在40%～60%之间。

如果需要先除去些杂蛋白，然后在较高的饱和度下，沉淀目标蛋白质，则可按下述步骤决定所需的饱和度：

ⓐ 取几份等体积溶液，20～50 mL之间，冷至4℃；

ⓑ 计算达到20%、30%、40%、50%、60%、70%、80%饱和度时所需加入的$(NH_4)_2SO_4$的量；

ⓒ 在搅拌下，加入$(NH_4)_2SO_4$，加完后再搅拌1 h，温度维持在4℃；

ⓓ 在3 000 r/min下，离心40 min；

ⓔ 沉淀物溶于2倍体积缓冲液中；

ⓕ 如有不溶物，可于3 000 r/min下，离心15 min，除去；

ⓖ 上清液中总蛋白可用Bradford法分析（此法分析总蛋白，不受$(NH_4)_2SO_4$的干扰），再分析目标蛋白质的浓度；

ⓗ 将蛋白质总浓度和目标蛋白质的浓度对饱和度作图（图2-3）。选择不使目标蛋白质沉淀的最大饱和度和使目标蛋白质沉淀的最低饱和度，在图2-3所示的例子中，分别为30%和50%。

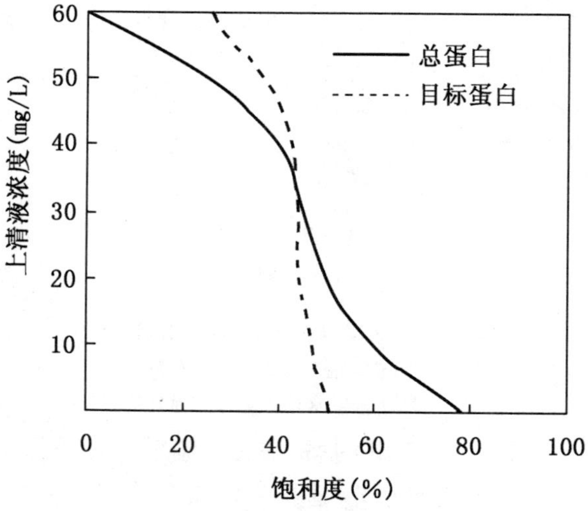

图2-3 典型的硫酸铵盐析过程

④ 盐析的机理

蛋白质在水中溶解度和其表面性质有关。在水溶液中，蛋白质分子的表面除带有荷电的基团外（如天冬氨酸、谷氨酸残基含羧基，组氨酸、精氨酸、赖氨酸残基含氨基），尚含有由憎水基团形成的区域，例如苯丙氨酸、酪氨酸、亮氨酸、缬氨酸等的侧链。在憎水区域的周围，水分子成有序排列。

如沉淀的固相蛋白质的状态和组成不随溶剂组成的变化而改变，则当从不同组成的溶剂中沉淀蛋白质，在达到平衡时，液相中蛋白质的活度应该相等。设蛋白质在纯水中的溶解度为S_0，而在一定组成的溶剂中的溶解度为S，两者之比就是该蛋白质的活度系数γ。

$$\gamma = \frac{S_0}{S} \tag{2-5}$$

当向蛋白质溶液中逐渐加入电解质时，开始，蛋白质的溶解度增大，这是由于蛋白质的活度系数降低的缘故，这种现象称为盐溶(salting-in)。对盐溶过程，通常阳离子影响较大，高价阳离子的盐类效果较显著。但当继续加入电解质时，另一种因素起作用，使蛋白质的溶解度减小，称为盐析(salting-out)，因而溶解度曲线有一最大点。这另一种因素是由于电解质的离子在水中发生水化，当电解质的浓度增加时，水分子就离开蛋白质的周围，暴露出憎水区域。憎水区域间的相互作用，使蛋白质聚集而沉淀。憎水区域越多，就越易产生聚沉。

根据 Melander 和 Horvath 的理论分析，蛋白质的盐析作用是由于静电作用引起的盐溶和憎水作用引起的盐析这两种作用相互作用的结果。将 Cohn 方程式化成无因次形式：

$$\lg \frac{S_0}{S} = -K_S I + \beta_0 \tag{2-6}$$

式中：S_0代表当离子强度为零时的溶解度。

蛋白质分子表面的憎水性决定分子间接触面积(Ω)，憎水区域间的作用力还与表面张力有关。当盐的浓度增大时，蛋白质分子周围的带相同电荷的离子层也增厚，因而使分子间的斥力(λ)也增大。总的盐析曲线的斜率为：

$$K_S = \Omega\sigma - \lambda \tag{2-7}$$

式中：σ 为摩尔表面张力增量，即盐的摩尔浓度增加 1 个单位时表面张力的增量。

(2) 等电点沉淀法

在低的离子强度下，调 pH 至等电点，使蛋白质所带净电荷为零，降低了静电斥力，而疏水力能使分子间相互吸引，形成沉淀。但对一些亲水性强的蛋白质(如明胶)，则在低离子强度的溶液中，调 pH 在等电点并不产生沉淀。

在 Cohn 方程式(2-1)中，也包含 pH 的影响。常数 β 与 pH 有关，在等电点附近，变化尤其显著，在盐析法②中已经讨论过。通常当中性盐的浓度增加时，相应于溶解度最低的 pH 向偏酸方向移动，同时最低溶解度会有所增大。

在等电点沉淀法中，如果加入一些有机溶剂或聚乙二醇，则可促进沉淀。

等电点沉淀法的一个主要优点是很多酶的等电点都在偏酸性范围内，而无机酸通常价较廉，并且某些酸(如磷酸、盐酸和硫酸)的应用能为蛋白质类食品所允许。同时，也可直接进行其他纯化操作，无需将残余的酸除去。

等电点沉淀法的主要缺点是酸化时易使酶失活，这是由于酶对低 pH 比较敏感。

(3) 有机溶剂沉淀法

利用和水互溶的有机溶剂使酶沉淀的方法很早就用来纯化酶。这种方法在工业上也很重要，例如，血浆蛋白质的分离纯化，至今仍采用。由于本法的机理和盐析法不同，可作为盐析法的补充。

加入有机溶剂于酶溶液中产生多种效应，这些效应结合起来，使酶沉淀。其中主要效应是水的活度的降低。当有机溶剂浓度增大时，水对酶分子表面上荷电基团或亲水基团的水化程度降低，或者说溶剂的介电常数降低，因而静电吸力增大。在憎水区域附近有序排列的水分子可以为有机溶剂所取代，使这些区域的溶解性增大。但除了憎水性特别强的酶外，对多数酶来说，后者影响较小，所以总的效果是导致酶分子聚集而沉淀。

有机溶剂沉淀法的优点是溶剂容易蒸发除去，不会残留在成品中，因此适用于制备食品级酶。而且有机溶剂密度低，与沉淀物密度差大，便于离心分离。有机溶剂沉淀法的缺点是，容易使酶变性失活，且有机溶剂易燃、易爆、安全要求较高。

本法在应用时，应注意下列各点：

① 降低温度，能增加收率和减少酶的变性。加溶剂于水，常为放热反应，故操作时需冷却。例如，用乙醇沉淀血浆蛋白，在－10℃下进行。有机溶剂-水溶液的冰点一般在0℃以下，故可以在零摄氏度以下操作，这是有机溶剂沉淀法的一个优点。

② 所选择的溶剂必须能和水互溶，而和酶不起作用，最常用的溶剂是乙醇和丙酮。

③ 酶的分子量越大，产生沉淀所需加入的有机溶剂量越少。例如，当用丙酮作为沉淀剂时有下列关系式：

$$(\text{所需加入丙酮的量}) = 1.8 - 0.12\ \text{In}(\text{酶的分子量}) \quad (2-8)$$

④ 将1 L浓度为 c_1（体积分数）的溶液，加入溶剂，使其浓度达到 c_2，所需加入溶剂的毫升数，可按下式计算：

$$\text{加入溶剂体积} = \frac{1\,000(c_2 - c_1)}{100 - c_2} \quad (2-9)$$

⑤ 一种酶的溶解度通常会由于另一酶的存在而降低。

⑥ 沉淀的酶如不能再溶解，就可能已经变性。

⑦ 对很多酶，丙酮加量在20%～50%（体积分数）之间，就能产生沉淀。

⑧ 接近等电点时，以引起沉淀所需加入有机溶剂的量较少。

⑨ 当溶剂量达到50%时，则通常只有分子量小于15 000的酶仍留在溶液中。

⑩ 少量中性盐的存在（0.1～0.2 mol/L以上）能产生盐溶作用，增加酶在有机溶剂水溶液的溶解度，这就使沉淀酶所需的有机溶剂量增大。一般认为，离子强度在0.05或稍低为最好，既能使沉淀迅速形成，又能对酶起保护作用，防止变性。

由盐析法制得的酶，用有机溶剂沉淀法进一步精制时，事先必须经过透析。另外，多价阳离子如 Ca^{2+}、Zn^{2+} 等会与酶形成复合物，这种复合物在水或有机溶剂中的溶解度较低，因而可以降低使酶沉淀的有机溶剂浓度，这对于分离那些在有机溶剂-水溶液中有明显溶解度的酶来说，是一种较好的方法。

(4) 非离子型聚合物沉淀法

许多水溶性非离子型聚合物，特别是PEG（聚乙二醇）可用来进行选择性沉淀以纯化酶。聚合物的作用认为与有机溶剂相似，能降低水化度，使酶沉淀。此现象和两水相的形成有联系。使低分子量的酶沉淀，需加入大量PEG；而使高分子量的酶沉淀，加入PEG的量较小。这一事实是对上述观点的一种支持。PEG是一种特别有用的沉淀剂，因为它无毒、不可燃并且对大多数酶有保护作用。PEG沉淀法能在室温下进行，得到的沉淀颗粒较大，收集容易（与其他沉淀方法相比）。

PEG的分子量需大于4 000，最常用的是6 000和20 000。所用的PEG浓度通常为20%，浓度再高，会使黏度增大，造成沉淀的回收比较困难。PEG对后续分离步骤影响较少，因此可以不必除去。PEG 的存在会干扰 $A_{280\ nm}$ 和 Lowry 法测定酶，但对 biuret 法无干扰。

酶溶解度与 PEG 浓度之间的关系可用下式表示：

$$\lg S = \lg S_0 - K[\mathrm{PEG}] \qquad (2-10)$$

式中：S 为在 PEG 存在时的溶解度；

S_0 为无 PEG 时的溶解度，与 pH 和离子强度有关；

K 为常数，与酶和 PEG 的分子大小有关。

和有机溶剂沉淀法一样，在等电点附近，加入 PEG 沉淀效果较好。两价金属离子的存在，也能促进某些酶在 PEG 中的沉淀。

(5) 聚电解质沉淀法

加入聚电解质的作用和絮凝剂类似，同时还兼有一些盐析和降低水化等作用。缺点是，往往会使酶结构改变。但它们应用于酶和食品蛋白的回收中，因而值得注意。

有一些离子型多糖化合物应用于沉淀食品蛋白。用得较多的是酸性多糖，如羧甲基纤维素、海藻酸盐、果胶酸盐和卡拉胶等，它们的作用主要是静电引力。如羧甲基纤维素能在 pH 低于等电点时使蛋白沉淀，和其他絮凝剂一样，加入量不能太多，否则会引起胶溶作用而重新溶解。

一些阴离子聚合物如聚丙烯酸和聚甲基丙烯酸，以及一些阳离子聚合物如聚乙烯亚胺和以聚苯乙烯为骨架的季铵盐曾用来沉淀乳清蛋白质。

聚乙烯亚胺 ($H_2N(C_2H_4NH)_nC_2H_4NH_2$) 能与蛋白质的酸性区域形成复合物，在中性时，带正电(亚胺基的 pK_a 值在 10～11 之间)，因而沉淀核酸很有效。在污水处理中作絮凝剂，也广泛用于酶的纯化中。

2) 凝胶过滤

凝胶过滤(gel filtration chromatography)有多种名称，如又称凝胶排阻层析、分子筛层析法和凝胶层析法等，凝胶过滤是根据溶质分子的大小进行分离的方法。它具有一系列的优点，如操作方便、不会使物质变性、层析介质不需再生、可反复使用等，因而在酶纯化中占有重要位置。由于凝胶层析剂的容量比较低，所以在生物大分子物质的分离纯化中，一般不作为第一步的分离方法，而往往在最后的处理中被使用。它的应用主要包括脱盐，生物大分子按分子大小分级分离以及分子量测定等。

(1) 基本原理(见图 2-4)

在显微镜下，可观察到凝胶过滤层析介质具有海绵状结构。将凝胶装于层析柱中，加入混合液，内含不同分子量的物质，小分子溶质能在凝胶海绵状网格内，即凝胶内部空间全都能为小分子溶质所达到，凝胶内外小分子溶质浓度一致。在向下移动的过程中，它从一个凝胶颗粒内部扩散到胶粒孔隙后再进入另一凝胶颗粒，如此不断地进入与流出，使流程增长，移动速率慢故最后流出层析柱。而中等大小的分子，它们也能在凝胶颗粒内外分布，部分送入凝胶颗粒，从而在大分子与小分子物质之间被洗脱。大分子溶质不能透入凝胶内，而只能沿着凝胶颗粒间隙运动，因此流程短，下移速度较小分子溶质快而首先流出层析柱。因而，样品通过定距离的层析柱后，不同大小的分子将按先后顺序依次流出，彼此分开。

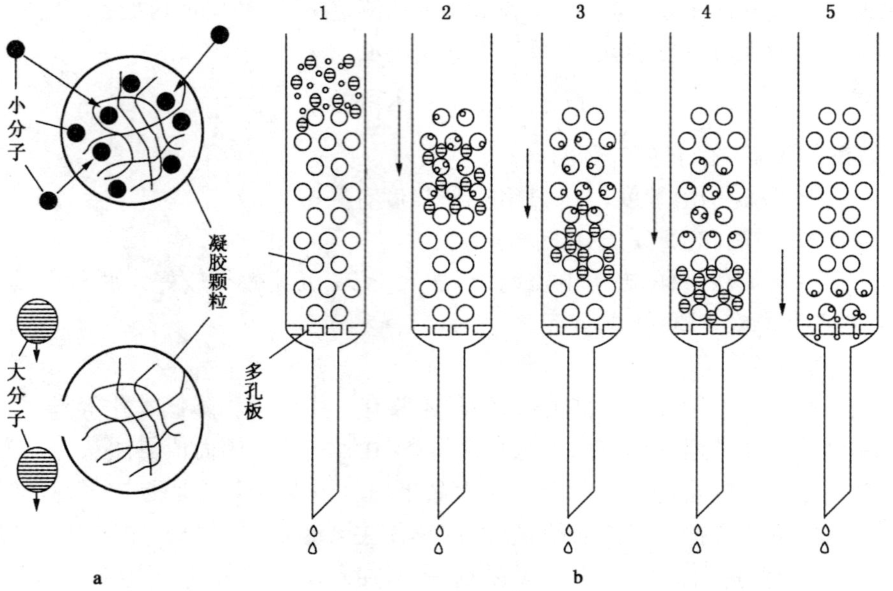

图 2-4　凝胶过滤层析的原理

(a) 小分子由于扩散作用进入凝胶内部被截留;大分子被排阻在颗粒外,在颗粒间迅速通过。

(b) 1. 蛋白质混合物上柱; 2. 洗脱开始,小分子扩散进入凝胶颗粒内,大分子被排阻在颗粒外; 3. 小分子被截留,大分子向下移动,大小分子分开; 4. 大小分子完全分开; 5. 大分子行程较短,已洗脱出层析柱,小分子尚在行进中。

(2) 凝胶种类

① 葡聚糖凝胶

葡聚糖凝胶是分子量几万到几十万的葡聚糖凝胶通过环氧氯丙烷交联而成的网状结构物质,可分离分子量从 1 000～500 000 的分子。其商品名是 Sephadex G,有各种型号(见表 2-3),G-后的数字表示每克干胶吸水量(即吸水值)的 10 倍,其特性如表 2-3 所示。另外,还有一种为 Sephacryl-S,通过 *N*,*N*-甲叉双丙烯酰胺交联的烯丙基葡聚糖,可适用于水、有机溶剂及高浓度解离试剂存在的系统。另一类 Sephadex-LH,适用于脂类化合物的分离。

表 2-3　各种葡聚糖凝胶

类　型	颗粒直径(μm)	工作范围		吸水值(mL/g 干胶)	床体积(mL/g 干胶)	膨胀时间(h)	
		球状(分子量)	线状(分子量)			20℃	100℃
G-10	40～120	700	700	1±0.2	2～3	3	1
G-15	40～120	1 500	1 500	1.5±0.2	2.5～3.5	3	1
G-25	300～10	1 000～5 000	100～5 000	2.5±0.2	4～6	6	2
G-50	300～10	1 500～30 000	500～10 000	5.0±0.3	9～11	6	2
G-75	120～10	3 000～70 000	1 000～50 000	7.5±0.5	12～15	24	3
G-100	120～10	4 000～150 000	1 000～100 000	10±1	15～30	48	5
G-150	120～10	5 000～400 000	1 000～150 000	15±1.5	20～30	72	5
G-200	120～10	5 000～800 000	1 000～200 000	20±2	30～40	72	5

葡聚糖凝胶在干燥状态是坚硬的白色粉末,不溶于水和盐类溶液。因具有大量的羟基,故有很大的亲水性,在水中即显膨胀,吸水后机械强度大大降低。它对弱碱和弱酸(pH 2～12)

稳定。在强酸溶液中，特别是在高温度下，糖苷键会水解。在中性下，可在120℃加压消毒保存。和氧化剂接触会分解。长久不用时，有时会长霉，应加防腐剂。

② 聚丙烯酰胺凝胶

聚丙烯酰胺凝胶是以丙烯酰胺为单体，通过 *N*，*N*－甲叉双丙烯酰胺为交联剂共聚而成的凝胶物质，其特性如表 2－4 所示。商品名是 Bio－Gel P，有各种型号，P－后的数字乘以1 000表示其分离的最大分子量(即排阻分子量)。

表 2-4　各种聚丙烯酰胺凝胶

型　号	颗粒数目	颗粒直径(μm)	工作范围(分子量)	吸水值(mL/g 干胶)	床体积(mL/g 干胶)	溶胶时间(h)	
						20℃	沸水浴
P－2	50～400	150～40	200～2 000	1.5	3.0	2～4	2
P－4	50～400	150～40	800～4 000	2.4	4.8	2～4	2
P－6	50～400	150～40	1 000～6 000	3.7	7.4	2～4	2
P－10	50～400	150～40	1 500～20 000	4.5	9.4	2～4	2
P－30	50～400	150～40	2 500～40 000	5.7	11.4	10～12	3
P－60	50～400	150～40	3 000～60 000	7.2	14.4	10～12	3
P－100	50～400	150～40	5 000～100 000	7.5	15.4	24	5
P－150	50～400	150～40	15 000～150 000	9.7	18.4	24	5
P－200	50～400	150～40	30 000～200 000	14.7	29.4	48	5
P－300	50～400	150～40	60 000～400 000	18.0	36.0	48	5

③ 琼脂糖凝胶

琼脂糖是琼脂抽去琼脂胶等之后所得 D－半乳糖和 3，6－脱水半乳糖，自动缔合而成的网眼结构物质，孔径大小由胶的浓度决定。以商品 Sepharose 为例，有 2B、4B 和 6B 等规格，B 前面数字表示胶百分浓度。这类凝胶孔径都比较大，适于分离较大的物质，如病毒、细胞颗粒和 DNA 等，其特性如表 2-5 所示。另一类为 Sepharose CL，适用于有机溶剂和氢键解离试剂存在的情况。还有一种称为 Bio－Gel A 是琼脂糖和丙烯酰胺的交联胶，适应氢键分解存在的情况，而且有较一致孔径，可用于酶分离。

表 2-5　各种琼脂糖凝胶

品　名	琼脂糖含量(%)	颗粒度*	工作范围(分子量)
Bio－Gel A－0.5M	10	50～100 目 100～200 目 200～400 目	$<10^{4}\sim 5\times10^{5}$
Bio－Gel A－1.5M	8		$<10^{4}\sim 1.5\times10^{6}$
Bio－Gel A－5M	6		$10^{4}\sim 5\times10^{6}$
Bio－Gel A－15M	4		$4\times10^{4}\sim 1.5\times10^{7}$
Bio－Gel A－50M	2		$10^{5}\sim 5\times10^{7}$
Bio－Gel A－150M	1		$10^{6}\sim 1.5\times10^{8}$
Bio－Gel A－6B	6	40～120 μm	$10^{4}\sim4\times10^{6}$
Bio－Gel A－4B	4	40～190 μm	$10^{4}\sim2\times10^{7}$
Bio－Gel A－2B	2	60～250 μm	$10^{4}\sim4\times10^{7}$

* 这里颗粒度是湿态测得。

(3) 凝胶层析的操作

① 凝胶选择

首先要选择合适的凝胶。如果凝胶用于脱盐，即从高分子量的溶质中除去低分子量的无机盐，则可选择型号较小的凝胶(如 G-10，G-15，G-25)；如果凝胶用于层析分离法，则可根据商品资料中所列分离范围而选择。

市售凝胶的粒度分粗(50 目)、中(100 目)、细(200 目)、极细(300 目)4 种。一般粗、中者用于生产上层析分离，细者用于提纯和科研，极细者由于装柱后容易堵塞，影响流速，不用于一般凝胶分离。

市售凝胶必须经充分溶胀后才能使用。将干燥凝胶加水或缓冲液在烧杯中搅拌、静置，倾去上层混悬浮液，除去过细的粒子。如此反复数次，直至上层澄清为止。G-75 以下凝胶只需浸泡 1 天，但 G-100 以上型号，至少需要浸泡 3 天。加热能缩短浸泡时间。

② 装柱

柱的长度是决定分离效果的重要因素，一般选用细长柱作凝胶过滤。进行脱盐时，柱高 50 cm 比较合适；分级分离时，100 cm 就足够了。

凝胶柱用洗涤液洗净，关上螺旋夹，柱内装入缓冲溶液，微开出口螺旋夹，让缓冲液缓慢流出，赶走死区中的气泡，柱中保流少量缓冲液，关闭螺旋夹。将基本平衡好的胶液放在抽滤瓶中减压除尽气泡，然后沿管壁倒入柱中，待沉降至床高约 1 cm 高度时，部分旋松螺旋夹，让溶液缓慢流出去。注意，此时的流速要比正常洗脱时的流速慢，陆续加入较多的浆液，直至达到规定高度的柱床体积。装柱时环境温度应与应用时环境温度一致，否则已装好的介质会有气泡产生。装好的柱要检查其均匀性，可用蓝色葡聚糖-T 2 000 配成 2 mg/mL 的溶液过柱，观察色带是否均匀下降。也可对光检查，看其是否均匀或有无气泡存在。

③ 加样

样品上样前应除去不溶物。在平衡后，吸去胶面上液体，准备上样。被分离样品溶液一般以浓度大些为好，分析用量一般为每 100 mL 床体积中加样 1～2 mL，制备用量一般为每 100 mL 加样 20～30 mL，这样可使样品的洗脱体积小于样品各组分之间的分离体积，获得较满意的分离效果。待样品在柱中自然流进凝胶后，再在凝胶表面加一些洗脱液，也使其流进凝胶。

④ 洗脱

洗脱液成分应与膨胀胶所用的液体相同，不相同时可通过平衡操作来达到。洗脱液加在柱上的压力(即所谓操作压)，对于凝胶过滤是一个重要因素。一般操作压大，流速快。如操作压太大，会使凝胶压缩，流速会很快减慢，从而影响分离操作。每种凝胶都有适宜的操作压限制，特别是使用交联度小的葡聚糖凝胶时更要特别注意。Sephadex G-100 的适宜液位差是 2.4～9.4 kPa，而 G-200 凝胶则为 0.4～0.6 kPa。

洗脱液可分步收集，根据检测器及记录仪或根据样品具体性质采用的分析方法，得到洗脱图谱。

⑤ 凝胶再生和保养

在洗脱过程中所有成分一般都被洗脱下来，所以装好柱后可反复使用，无需特殊处理。但多次使用后，凝胶颗粒可能逐步压紧，流速变慢。这时只需将凝胶倒出，重新填装。如短期不用，可加防腐剂(如 0.02%叠氮化钠 NaN_3等)。若长期不用，则可逐步以不同浓度的酒精浸泡，末一次脱水需用 95%酒精，然后 60～80℃烘干。

对于一些离子交换葡聚糖凝胶，例如在 G－25 和 G－50 的基质上，接上一些功能团后，具有离子交换能力，它们的凝胶网格同样有排阻极限，因此也可在一些条件下用做凝胶过滤层析分离法。

处理离子交换凝胶的操作方法如下：阴离子交换凝胶 1 g 干胶，约用 100 mL 0.5 mol/L HCl 溶液处理 20 min 后，布氏漏斗过滤，漏斗上充分水洗，再用同量 0.5 mol/L NaOH 溶液处理 20 min 后，水洗至中性。如此反复处理 2～3 次。阳离子交换凝胶可把用酸和碱处理的次序颠倒过来，装柱前用缓冲液平衡，然后装柱。

3) *亲和层析法*

亲和层析(affinity chromatography)是利用生物体内存在的特异性相互作用分子对而设计的层析方法，见图 2－5。生物体内相互作用的分子对有酶-底物或抑制剂、抗原-抗体、激素-受体、糖蛋白-凝集素、生物素-生物素结合蛋白等。将特异性相互作用的分子对其中一种分子用化学方法固定化到亲水性多孔固体基质上，装入层析柱中，用一定的 pH 和一定的离子强度缓冲液对柱子进行平衡，然后将样品溶解在缓冲液中上柱进行亲和吸附，之后用缓冲液淋洗层析柱，除去未结合杂蛋白，最后用适当的洗脱剂洗脱，得到纯化的目标蛋白。

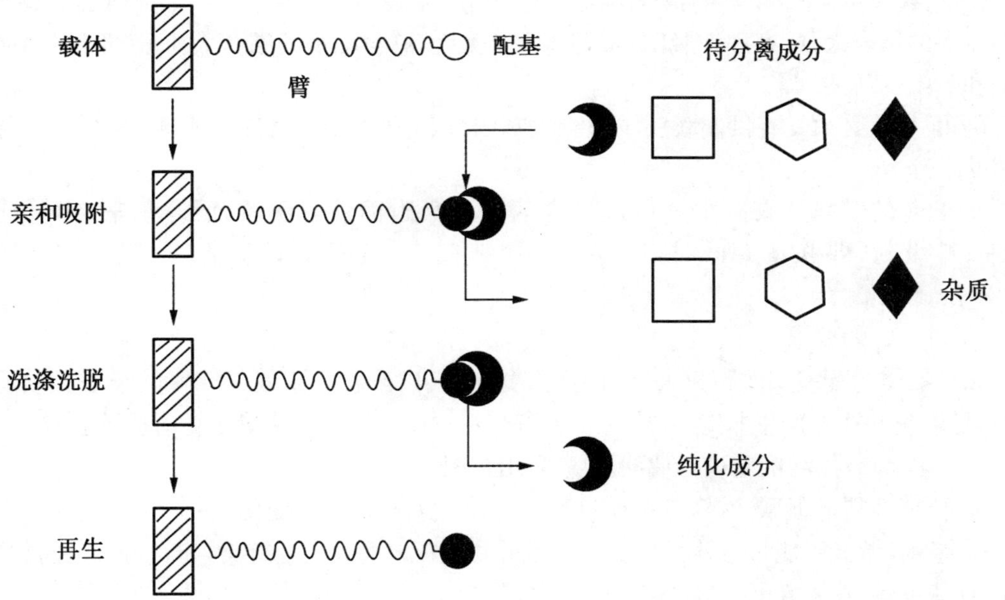

图 2-5　亲和分离原理示意图

(1) 基质

基质(matrix)是用于固定配基，起支持作用的亲水性多孔载体。用做亲和层析的基质需满足下列条件：

① 具有亲水性，尽可能少地产生非特异性吸附；

② 具有可活化的大量化学基团用于连接配基；

③ 机械强度好，具有一定刚性，能耐受层析柱操作中一定的压力，并不随溶剂环境而发

生显著体积收缩或膨胀；

④ 稳定性好，不被微生物降解，能耐受一定酸碱性和促溶剂清洗；

⑤ 颗粒大小及孔径均匀，能容纳生物大分子进出，有适当流速。

在满足上述条件的介质中，琼脂糖是应用最普遍的。它具有亲水性和可活化的羟基，不被微生物降解，在 pH 2～13 范围内稳定。由海洋生物琼脂提取得到的主要成分琼脂糖用做制备层析介质。琼脂主要有两种成分，即琼脂糖与琼胶。琼脂糖是中性不带电荷的 3,6 -脱水- L -吡喃半乳糖与 β- D -半乳糖残基的交替连接物。琼胶则是含磺酸基团和少量羧基的多糖聚合物。这些带负电荷基团的琼胶在制备琼脂糖的过程中混杂到产品中，用做层析介质时易产生非特异性吸附。因此，由琼脂制备琼脂糖时应设法除去琼胶而得到中性琼脂糖。

(2) 配基和臂

配基要性质适当，要使配基连在载体上往往需要经过几步反应。直接将配基偶联于载体上得到的亲和层析剂，常因配基和载体间相距太近，而酶的活性中心一般又处在酶分子的内部，往往影响到酶与配基间的亲和作用。如果在配基和载体间加上一连接臂，便可提高亲和作用。

① 配基的选择

利用亲和层析纯化酶，配基的选择具有较重要的作用。配基一般要求符合以下的要求：

a. 配基-酶的解离常数的选择范围应大于 10^{-8} mol、小于 10^{-4} mol，如果解离常数太小，配基与酶的结合太强，亲和洗脱困难；解离常数太大，酶与配基的结合太松散，不能达到专一性亲和吸附的目的。

b. 配基上必须具有供偶联反应的活泼基团，而且当它们与载体(或臂)结合后，不能影响酶的亲和力。

c. 配基的偶联量太高也会造成过强的亲和吸附而洗脱困难，同时带来空间位阻和非专一性吸附，偶联量太低时，造成分离效率低，一般配基偶联量(膨润胶)应控制在 1～20 μmol/mL。

② 对长臂的要求

如果载体与配基间的距离太近，往往需要加臂，以改善吸附效果。臂的长短必须适合，太长，易断裂并往往产生非专一性吸附；太短起不到应有效果。一般对臂有如下要求：

a. 具有与载体和配基进行偶联反应的功能基团。

b. 要能经得起偶联、洗脱等操作过程的化学处理和条件的变化。

c. 亲水，但又不能带电荷。在实践中常采用的配基有：碳氢链类，如 α、ω -二胺化合物，α、ω -氨基羧酸；聚氨基酸，如聚 DL -丙氨酸，聚 DL -赖氨酸等；某些天然白蛋白等。

(3) 亲和层析的操作过程

Pharmacia 公司推出的 AKTA 层析设备应用很流行。该设备自动化程度高，电脑控制，可设定梯度洗脱控制，多参数在线检测，峰值积分计算，资料分析与保存，层析操作程序设定。该设备应用于摸索层析工艺条件很方便，以下为该系统的主要操作过程。

① 装柱

装柱对层析操作的成功起着至关重要的作用。介质装填要均匀，不能有气泡产生，表面平整。其操作可简述为：将层析柱垂直固定，打开下端出口，旋开上盖，拧上螺旋漏斗。将计算体积的亲和介质悬浮到等体积水中，做成 50%悬浮液，一次加到漏斗中，残留在杯子壁上的胶用少量水冲洗，一并加入至漏斗中，待水面接近胶面时，关闭下端出口。旋出漏斗，将适配器插至接近胶面。若无适配器，则剪一片塑料纸置胶面上，防止液滴扰动胶面。连接蠕动泵，打开下端出口，将水输送至层析柱；流过一定体积水后，柱中介质得到压实，关闭出口。柱子装好后应对光检查，看是否均匀。装柱时环境温度应与应用时环境温度一致，否则已装好的介质会有气泡产生。

② 平衡

用5倍体积吸附缓冲液输送至层析柱，使介质充分得平衡。在选择吸附缓冲液时，需要考虑缓冲液种类、浓度、pH、盐浓度等因素，经实验确定并加以优化，使有利于目标蛋白结合到亲和介质上。

③ 上样

将溶有样品的吸附缓冲液输送至层析柱，样品的浓度要适当，一般不超过10 mg/mL。样品也要有一定的纯度，杂质太多的样品会污染层析柱。样品上柱前需经微孔滤膜过滤以除去颗粒性杂质。上样的流速依据样品浓度做适当调整，样品浓度高者，流速慢些，以达到充分吸附；样品浓度低者，可适当加快流速。上样时间需根据亲和介质的吸附容量而定，一般达到饱和吸附量的80%即可。

④ 淋洗

样品流完后，将柱子用吸附缓冲液淋洗，除去残留在介质中杂质。有时仅用吸附缓冲液淋洗并不能充分洗掉杂质，因为有些杂质与介质间存在弱的结合。可根据具体情况通过改变盐浓度、pH或加入一定表面活性剂(0.1%～1%)等方法除去结合在介质上的杂质，运用适当能取得较为理想的结果，使纯化倍数大大提高。如在对氨基苯甲脒-琼脂糖介质亲和纯化尿激酶粗制品时，淋洗液中加入适量表面活性剂，一次纯化倍数可达300倍以上。在淋洗时应当注意淋洗缓冲液体积不能过大，因为配基与目标物之间结合所形成的复合物会有不同程度的解离，若淋洗体积过大，目标蛋白损失明显，得率受到影响。对于比较纯的初始样品，洗至吸收度在0.02以下是比较容易的，一般几倍床体积即可；而对于含杂质较多的样品，若洗至吸收度0.02以下则需洗十几至几十倍床体积，目标蛋白几乎大半被洗下来。因此，对于后者吸收度只能洗至0.5左右即可。

⑤ 洗脱

将目标蛋白从与它配基的结合中解离出来称为洗脱。洗脱的条件与吸附的条件正好相反。洗脱条件的选择同样要考虑到缓冲液种类、浓度、pH、盐浓度及其他添加物，使目标蛋白尽可能最大限度得到纯化，尽量避免杂质与目标蛋白一起被洗脱。实际工作中可选择的洗脱缓冲液有专一性洗脱液和非专一性洗脱液。

a. 专一性洗脱

用相同的配基或配基的类似物加到缓冲液中，用量通常为0.05～0.1 mol/L，能有效地与固定化到介质上的配基竞争目标蛋白，能得到尖锐的洗脱峰。纯化凝集素粗提物用糖为配基制备亲和介质，在洗脱缓冲液中加入0.1 mol/L蔗糖，能有效洗脱凝集素。专一性洗脱法得到的目标物纯度高，洗脱集中。但专一性洗脱剂并不总是能像蔗糖那样容易得到，其成本也就高，且在洗脱后需要将洗脱剂除去，这增加了麻烦。

b. 非专一性洗脱

非专一性洗脱是通过改变缓冲液种类、浓度、pH、盐浓度或添加物使目标物从柱上洗脱的方法。这种方法虽然没有专一性洗脱法目标物纯度高，但易于配制，运用得当也能得到理想的效果，从而成为应用最为广泛的洗脱方法。

亲和作用通常与 pH 有关系，但极端 pH 应当避免使用，以免引起失活，或介质不稳定。亲和层析一般在 pH 3～12 的范围内操作，多数情况下仅靠 pH 的作用是难以洗脱完全的。若亲和作用中伴有离子性电荷作用，可考虑采用调节盐浓度的方法协助洗脱，某些情况下仅靠调节盐浓度亦能取得理想的洗脱效果。

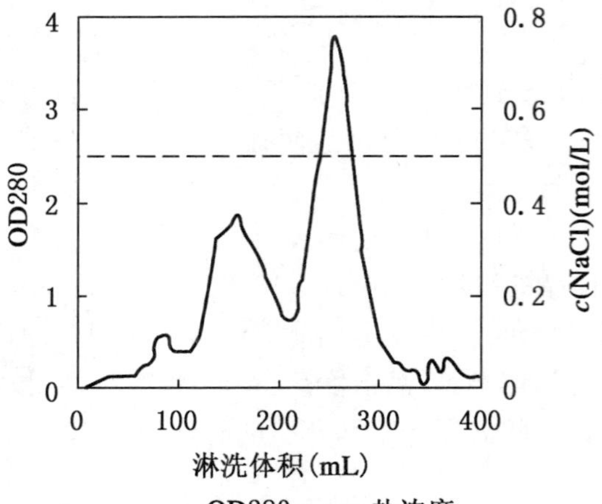

图 2-6 恒定洗脱

在洗脱缓冲液中加入某些添加剂可有助于目标物洗脱，如乙二醇、NaCNS、尿素、盐酸胍等。加入的浓度需经实验确定，既能保证洗脱得率，又能保证纯度。

所采用洗脱方法有如下三种：

• 恒定洗脱

将洗脱缓冲液加至淋洗后的层析柱上，将目标产物一次性洗脱下来。这种方法适用于样品纯度比较高、洗脱方便的情况，因其操作简便易行，所以应用是最多(图 2-6)。

• 分步洗脱

当样品含杂质较多时，可先用一种洗脱缓冲液洗脱杂质，然后用更强烈的洗脱缓冲液洗脱目标物。在肝素亲和柱纯化酸性成纤维细胞因子时，用 0.05 mol/L，pH 7.5 Tris－HCl(含 0.6 mol/L NaCl)淋洗缓冲液，淋洗层析柱后，用相同缓冲液(1.0 mol/ L NaCl)洗脱液洗脱杂质。最后用含 1.8 mo/L NaCl 上述缓冲液洗脱目标物，一次层析就能得到银染法电泳纯目标物。

• 梯度洗脱

连续改变洗脱液的组成可使目标物洗脱集中，避免拖尾出现并提高分辨率，与其他成分洗脱峰分开(见图 2-7)。梯度洗脱设备可以自制，一般在层析仪上附带有梯度混合器可以方便地控制。

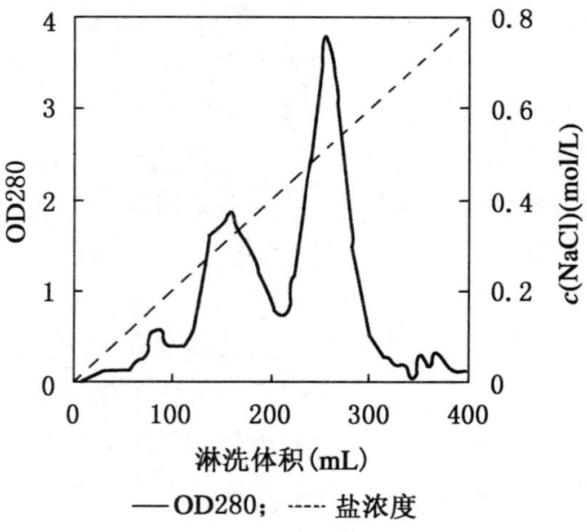

图 2-7 梯度洗脱

⑥ 层析柱清洗

层析柱反复使用若干次后，杂质污染变得愈来愈明显，吸附容量开始下降，这时需要加以清洗。层析柱的清洗是整个层析操作的重要步骤。根据亲和介质的稳定性，可选用低浓度酸或碱、促溶剂 3 mol/L NaCNS、变性剂 6 mol/L 尿素、6 mol/L 盐酸胍、有机溶剂(70%乙醇)、表面活性剂等处理，清洗剂的选择需经实验确定。在清洗时注意清洗剂与亲和介质接触时间不能太长，以免破坏介质。经过清洗后的亲和介质吸附性能得到显著恢复。

4）染料层析法

用做亲和配基的染料主要有两类，一类是 Cibacron，另一类是 Procion。这些染料结构中都有三嗪环，环上有 1～2 个可被取代的氯原子。三嗪环可与含羟基的介质反应耦联到介质上，在介质与染料间形成醚键。染料部分常有蒽醌或萘衍生物，含有一个或多个氨基或磺酸基，其结构类似某些酶的底物。Cibacron Blue F3GA 与 NAD 的分子模型大致类同，而且两者之间最主要的相同点是它们都具有平面环状结构。X 射线晶体学的研究也证明，蓝色染料与肝醇脱氢酶的结合中，它的位子正好同 NAD 与该酶结合的位子相对应，并且其取向与 NAD 中的腺嘌呤及核糖环一致，只是与烟酰胺的位子不同。因此，这个染料可看作为 ADP-核酸的结构类似物(图 2-8)。三嗪染料是许多酶和蛋白质极有效的吸附剂，是纯化脱氢酶、激酶、转移酶、多聚酶、核酸酶、水解酶、合成酶等极好的配基。Cibacron Blue 最大的应用是分级血浆蛋白，它同血清白蛋白的作用是众所周知的例子。

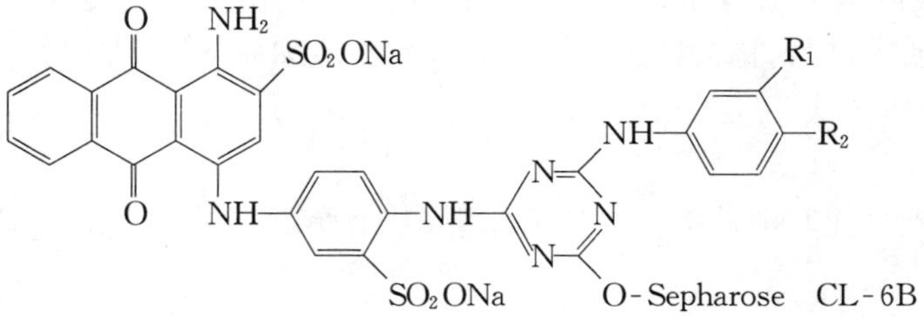

R_1＝H 或 SO_2ONa

R_2＝SO_2ONa 或 H

图 2-8 蓝色 Sepharose CL-6B 的部分结构

利用合成的染料作配基用于亲和层析有很多优点。蛋白结合容量大，是天然配基蛋白质结合量的 10～100 倍，廉价易得，具有普遍适用性；配基的耦联方法简单，易于操作，可大规模应用。染料的光谱特征可用来检测柱中染料浓度。但应当注意，蛋白质洗脱容易，染料配基在使用中有可能水解从基质上脱落而残留到产品中，作为药物注射到人体后可能带来不良影响。

5）疏水层析

将疏水性基团如丁烷、辛烷、苯固定化到介质上，这些基团会与蛋白质生物大分子上的疏水区亲和。同一疏水基团对不同蛋白质的亲和会存在差异，不同疏水基团对同一蛋白质的亲和也存在差异。亲和作用与配基密度有很大关系，配基密度高，亲和作用强，反之则较弱。在高盐浓度中有利于蛋白质亲和。

疏水亲和介质的制备需在有机溶剂中进行。疏水配基的耦联采用琼脂糖在有机溶剂中用 CDI(羰基二咪唑)活化后，再与芳胺或烷胺在水相或部分水相中耦联形成酰胺键，得到电中性疏水层析介质。

采用上述方法所得到的疏水层析介质配基密度 40～80 mol/mL 胶，吸附牛血清蛋白(BSA)大于 40 mg/mL。根据需要控制反应条件可得到不同配基密度的疏水介质。

疏水亲和层析需在高盐浓度的环境中，一般用$(NH_4)_2SO_4$或 NaCl 调节盐浓度在 1～2 mol/L。疏水性强的蛋白质，盐浓度可低些；疏水性弱的蛋白质，盐浓度可调高些。盐浓度的控制既能使目标蛋白结合完全，又要防止杂蛋白过多吸附。pH 控制一般选在中性或偏酸性范围。

在样品吸附后，仅用结合缓冲液洗涤杂蛋白是不够的，最好用0.5%～2%表面活性剂洗涤杂蛋白，能明显除去大量杂蛋白。

疏水层析洗脱往往比较困难，降低盐浓度是必需的，一般在缓冲液中加入0.1～0.5 mol/L NaCl，再配合pH变化。若不能洗脱完全，则考虑采用低浓度促溶剂0.1%～0.5% NaCNS，或20%～40%乙二醇等增加洗脱率。一个好的洗脱条件，需要精心设计、反复实验才能最终确定。

6）电泳法

电泳法（electrophoresis）是靠溶质在电场移动中移动速度不同而分离的方法。溶质必须带电，它本身可以是离子或由于表面吸附离子而带电。蛋白质或其他多电解质自身带电。蛋白质具有正负两类解离基，称为两性电解质，蛋白质在酸性时带正电，在碱性时带负电。电泳中因通电发热等原因而引起的对流，常会使已分离的溶质重新混合。为了防止对流，可将电泳在多孔介质中进行，称为区带电泳。而多孔介质称为载体，应用最普遍的是凝胶作为载体，故称为凝胶电泳法。

（1）原理

在一个稀溶液且无其他盐类存在的情况下，一个净电荷为Q的带电质点在电场中运动所受之力F为

$$F = EQ \tag{2-11}$$

式中：E为电场强度。

质点运动的阻力和其运动轨迹形状有关，若为球形，且其半径为r，当运动速度不大时，阻力服从于Stokes定律：

$$F = 6\pi r\eta v \tag{2-12}$$

式中：η为介质黏度；

v为质点运动速度。

当达到稳定状态时，

$$EQ = 6\pi r\eta v \tag{2-13}$$

单位电场强度（1 V/cm）下的运动速度称为离子淌度或迁移率：

$$v_o = \frac{v}{E} = \frac{Q}{6\pi r\eta} \tag{2-14}$$

和层析中的R_f（阻滞因数）值相似，在电泳法中，常以迁移率来表征各个组分。

在电泳中，常伴有电渗现象。在电场中，液体对于一个固定固体的相对移动，称为电渗。通常滤纸含有一定量的羧基，在碱性溶液中羧基电离，滤纸带负电荷，而与纸相接触的介质（通常为水）就带正电荷。在电场中，介质向负极移动，所以在测定离子的电泳速度时，需对电渗现象加以校正。常以中性物质如葡聚糖、氯霉素和淀粉等来测定电渗速度，单位电场强度的电渗速度称为电渗迁移率。对于阳离子，需将所测得的迁移率减去电渗迁移率，而对于阴离子需加上电渗迁移率。

(2) 聚丙烯酰胺凝胶电泳

由于凝胶电泳的作用是基于凝胶过滤作用(分子筛作用)和电泳淌度双重机理,所以它能获得较高的分辨率,并且操作方便,应用面又广。常用的凝胶材料是聚丙烯酰胺。聚丙烯酰胺含量为7.5%的凝胶,适用于分子量范围为10 000～1 000 000,而能产生最佳分辨率的分子量范围是30 000到300 000。聚丙烯酰胺含量3.5%的凝胶,可适用的分子量范围为1 000 000到5 000 000。高于5 000 000的生物大分子物质的电泳,需采用琼脂糖和聚丙烯酰胺的混合物,或者单一地为琼脂糖凝胶。

聚丙烯酰胺凝胶是由丙烯酰胺单体(Acr)和交联剂亚甲基双丙烯酰胺(Bis)在催化剂的作用下聚合成酰胺基侧链的脂肪族长链,相邻的两个链通过亚甲基桥交链起来而形成三维网状结构的凝胶。

催化系统包括催化剂过硫酸铵[$(NH_4)_2S_2O_3$]和加速剂四甲基乙二胺(tetramethylethylene diamine,简称TEMED)。过硫酸铵产生出游离氧原子使单体成为具有游离基的状态从而发生聚合作用。这种催化系统要在碱性条件下进行,如在pH 8.8条件下7%的丙烯酰胺溶液30 min就能聚合完毕;在pH 4.3时聚合得很慢,要90 min才能完成。一般在室温下能很快聚合,如温度过低,在氧分子或不纯物存在时都能延迟凝胶的聚合。为避免溶液中气泡窝藏有氧分子而妨碍聚合,在聚合前有必要将溶液分别抽气,然后再混合。将混合后的凝胶溶液放在0℃就能延迟聚合。

凝胶的机械性能、弹性是否适中是很重要的,胶太软易于断裂,特别是在制作板型凝胶时,因胶太软很难操作;胶太硬则脆,也易折断。凝胶的机械性能、弹性、透明度及黏着度(凝胶与器壁黏着,防止样品渗漏)取决于凝胶总浓度与Acr和Bis两者之比例。一般在有关电泳操作手册中会给出参考配方。

缓冲液的选择对成功的电泳也很关键。结合样品的性质,选用适当的pH、离子种类和离子强度的缓冲液。pH的变化范围会显著地影响酶分子羧基和氨基的解离,而左右其泳动率。所选的pH应能使酶分子处于最大电荷状态,能使样品中各种酶分子表现出泳动率的差别最大,因此选择的pH接近酶的等电点显然是不利的。酸性酶在pH高的条件下,碱性酶在pH低的条件下常能得到较好的分离,电泳分离效果较好。在考虑离子种类和离子强度时,原则上只要有导电离子存在的任何溶剂都能用于电泳,不过要避免因离子种类与离子强度选择不当使样品各酶分子之间相互作用而形成人为假象。常选用离子强度低的缓冲液(0.01～0.1 mol/L之间)。离子强度低,从而电导低,低电导能产生高电压梯度,电泳分离过程短,产生的热量也较小,分离效果好。

凝胶电泳与凝胶过滤的区别是,在凝胶电泳中样品混合物中各分子的运动速度是小分子物质大于大分子物质,这和凝胶过滤中的情况恰好相反。因为在凝胶电泳中,系统里没有空隙体积,只有充满整个凝胶的连续的网状骨架,因此在其内部大分子物质不及小分子物质容易移动。

在电泳技术中,聚丙烯酰胺凝胶电泳应用最为广泛,其中常用的是凝胶电泳薄板操作法,本节仅讨论不连续电泳和十二烷基硫酸钠-聚丙烯酰胺凝胶电泳(简称SDS-PAGE)。

① 不连续凝胶电泳

不连续凝胶电泳由两层组成,一层为上层或叫堆积凝层;另一层为下层或叫分辨率凝胶层。这两凝胶的性质不同,上层的聚丙烯酰胺含量较低(2%～5%),所以孔度较大。另外,两层凝胶在制备时所用缓冲液的 pH 和离子强度也不相同，上层 pH 6.9，下层 pH 8～9。样品所用缓冲液通常应为 pH 8～9 的甘氨酸- HCl 缓冲液，在这样的 pH 时，甘氨酸以两性离子和阴离子状态存在：

$$H_3N^+ + CH_2COO^- \longrightarrow H_2NCH_2COO^- + H^+$$

通电后样品进入上层，pH 发生变化，甘氨酸两性离子的状态增加，于是可以移动的甘氨酸负离子数减少。在 pH 6.9 下大多数蛋白质或核酸仍为负离子，它们替代了甘氨酸负离子向电泳系统中的阳极方向移动，所以在上层凝胶中各种离子的相对淌度是 Cl^- 大于蛋白质或核酸大于甘氨酸负离子。因此样品中酶或核酸必定被夹在 Cl^- 和甘氨酸负离子之间，形成一个狭窄的浓缩区带。当样品区带进入下层凝胶时情况有所不同，那里的 pH 又变成 8～9，甘氨酸负离子浓度开始增加，移动速度也增加。而由于下层凝胶电泳孔度小，所以蛋白质、核酸类物质的移动速度却相对减慢。在下层凝胶中，它们按凝胶电泳的方法，根据各组分的电荷值、分子大小、空间构型等物性进行分离。不连续凝胶电泳法对样品的浓缩效应好，能在电泳分离前就将样品浓缩成极薄的带，从而使样品能很好地分辨(图 2-9)。

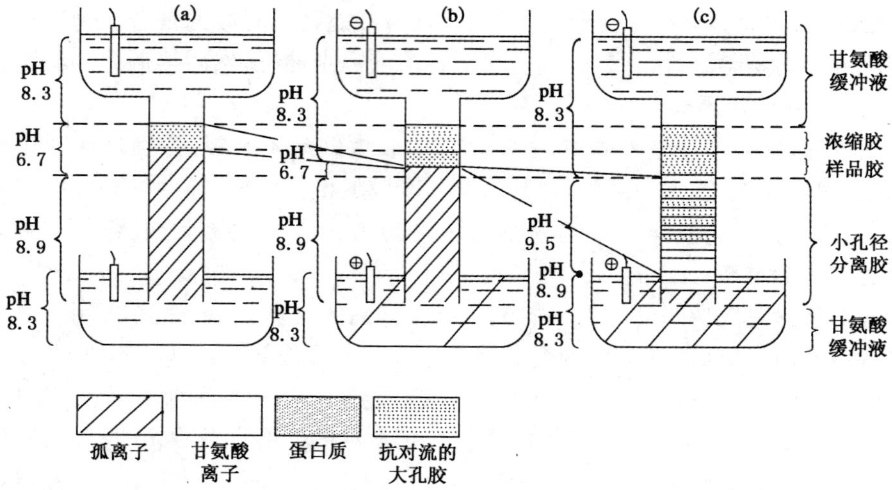

图 2-9　不连续凝胶电泳基本原理示意图

(a) 样品在样品胶内；(b) 样品在浓缩胶内被浓缩；(c) 样品在小孔径的分离胶内被分离

② 十二烷基硫酸钠聚丙烯酰胺凝胶电泳

在分析酶时往往希望破除共价键以外的其他分子间的键，虽然无机的强酸、强碱能解离或溶解许多酶，但能使酶肽键裂解、重排或使某些氨基酸发生化学上改变的危险。目前广泛使用的较温和而有效的解离试剂是阴离子去污剂十二烷基硫酸钠(SDS)。

十二烷基硫酸钠-聚丙烯酰胺凝胶电泳这一方法主要用于分析测量生物大分子物质的分子量，它利用十二烷基硫酸钠(SDS)和二硫苏糖醇(DTT)或巯基乙醇作变性剂使蛋白质解体成为多肽。而 SDS 分子中的直链烷烃部分与多肽链的疏水区以疏水作用相结合，络合物带上负电荷。当大分子物质在电场中移动时，它的淌度便决定于它的分子量，较小的分子有较大的淌度，而较大的分子受凝胶分子筛效应的阻滞，淌度较小。实验证明电泳淌度与 lg *MW*(大分子物质的分子量)成线性关系。

SDS是一种阴离子表面活性剂，在水溶液中作为单体和分子胶团（micelle）的混合体而存在，单体和分子胶团的浓度与SDS总浓度、离子强度以及温度有关。分子胶团在临界胶团浓度（critical micelle concentration，简称CMC）以上时，SDS总浓度再大也不会使单体浓度增加，也就是说在此临界值以上时单体浓度达到平衡。在温度不变的情况下离子强度愈高而分子胶团浓度愈低，可见只要改变离子强度就能使单体和分子胶团浓度改变。与蛋白质结合是单体，因此若要保证所有蛋白质分子能与SDS结合，就应控制SDS在水溶液中有一定的平衡浓度。当离子强度低到一定程度（0.1 mmol/L以下）时，分子胶团临界浓度提高，单体浓度也随着提高。单体浓度在0.5 mmol/L以上时，蛋白质和SDS结合成复合物。大多数蛋白质在SDS单体浓度大于1 mmol/L时，以1.4 g SDS/g蛋白质的比例结合。当SDS浓度高达1～2 g/100 mL时，其结合比例甚至能达到2 g SDS/g蛋白质。尽管有少数例外，但大多数蛋白质都能与SDS在质量/质量的基础上以同等比例结合，蛋白质带上大量SDS的阴离子，所结合的SDS的负电荷，大大超过了天然蛋白质的电荷，因而就消除了不同酶之间的电荷差。和SDS等比例结合后，酶之间的不同泳动率反映了各酶间分子量的差别。酸性酶因带负电荷，与SDS相互排斥，不易结合，如核糖核酸酶有相当牢固的二硫键维持其高级结构，很难与SDS结合。

与SDS结合的酶其构型发生改变，如原来螺旋构型较少的酶与SDS结合后螺旋增加了。由亚单位组成的酶和SDS结合后大多数都解离成亚单位并同时失去原有的活性。SDS-蛋白质复合物的形状是细杆状，其粗细与蛋白质种类无关，其长度与蛋白质分子量成正比。

操作时，未知分子量的蛋白质与已知分子量的蛋白质标准混合物一起进行凝胶电泳。蛋白质标准混合物有两组：一组可用做低分子量蛋白质的标准（蛋白质的分子量范围在14 000～200 000之间）；另一组可用做高分子量蛋白质标准（分子量范围在45 000～200 000之间）。在电泳之后，将凝胶用染料显色，根据标准混合物的色带图谱，可以求得未知分子量的物质的分子量范围。

2.3 酶分离、纯化的评价

酶经分离、纯化后要确定该纯化步骤是否适宜，必须经过对有关参数的测定及计算才能确定。酶的产量是以活力单位表示的，因此在整个分离过程中每一步始终贯穿比活力和总活力的检测、比较。

2.3.1 基本概念

酶活力（enzyme activity）：酶活力是指酶催化反应的能力，它表示样品中酶的含量。1961年国际酶学会规定，1 min催化1 μmol分子底物转化的酶量为该酶的一个活力单位（国际单位），温度为25℃，其他条件（pH、离子强度）采用最适条件。

酶的总活力为样品的全部酶活力：

总活力＝酶活力×总体积（mL）［或总质量（g）］

比活力（specific activity）：比活力是指单位蛋白质（毫克蛋白质或毫克蛋白氮）所含有

的酶活力(单位/毫克蛋白)。比活力是酶纯度指标,比活力愈高表示酶愈纯,即表示单位蛋白质中酶催化反应的能力愈大。但是,比活力仍然是个相对酶纯度指标,要了解酶的实际纯度,尚需采用电泳等测定方法。

回收率(yield percent):回收率是指提纯后与提纯前酶的总活力之比。它表示提纯过程中酶的损失程度,回收率愈高,损失愈少。

提纯倍数:提纯倍数是指提纯前后两者比活力之比。它表示提纯过程中酶纯度提高的程度,提纯倍数愈大,提纯效果愈佳。

2.3.2 酶纯化评价实例

以上几个分离、提纯过程有关参数,对于酶学研究及应用十分重要,由于酶与其他蛋白质一样,存在不稳定性,在操作过程中要特别注意防止酶的变性失活,同时,对食品级酶,更要注意安全、卫生,防止重金属、有害化合物的污染。表 2-6 总结了大豆中过氧化物酶纯化的实验结果。从表 2-6 可知,随着分离、提纯过程,酶的比活力愈来愈高,提纯程度愈来愈高,其提纯倍数也愈来愈大,而其总活力、回收率则相对降低。

表 2-6 过氧化物酶纯化表

分离方法	总的酶活力(单位)	产量(%)	总的蛋白质(mg)	比活力(酶单位/mg 蛋白质)	纯化倍数
粗萃取液	33 652	100	4 982	6.8	1.0
30%$(NH_4)_2SO_4$ 饱和度,上清液	32 200	96	3 300	9.8	1.4
Bio-Gel P-60 柱	25 560	76	1 474	17.3	2.5
DEAE-Sephadex 柱	17 253	51	308	56.0	8.2
ConA-Sepharose 柱	4 614	14	5.9	782.0	115.0
Phenyl-Sepharose CL-4B 柱	2 300	7	1.7	1 352.9	199.0
DEAE-Sephadex 柱	1 410	4	0.33	4 272.7	628.4

分析表中的数据可以看出几个特点:① 虽然在纯化过程中原来存在于粗萃取液中的大部分酶的活力(96%)损失了,但是试样中剩下的蛋白质也不到原来的万分之一,因此酶达到 628 倍纯化;② 试样经过ConA -Sepharose 柱,即亲和色谱处理后,使酶的纯度显著地提高,这表明在纯化中使用高分辨率分离方法的重要性。

酶的分离、提纯程度与其应用有关,一般试剂级及药用级用酶对纯度要求高,则采取提纯倍数高的方法。工业用酶对纯度要求较低,其成本价格显得重要,甚至有时采用粗酶液。

2.4 纯化过程实例

SOD广泛存在于生物体内，被广泛用作化妆品和食品添加剂。目前SOD的精制、纯化方法主要有沉淀法、热变性法、色谱法、超滤法等。

2.4.1 精制、纯化步骤

新鲜动物血→分离红血球→生理盐水洗涤→破裂红血球→有机溶剂萃取→有机溶剂沉淀→热变性→盐析沉淀→过离子交换树脂柱→透析→冷冻干燥

2.4.2 精制、纯化工艺

(1) 分离红血球

取市售新鲜牛血，迅速将7份血加1份5%的柠檬酸三钠溶液搅匀，用纱布过滤，以除去血液中的杂毛及其他异物。以3 000 r/min的转速离心处理15 min，除去上清液（即血浆），收集下层红血球沉淀。

(2) 除血红蛋白、破裂红血球

收集好的血球加2倍0.9%的氯化钠溶液，3 000 r/min离心处理7 min，重复3次，可得洗涤红血球。洗涤红血球在−15℃条件下可保存60天。在洗净的红血球中加入等体积的去离子水（或蒸馏水），在2℃左右条件下剧烈搅拌溶血30 min，并在0～4℃放置10～24 h，使红血球充分破裂。

(3) 有机溶剂萃取

往溶血溶液中依次加入溶血血球体积0.25～0.3倍的95%乙醇，和0.15～0.2倍体积的氯仿，乙醇和氯仿已事先预冷。充分搅拌，静置30 min，3 000 r/min离心30 min，弃去沉淀，收集微带蓝绿色的清澈透明粗酶液。此过程必须控制温度在2℃左右（不超过5℃）。

(4) 有机溶剂沉淀

粗酶液中加入1～2倍体积的冷丙酮，缓慢搅拌均匀，此时可产生大量白色沉淀，静置30 min，3 000 r/min离心10 min，收集沉淀物。

(5) 热变性

把沉淀物用2倍体积缓冲液溶解，在55～65℃水浴中保温15 min，迅速冷却至室温，离心收集上清液，并弃去下层变性蛋白。

(6) K_2HPO_4盐析

将K_2HPO_4研磨成粉末，按每100 g粗酶中加40 g盐的比例，加入到萃取后的粗酶液中，同时缓慢搅拌使K_2HPO_4完全溶解，并以冰浴冷却，直至有清晰的分层出现。将此混合物置于分液漏斗中分层，收上层溶液，3 000 r/min离心10 min，上清液中加1倍体积冷丙酮沉淀蛋白，得微带蓝绿色沉淀，沉淀物用PKB溶解。

(7) 过离子交换树脂柱

用DEAE－Sephadex A50过柱，柱子选用2.5 cm×30 cm规格。装柱时应使树脂层粗细分布均匀、没有气泡、无断层现象。装好柱后用缓冲液缓慢冲洗，冲洗时不要带入气泡。柱上物质的洗脱，采用连续增加洗脱液中盐浓度的方法（K_2HPO_4－KH_2PO_4的浓度从

2.5 mmol/L到 50 mmol/L),使吸附在柱上的各组分洗脱下来。

(8) 透析

透析步骤:把初步分离纯化后的酶液,装于半透膜袋中,袋中留一定空隙,排除袋内空气后扎紧袋口,于 1 000 mL 上述缓冲液中透析过夜,透析袋置于液面下数毫米。保持温度在 0~4℃之间,其间更换两次透析液。

(9) 冷冻干燥

在-20~-30℃的温度下,保持在较高真空度干燥到一定时间。

2.5 酶的剂型与保存

2.5.1 酶的剂型

酶制剂通常有下列四种剂型:

(1) 液体酶制剂

液体酶制剂包括稀酶液和浓缩酶液,除去固体杂质后,不再纯化而直接制成,或加以浓缩而成,一般需要加稳定剂。这种酶制剂不稳定,且成分复杂,只用于某些工业生产。

(2) 固体粗酶制剂

发酵液经杀菌后直接浓缩或喷雾干燥制成。有的加入淀粉等填充料,用于工业生产。有的经初步纯化后制成,如用于洗涤剂、药物生产。用于加工或生产某种产品时,务须除去起干扰作用的杂酶,才不会影响质量。固体酶制剂适于运输和短期保存,成本也不高。

(3) 纯酶制剂

纯酶制剂包括结晶酶,通常用作分析试剂和医疗药物,要求较高的纯度和一定的活力单位数。用作分析工具酶时,除了要求没有干扰作用的杂酶存在外,还要求单位质量的酶制剂中酶活力达到一定的单位数。用作基因工程的工具酶要求不含非专一性的核酸酶,或完全不含核酸酶;作为蛋白质结构分析对象的酶必须"绝对地"纯净;医疗注射酶,还必须除去热源。热源属于糖蛋白,分子量在 10 万以上,是染菌后细菌分泌出来的类毒素。含这类物质的制剂注射到体内会引起体温升高。热源耐热耐酸但不耐碱,对氧化剂敏感,它可用吸附、亲和层析、改变分离纯化等方法除去。

(4) 固定化酶制剂

具体内容详见第五章。

2.5.2 影响酶保存期的因素

(1) 温度:在低温条件下(0~4℃)使用、处理和保存。有的需要更低的温度,加入甘油或多元醇有保护作用。

(2) pH 与缓冲液:pH 应在酶的 pH 稳定范围内,采用缓冲液保存。

(3) 酶蛋白浓度:一般酶浓度高较稳定,低浓度时易于解离、吸附或发生表面变性失效。

(4) 氧:有些酶易于氧化而失活。

(5) 为提高酶稳定性,常加入下列稳定剂:

① 底物、抑制剂和辅酶。它们的作用可能是通过降低局部的能级水平,使酶蛋白处于

不稳定状态的扭曲部分转入稳定状态。

② 对巯基酶,可加入—SH 保护剂。如二巯基乙醇、GSH(谷胱甘肽)、DTT(二硫苏糖醇)等。

③ 其他如 Ca^{2+} 能保护 α-淀粉酶,Mn^{2+} 能稳定溶菌酶,Cl^- 能稳定透明质酸酶。它们的作用机制可能是防止酶蛋白肽链延展;其次是表面活性剂,如许多酶配置于 1% 的苯烷水溶液中,即使在室温下催化活力也能维持相当长时间;再次是高分子化合物,如血清蛋白、多元醇等,特别是甘油和蔗糖是近年来低温保存添加剂。此外,在某些情况下,丙醇、乙醇等有机溶剂也显示一定的稳定作用。为了防止微生物污染酶制剂,可加入一定浓度的甲苯、苯甲酸和百里醇等。

思考与练习

1. 酶的纯化方法主要有哪些?
2. 酶制剂的保存需要控制哪些方面?

3 酶的分子结构与催化功能

3.1 酶分子组成

3.1.1 酶蛋白

虽然少数有催化活性的RNA分子已经鉴定，但几乎所有的酶都是蛋白质。酶的分子结构与其他蛋白质结构概念一样，有所谓一级、二级、三级和四级结构概念。酶的一级结构即为基本结构，是由许多氨基酸按特定顺序排列成肽链，氨基酸之间通过肽键(—CH ═NH—)连接。自然界存在20种L-氨基酸，按不同的排列次序、以不同数量形成种类繁多的蛋白质或酶。20世纪50～60年代对蛋白质空间结构取得了一系列突破性研究成果，L. Pauling利用X射线衍射技术研究提出了肽键盘绕成特定的α-螺旋；还有并列排列的，称β-折叠。许多蛋白质分子就是由不同长短的α-螺旋及不同长度的β-折叠构成所谓的蛋白质二级结构，再加上一些没有规则的肽链段落装配而成，在此基础上再盘绕成更高级的三级结构，或三级结构作为一个亚基，构成更完整更严密的空间构象称为四级结构。并非所有蛋白质都有四级结构，但调节功能的蛋白质一般有此结构。蛋白质具有特定的立体空间构象，才会有特定的生理功能。任何破坏稳定二级结构的氢键或稳定三级结构的二硫键、盐键、酯键、范德华力、金属键等，均会使空间构象受破坏，导致蛋白质结构松散，溶解度降低，从而失去其生物学功能，这称为蛋白质变性作用。变性作用学说是20世纪30年代由我国著名生物化学家吴宪教授提出的，这一理论在食品生物科技领域和生产实践中得到广泛的应用。酶的中间构象受到破坏，便会导致其变性失去其催化活性。

酶蛋白有3种组成形式：① 单体酶，仅有一个活性部位的多肽链构成的酶分子，质量为$13\times10^3\sim35\times10^3$原子质量单位，为数不多，且都是水解酶；② 寡聚酶，由若干相同或不同亚基结合而组成的酶，亚基一般无活性，必须相互结合才有活性，分子质量为35×10^3原子质量单位以上到数百万单位；③ 多酶复合体，指多种酶进行连续反应的体系，前一个反应产物为后一反应的底物。

3.1.2 辅酶或辅基

仅有少部分酶是由单一蛋白质所组成，大部分酶则为复合蛋白质，或称全酶，是由蛋白质部分(酶蛋白)和非蛋白质部分所组成，即酶蛋白本身无活性，需要在辅因子(cofactor)存在下才有活性。辅因子可以是无机离子，也可以是有机化合物，它们都属于小分子化合物。有的酶仅需其中一种，有的酶则二者都需要。约有25%的酶含有紧密结合的金属离子或在催化过程中需要金属离子，包括铁、铜、锌、镁、钙、钾、钠等，它们在维持酶的活性和完成酶的催化过程中起作用。有机辅因子可依其与酶蛋白结合的程度分为辅酶（prosthetic enzyme）和辅基（prosthetic group）。前者为松散结合，后者为紧密结合，但有时把它们统称为辅酶。大多数辅酶为核苷酸和维生素或它们的衍生物。现将几种重要的辅酶或辅基分述如下。

1）铁卟啉

铁卟啉是细胞色素氧化酶、过氧化氢酶、过氧化物酶等氧化酶的辅基。经过对酵母菌细胞色素C的辅基结构研究表明，其铁原子与蛋白质的一段肽链上的组氨酸相连接，卟啉环则与该肽链上的两个半胱氨酸相连接，两者通过二硫键等化学键牢固地结合，如图3-1所示。氧化酶的铁卟啉的功能在于靠铁的价电子变化（$Fe^{2+} \longrightarrow Fe^{3+} + e$）来传递电子，催化氧化还原反应。

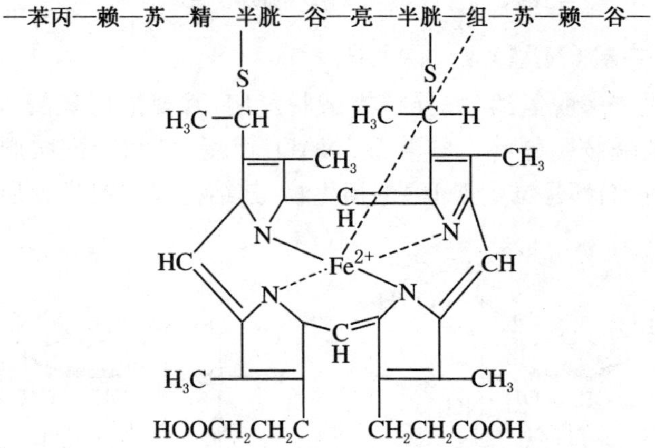

图3-1　铁卟啉与酶蛋白的连接方式

2）黄素核苷酸（FMN和FAD等）

黄素核苷酸为维生素B_{12}（核黄素）的衍生物，为黄素酶类（如氨基酸氧化酶、琥珀酸脱氢酶等）的辅基。黄素单核苷酸（FMN）及黄素腺嘌呤二核苷酸（FAD）的氧化型均呈黄色并有黄绿色荧光，因此所形成的酶呈黄色，称黄（素）酶类（黄素蛋白）。FMN最大吸收高峰在445 nm，FAD的最大吸收高峰在450 nm、375 nm及260 nm，它们的分子结构如图3-2所示。

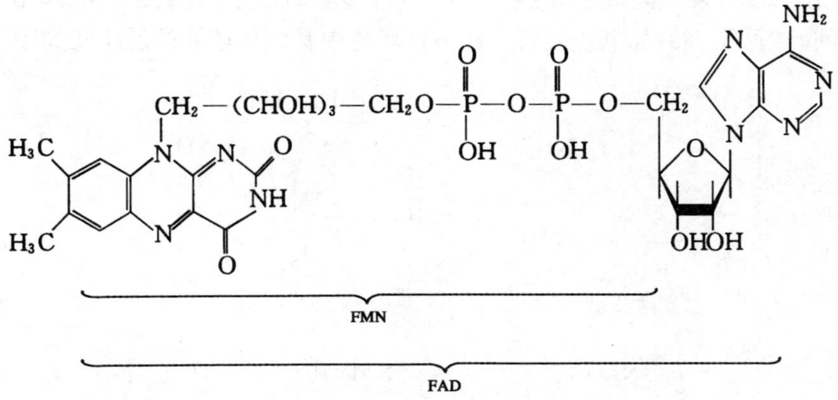

图3-2　FMN与FAD的分子结构

在酶的催化作用下,FMN 和 FAD 的功能是传递氢(传递质子和电子 $2H \longrightarrow 2H^+ + 2e$),亦称氢载体而自成氧化-还原体系,反应主要表现在 6,7-二甲基异咯嗪基团中的第 1 位及第 10 位 N 原子的脱氢与加氢,其反应式如图 3-3 所示。

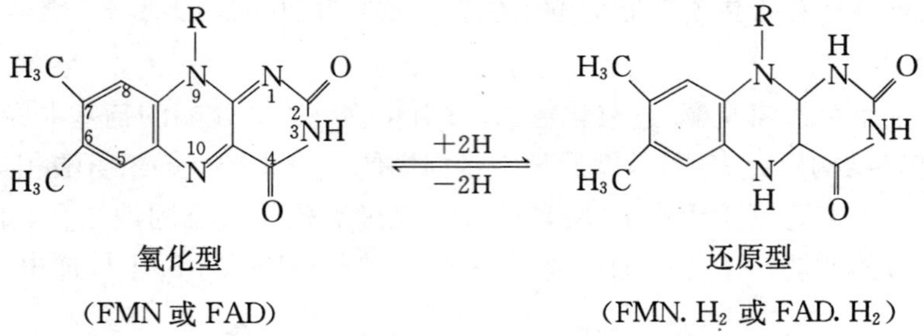

图 3-3 FMN 与 FAD 的氧化-还原体系

3) 烟酰胺核苷酸(NAD 及 NADP)

烟酰胺核苷酸是许多脱氢酶(如异柠檬酸脱氢酶、谷氨酸脱氢酶、乙醇脱氢酶等)的辅酶。主要有两种:烟酰胺腺膘呤二核苷酸(NAD、辅酶Ⅰ)和烟酸胺腺膘呤二核苷酸磷酸(NADP、辅酶Ⅱ)。它们都是维生素 PP 的衍生物,其结构式如图 3-4 所示。

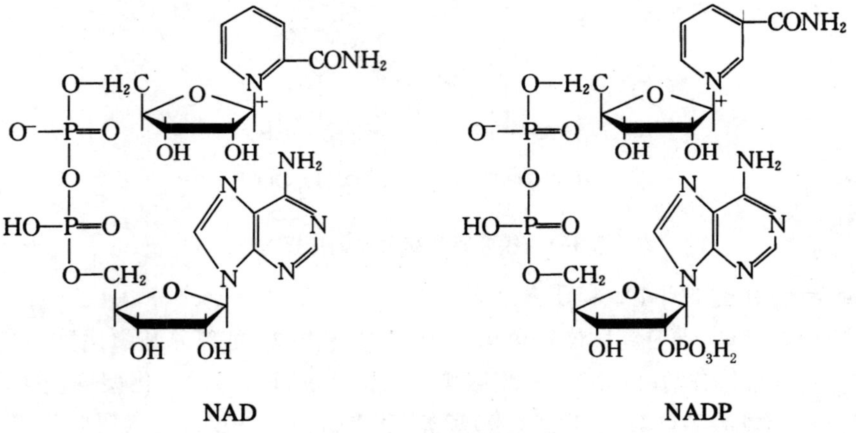

图 3-4 NAD 与 NADP 的分子结构

NAD 及 NADP 在脱氢酶催化过程中参与传递氢的作用,其氧化还原作用体现在烟酰胺环的第 4 位碳原子上的加氢或脱氢。在中性环境中其氧化还原的反应式如图 3-5 所示。

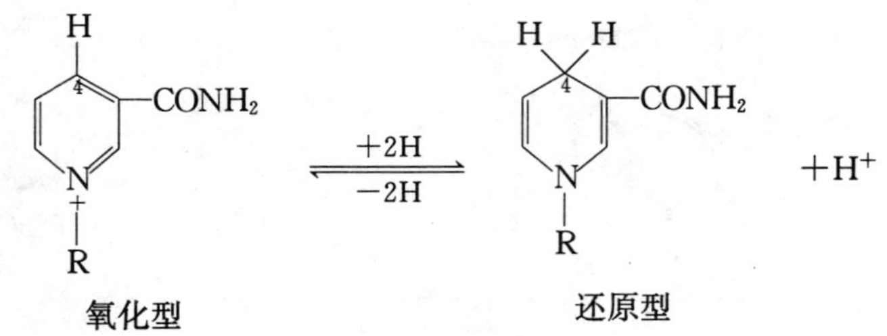

或:

$$NAD(P)^+ \underset{-2H}{\overset{+2H}{\rightleftharpoons}} NAD(P)H + H^+$$

图 3-5 NAD 及 NADP 传递氢过程

因此，NAD(P)亦用 $NAD(P)^+$ 表示其氧化型；NAD(P)H 表示其还原型。

4）硫辛酸（6，8－二硫辛酸）

硫辛酸在生物体广泛存在，呈黄色。它与酶蛋白呈牢固的结合状态，水解后为自由态。存在氧化型和还原型两种状态，其结构式如下：

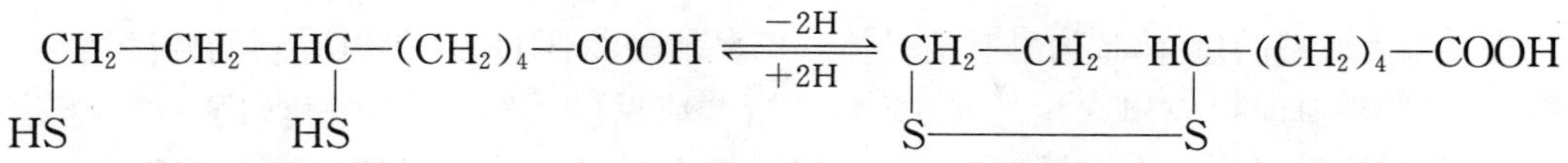

氧化型　　　　还原型

当两者互相转变时，起传递氢的作用。另外，在酮酸氧化脱羧反应中，还起传递酰基的作用。

5）泛醌（辅酶 Q，简写为 UQ）

泛醌是生物体中广泛存在的一种醌类衍生物。它是呼吸链上的一个组成成分，其功能是传递氢和电子，在氧化磷酸化作用中起重要作用。UQ 的结构式为：

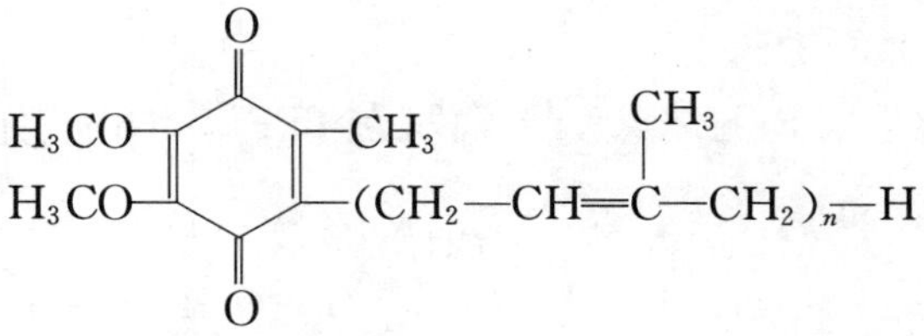

式中：异戊烯单位数目 n 可以为 6、7、8、9 或 10。不同来源的泛醌，其 n 的数目不同。例如，啤酒酵母菌的 n 为 8(通常写作 UQ8)，固氮菌的 n 为 6(UQ6)。

6）辅酶 A(CoA)

辅酶 A 在脂肪代谢中极为重要，其分子结构中含有维生素 B 族的泛酸部分，此外，还含有腺嘌呤核苷酸和氨基乙硫醇部分。其结构式如图 3-6 所示。

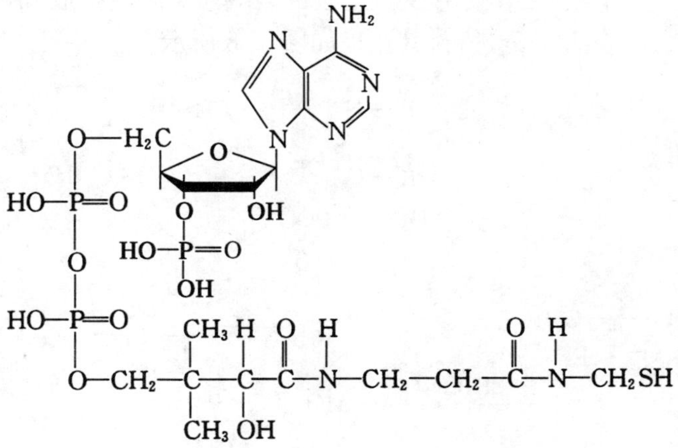

图 3-6　辅酶 A 的结构式

辅酶 A 也可写为 CoASH。CoASH 通过其巯基(—SH)的受酰基与脱酰基，参与转酰基作用，其反应式为：

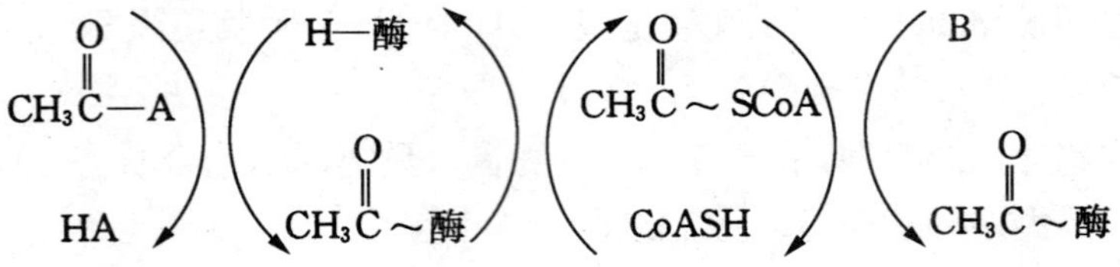

上式中：A 为酰基的供体；B 为酰基的受体。乙酰辅酶 A（CH_3CO—SCoA）的硫酯键为一种高能键，当脱酰基时可放出大量的自由能，供给合成反应的需要，在酰化时则需要能量，因此，在酰化与脱酰过程中有能量的转移。脂肪酸的分解与合成也必须在酯酰辅酶 A 的参与下才能进行，所以，辅酶 A 在脂肪代谢上非常重要。

7）磷酸腺苷及其他核苷酸类

磷酸腺苷及其他核苷酸类在代谢过程中起着重要作用，它们是许多转磷酸基酶（如磷酸激酶）的辅酶。这些辅酶主要有：腺嘌呤核苷三磷酸（ATP）、鸟嘌呤核苷三磷酸（GTP）、尿嘧啶核苷三磷酸（UTP）和胞嘧啶核苷三磷酸（CTP）等。由于它们的磷酸键（如 ATP）是富有能量的高能键，因此通过磷酸基的转移，能量可以储存并有效地供给合成时利用。

8）焦磷酸硫胺素（TPP）

焦磷酸硫胺素为维生素 B_1 的焦磷酸酯，简写为 TPP，其结构式如图 3-7 所示。

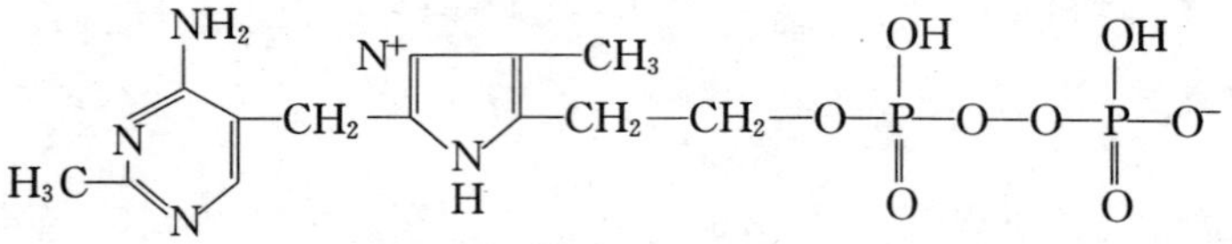

图 3-7 焦磷酸硫胺素的结构式

焦磷酸硫胺素是 α-酮酸脱羧酶和糖类的转酮酶（催化自酮糖上转 2C 单位至醛糖上去的酶）的辅酶。在丙酮酸的脱羧反应中，它首先以其噻唑环上的第 2 位碳原子与丙酮酸结合生成复合物，随即脱去羧基生成“活性乙醛”。活性乙醛不脱离酶复合体，但可以与另一个丙酮酸分子交换，而生成游离的乙醛。被交换上去的丙酮酸又脱羧生成“活性乙醛”，再和另一个分子的丙酮酸交换。如此往复进行，其过程如图 3-8 所示。

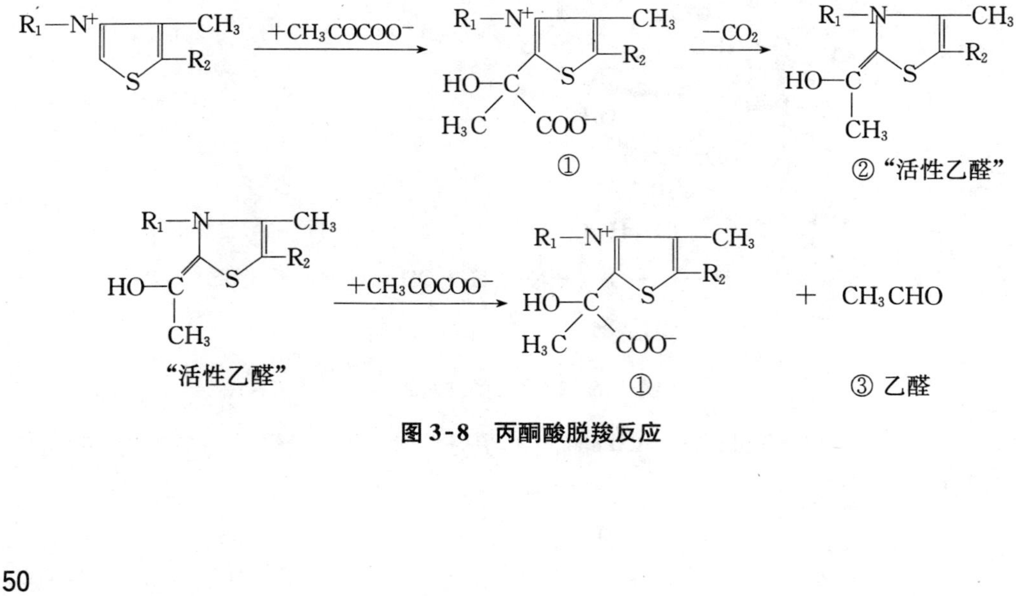

图 3-8 丙酮酸脱羧反应

9）磷酸吡哆醛和磷酸吡哆胺

磷酸吡哆醛是氨基酸的转氨酶、消旋酶和脱羧酶的辅酶，磷酸吡哆胺与转氨作用有关。这两种辅酶的结构如图 3-9。

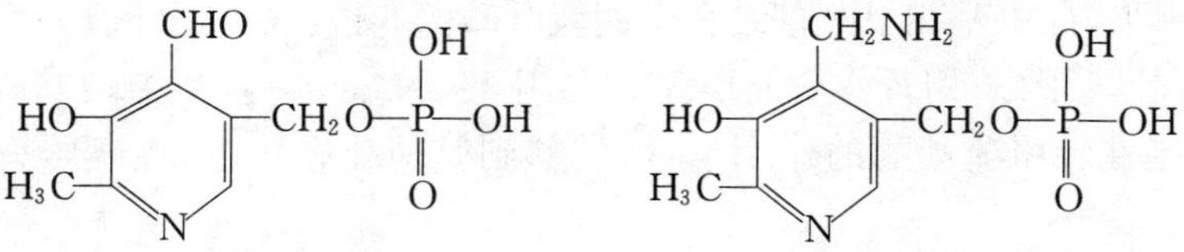

磷酸吡哆醛　　磷酸吡哆胺

图 3-9　磷酸吡哆醛和磷酸吡哆胺的结构式

吡哆醛及吡哆胺属维生素 B_6，维生素 B_6 亦称吡哆素。

磷酸吡哆醛和磷酸吡哆胺可以相互转化，在转化过程中起了转氨基作用。

10）生物素（维生素 H）

生物素为羧化酶的辅基，属于维生素 B 族，它与酶蛋白结合后可催化 CO_2 的掺入与转移。生物素是酵母及其他微生物的生长因子，其结构式如图 3-10 所示。

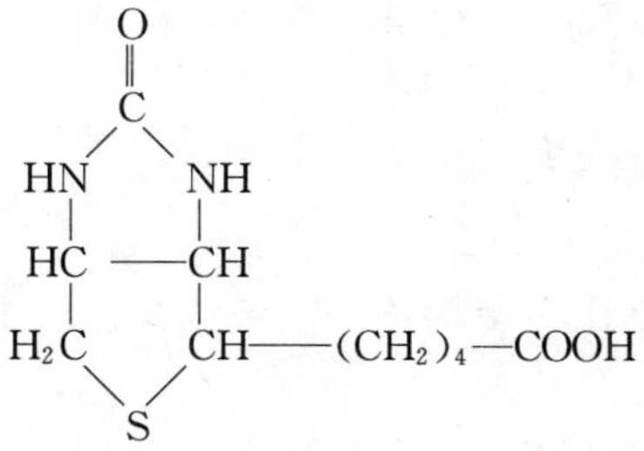

图 3-10　生物素的结构式

生物素的羧基与酶蛋白的氨基结合，它在 CO_2 的固定和脂肪的合成中起催化作用。当进行羧化反应时，CO_2 首先与生物素分子结合形成酶与 CO_2 的复合体，然后将 CO_2 转交其他分子。反应中所需的能量一般由 ATP 供给。

11）四氢叶酸（辅酶 F，THFA）

叶酸的 5、6、7、8 位上各加一个氢原子则称四氢叶酸，其结构式如图 3-11 所示。

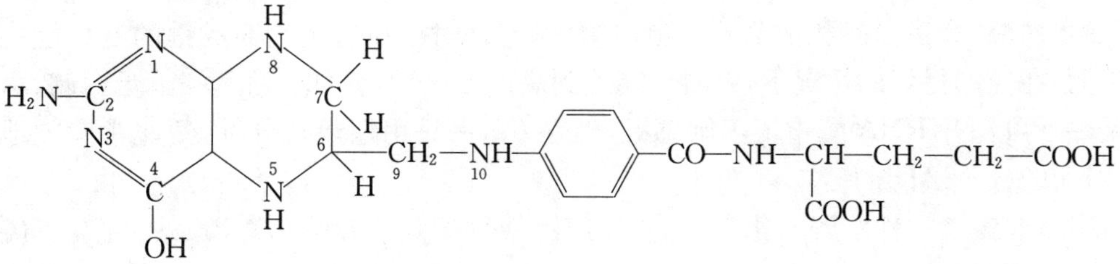

图 3-11　四氢叶酸（THFA）的结构式

四氢叶酸是甲酰基（$H-\overset{O}{\overset{\|}{C}}-$）、亚甲基（$=CH_2$）等一碳基的载体，能参与一碳化合物的代谢。例如参与氨基酸的互变、甲基的生物合成、嘌呤碱与嘧啶碱的生物合成。

在酶的作用下，羟甲基和甲酰基结合于四氢叶酸的5位、10位或5、10位氮原子上，形成甲酰四氢叶酸（N^{10}-甲酰 THFA）、亚甲基四氢叶酸（N^5、N^{10}-亚甲基 THFA）等。如甲酰THFA的甲酰基在转甲酰基酶的作用下，被转移到其他化合物上，在嘌呤合成中作为甲酰基供体。

THFA与其他载体不同，被转移基团在与THFA结合后，可发生一些变化，如从供体处接受的甲酰基可变成羟甲基或甲基，再转给受体。

叶酸是维生素B族之一，有维生素B_4之称。

12）金属

除卟啉环含铁或铜离子外，还有许多酶尚含有铜、镁、锌、钴等金属离子作为辅基，为酶的催化作用中不可缺少的组分。

从上述辅酶或辅基的介绍中可知其中部分是维生素的衍生物，维生素是人类维持正常生命活动所必需的物质。但就微生物而言，对各种维生素的需要情况有着显著的差别，微生物生长所需要的维生素称生长因子，主要是维生素B族物质。

3.2 酶的结构与功能

到目前为止，许多酶的基本化学结构——一级结构已经研究清楚，有的二级、三级和四级结构也已阐明。

例如：牛胰核糖核酸酶，其相对分子质量为14 000，由124个氨基酸组成，只有一条肽链，N-末端为赖氨酸，C-末端为缬氨酸，肽链上的8个半胱氨酸通过4个二硫键连接。

在研究一级结构时，必须交替使用多种手段来揭示酶和其他蛋白质的全部序列。如酶蛋白有一个以上的肽链，首先把多肽链彼此分开，一条多肽链卷曲而成的二硫键也要打开，然后切开特定的肽键。把多肽链切为较短的肽，可用酶法，也可用化学方法达到这个目的。用酶法时所用的酶称之为蛋白水解酶或肽酶，自然界存在很多种这样的酶，其中有些作用能力很强，几乎能催化多肽链中全部肽键的水解，只剩下自由氨基酸或很短的肽，如木瓜蛋白酶、耐热蛋白酶、胃蛋白酶和枯草杆菌蛋白酶，但它们对于所有要切断的键的专一性一般很差。然而，在控制得好的情况下，有时也能达到高度专一性，例如：枯草杆菌蛋白酶，尽管在其他条件下可切开RNA酶中很多敏感键，但在0℃下只用短短几分钟，便非常有效地切断Ala-21和Ser-22间的键。

可引起肽键专一性水解的化学方法，最广泛使用的是溴化氰（CNBr）法，它在甲硫氨酰残基处引起裂解，如图3-12所示。

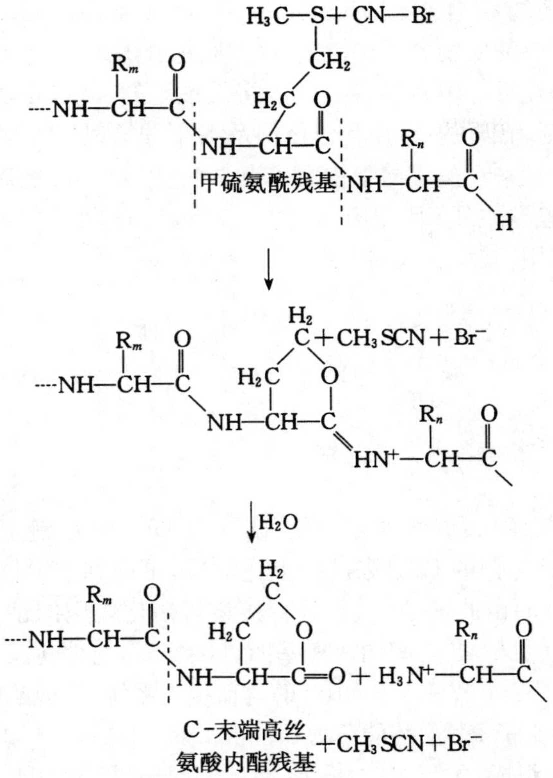

图 3-12　肽键的专一性水解

R_m，R_n 分别指两个不定(不同)的基因

此反应结果产生的一个肽是原来肽到甲硫氨酰残基为止的 N 端部分，现在这个肽的 C-末端为高丝氨酸内酯。产生的另一肽是原来肽链的 C 端部分。

把蛋白质的一级结构分裂为较小的碎片后，用色层方法把它们彼此分离提纯，在一定条件下，有些片段可用自动序列测定法测定它们的序列。

大多数酶只由一条肽链组成，有的酶有 2 条、3 条或多条肽链组成，这种由数条相同或相似的肽链组成的酶呈四级结构，其中每一条肽链称为一个亚基。具有四级结构的酶通常含 2～6个亚基，个别的含有几十个。四级结构被破坏时，亚基即分离。

酶是具有催化功能的一类蛋白质，但是它所催化(或作用)的底物不一定是大分子物质，此问题涉及酶的分子结构与催化功能关系问题。

3.2.1　酶活力部位概念

迄今为止，酶学研究认为，在酶蛋白分子上，不是全部组成多肽的氨基酸都起作用，而只有少数的氨基酸残基与酶的催化活性直接相关。这些特殊的氨基酸残基，一般比较集中在酶蛋白的一个特定区域，这个区域称为酶的活力部位或活力中心(active site or active center)。按 1963 年 Koshland 的提法，活力部位是由酶蛋白分子中少数几个氨基酸残基(包括含辅基、辅酶、金属的酶)组成，它们在蛋白质一级结构上的位置可能相差甚远，当肽链折叠、盘绕时，使得它们在空间位置很接近，构成一个特定的空间区域。因此，活力部位不是一个点或一个面，而是一个小的中心区域。所以，活力部位的提法较为确切，但也有人称为活力中心。

酶活力部位包括底物结合部位(combining site of substrate)和催化部位(catalytic site)。前者只有与相适应的底物分子才能结合(如底物分子大小、形状及电荷等),决定着酶的专一性。而后者是催化反应中直接参与电子接受关系的部位(含酶的辅酶或金属部分)。例如,胰凝乳蛋白酶的活力部位是采用化学修饰及X射线衍射等方法进行研究的,利用一种对丝氨酸有特异性的标记来和丝氨酸上的羟基起共价化学反应,然后再加以测定。在各种标记剂中,以二异丙基氟磷酸(DFP)最有效,10^{-10} mol/L 的 DFP 即可使酶活力部位上丝氨酸的羟基起共价修饰作用,其反应式如下:

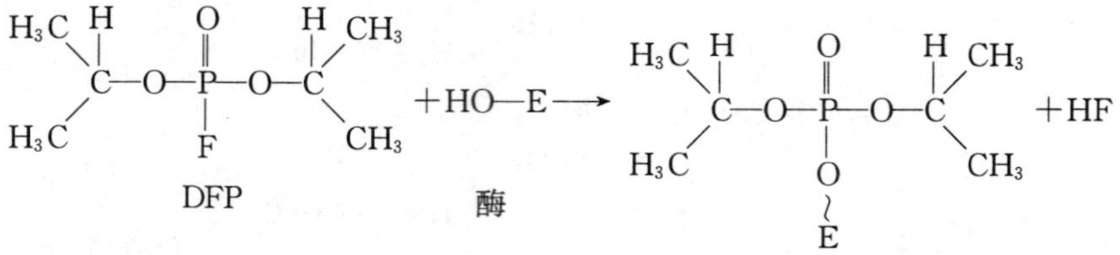

上述形成的酶与丝氨酸共价修饰复合物,实际上 DFP 把肽链上的丝氨酸残基保护起来,然后,再用放射性^{32}P 标记的 DFP 来进行上述反应,可得到放射性的 O^- 磷酰丝氨酸,活力部位的丝氨酸(Ser-95)由此被证实,它是直接参与催化作用的结合部位。另外,动力学研究证明,有一个 pK 值在 6~8 之间的解离基团(His-57)与催化反应有关。因此,胰凝乳蛋白酶形成 Ser-195-His-57-Asp-102 的电荷接力系统,形成酶的活性部位。

采用同样的方法确定了 RNA 酶的活力部位由 Lys-41、His-12-His-119 组成;溶菌酶由 Glu-35、Asp-52 组成;木瓜蛋白酶由 Cys-25、His-159 组成,羧肽酶由 Glu-270、Tyr-245、His-196-Zn-His-69 组成等等。

Zn 下连 |

Glu-72

由于基因工程的发展,研究酶活力部位方法有了很大改进,可以采用对一个酶的编码基因进行定点突变。这样可以任意地改变酶分子上任何一个位置的氨基酸残基,然后再检测其余酶的活力关系,从而测定其酶的活力部位。

3.2.2 别构部位

从生物学角度来看,酶分子不仅能起催化功能,同时也具有调节功能。因此,酶的结构中不仅存在着酶的活力部位(或活力中心),而且存在调节部位(或调节中心),称为别构部位(allosteric site)。这一概念是 1963 年由 Monod 等人提出的。别构部位不同于活力部位,活力部位是结合配体(底物),并催化配体转化;别构部位也是结合配体的部位,但结合的不是底物,而是别构配体,这种配体称为效应剂。效应剂在结构上与底物毫无共同之处,效应剂结合到别构部位上引起酶分子构象上的变化,从而导致活性部位构象的变化。这种改变可能增进催化能力,也可能降低催化能力。增强催化活力者称为正效应剂,反之称为负效应剂。例如,天冬转氨甲酰酶,它存在活力部位,也存在别构部位,这一酶同时具有催化功能和调节功能。

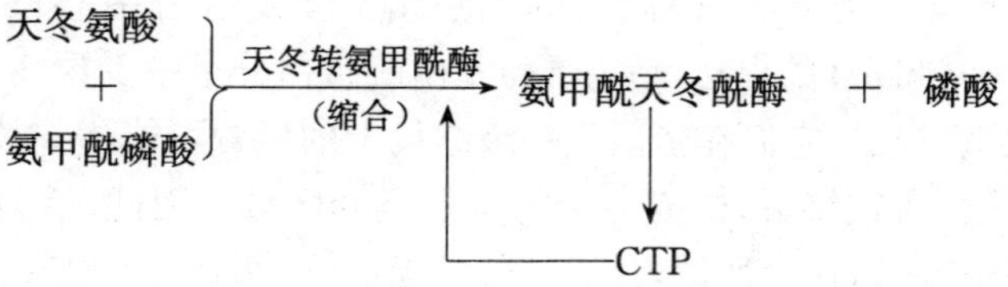

上式中，代谢反应中的 CTP 是天冬转氨甲酰酶的负效应剂，其结构与该酶底物毫无相似之处，但它能和酶的调节亚单位结合并引起其结构上的变化，从而钝化酶的活力，达到调节作用。并非所有的酶都具有别构部位，受别构调节控制的酶，一般为寡聚酶，即具有四级结构的酶。

具有别构部位的酶和其他恒态酶在动力学性态上是不同的，它往往偏离米氏动力学方程，酶反应速度与底物浓度间不是呈矩形双曲线关系，而是呈 S 形曲线或表观双曲线特征。

3.2.3 酶原

体内合成出的蛋白质，有时不具有生物活性，经过蛋白水解酶专一作用后，构象发生变化，形成酶的活性部位，变为活性蛋白。不具有生物活性的蛋白质称为前体(precursor)。如果活性蛋白质是酶，这个前体称为酶原(proenzyme)。就生命现象而言，酶原是酶结构一种潜在的存在形式，如果没有这种形式，生命就会停止。例如，哺乳动物的胰脏分泌到消化系统中的胰蛋白酶原和胰凝乳蛋白酶原，每种酶原都是由二硫键交联的单一多肽链组成，它们在到达十二指肠以前，一直是十分稳定的，而到达十二指肠后则被另一种蛋白质水解酶所活化，这种活化过程是从无活力酶原转变成有活力酶的过程。该种酶原往往由该种酶所激活，称为酶原的自我激活。

3.2.4 酶的多形性与同工酶

1975 年 H. Harris 提出酶的多形性概念，认为很多酶可催化相同的反应，但其结构和物理化学性质有所不同，这种现象称为酶的多形性。根据其来源可分为异源同工酶和同工酶(isoenzyme)。前者是不同来源的同工酶，例如，酵母菌中醇脱氢酶和动物肝脏中的醇脱氢酶；而后者是指能催化同一反应，但由于结构基因不同，因而酶的一级结构、物理化学性质以及其他性质有所差别的一组酶，称为同工酶。测定同工酶最常用的方法是电泳法，此法对样品纯度要求不严格，分辨力强，而且简便快速。

至今已陆续发现了数百种具有不同分子形式的同工酶，几乎有一半以上的酶作为同工酶而存在。同工酶不仅存在于同一生物体的不同组织中，甚至还存在于同一组织、同一细胞的不同亚细胞结构中。同工酶是研究代谢调节、分子遗传、生物进化、个体发育、细胞分化和癌变的有力工具。

在同工酶的研究中，研究得最多的是乳酸脱氢酶，它是糖酵解过程中的关键酶之一。从各种组织中得到的乳酸脱氢酶相对分子质量约 140×10^3，都是由 4 个亚基聚合的四聚体，每个亚基的相对分子质量约 35×10^3，它有 5 种同工酶，分别是：LDH_1、LDH_2、LDH_3、LDH_4 和 LDH_5。此外，天冬氨酸激酶(AK)有 3 种同工酶：AK_1、AK_2、AK_3；磷酸葡萄糖变位酶有 50 种以上的同工酶。

思考与练习

1. 简述酶的辅酶和辅基的区别及其在酶催化过程中的作用。
2. 请解释全酶、酶原和同工酶的概念。

4 酶催化反应动力学

酶催化反应动力学也称酶促反应动力学(kinetics of enzyme-catalyzed reactions),是研究酶促反应速度以及影响此速度的各种因素的科学。在研究酶的结构与功能的关系以及酶的作用机制时,需要酶促反应动力学提供相关的实验证据。为了找到最有利的反应条件从而提高酶催化反应的效率,以及了解酶在代谢过程中的作用和某些药物的作用机制等,也需要我们掌握酶促反应动力学的相关规律。因此,对于酶促反应动力学的研究既有重要的理论意义又具有相当的实践价值。

酶促反应动力学以化学动力学为基础,通过对酶促反应速度的测定来讨论诸如底物浓度、抑制剂、温度、pH 和激活剂等因素对酶促反应速度的影响。在化学动力学中,当进行化学反应速度与反应物浓度关系的测定时,常可以将化学反应分为一级反应、二级反应和零级反应。相关研究已经证明,酶催化过程的第一步是生成酶-底物复合物的中间产物,Michaelis-Menten 根据中间产物学说的理论,推导出酶促反应动力学方程式即米氏方程,后来该方程经 Briggs 和 Haldane 以稳态理论加以修正。从米氏方程的推导中可以得到几个重要的物理常数,即 K_m、V_{max}、K_{cat}、K_{cat}/K_m。酶促反应除了单底物反应外,最常见的还是双底物反应。按其动力学机制分为序列反应和乒乓反应,二者可以通过动力学直线作图法可以区分。

除底物浓度和酶浓度以外,酶促反应速度还常受到抑制剂的影响。根据抑制剂与酶的作用方式及抑制作用是否可逆,可以将抑制剂对酶的抑制作用分为可逆抑制作用和不可逆抑制作用两种。又根据可逆抑制剂与底物的关系,将可逆抑制作用进一步分为竞争性抑制、非竞争性抑制和反竞争性抑制三类,可以分别推导出各种抑制作用的酶促反应动力学方程。而研究酶的抑制作用是研究酶的结构与功能的关系、酶的催化作用机制、阐明各种酶参与的代谢途径以及设计新药物的重要手段。

温度、pH 值及激活剂都会对酶促反应速度产生十分重要的影响,酶促反应不但需要最适温度和最适 pH 值,还要选择合适的激活剂,而且在研究酶促反应速度以及测定酶的活力时,都应选择相关酶的最适反应条件。

4.1 酶活力的测定

酶活力通常又称为酶活性,酶的活力测定实际上指的就是酶的定量测定,在研究酶的性质、酶的分离纯化以及酶的实际应用工作中都需要测定酶的活力。而酶活性测定的目的是了解组织提取液、体液或纯化的酶液中酶的存在和含量。

由于酶蛋白的含量甚微,很难直接测定其蛋白质的含量。而且在生物组织中,酶蛋白常常与其他各种蛋白质混合存在,将其提纯耗时费力。与其他物质的定量测定不同的是,在检测酶的存在及含量时，不能直接用重量或体积等指标来衡量，而通常采用该酶催化某一化学反应的能力大小来表示，即用酶活力的大小来表示。

4.1.1 酶活力

酶活力是指酶催化某一化学反应的能力，其大小可以用在一定条件下该酶所催化的某一化学反应的反应速度(reaction velocity)来表示，酶活力的高低和化学反应反应速度的大小两者呈线性关系。酶催化的反应速度愈大，酶的活力愈高；与此相反，酶催化的反应速度愈小，酶的活力就愈低。因此，酶的活力可以用酶促反应的速度这一更为直观的手段来衡量。

酶催化的反应速度可用在单位时间内底物的减少量或者产物的增加量来表示。而实际上，在酶活力测定的实验中底物往往是过量的，因此底物的减少量只占底物总量的极小部分，测定时不易准确测定其一底物的量变过程。相反产物经历的是一个从无到有的质变过程，只要测定方法足够灵敏，就可以准确测定其量变过程。同时，由于在酶促反应中，底物减少与产物增加的速度相等，因此在实际酶活力的测定中一般以测定产物的增加量为准。

如果以产物生成量(或底物减少量)对反应时间作图，便可以得到如图 4-1 所示的曲线图。该曲线的斜率表示单位时间内产物生成量的变化，因此曲线上任何一点的斜率就是相应横坐标上时间点的反应速度 v。从图中的曲线可以看出在反应开始的一段时间内斜率几乎不变，然而随着反应时间的延长，曲线逐渐变平坦，相应的斜率也渐渐减小，反应速度逐渐降低，显然这时测得的反应速度不能代表真实的酶活力。

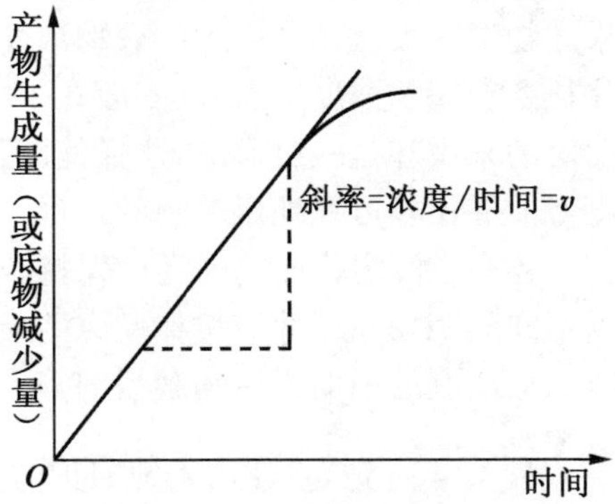

图 4-1 酶促反应的速度曲线

引起酶促反应速度随反应时间延长而降低的原因很多，如底物浓度的降低、产物浓度增加从而加速了逆反应的进行、产物对酶的抑制或激活作用以及随着反应时间的延长引起酶本身部分分子失活等等。因此，在测定酶活力时，应测定酶促反应的初速度，从而避免上述各种复杂因素对反应速度的影响。由于反应初速度与酶量呈线性关系，因此可以用测定反应初速度的方法来测定相关制剂中酶的含量。

4.1.2 酶的活力单位

酶活力单位即酶单位(U)是衡量酶活力的大小即酶含量的多少的指标。酶单位的定义是：在一定条件下，一定时间内将一定量的底物转化为产物所需的酶量。由此，酶的含量就可以用每克酶制剂或者每毫升酶制剂中含有多少酶单位(U/g 或 U/mL)来表示。

在定义酶活力单位时，人们常用各种不同的习惯沿用的单位。例如 α-淀粉酶的活力单位规定为每小时催化 1 g 可溶性淀粉液化所需要的酶量，有的也用每小时催化 1 mL 2%的可溶性淀粉液所需要的酶量定为一个酶单位。不过，由于习惯上沿用的单位表示方法不统一，因此同一种酶可能有很多种不同的单位，在对同一种酶的活力进行比较时十分不便。

为了使各种酶活力单位标准化，1961 年国际生物化学协会酶学委员会及国际纯化学和应用化学协会临床化学委员会提出采用统一的“国际单位”(IU)来表示酶活力，规定为：在最适反应条件(温度 25℃)下，每分钟内催化 1 微摩尔(1 μmol)底物转化为产物所需的酶量定为一个酶活力单位,即 1 IU=1 μmol/min。

1972 年国际酶学委员会又推荐一种新的酶活力国际单位,即 Katal(简称为 Kat)单位。规定为:在最适反应条件下,每秒钟能催化 1 摩尔(mol)底物转化为产物所需的酶量,定为 1 Kat 单位(1 Kat=1 mol/s)。Kat 单位与 IU 单位之间的换算关系如下:

$$1\ \text{Kat} = 60 \times 10^{6}\ \text{IU}$$

$$1\ \text{IU} = 16.67 \times 10^{-9}\ \text{Kat}$$

4.1.3 测定酶活力的条件

由于酶的催化作用受测定环境中多种因素的影响,因此测定酶活力时要求有适宜的特定反应条件,影响酶促反应速度的各种因素应该相对恒定。

首先,酶的样品应作适当的处理。例如在测定乳酸脱氢酶活性时,应防止溶血,这是因为红细胞中乳酸脱氢酶的活力比血浆中酶活力高 150 倍。其次,为了保证所测定的速度是初速度,通常采用的做法是,以底物浓度的变化在起始浓度的 5%以内的速度为初速度。如果底物浓度太低,5%以下的底物浓度变化在实验上不易准确测定,所以在测定酶的活力时,往往要求底物浓度足够大(一般在 10 K_m以上),这样整个酶促反应对底物而言是零级反应,而对酶来说却是一级反应,这样使酶被底物饱和,以充分反应待测酶的活力,因此测得的速度就能够比较可靠地反映酶的含量。

还有在测定代谢物时还应保持酶的足够浓度,应根据反应时间选择反应的最适温度,根据不同的底物和缓冲液选择反应的最适 pH。同时为了获取最高反应速度,在反应体系中还应添加适宜的辅助因子和激活剂等。

4.1.4 测定酶活力常用的方法

一般而言,可以通过两种方式进行酶活力的测定,其一是测定完成一定量反应所需的时间,其二是测定单位时间内酶催化的化学反应量。就本质来说,测定酶活力就是测定产物增加量或底物减少量,因此主要根据产物或底物的物理或化学特性来决定具体酶促反应的测定方法。现将最常用的测定酶活力的方法介绍如下。

1) 分光光度法

分光光度的原理:利用底物和产物在紫外光或可见光部分的光吸收的不同,选择某一适当的波长,测定反应过程中反应进行的情况。这一方法的显著优点是操作简便、节省时间和样品,灵敏度高,可检测到 nmol/L 水平的变化。由于该方法可以连续地读出反应过程中光吸收的变化,因此可以动态监测反应进行的情况,目前已成为酶活力测定中一种最重要的方法。几乎所有的氧化还原酶的活力都可用此方法测定,例如,脱氢酶的辅酶NAD(P)H在 340 nm 有吸收高峰,而氧化型则无,如图 4-2 所示。因此,对于这类酶的活力测定,只需要直接检测 340 nm 处光吸收的变化。

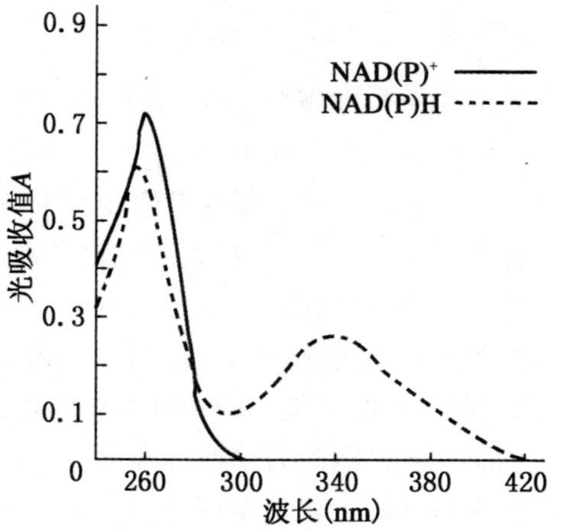

图 4-2 NAD(P)$^+$和 NAD(P)H 的光吸收曲线

对于本来没有光吸收变化的酶反应，可以通过酶偶联分析法(enzyme combing assay)借助分光光度法的独特优点来进行相关酶活力的检测。其原理是：通过与一些能引起光吸收变化的酶反应偶联，使第1个酶反应的产物，转变成为第2个酶的具有光吸收变化的产物来进行测量。

例如，己糖激酶(hexokinase，HK)催化葡萄糖和ATP的磷酰化反应，它的活力测定可以在含有过量葡糖-6-磷酸脱氢酶(glucose-6-phosphate dehydrogenase，G-6-PDH)和$NAD(P)^+$存在的条件下进行，通过测定NAD(P)H在340 nm处光吸收值的增加来进行。

第1个原始的酶促反应：

$$\text{葡萄糖}+\text{ATP}\xrightleftharpoons{\text{HK}}\text{葡糖-6-磷酸}+\text{ADP}$$

第2个偶联酶的促反应：

$$\text{葡糖-6-磷酸}+\text{NAD(P)}^+\xrightleftharpoons{\text{G-6-PDH}}\text{葡糖酸-6-磷酸}+\text{NAD(P)H}+\text{H}^+$$

2）荧光法

荧光法的主要原理是根据酶促反应的底物或产物的荧光性质的差别来进行酶活力的测定。由于荧光法的灵敏度往往比分光光度法还要高若干个数量级，而且荧光强度和激发光的光源密切相关，因此在酶学研究中，越来越多地被采用来特别是作为快速检测酶活力的简便方法。但与此同时，荧光法的还有一个显著的缺点，就是容易受其他物质的干扰。有些物质特别是蛋白质能吸收和发射荧光，这种干扰在紫外区尤为显著，因此我们在采用荧光法测定酶活力时，应该尽可能选择在可见光范围的荧光进行相关检测。

3）同位素法

同位素法的原理：放射性同位素的底物在经酶作用后所得到的产物，通过适当的方法进行分离，从而只需测定产物的脉冲数即可换算出酶的活力单位。该方法的最大优点是灵敏度极高，可达fmol甚至更高水平，而且适用范围极广，已知六大类酶几乎都可以用此方法来进行酶活力的测定。

通常用于标记底物的同位素主要包括^{3}H、^{14}C、^{32}P、^{35}S和^{131}I等。例如，在测定蛋白激酶的活力时，可以通过蛋白激酶催化的组蛋白磷酰化反应，用[γ-^{32}P]-ATP作为底物，用三氯乙酸沉淀法将磷酰化的组蛋白和未反应的[γ-^{32}P]-ATP分开，然后经洗涤和干燥，进行计数，从而通过放射性同位素计数的改变就能计算出蛋白激酶的活力。

4）电化学方法

电化学方法中最广泛使用的是pH测定法，该方法的主要原理是：常用玻璃电极配合一台高灵敏度的pH计，跟踪监测反应过程中H^+浓度变化的情况，从而用pH的变化来测定整个酶促反应的速度，达到测定相关酶活力的目的。

当然在实际应用中也可以采用恒定pH测定法，即在整个酶促反应过程中，对于由于反应过程所导致的H^+的浓度变化，采用不断加入碱或酸的方法来保持其pH恒定，而间接地用加入的碱或酸的速度来表示反应速度，同样也可以达到测定相关酶活力的目的。这种方法尤其适用于许多酯酶活力的检测。

另外，还可以使用离子选择电极法测定某些酶的酶活力，例如用氧电极可以很方便地测定一些耗氧的酶(如葡糖氧化酶)所催化的酶促反应的速度，达到检测相关酶的活力的目的。

5）其他方法

当然还有一些特殊不太常用的检测酶活力的方法，例如旋光法、量气法、量热法和层析法等等，但由于这些方法使用范围十分有限，而且灵敏度比较差，目前只是应用于个别酶活力的测定。

4.2 化学动力学基础知识

众所周知，在化学反应中有两个方面的最基本的问题，其一是反应进行的方向、可能性和限度，其二是反应进行的速度和反应机制。前者属于化学热力学的研究范畴，后者属于化学动力学的研究范畴。对于化学热力学的基础知识，在基础化学中已经给予了详尽的阐述，由于篇幅限制，在此就不予讨论。在化学动力学的研究中，一个最主要的目的是确定各反应或反应步骤的速度，从而了解各种因素（如浓度、温度、pH 和催化剂等）对反应速度的影响，并揭示化学反应的机制。据此我们可以看出化学动力学和化学热力学的根本不同之处。

例如，O_2和 H_2化合成水的反应在化学热力学上是可能的，但是在室温条件下，这个反应的速度却慢到根本不能察觉的程度；再如，NO_2聚合成 N_2O_4的反应在化学热力学上也是可能的，然而实际上，其反应速度之快到了我们无法测量的程度。根据化学热力学的计算，前一反应在室温（一般为 25℃）时的标准自由能变化是－237.35 kJ，而后一反应的标准自由能变化仅仅为－5.40 kJ。同样作为化学热力学上可能的两个反应，而且从化学热力学的观点，前一个反应比后一个反应更为有利，那么为什么实际上它们的反应速度相差竟然如此悬殊呢？从更为广泛的角度来看，同样是化学热力学上可能的反应，为什么有些反应速度快，有些反应速度慢呢？这个问题不是化学热力学所能解决的，因为化学热力学只研究体系的状态改变，并不追究体系当中某一特定化学变化所需的时间和具体变化过程的机制，所有这些问题正是化学动力学所要研究的。

在实际应用中，各种化学反应的速度可以相差很大，如炸药的爆炸反应、溶液中的离子反应等瞬时就可以完成，只能用秒或更小的计时单位来衡量；另外有一些反应完成的时间需要以分、时、日、月甚至年来计算；还有一些更慢的反应，在有限的时间内根本无法察觉，其时间需要以千年甚至万年来计量。即使是同一反应，由于反应进行时的条件各不相同，反应速度可能也有很大的差异。因此，我们常常需要改变化学反应的条件来达到控制反应速度的目的。另外还有许多化学反应，由于常有副反应同时伴随进行，也需要设法控制反应条件来减小其副反应的速度，达到增大主要反应速度的目的。由此可见，通过化学动力学的研究，不仅可以在理论上阐明化学反应进行的机制，使我们能够了解化学反应的具体过程和途径，而且在实际应用中还可以根据已经测得的反应速度来估计反应进行到某种程度所需要的时间；也可以调节影响反应速度的各种因素来进一步控制化学反应的进行。因此，化学动力学的研究不仅具有十分重要的理论意义，而且还有相当突出的实践价值。

4.2.1 反应分子数和反应级数

在化学动力学中研究化学反应速度与反应物浓度的关系时，有两种分类方法，分别以反应分子数和反应级数来进行分类。

1）反应分子数

反应分子数指的是在化学反应中真正发生相互作用的分子的数目。仅有一个反应物分子参加的化学反应称为单分子反应，有两个反应物分子参加的化学反应称为双分子反应，依此类推。然而实际上，绝大多数的化学反应都是以单分子或双分子反应的步骤进行的，3个分子同时发生反应的可能性很小，而三分子以上的反应到目前为止还未曾被发现过。很显然反应分子数都应该是正整数。

（1）单分子反应

各种放射性元素的蜕变，有机反应中的同分异构体的相互转变和分子重排等反应都属于单分子反应。用化学反应式可以表示为：

$$A \longrightarrow P$$

根据质量作用定律，单分子反应的动力学方程式（或称速度方程式）为

$$v = \frac{-\mathrm{d}c}{\mathrm{d}t} = kc$$

式中：c 为反应物 A 的浓度（mol/L）；

k 为比例常数，称为反应速度常数，比值大小可作为反应速度大小的衡量标准。

（2）双分子反应

乙酸的酯化反应，H_2 和 O_2 的化合反应等都属于双分子反应。用化学反应式可以表示为：

$$A + B \longrightarrow P + Q$$

同样，根据质量作用定律，双分子反应的动力学方程式为

$$v = \frac{-\mathrm{d}c}{\mathrm{d}t} = kc_1c_2$$

式中：c_1 和 c_2 分别代表参与双分子反应的两种反应物 A 和 B 的浓度。

判断某个具体的化学反应究竟是单分子反应还是双分子反应，必须首先了解化学反应的机制，即了解化学反应过程中各个单元反应是如何进行的。由于多数化学反应的反应机制往往比较复杂，很难弄清楚，但是我们可以用实验方法来测量反应速度与浓度的关系，从而可以给反应机制的研究提供有用的线索。

2）反应级数

在确定某一具体化学反应的反应级数时，需要根据实验结果进行判断，即整个化学反应的速度究竟服从哪种分子反应的动力学方程式，则这个反应即为几级反应。如有某化学反应，其总反应速度与浓度的关系能够用单分子反应的动力学方程式来表示，那么可以确定这个反应为一级反应。如能用双分子反应的动力学方程式来表示，则为二级反应，依次类推。除此之外，对于反应速度与反应物浓度无关的反应我们则称之为零级反应。

对一些很简单的反应而言，反应分子数和反应级数这两种分类方法往往是一致的，但对某些反应来说也不尽相同。例如，蔗糖在蔗糖酶催化作用下的水解反应是双分子反应，但却为一级反应。其化学反应方程式如下：

$$\text{蔗糖} + H_2O \xrightarrow{\text{蔗糖酶}} \text{葡萄糖} + \text{果糖}$$

在这里出现了两种分类方法不一致的情况，是因为在蔗糖的稀水溶液中，水的浓度较蔗糖的浓度大得多，因此与蔗糖相比较而言，水浓度的减少可以忽略不计，故我们可以把水的浓度当作一个常数。所以，该水解反应的化学反应速度只取决于蔗糖的浓度。

由于该反应的化学反应速度和浓度的关系采用单分子反应动力学方程式来表示，所以它是一级反应，出现这种现象的反应有时也称为假单分子反应。一般来说，如果在一双分子化学反应中，有一反应物的存在量相对于另一反应物而言极大，例如各种水解反应，则显然此化学反应可以按照一级反应的化学动力学方程式进行。

复杂反应是由一连串的简单反应所组成，所以确定其反应级数往往比较复杂，而且其反应级数还不一定是整数。实际上反应级数等于反应速度方程式中各个反应物浓度指数之和，有时和分子数一致，有时则不尽一致。

从以上的叙述可以得知，反应分子数和反应级数是两个既有一定联系又有本质区别的概念。前者表示的是实际参加该化学反应的分子数，是一个有关化学反应机制的问题；后者是经过实验测得的、表示化学反应速度与反应物浓度之间的关系的问题。但是在大多数情况下，二者的数值是一致的。

在实际应用中对化学反应进行分类时常采用反应级数的分类方法，因为用反应级数时不必了解具体反应的机制，而只需由实验来确定反应服从哪级反应，便可得到相应化学反应速度与反应物浓度的关系，从而进行化学反应的分类。

4.2.2 各级反应的特征

实际上，各级反应的特征已经表现在相应反应的化学反应动力学方程式中。由于研究化学动力学时实际所测得的是反应过程中的不同时间 t 和相应于该时间的反应物或生成物浓度 c，因此常常以 c 和 t 的变化关系来表示各级反应的特征。只要将反应速度式进行积分，就很容易得出这种 c 和 t 之间的关系。下面将利用积分的方法分别探讨一级反应、二级反应和零级反应的化学动力学特征。

1）一级反应

凡是反应速度只与反应物的浓度的一次方成正比的化学反应都称为一级反应。这类反应的反应速度与反应物浓度的关系可用如下动力学方程式来表示：

$$\frac{-\mathrm{d}c}{\mathrm{d}t} = kc$$

将该式移项积分后得

$$\ln c = -kt + B$$

式中：B 为积分常数。

令反应开始（$t = 0$）时的反应物浓度为 c_0（初浓度），代入上式，得

$$B = \ln c_0$$

因此

$$\ln c = -kt + \ln c_0$$

经过转换整理得

$$k = \frac{1}{t}\ln\left(\frac{c_0}{c}\right) \text{或} c = c_0 \mathrm{e}^{-kt}$$

上式表示了一级反应的反应物浓度(或产物浓度)随时间而变化的规律,如图 4-3 所示。图中 c 和[P](产物浓度)两条曲线相交于一点,该点的横坐标为 $t_{1/2}$,纵坐标为 $c_0/2$,其中 $t_{1/2}$ 叫半衰期,即化学反应过程中有一半反应物转为产物所需的时间。

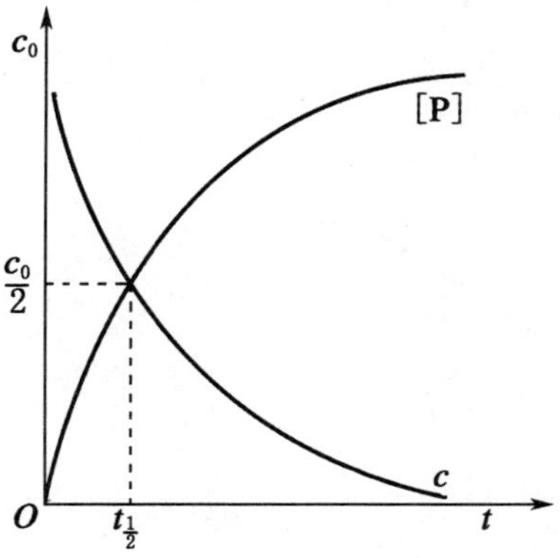

图 4-3　一级反应的反应物消耗和产物形成与时间的关系曲线

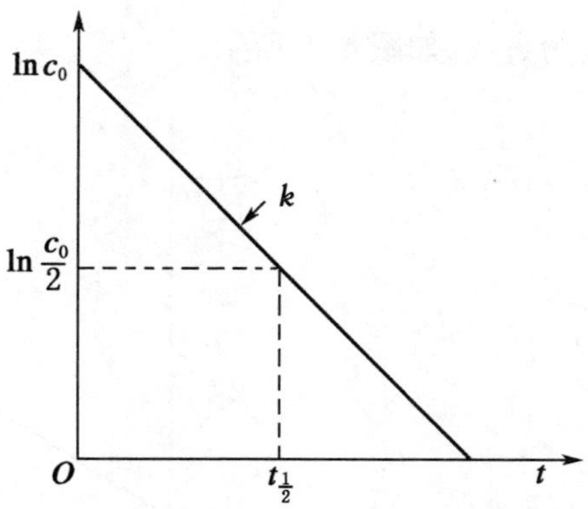

图 4-4　一级反应 ln c 与时间关系

从该式还可以看出,若以 $\ln c$ 对时间 t 作图便可得到一条直线,如图 4-4 所示。该直线斜率的负值就是反应速度常数 k,而 k 的单位就是时间的倒数。当 $t = t_{1/2}$ 时,则 $c = \frac{c_0}{2}$,继而推得:$k = (\ln 2)/\ t_{1/2}$ 或 $t_{1/2} \approx 0.693/k$。

由此得出速度常数 k 与半衰期 $t_{1/2}$ 成反比,而半衰期与反应物的初浓度无关。换而言之,不论反应物的初浓度是多少,其半衰期是一样的,这也是一级反应的一个显著特征。

2) 二级反应

凡是反应速度与反应物浓度二次方(或两种反应物浓度的乘积)成正比的化学反应都称为二级反应。在所有化学反应中,二级反应是最为常见的。二级反应的速度与反应物浓度的关系可用如下动力学方程式来表示:

$$\frac{-\mathrm{d}c}{\mathrm{d}t} = kc_1c_2 \text{ 或} \frac{\mathrm{d}x}{\mathrm{d}t} = k(a-x)(b-x)$$

式中:a、b 分别代表反应物 A、B 的初浓度;

　　x 为时间 t 时已发生反应的物质浓度;

　　$(a-x)$ 与 $(b-x)$ 分别为反应时间 t 时后的反应物 A 与 B 的浓度。

如果 A 与 B 两种反应物的初浓度相同,则可将上式简写为

$$\frac{\mathrm{d}x}{\mathrm{d}t} = k(a-x)^2$$

移项积分后整理得

$$k = \frac{\frac{1}{t} \cdot x}{a(a-x)}$$

当 A 和 B 两种反应物的初浓度不同时,则将上式移项积分后的结果为

$$k = \frac{1}{t(a-b)} \cdot \ln\frac{b(a-x)}{a(b-x)}$$

从这两种情况积分后的结果可以看出，若以$\frac{x}{a-x}$或 $\ln\frac{b(a-x)}{a(b-x)}$ 分别对时间 t 作图，所得到的均为直线，如图 4-5 所示。

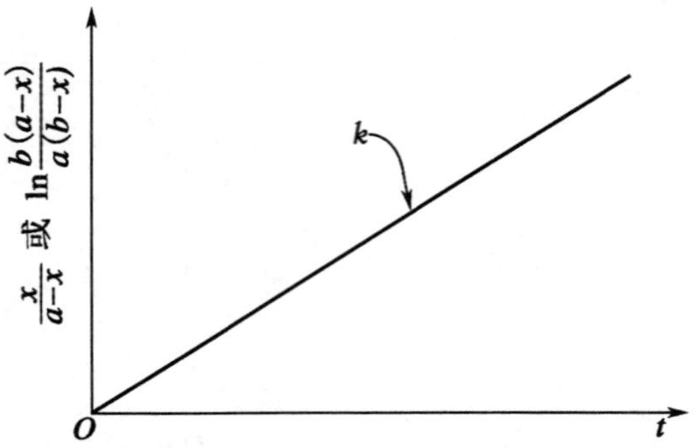

图 4-5　二级反应$\frac{x}{a-x}$或 $\ln\frac{b(a-x)}{a(b-x)}$与时间关系

该直线的斜率即等于化学反应速度常数 k，其单位是 $mol^{-1} \cdot L \cdot s^{-1}$，这既是二级反应的特征，也是求 k 和决定该化学反应是不是二级反应的一个简便方法。

当 $x = 1/2a$ 时，t 即为半衰期 $t_{1/2}$，代入式

$$k = \frac{1}{t} \cdot \frac{x}{a(a-x)}$$

得

$$k = \frac{1}{at_{1/2}} \text{ 或 } t_{1/2} = \frac{1}{ka}$$

由此表明与一级反应中不论反应物的初浓度是多少，其半衰期是一样的这一特点不同的是，二级反应的半衰期与初浓度成反比。也就是说，对于二级反应而言，初浓度越大，那么反应物减少一半所需的时间愈短，这也是二级反应的一个显著特征。

3）零级反应

凡是反应速度与反应物浓度无关而受其他因素影响而改变的反应称为零级反应，即反应速度为一常数。可将零级反应的动力学方程式表示为：

$$\frac{-\mathrm{d}c}{\mathrm{d}t} = k \text{ 或者} \frac{\mathrm{d}x}{\mathrm{d}t} = k$$

经过积分后整理得

$$x = kt, k = \frac{x}{t}$$

零级反应中 k 的单位是$mol \cdot L^{-1} \cdot s^{-1}$，若以 x 对 t 作图，便可得到一直线，如图 4-6 所示，该直线的斜率为 k。

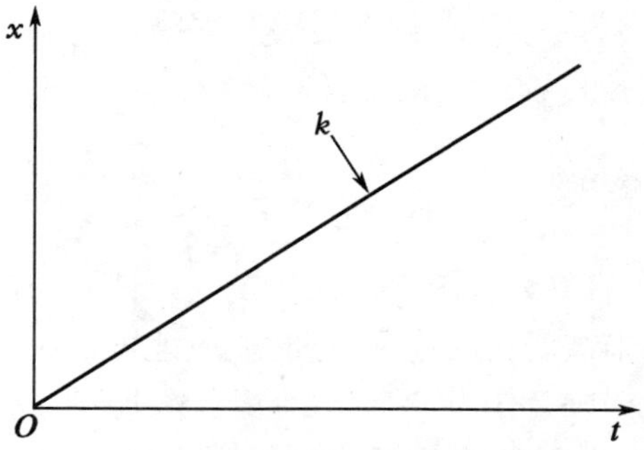

图 4-6　零级反应 x 与时间关系

当 $x=\frac{a}{2}$ 时，代入式 $k=x/t$ 便可以得到，其反应半衰期 $t_{1/2}$ 与初浓度成正比，即

$$t_{1/2}=\frac{a}{2k}$$

该式表明，对于零级反应而言，初浓度越大，其半衰期愈长。

4.3　底物浓度对酶促反应速度的影响

4.3.1　中间络合物学说

中间络合物学说也称酶底物中间络合物学说，最早是由 Henri 和 Wurtz 两位科学家提出的。在 1903 年，Henri 在用蔗糖酶水解蔗糖实验研究化学反应中底物浓度与反应速度的关系时发现，当酶浓度不变时，可以测出一系列不同底物浓度下的化学反应速度。以该反应速度对底物浓度作图，可得到如图 4-7 所示的曲线。

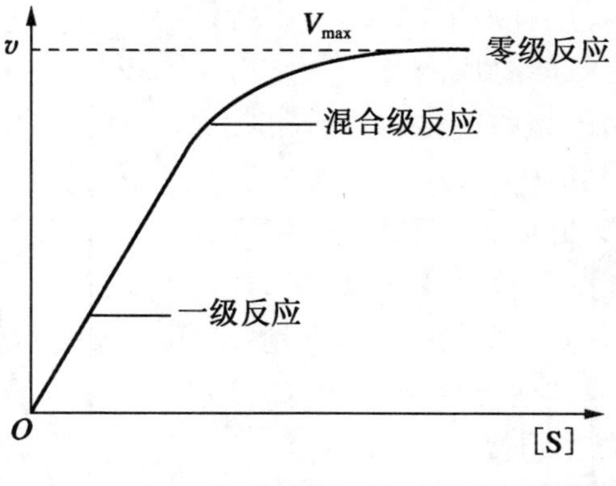

图 4-7　底物浓度对酶促反应速度的影响

从该曲线图可以看出，当底物浓度较低时，反应速度与底物浓度的关系呈正比关系，反应表现为一级反应。然而，随着底物浓度的不断增加，反应速度不再按正比升高，此时反应表现为混合级反应。当底物浓度达到相当高时，底物浓度对反应速度影响逐渐变小，最后反应速度几乎与底物浓度无关，这时反应达到最大反应速度（V_{max}），反应表现为零级反应。根据这一实验结果，Henri 和 Wurtz 提出了酶促化学反应的酶底物中间络合物学说。该学说

认为：当酶催化某一化学反应时，酶(E)首先需要和底物(S)结合生成酶底物中间络合物即中间复合物(ES)，然后再生成产物(P)，同时释放出酶。该学说可以用下面的化学反应方程式来表示：

$$S+E \rightleftharpoons ES \longrightarrow P+E$$

根据中间络合物学说很容易解释图 4-7 所示的实验曲线，在酶浓度恒定这一前提条件下，当底物浓度很小时酶还未被底物所饱和，这时反应速度取决于底物浓度并与之成正比。随着底物浓度不断增大，根据质量作用定律，中间复合物 ES 生成也不断增多，而反应速度取决于 ES 的浓度，故反应速度也随之增高，但此时二者不再成正比关系。当底物浓度达到相当高的程度时，溶液中的酶已经全部被底物所饱和，此时溶液中再也没有多余的酶，虽增加底物浓度也不会有更多的中间复合物 ES 生成，因此酶促反应速度变得与底物浓度无关，而且反应达到最大反应速度(V_{max})。当以底物浓度[S]对反应速度 v 作图时，就形成一条双曲线。在此需要特别指出的是，只有酶促催化反应才会有这种饱和现象，而与此相反，非催化反应则不会出现这种饱和现象。

在 Henri 和 Wurtz 两位科学家提出酶底物中间络合物学说时，该学说只是一个根据实验推测出来的一个有关酶促化学反应的假说。随着科学技术的不断发展和研究方法的持续更新，目前已经从许多实验中得到了更多能证明该学说的科学论据：

(1) 直接结构观察

用电子显微镜和 X-射线晶体结构分析，可以直接观察到酶底物中间络合物 ES 的存在。例如在 DNA 聚合酶 I 等催化的生物体内 DNA 合成反应中，用电子显微镜可以看到 DNA 聚合酶 I 可结合到它合成的 DNA 模板上。除此以外，用 X 射线晶体衍射进行结构分析时，可以不断观察到羧肽酶 A 和它的底物 Gly-L-Tyr 的相互作用，甚至还可研究二者的作用位置。

(2) 间接光谱变化

在形成 ES 复合物后，许多酶和底物的光谱特性会随之发生变化。例如色氨酸合成酶是一种含有一个磷酸吡哆醛辅基的细菌酶，该酶催化 L-Ser 和吲哚合成 Trp，当把 L-Ser 加到酶中时磷酸吡哆醛的荧光会显著增加，但在随后加入吲哚时，荧光就会猝灭到低于单独色氨酸合成酶的水平(如图 4-8 所示)，该荧光光谱的变化揭示了酶-Ser 和酶-Ser-吲哚复合物存在的可能性。除此之外，其他光谱学方法，如核磁共振等也能对 ES 复合物的形成提供相关证据。

(3) 物理、化学性质变化

在形成 ES 复合物后，酶的各种物理性质如溶解度或热稳定性等经常也会随之发生变化，目前已分离得到某些酶与底物相互作用生成的 ES 复合物，如已经得到 D-氨基酸氧化酶及乙酰化胰凝乳蛋白酶和相应底物复合物的结晶。在超离心沉降过程中，可观察

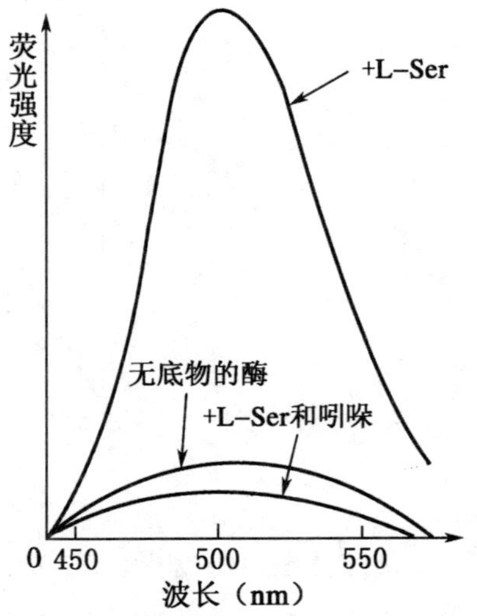

图 4-8 磷酸吡哆醛辅基在色氨酸合成酶的活性部位上产生的荧光强度随加入底物 L-Ser 和吲哚变化而改变的情况

到酶和底物共沉降的现象;在平衡透析时,可观察到底物浓度在半透膜内外不同等。所有这些酶或底物物理、化学性质的变化都为 ES 复合物的形成提供了十分可信的证据。

4.3.2 酶促反应的动力学方程式

1)米氏方程式的推导

1913 年 Michaelis 和 Menten 两位科学家在前人工作的基础上,根据酶促反应的中间络合物学说,提出了平衡态理论(balanced state theory),认为酶促化学反应方程式可以表示如下:

$$E+S \xrightleftharpoons{K_s} ES \xrightarrow{k} E+P$$

在假定形成酶底物复合物 ES 的反应迅速达到化学平衡状态,底物浓度远远大于酶浓度的情况下,酶底物复合物 ES 分解成产物的逆反应几乎可以忽略不计。这种方法称为"快速平衡法",以此推导出一个数学方程式,用来表示底物浓度与酶反应速度之间的量化关系,通常把这个数学方程式称为米氏方程,即

$$v=\frac{V_{max}[S]}{K_s+[S]}$$

式中:v 为反应速度;

V_{max}为酶完全被底物饱和时的最大反应速度;

[S]为底物浓度;

K_s 为 ES 的解离常数(底物常数)。

1925 年 Briggs 和 Haldane 提出了稳态理论(steady state theory),据此对米氏方程做了一项很重要的修正,认为酶促反应应该分两步进行:

第一步,酶与底物相互作用,形成酶-底物复合物:

$$E+S \xrightleftharpoons[k_2]{k_1} ES$$

第二步,酶-底物复合物 ES 分解形成产物,同时释放出游离酶:

$$ES \xrightleftharpoons[k_4]{k_3} E+P$$

这两步反应都是可逆的,它们的正反应与逆反应的速度常数分别为 k_1、k_2、k_3、k_4。

由于酶促反应的速度与酶-底物复合物 ES 的形成与分解直接相关,所以在考察酶促反应速度时,必须同时考虑酶-底物复合物 ES 的形成速度和分解速度两个方面。Briggs 和 Haldane 对于酶促化学反应机制的发展就在于他们指出了酶-底物复合物 ES 量不仅与形成 ES 复合物的平衡有关,而且还与 ES 复合物分解的平衡有关,即用稳态代替了平衡态。

而所谓的稳态是指反应进行一段时间后,系统的酶-底物复合物 ES 的浓度,由零逐渐增加到一定数值。而在一定时间内,尽管底物浓度和产物浓度不断地发生变化,酶-底物复合物 ES 也在不断地生成和分解。但是当反应系统中 ES 的生成速度和 ES 的分解速度相等时,酶-底物复合物 ES 浓度就会保持不变,称这种反应状态为稳态,即

$$\frac{d[ES]}{dt}=0$$

图 4-9 表示实验所得 [E]、[S]、[ES]、[P] 等各种浓度对时间的曲线，显示了底物浓度下降，产物形成及 ES 稳态过程。

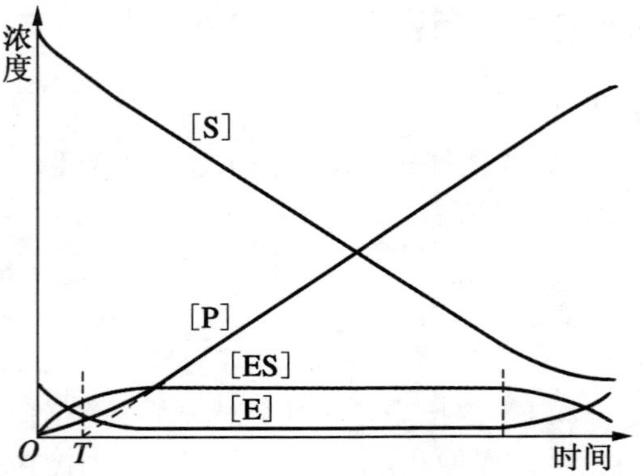

图 4-9　酶促反应过程中各种浓度与时间关系曲线(虚线之间为稳态)

在稳态下，ES 的生成速度 d[ES]/dt 与 E＋S → ES 和 E＋P → ES 这两个反应都密切有关。但是在反应初速度阶段，由于产物浓度很低，所以 E＋P → ES 的速度极小，可以忽略不计。因此，ES 的生成速度 d[ES]/dt 只与 E＋S →ES 有关，可表示如下：

$$\frac{d[ES]}{dt} = k_1([E]-[ES])[S]$$

式中：[E] 表示酶的总浓度；

[ES] 表示酶与底物结合的中间复合物的浓度；

[E]－[ES] 表示未与底物结合的游离状态的酶浓度，而[S] 则表示底物浓度。

通常情况下，底物浓度远远大于酶浓度，即 [S] ≫ [E]，因此被酶结合的底物量即[ES]，与总的底物浓度相比，可以忽略不计，因此[E]－[ES] ≈ [S]。而 ES 的分解速度－ d[ES]/dt 则与 ES → S＋E 及 ES → P＋E 有关。因此，ES 分解速度 －d[ES]/dt 为两式所得速度之和：

$$\frac{-d[ES]}{dt} = k_2[ES] + k_3[ES]$$

上面已经提及，在稳态下 ES 的生成速度 d[ES]/dt 和 ES 的分解速度 －d[ES]/dt 相等，即[ES] 的生成与分解保持动态平衡，d[ES]/dt ＝ － d[ES]/dt，即

$$k_1([E]-[ES])[S] = k_2[ES] + k_3[ES]$$

移项整理后得

$$\frac{([E]-[ES])[S]}{[ES]} = \frac{(k_2 + k_3)}{k_1}$$

用表示 k_1、k_2、k_3 3 个常数之间的关系，$K_m = (k_2 + k_3)/k_1$，由此可以得到：

$$\frac{([E]-[ES])[S]}{[ES]} = K_m$$

以此可以推导出稳态时的[ES]：

$$[ES] = \frac{[E][S]}{K_m + [S]}$$

由于酶促反应速度 (v) 与酶-底物复合物浓度([ES]) 成正比,即可得到:

$$v = k_3[\mathrm{ES}] = \frac{k_3[\mathrm{E}][\mathrm{S}]}{K_\mathrm{m} + [\mathrm{S}]}$$

而在酶促反应系统中[S] ≫ [E],当[S] 很高时几乎所有的酶都被底物所饱和形成 ES,即 [E] =[ES],所以在酶促反应达到最大速度 $V_{\max}$ 时就有:

$$V_{\max} = k_3[\mathrm{ES}] = k_3[\mathrm{E}]$$

由此即可以推得

$$v = \frac{V_{\max}[\mathrm{S}]}{K_\mathrm{m} + [\mathrm{S}]}$$

这就是根据稳态理论推导出的化学动力学方程式,为纪念 Michaelis 和 Meten,习惯上把式 $v = V_{\max}[\mathrm{S}]/(K_\mathrm{s} + [\mathrm{S}])$ 和式 $v = V_{\max}[\mathrm{S}]/(K_\mathrm{m} + [\mathrm{S}])$ 都称为米氏方程。其中 K_m称为米氏常数,它是由一些速度常数组成的一个复合常数。该方程式表明了在已知 K_m及 $V_{\max}$ 时,酶促反应速度(v)与底物浓度([S])之间的定量关系。若以[S]作横坐标,v 作纵坐标作图,可得到如图 4-10 所示的一条双曲线,该曲线恰好与实验所得的图 4-7 相符合。

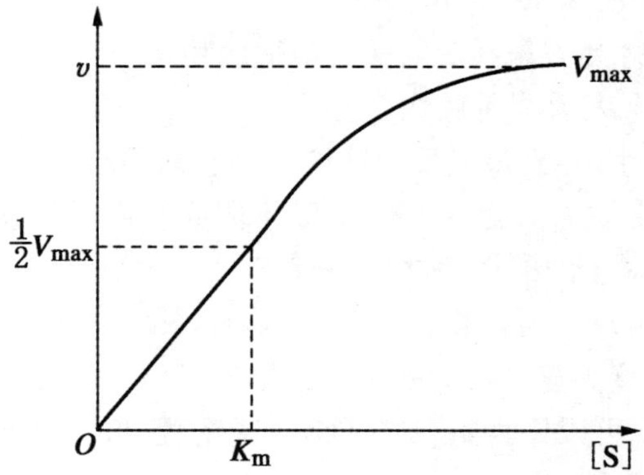

图 4-10 米氏方程曲线

从米氏方程 $v = V_{\max}[\mathrm{S}]/(K_\mathrm{m} + [\mathrm{S}])$ 可以看出,当反应速度达到最大速度一半时,即 $v = V_{\max}/2$ 时,可以推理得到:$[\mathrm{S}] = K_\mathrm{m}$。据此可以看出 K_m 值的物理意义,即 K_m 值是当酶促反应速度(v) 达到最大反应速度($V_{\max}$) 一半时的底物浓度,其单位为 mol/L,与底物浓度([S]) 的单位一样。

根据米氏方程式可以说明以下重要关系:

(1) 当 $[\mathrm{S}] \ll K_\mathrm{m}$ 时,则式 $v = V_{\max}[\mathrm{S}]/(K_\mathrm{m} + [\mathrm{S}])$ 变为 $v = V_{\max}[\mathrm{S}]/K_\mathrm{m}$。由于 $V_{\max}$ 和 K_m 均为常数,两者所得之比值可以用另外一常数 K 来表示,因此 $v = K[\mathrm{S}]$。即在底物浓度([S]) 远远小于 K_m 时,酶促反应速度(v) 与底物浓度([S]) 成正比,v 与[S] 的关系符合一级反应的化学动力学方程。此时由于底物浓度([S]) 低,酶没有完全被底物所饱和,因此在底物浓度([S]) 比较低的条件下是不可能准确测得酶活力的。

(2) 当 $[\mathrm{S}] \gg K_\mathrm{m}$ 时,则式 $v = V_{\max}[\mathrm{S}]/(K_\mathrm{m} + [\mathrm{S}])$ 变为 $v = V_{\max}[\mathrm{S}]/[\mathrm{S}] = V_{\max}$,表示当底物浓度([S]) 远远大于 K_m 值时,酶促反应速度(v) 已达到最大反应速度($V_{\max}$),这时酶完全被底物所饱和,v 与[S] 无关,符合零级反应的化学动力学方程式,因此只有在此条件下才能正确测得酶活力。

(3) 当 $[S]=K_m$ 时，由式 $v=V_{max}[S]/(K_m+[S])$ 得 $v=V_{max}[S]/([S]+[S])=V_{max}/2$。也就是说，当底物浓度（$[S]$）等于 K_m 值时，酶促反应速度（v）为最大反应速度（V_{max}）的一半，因此 K_m 值就代表着反应速度达到最大反应速度一半时的底物浓度。

2）化学动力学参数的意义

(1) 米氏常数的意义

① K_m是酶的一个特征性常数，K_m的大小只与酶本身的性质有关，而与酶浓度无关。但是 K_m 值会随着测定的底物、反应的温度、pH 和离子强度的不同而改变，故从某种意义上说，K_m 值作为常数只是对一定的底物、pH、温度和离子强度等具体条件而言的。因此，对某一酶促化学反应而言，在一定条件下都有其特定的 K_m值，这一点可以用来对酶进行鉴别。例如，鉴别对于不同来源或即使是相同来源但在不同发育阶段、不同生理状态下催化相同化学反应的酶是否属于同一种酶。各种酶的 K_m值往往相差很大，绝大多数酶的 K_m值都介于 10^{-6}～10^{-1} mol/L 之间。

② K_m 值还可以用于判断酶的专一性和天然底物。由于有些酶可作用于好几种底物，因此就有几个 K_m 值，其中 K_m 值最小的底物往往被称为该酶的最适底物或天然底物。例如谷氨酸脱氢酶（glutamate dehydrogenase）可作用于谷氨酸、α-酮戊二酸、NAD^+、NADH 等 4 种底物，它们的 K_m 值依次为 1.2×10^{-4}、2.0×10^{-3}、2.5×10^{-5}和 1.8×10^{-5} mol/L，由此很容易看出只有 NADH 才是谷氨酸脱氢酶的最适底物。

$1/K_m$可以近似地用来表示酶对底物亲和力的大小，$1/K_m$愈大，表明亲和力愈大，这是因为 $1/K_m$愈大，则 K_m愈小，达到最大反应速度一半时所需要的底物浓度就愈低。很显然，酶对最适底物的亲和力最大，K_m 最小。K_m值随不同底物而异的现象还可以用来帮助判断酶的专一性，并且有助于对于酶的活性部位的研究。

③ 由式 $K_m=(k_2+k_3)/k_1$ 可以得知，当 $k_3\ll k_2$时，$K_m=k_2/k_1$，即 $K_m=K_s$，也就是说酶-底物复合物 ES 的分解速度为整个反应平衡的限制速度时，K_m等于酶-底物复合物 ES 的解离常数（底物常数），即 K_m可以作为酶和底物结合紧密程度的一个度量指标，用来表示酶与底物结合的亲和力大小。

但是，在不知道 K_m确实等于 K_s的前提下，用 K_m值来表示酶和底物的亲和力是不够确切的。在上面提到的 $1/K_m$可以近似地表示酶与底物亲和力的大小，所以严格地说应该用 $1/K_s$表示酶与底物亲和力的大小，而且只是当 k_3极小时，才能用 $1/K_m$ 来近似的说明酶与底物结合的难易程度，这一结论的前提条件十分重要。

④ 如果已知某个酶的 K_m值，就可以计算出在某一底物浓度条件下，其反应速度相当于 V_{max}的百分比。如当 $[S]=3K_m$ 时，代入米氏方程式 $v=V_{max}[S]/(K_m+[S])$可以得到 $v=0.75\ V_{max}$，也就是说在达到最大反应速度的 75%时，底物浓度相当于 $3K_m$。同理，可以推导出米氏方程中$[S]$和 v 的关系，如表 4-1 所示。

表 4-1　米氏方程中[S]与 v 关系

[S]	v	[S]	v
$0.01\ K_m$	$0.01\ V_{max}$	$3\ K_m$	$0.75\ V_{max}$
$0.10\ K_m$	$0.091\ V_{max}$	$10\ K_m$	$0.91\ V_{max}$
$0.33\ K_m$	$0.25\ V_{max}$	$100\ K_m$	$0.99\ V_{max}$
$1\ K_m$	$0.50\ V_{max}$	$1\,000\ K_m$	$0.999\ V_{max}$

⑤ K_m 值还可以帮助我们推断具体条件下某一代谢反应的方向和途径。催化可逆反应的酶，对正逆两向反应底物的 K_m 值往往是不一样的，例如谷氨酸脱氢酶，对 NAD^+ 的 K_m 值为 2.5×10^{-5} mol/L，而对 NADH 为 1.8×10^{-5} mol/L。通过测定这些 K_m值的差别以及细胞内正逆两向反应底物的浓度，就可以大致推测出该酶催化正逆两向反应的效率，这对于了解酶在细胞内的主要催化方向和生理功能具有十分重要的意义。

当出现一系列不同的酶催化一个代谢过程的连锁反应的情况时，如果能确定参与反应各种酶的 K_m及其相应的底物浓度，便可用于寻找该代谢过程中的限速步骤。例如酶 1、2、3 分别催化 A→B→C→D 3 步连续反应，若它们对相应底物 A、B、C 的 K_m 分别为10^{-2} mol/L、10^{-3} mol/L 和 10^{-4} mol/L，而此时细胞内 A、B、C 的浓度均接近 10^{-4} mol/L，则可推测得知该连续反应中的限速反应是 A→B 的一步。

生物体内的各种代谢反应往往是在多酶体系参与下进行的，同一种底物往往可以与几种酶发生作用，催化不同的化学反应，走不同的代谢途径。例如，丙酮酸在体内至少可被乳酸脱氢酶、丙酮酸脱氢酶和丙酮酸脱羧酶等 3 种酶所催化，分别形成乳酸、乙酰辅酶 A 和乙醛。它们相应的 K_m值分别为 1.7×10^{-5}、1.3×10^{-3} 和 1.0×10^{-3} mol/L，当丙酮酸浓度较低时，不可能同时与几种酶相互作用。究竟走哪一条代谢途径则取决于 K_m 值最小的酶，只有 K_m 值小的酶促反应才会在竞争中占优势。从上面所述 3 种酶的 K_m 值可以推断出，在丙酮酸浓度较低时容易走丙酮酸经乳酸脱氢酶催化形成乳酸的代谢途径，这一点已经得到了实验论证。

(2) V_{max}和 k_3(k_{cat})的意义

在酶浓度一定时，该酶对特定底物的 V_{max}也是一个常数。与 K_m相似，即使是同一种酶对于不同的作用底物，其 V_{max}也不相同，pH、温度和离子强度等因素也会影响 V_{max}的数值。

当底物浓度([S])很大时，就有 $V_{max}=k_3[ES]=k_3[E]$。由此可以说明 V_{max}和[E]成线性关系，而该直线的斜率就是 k_3，k_3为一级反应速度常数，其单位为 s^{-1}。k_3的意义是当酶被底物饱和时每秒钟每个酶分子所转换底物的分子数，这个常数通常又叫做转换数(简称 TN)，通称为催化常数(catalytic constant，k_{cat})。k_{cat}可以用来衡量酶的催化效率，其值越大，表示相应酶的催化效率越高。

(3) k_{cat}/K_m的意义

在生理条件下，体内绝大多数酶并不会完全被底物所饱和，因此在体内$[S]/K_m$ 的比值通常介于 0.01 到 1.0 之间。根据米氏方程 $v=V_{max}[S]/(K_m+[S])$，如果用 $V_{max}=k_{cat}[ET]$ 来代表酶的总浓度，则可以推导得出 $v=k_{cat}[ET][S]/(K_m+[S])$。而在 $S\ll K_m$ 的条件下，自由酶浓度$[E]=[ET]$，因此 $v=(k_{cat}/K_m)[ET][S]$，即 k_{cat}/K_m 是酶和底物反应形成产物的表观二级速度常数(apparent second-order rate constant)，有时也称之为专一性常数(specificity constant)。因此，当 $[S]\ll K_m$ 时，酶促反应速度取决于 k_{cat}/K_m 的值和[S]。对于 k_{cat}/K_m 值，却是有一定的物理限制，因为这个比值取决于 k_1、k_2 和 k_3，而且 $k_{cat}=k_3$，将 K_m 取代后可以得出 $k_{cat}/K_m=k_1k_3/(k_2+k_3)$。由此可以得出结论：比值 k_{cat}/K_m 的上限为 k_1，即生成酶-底物复合物 ES 的速度。也就是说，酶的催化效率不可能超过酶和底物形成 ES 的扩散控制的结合速度。所以，扩散限制了 k_1 的数值，在水中扩散的速度常数为108～109 $mol^{-1}\cdot L\cdot s^{-1}$，因此 k_{cat}/K_m 的上限为 108～109 $mol^{-1}\cdot L\cdot s^{-1}$。对酶而言，用$k_{cat}/K_m$

这一比值来作为衡量酶催化效率的参数是十分恰当的。例如，乙酰胆碱酯酶和磷酸丙糖异构酶等许多酶的 k_{cat}/K_m 比值都介于 107～108 $mol^{-1}\cdot L\cdot s^{-1}$之间，说明它们都已经达到了完整的或者说是最大的酶催化效率，此时它们的催化反应速度只会受到它们和溶液中底物迁移速度这一条件的限制。如果要使催化反应速度进一步加快，只有减少扩散时间才有可能。由此可见，由 k_{cat}/K_m 值的大小，可以用于比较不同的酶或同一种酶催化不同底物的催化效率之大小。

3）利用作图法测定 K_m和 V_{max}值

在得到相关实验数据之后，可通过作图法直接求得米氏常数。首先测定不同底物浓度时的酶促反应初速度，以 v 对[S]作图。如从图 4-10 中就可以得到 V_{max}，再根据$\frac{1}{2}V_{max}$可求得相应的[S]，即 K_m值。然而，实际上即使用很大的底物浓度，也只能得到趋近于 V_{max}的酶促反应速度，而不可能达到真正的 V_{max}，因此就得不到准确的 K_m与 V_{max}值。为了简便地测得准确的 K_m与 V_{max}值，可以转换米氏方程式的形式，使它从曲线方程变为直线方程，然后再用图解法求出相应的 K_m与 V_{max}值。

（1）Lineweaver - Burk 双倒数作图法

对米氏方程式两侧取倒数，就可以得到下面的方程式：$1/v = K_m/V_{max}[S] + 1/V_{max}$，然后以 $1/v$ 对 $1/[S]$ 作图，可以得到如图 4 - 11 所示的一条直线。该直线的横轴截距为 $-1/K_m$，纵轴截距为 $1/V_{max}$。这种作图方法的缺点是：实验点在直线的左下方过分集中，而低浓度底物的实验点又因经过取倒数后所得误差较大，往往偏离直线较远，从而影响 V_{max} 和 K_m 的测定的准确性。

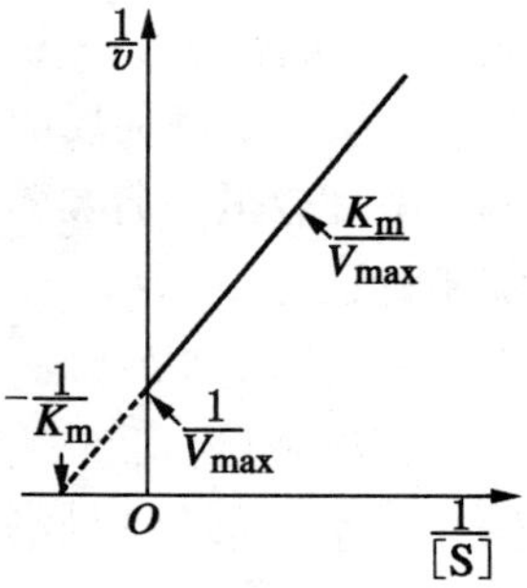

图 4-11 Lineweaver-Burk 双倒数作图法

（2）Hanes-Woolf 作图法

可以将式 $1/v = K_m/V_{max}[S] + 1/V_{max}$ 两边均乘以[S]，得到如下方程式：

$$\frac{[S]}{v} = \frac{K_m}{V_{max}} + \frac{[S]}{V_{max}}$$

这时再以$[S]/v$ 对[S] 作图可以得到如图 4 - 12 所示的一条直线。该直线横轴截距为$-K_m$，斜率为 $1/V_{max}$。

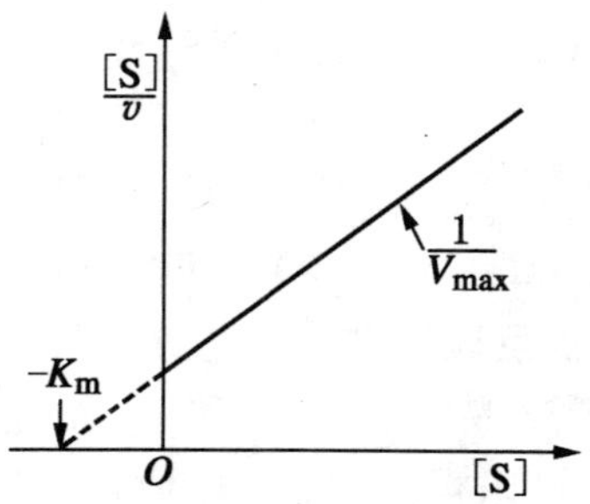

图 4-12 Hanes-Woolf 作图法

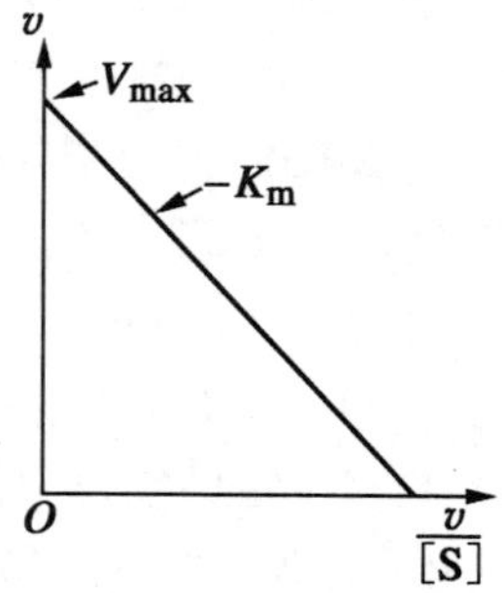

图 4-13 Eadie-Hofstee 作图法

(3) Eadie-Hofstee 作图法

可以将米氏方程式改写成下面的方程式：

$$v = V_{max} - K_m \frac{v}{[S]}$$

以 v 对 $v/[S]$ 作图，得到如图 4-13 所示的一条直线。该直线纵轴截距为 V_{max}，斜率为 $-K_m$。

(4) Eisenthal 和 Cornish-Bowden 直接线性作图法

除了以上各种方法以外，还可以将米氏方程改写为如下的方程式：

$$V_{max} = v + K_m \frac{v}{[S]}$$

如果将[S]标在横轴的负半轴上，通过实验所测得的 v 数值标在纵轴上，相应的[S]和 v 就可以连成如图 4-14 所示的一簇直线，这些直线相交于一点，这一点的横坐标和纵坐标分别为 K_m 和 V_{max}。Eisenthal 和 Cornish-Bowden 直接线性作图法优点在于：该过程不需要计算便可直接读出 K_m 和 V_{max} 值，另外该方法还使人们很容易识别出哪些是不正确的观测结果，因为这些结果将产生一些不通过靠近共同交叉点的直线。

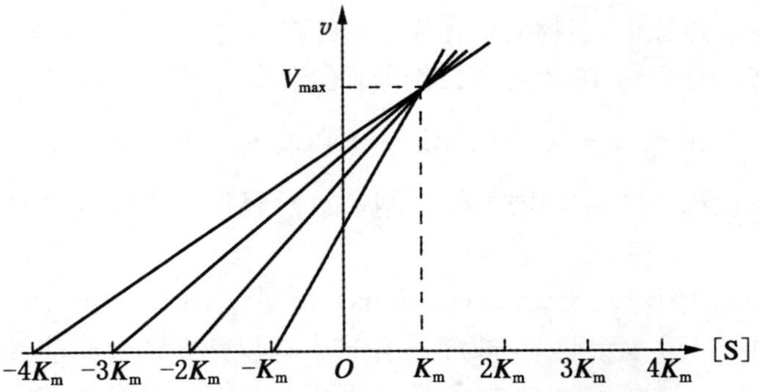

图 4-14 Eisenthal 和 Cornish-Bowden 直接线性作图法

4.3.3 多底物的酶促反应动力学

以上主要讨论了单底物反应动力学的情况，然而在实际酶促化学反应中更为常见的是两个或两个以上底物参加的反应，往往被称作多底物反应。在多底物反应当中，最为常见和最为重要的还是双底物反应，即底物 A 和 B 经酶催化生成产物 P 和 Q 的反应：

$$A + B \longrightarrow P + Q$$

由于多底物反应动力学方程非常复杂，推导也十分繁琐，在这里只简单讨论一下双底物反应机制及动力学方程。

1) 酶促反应按底物分子数的分类

按照参加酶促化学反应底物分子数的多少，可以将酶促化学反应分为单底物、双底物和三底物反应，每种反应的酶、催化的反应和该酶种类在所有酶种类中占据的百分比如表 4-2 所示。

表 4-2　酶促化学反应按底物分子数的分类

底物数	酶分类	催化反应	酶种类占酶百分比(%)
单底物	异构酶	异构反应	5
单向单底物	裂合酶	裂合反应	26
假单底物	水解酶	水解反应	12
双底物	氧化还原酶	氧化还原反应	27
	转移酶	转移反应	24
三底物	连接酶	连接反应	6

从该表中可以看出，前面所介绍的动力学方程式只适用于表中单底物反应中的异构反应和水解反应两类反应以及裂合反应中的正向反应，而裂合反应中的反向反应可以看作双底物反应。

2）多底物反应按动力学机制的分类

(1) 序列反应(sequential reactions)或单一置换反应(single-displacememt reactions)

在酶促化学反应过程中，底物的结合和产物的释放遵循着一定的顺序，即产物不能在底物完全结合前释放。首先 A 和 B 底物二者均结合到酶上，然后反应产生 P 和 Q：

$$E+A+B \longrightarrow AEB \longrightarrow PEQ \longrightarrow E+P+Q$$

这种类型的反应称为序列反应或单一置换反应，根据反应机制的差别又可将其分为两种类型：

① 第一种称为有序反应(ordered reactions)，可写作 Ordered Bi Bi，前一个 Bi 表示两个底物有序反应，后一个 Bi 表示两个产物有序生成。这里把在结合 B 前首先与酶结合的 A 定为领先底物，更准确一点的说，在缺少 A 时 B 不可能与自由酶 E 相结合。这种机制可以用下面的化学反应式来表示：

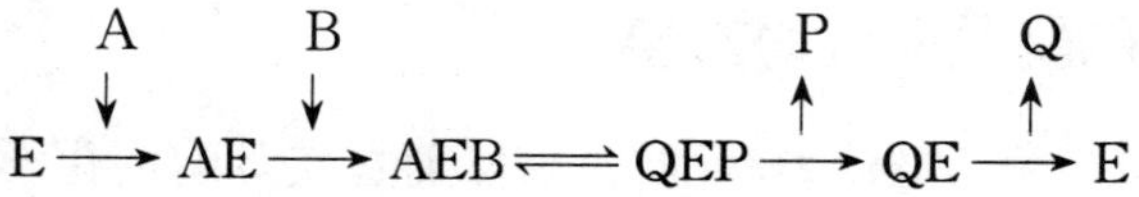

也可以用下面的图式来说明：

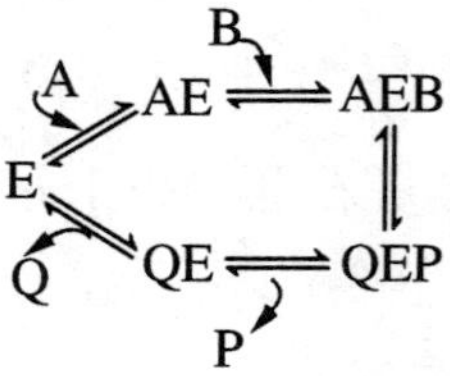

整个酶促化学反应首先在 A、B 及 E 之间产生三元复合物，随后才有序地分别释放反应产物 P 和 Q，最后还原为自由酶 E 的形式，该自由酶 E 又重新参与下一个反应循环。从另一个角度而言，在整个过程中，A 和 Q 会竞争性地与自由酶 E 结合，但是底物 A 和 B(或者 Q 和 B)却不会发生相互竞争。

需要 NAD^+ 或 $NAD(P)^+$ 的脱氧酶所催化的酶促反应就属于这一类型，在这些脱氢酶的一般反应中领先底物 A 是 NAD^+ 或 $NAD(P)^+$，而 NAD^+ 和 NADH（产物 Q）则会竞争酶的同一结合位点。通过实验能够鉴别该有序机制在缺少 A 时，就没有 B 结合到 E 上，这一点恰恰证明了这种有序反应的本质。

② 第二种称为随机反应（random reactions），可写作 Random Bi Bi，前一个 Bi 表示两个底物随机结合，后一个 Bi 表示两个产物随机释放。这种机制可以用下面的化学反应式来表示：

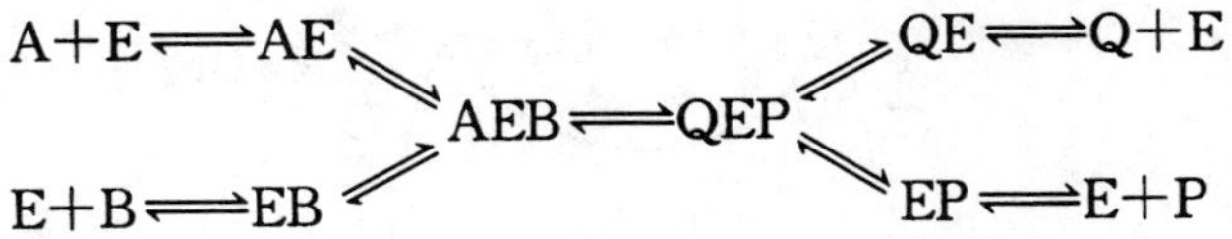

也可以用下面的图式来说明：

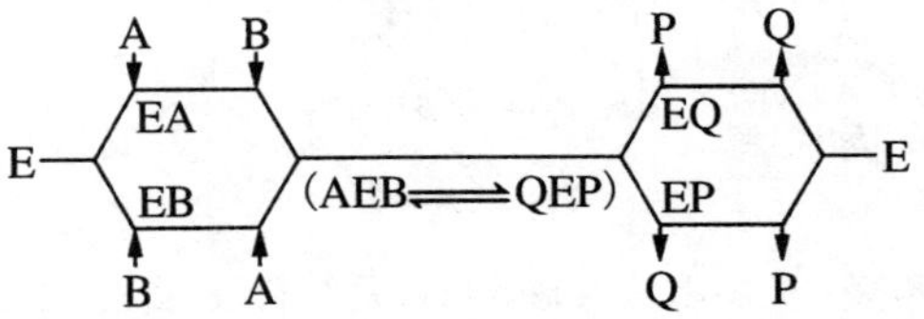

在整个酶促化学反应中，限速步骤是反应 AEB → QEP，不论首先是 A 还是 B 同 E 结合，或者 Q 还是 P 首先从 QEP 释放都没有关系。肌酸激酶使肌酸发生磷酸化的反应是随机反应机制的典型例子。

(2) 乒乓反应（ping pong reactions）或双-置换反应（double-displacement reactions）

与序列反应或单一置换反应相比，这类反应的显著特点是，酶 E 同第 1 个底物 A 的第一个反应产物 P 是在酶 E 同第 2 个底物 B 反应前释放出来的。作为这一过程的结果，酶 E 转变为一种修饰酶形式 E′，然后再同第 2 个底物 B 反应生成第 2 个反应产物 Q，和再生为未修饰的酶形式 E。这种机制可以用下面的化学反应式来表示：

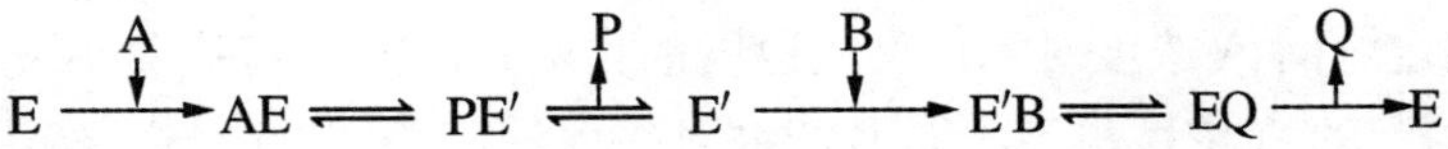

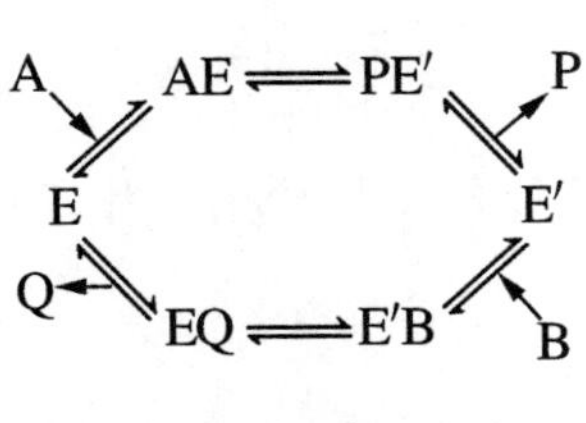

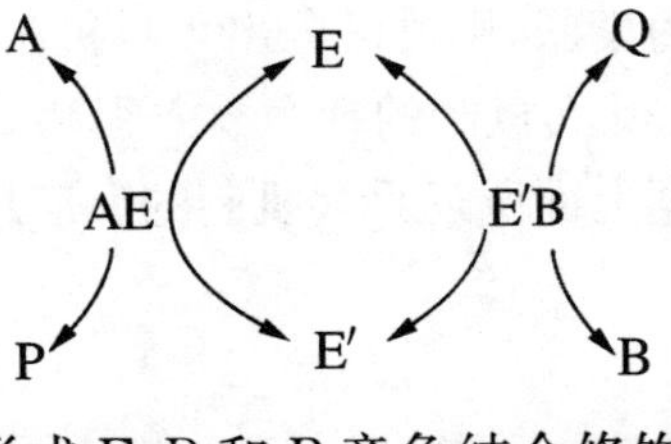

从上面的图解可以看出，A 和 Q 竞争结合自由酶形式 E，B 和 P 竞争结合修饰酶形式 E′，而 A 和 Q 不同修饰酶形式 E′结合，B 和 P 也不与自由酶形式 E 结合。在整个酶促化学反应历程中间，总共形成 AE、PE′、E′B 和 EQ 等 4 种二元复合物，但是没有三元复合物形成。乒乓反应按其底物和产物作用方式可以写作 Uni Uni Uni Uni Ping Pong（Uni 表示单底物或单产物），但是对双底物、双产物系统也可以写成 Ping Pong Bi Bi，由于只有这一种方式，所以也不至于引起误解。

典型遵循乒乓反应机制的酶如氨基转移酶，这类酶可以催化从一种氨基酸转移氨基到酮酸，产生另一种新的氨基酸和酮酸，用化学式可以表示如下：

$$氨基酸_1 + 酮酸_2 \longrightarrow 酮酸_1 + 氨基酸_2$$

其中一个典型的例子是谷氨酸：天冬氨酸氨基转移酶。其反应机制的图解如图4-15所示。

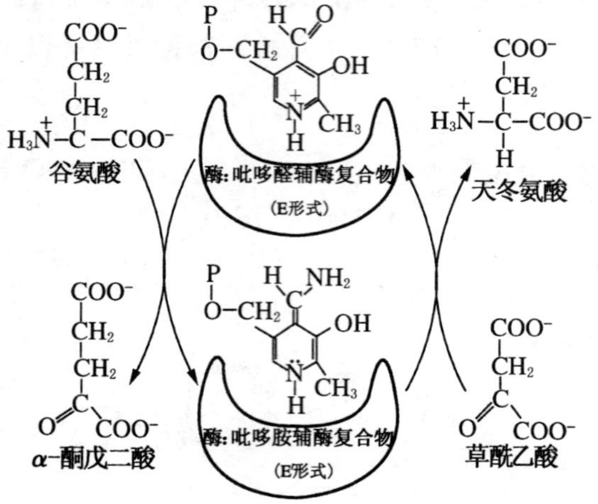

图 4-15　谷氨酸：天冬氨酸氨基转移酶是符合双-置换、双底物机制的酶

谷氨酸：天冬氨酸氨基转移酶是依赖于磷酸吡哆醛的酶。吡哆醛作为—NH_2 受体由谷氨酸形成吡哆胺。然后吡哆胺作为氨基供体给草酰乙酸形成天冬氨酸，重新生成吡哆醛的形式。

(吡哆胺：酶是 E′的形式)

从该图可以看出，谷氨酸和天冬氨酸相互竞争结合酶：吡哆醛辅酶复合物 E，而草酰乙酸和 α-酮戊二酸彼此竞争结合酶：吡哆胺辅酶复合物 E′。

3) 双底物反应的动力学方程

现以双底物反应为例，两个底物是 A 和 B，如将底物 B 分别固定在几个浓度，在每一个固定的 B 浓度测定不同 A 浓度对酶促反应速度的影响；反之，再将底物 A 分别固定在几个浓度，在每一个固定的 A 浓度测定不同 B 浓度对酶促反应速度的影响。然后分别作双倒数化学动力学图，则可区分出乒乓机制和序列机制。

(1) 乒乓机制的动力学方程和动力学图

根据上面所述乒乓机制的反应历程及酶促化学反应稳态学说，可推导出其化学动力学方程为

$$v = \frac{V_{max}[A][B]}{K_m^A[B] + K_m^B[A] + [A][B]}$$

式中：[A]、[B]分别为底物 A 和底物 B 的浓度；

K_m^A、K_m^B 分别为底物 A 和 B 的米氏常数；

V_{max}是指[A]、[B]都达饱和浓度时的最大反应速度。

在多底物反应中，其中一个底物的米氏常数常常会随另一底物的浓度变化而发生改变，所以 K_m^A 是指在底物 B 的浓度达到饱和状态时底物 A 的米氏常数，而在底物 B 低于饱和浓

度时所测得的随底物B的浓度而改变的底物A的各个K_m称为表观米氏常数，并且在底物B的浓度不饱和时，以1/[A]对1/[B]作图所求出的V_{max}同样也会随底物B的浓度改变而变化。同理，对底物B也是如此。

取式 $v=\dfrac{V_{max}[A][B]}{K_m^A[B]+K_m^B[A]+[A][B]}$ 的双倒数，则可以得到：

$$\frac{1}{v}=\frac{K_m^A}{V_{max}[A]}+\frac{[B]+K_m^B}{[B]V_{max}}$$

当底物B的浓度固定或底物A的浓度固定时，式 $\dfrac{1}{v}=\dfrac{K_m^A}{V_{max}[A]}+\dfrac{[B]+K_m^B}{[B]V_{max}}$ 均为直线方程式。如分别在几个不同而固定的底物B的浓度时，以1/[A]对1/v作图则可以得到如图4-16(A)所示的一组平行直线；同样，分别在几个不同而固定的底物A的浓度时，以1/[B]对1/v作图，则可以得到如图4-16(B)所示的一组平行直线。分别得到的这两组平行直线，正是乒乓机制的特点。

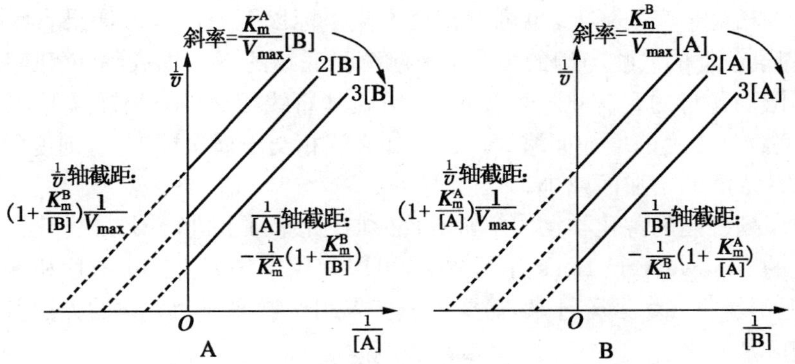

图4-16 乒乓机制的Lineweaver-Burk作图法

A. 1/v对1/[A]作图；B. 1/v对1/[B]作图

若要求得乒乓机制的各化学动力学常数，必须在此基础上进行第二次作图。

(2) 序列机制的底物动力学方程和动力学图

根据上面所述序列机制的反应历程及酶促化学反应稳态学说，可推导出其化学动力学方程为

$$v=\frac{V_{max}[A][B]}{[A][B]+[B]K_m^A+[A]K_m^B+K_s^AK_m^B}$$

取式 $v=\dfrac{V_{max}[A][B]}{[A][B]+[B]K_m^A+[A]K_m^B+K_s^AK_m^B}$ 的双倒数，则可以得到：

$$\frac{1}{v}=\frac{K_m^A[B]+K_s^AK_m^B}{V_{max}[A][B]}+\frac{[B]+K_m^B}{[B]V_{max}}$$

该式中[A]、[B]、K_m^A、K_m^B、V_{max}的含义与乒乓机制相同，和乒乓机制不同的是K_s^A表示底物A与酶E结合的解离常数。

由方程 $\dfrac{1}{v}=\dfrac{K_m^A[B]+K_s^AK_m^B}{V_{max}[A][B]}+\dfrac{[B]+K_m^B}{[B]V_{max}}$ 可以得知，当在不同固定的底物B浓度时以1/[A]对1/v作图，或在不同固定的底物A浓度时以1/[B]对1/v作图均可得到如图4-17

所示的一组直线。和乒乓机制不同的是，这组直线相交于纵轴的左侧，这正是序列机制的特点。

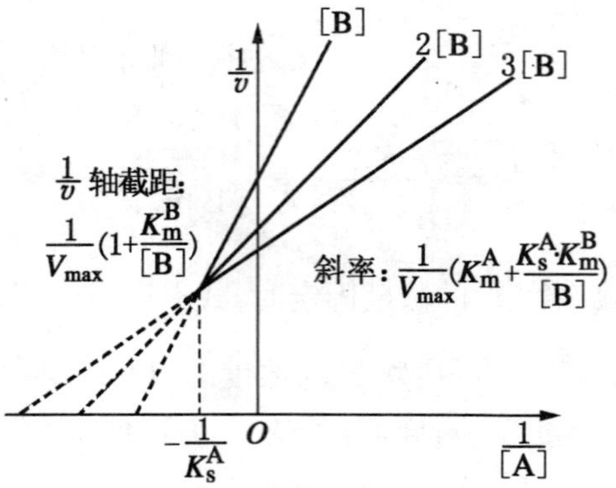

图 4-17　序列机制的 Lineweaver-Burk 作图法

直线既可以相交于横坐标上，也可以相交于横坐标以上或以下。如果直线相交于横坐标上，则说明固定浓度的底物与酶的结合不影响变量底物的 K_m，即底物 A 和底物 B 浓度的大小彼此互不影响各自的 K_m，此时表观 $K_m = K_m$。如直线相交于横坐标以下，则说明底物 A 的表观 K_m 随底物 B 浓度的增加而增大；反之，如直线相交于横坐标以上，则说明底物 A 的表观 K_m 随底物 B 浓度的增加而减小。

若要求得序列机制的各化学动力学常数，必须在此基础上进行第二次作图。

上面所述的 Lineweaver-Burk 作图方法，可以适用于序列机制中有序机制及快速平衡的随机机制，但不能将二者区分开来，需要进一步采用产物抑制动力学的方法及同位素交换法才能把它们区别开来。

4.4　抑制剂对酶促反应速度的影响

由于酶的本质是蛋白质，凡可使酶蛋白变性而引起酶活力丧失的作用都称为失活作用(inactivation)。如果由于酶必需基团的化学性质发生改变，但酶并未发生变性而引起酶活力降低或丧失的作用则称为抑制作用(inhibition)。导致酶发生抑制作用的物质称为抑制剂(inhibitor)。由于抑制作用与变性作用从本质而言是不同的，因此与变性剂对酶的变性作用无选择性不同的是，抑制剂对酶的抑制作用是有选择性的，即一种抑制剂只能使某一种酶或对某一类酶产生抑制作用。

对酶抑制作用的探讨是研究酶的结构与功能、酶的催化机制以及阐明机体代谢途径的基本手段，也可以为医药产业中设计新药物和农业生产中设计新农药提供重要的理论依据，从这个角度而言，对酶抑制作用的研究不仅具有重要的理论意义，而且具有突出的实践价值。

4.4.1　抑制作用的类型

根据抑制剂与酶的作用方式的区别以及抑制作用是否可逆，可以将抑制作用分为两大类，即不可逆的抑制作用和可逆的抑制作用。

1）不可逆的抑制作用

由于抑制剂与酶的必需基团以共价键的形式结合而引起酶活力降低或丧失，因此不能用透析、超滤等物理方法去除抑制剂而使酶复活，这种抑制作用是不可逆的，称之为不可逆抑制（irreversible inhibition）。此时被抑制的酶分子受到抑制剂对其不同程度的化学修饰，因此不可逆抑制从本质上来说就是酶的修饰抑制。

2）可逆的抑制作用

由于抑制剂与酶以非共价键的形式结合而引起酶活力降低或丧失，但是能用透析、超滤等物理方法除去抑制剂而使酶复活，这种抑制作用是可逆的，称之为可逆抑制（reversible inhibition）。

根据可逆抑制剂与底物的关系，将可逆抑制作用分为 3 种类型，分别是竞争性抑制、非竞争性抑制和反竞争性抑制。

（1）竞争性抑制（competitive inhibition）：这是最常见的一种可逆抑制作用。抑制剂（I）与底物（S）竞争酶（E）的同一结合部位，因此抑制剂的存在直接影响底物与酶的正常结合。这是由于酶的活性部位不能同时既与底物结合又与抑制剂结合，所以在底物和抑制剂之间会产生竞争，从而形成一定的平衡关系。对于绝大多数竞争性抑制剂而言，其结构与底物结构十分类似，因此也能与酶的活性部位结合形成可逆的酶-抑制剂复合物 EI，但酶-抑制剂复合物 EI 不能分解成产物 P，导致相应的酶促反应速度下降。其抑制程度取决于底物和抑制剂的相对浓度，可以通过增加底物浓度的方法来解除这种抑制作用。这类抑制最典型的例子是丙二酸和戊二酸竞争与琥珀酸脱氢酶结合，使酶不能催化脱氢反应。

（2）非竞争性抑制（noncompetitive inhibition）：这类抑制作用的特点是底物（S）和抑制剂（I）可以同时与酶（E）结合，两者之间不存在竞争关系。在酶与抑制剂结合后，还可以进一步与底物结合形成酶-底物-抑制剂复合物 ESI；酶与底物结合后，也可以进一步与抑制剂结合形成酶-底物-抑制剂复合物 ESI。但是这种中间的三元复合物，即酶-底物-抑制剂复合物 ESI 不能进一步分解产生产物，因此相应的酶促反应速度下降。由于这类抑制剂与酶活性部位以外的基团相结合，因此其结构与底物结构并无相似之处，而且不能用增加底物浓度的方法来解除这种抑制作用，故称非竞争性抑制。这类抑制最典型的例子是亮氨酸是精氨酸酶的一种非竞争性抑制剂。还有某些重金属离子如 Ag^{+}、Cu^{2+}、Hg^{2+}、Pb^{2+} 等对酶的抑制作用也属于这一类。

（3）反竞争性抑制（uncompetitive inhibition）：这类抑制作用的特点是只有在酶（E）与底物（S）结合后，才能与抑制剂（I）结合，形成酶-底物-抑制剂复合物 ESI。与非竞争性抑制相似，这种中间的三元复合物，即酶-底物-抑制剂复合物 ESI 不能进一步分解产生产物，因此相应的酶促反应速度下降。这种抑制作用在单底物反应中比较少见，而常见于多底物反应中。目前已经证明，肼类化合物对胃蛋白酶的抑制作用、氰化物对芳香硫酸酯酶的抑制作用、L－Phe 和 L－同型精氨酸等多种氨基酸对碱性磷酸酶的抑制作用都属于反竞争性抑制。

酶与底物或抑制剂结合的中间物示意图见图 4－18。

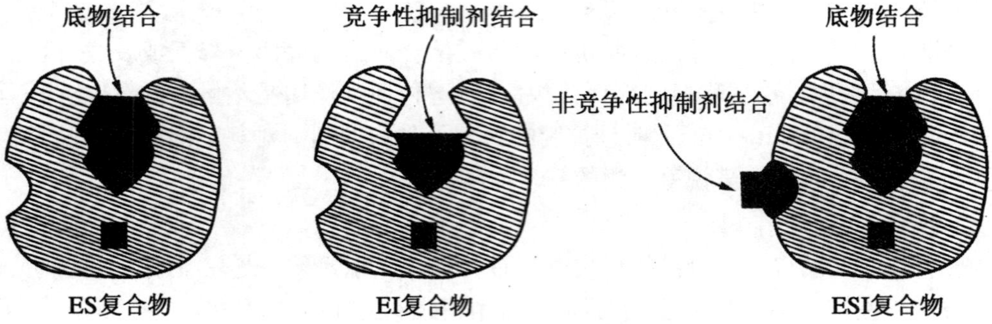

图 4-18　酶与底物或抑制剂结合的中间物

4.4.2　可逆抑制作用和不可逆抑制作用的鉴别

鉴别可逆抑制作用和不可逆抑制作用，可用透析、超滤和凝胶过滤等物理方法能否除去抑制剂来判断。除了这种方法，还可采用化学动力学的方法来区分。

在测定酶活力的系统中加入一定量的抑制剂，然后测定不同酶浓度条件下的酶促反应初速度，以酶促反应初速度对酶浓度作图。在测定酶活力的系统中不加抑制剂时，以酶促反应初速度对酶浓度作图得到如图4-19曲线 1 所示的一条通过原点的直线；当测定酶活力的系统中加入一定量的不可逆抑制剂时，由于抑制剂会使一定量的酶失活，因此只有加入的酶量大于不可逆抑制剂的量时，才表现出酶活力，以酶促反应初速度对酶浓度作图得到如图 4-19 曲线 2 所示的一条与曲线 1 平行的相交于横坐标正侧的直线，所以不可逆抑制剂的作用相当于把原点向右移动；当测定酶活力的系统中加入一定量的可逆抑制剂时，由于抑制剂的量是恒定的，因此以酶促反应初速度对酶浓度作图得到如图 4-19 曲线 3 所示的一条通过原点，但斜率较低于曲线 1 的直线。

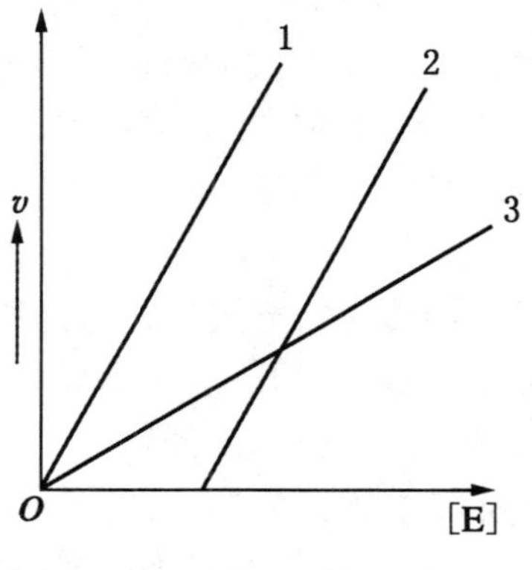

图 4-19　可逆抑制剂与不可逆抑制剂的区别(一)
曲线 1，无抑制剂；曲线 2，不可逆抑制剂；
曲线 3，可逆抑制剂

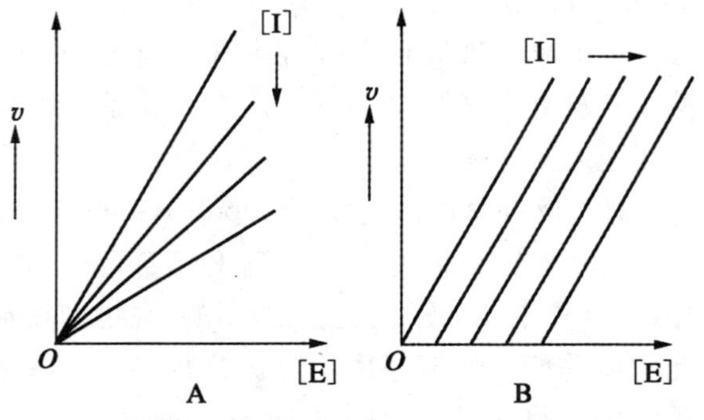

图 4-20　可逆抑制剂与不可逆抑制剂的区别(二)
A. 可逆抑制剂的作用；B. 不可逆抑制剂的作用

如果在不同抑制剂浓度下，对每一个抑制剂浓度都作一条酶促反应初速度与酶浓度关系曲线，不可逆抑制剂可以得到如图 4-20(B)所示一组不通过原点的平行线，而可逆抑制剂得到如图 4-20(A)所示一组通过原点但斜率不同的直线，这样可逆抑制作用和不可逆抑制作用就可以更清楚地区分开来。

4.4.3 可逆抑制作用动力学

对于可逆抑制剂与酶结合后产生的抑制作用，可以根据米氏学说基本原理加以推导，来定量说明可逆抑制剂对酶促反应速度的影响，下面着重讨论3种类型可逆抑制作用的化学动力学。

1）竞争性抑制

在竞争性抑制中，底物(S)或抑制剂(I)与酶(E)的结合都是可逆的，因此存在着如下的化学平衡式：

$$\begin{array}{l} E + S \underset{k_2}{\overset{k_1}{\rightleftharpoons}} ES \xrightarrow{k_3} E + P \\ + \\ I \\ k_{i1} \Big\Updownarrow k_{i2} \\ EI \end{array}$$

式中：K_i为抑制剂常数(inhibitor constant)，$K_i = k_{i2}/k_{i1}$ 为EI的解离常数；K_m为ES的解离常数。

由于酶(E)不能同时与底物(S)、抑制剂(I)结合，所以存在酶-底物复合物ES和酶-抑制剂复合物EI，而不存在酶-底物-抑制剂复合物ESI。而且酶的总浓度是游离酶的浓度、酶-底物复合物ES浓度与酶-抑制剂复合物EI浓度三者之和。即

$$[E] = [E_f] + [ES] + [EI]$$

式中：$[E_f]$ 为游离酶的浓度；

$[E]$ 为酶的总浓度。

根据前面已经作出的结论，可以得到

$$V_{max} = k_3[E], v = k_3[ES]$$

所以

$$\frac{V_{max}}{v} = \frac{[E]}{[ES]} = \frac{[E_f] + [ES] + [EI]}{[ES]}$$

为了消除$[ES]$项，根据 K_m 和 K_i 的平衡式分别求出$[E_f]$项及$[EI]$项：

由于 $$K_m = \frac{[E_f][S]}{[ES]}$$

因此 $$[E_f] = \frac{K_m[ES]}{[S]}$$

由于 $$K_i = \frac{[E_f][I]}{[EI]}$$

因此 $$[EI] = \frac{[E_f][I]}{K_i}$$

然后将$[E_f]$代入$[EI]$式中，则有

$$[EI]=\frac{[ES]K_m[I]}{K_i[S]}$$

再将$[E_f]$以及$[EI]$代入式

$$\frac{V_{max}}{v}=\frac{[E_f]+[ES]+[EI]}{[ES]}$$

得到

$$\frac{V_{max}}{v}=\frac{\frac{K_m[ES]}{[S]}+[ES]+\frac{[ES]K_m[I]}{K_i[S]}}{[ES]}$$

经过整理得到

$$v=\frac{V_{max}[S]K_i}{K_mK_i+K_m[I]+K_i[S]}$$

然后取双倒数得

$$\frac{1}{v}=\frac{K_iK_m+K_m[I]}{V_{max}K_i[S]}+\frac{1}{V_{max}}$$

将式$v=\frac{V_{max}[S]K_i}{K_mK_i+K_m[I]+K_i[S]}$以$v$对$[S]$作图可以得到如图4-21(A)所示的曲线，而用式$\frac{1}{v}=\frac{K_iK_m+K_m[I]}{V_{max}K_i[S]}+\frac{1}{V_{max}}$以双倒数作图则可以得到如图4-21(B)所示的曲线。

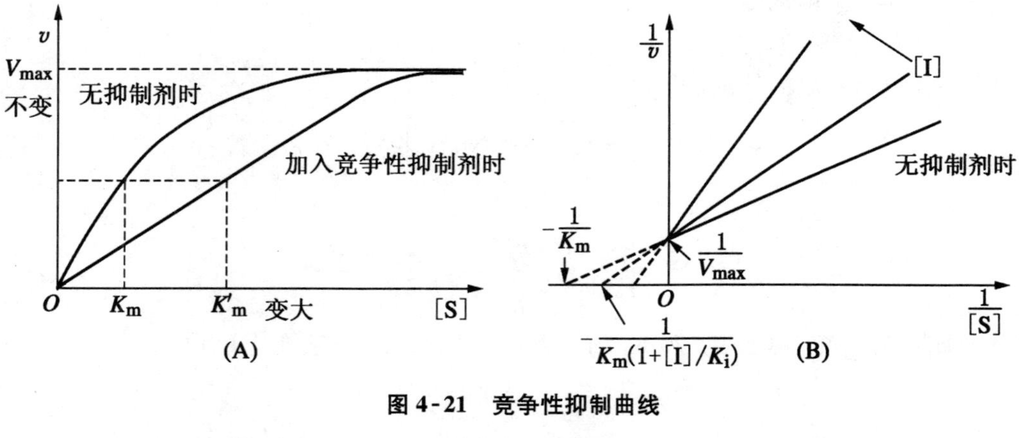

图4-21　竞争性抑制曲线

从图4-21(A)可以看出，在加入竞争性抑制剂后，V_{max}不变，K_m变大，$K'_m>K_m$，而且K'_m随抑制剂浓度[I]的增加而增加。抑制分数与抑制剂浓度[I]成正比，而与反应物浓度[S]反比。双倒数作图所得直线相交于纵轴，这就是竞争性抑制作用的特点。

2）非竞争性抑制

在非竞争性抑制中，抑制剂(I)与酶(E)或酶-底物复合物(ES)，以及底物(S)与酶-抑制剂复合物(EI)的结合都是可逆的，因此存在着如下的化学平衡式：

$$\begin{array}{ccc} E+S & \underset{}{\overset{K_m}{\rightleftharpoons}} & ES \longrightarrow E+P \\ + & & + \\ I & & I \\ \Updownarrow K_i & & \Updownarrow K_i \\ EI+S & \overset{K_m}{\rightleftharpoons} & EIS \end{array}$$

而且存在

$$K_i=\frac{[ES][I]}{[EIS]}=\frac{[EI][S]}{[EIS]}$$

由于与酶结合的中间产物包括酶-底物复合物(ES)、酶-抑制剂复合物(EI)以及酶-底物-抑制剂复合物(EIS),因此有

$$[E]=[E_f]+[ES]+[EI]+[EIS]$$

式中:$[E_f]$为游离酶的浓度;

　　$[E]$为酶的总浓度。

将该式代入式

$$\frac{V_{max}}{v}=\frac{[E]}{[ES]}$$

可以得到

$$\frac{V_{max}}{v}=\frac{[E]}{[ES]}=\frac{[E_f]+[ES]+[EI]+[EIS]}{[ES]}$$

为了消除[ES]项,根据K_m和K_i的平衡式分别求出$[E_f]$项、[EI]项以及[EIS]项,然后经过推导后得

$$v=\frac{V_{max}[S]K_i}{(K_m+[S])(K_i+[I])}$$

对该式取双倒数,所得方程为

$$\frac{1}{v}=\frac{(K_iK_m+K_m[I])}{V_{max}K_i[S]}+\frac{(K_i+[I])}{V_{max}K_i}$$

将式$v=\frac{V_{max}[S]K_i}{(K_m+[S])(K_i+[I])}$以$v$对[S]作图可以得到如图4-22(A)所示的曲线,而用式$\frac{1}{v}=\frac{(K_iK_m+K_m[I])}{V_{max}K_i[S]}+\frac{(K_i+[I])}{V_{max}K_i}$以双倒数作图则可以得到如图4-22(B)所示的曲线。

由图4-22(A)我们可以看出,在加入非竞争性抑制剂后,K_m值不变,V_{max}变小,而且$K'_m=K_m$,V'_{max},随[I]的增加而减小。抑制分数与抑制剂浓度[I]成正比,而与底物浓度[S]无关,即[I]不变时,任何[S]的抑制分数是一个常数。双倒数作图所得直线相交于横轴,这是非竞争性抑制作用的特点。

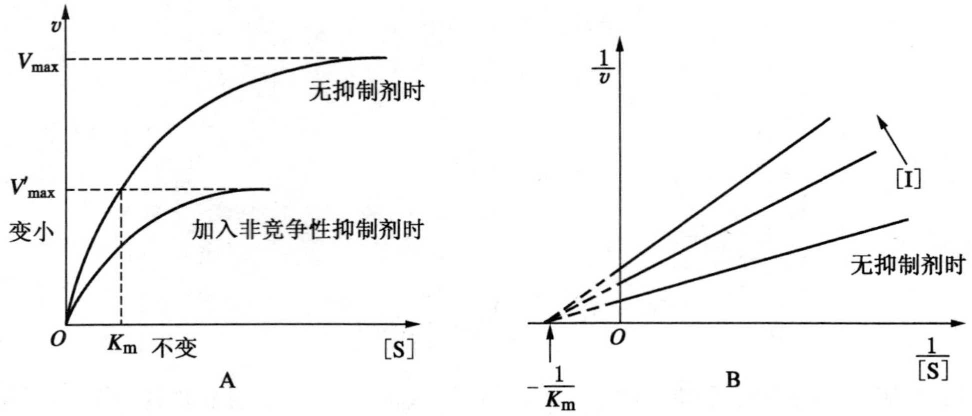

图 4-22 非竞争性抑制曲线

3）反竞争性抑制

反竞争性抑制的特点是，酶(E)必须先与底物(S)结合，然后才与抑制剂(I)结合，即抑制剂(I)与酶-底物复合物(ES)的结合是可逆的，因此存在着如下的化学平衡式：

$$\begin{array}{c} E+S \rightleftharpoons ES \longrightarrow E+P \\ + \\ I \\ \Big\Updownarrow K_i \\ ESI \end{array}$$

在这类抑制中与酶结合的中间产物包括 ES、ESI 而不含 EI。因此有：

$$[E]=[E_f]+[ES]+[ESI]$$

式中：$[E_f]$ 为游离酶的浓度；

$[E]$ 为酶的总浓度。

将该式代入式 $\frac{V_{max}}{v}=\frac{[E]}{[ES]}$，可以得到：

$$\frac{V_{max}}{v}=\frac{[E]}{[ES]}=\frac{[E_f]+[ES]+[EIS]}{[ES]}$$

为了消除[ES]项，根据 K_m 和 K_i 的平衡式分别求出 $[E_f]$ 项和[EIS]项，然后经过推导后得到以下方程式：

$$v=\frac{V_{max}[S]\,K_i}{K_mK_i+[S]K_i+[S]\,[I]}$$

对该式取双倒数所得方程为

$$\frac{1}{v}=\frac{K_m}{V_{max}[S]}+\frac{K_i+[I]}{V_{max}K_i}$$

将式 $v=\frac{V_{max}[S]K_i}{K_mK_i+[S]\,K_i+[S]\,[I]}$ 以 v 对[S]作图可以得到如图4-23(A)所示的曲线，

而用式 $\frac{1}{v}=\frac{K_m}{V_{max}[S]}+\frac{K_i+[I]}{V_{max}K_i}$ 以双倒数作图则可以得到如图 4-23(B)所示的曲线。

由图 4-23(A)可以看出，在加入反竞争性抑制剂后，K_m 及 V_{max} 都变小，而且 $K'_m<K_m$，$V'_{max}<V_{max}$，即表观 K_m 及表观 V_{max}，都随[I]的增加而减小。抑制分数既与抑制剂浓度[I]成正比，也与底物浓度[S]成正比。双倒数作图为一组平行线，这是反竞争性抑制作用的特点。

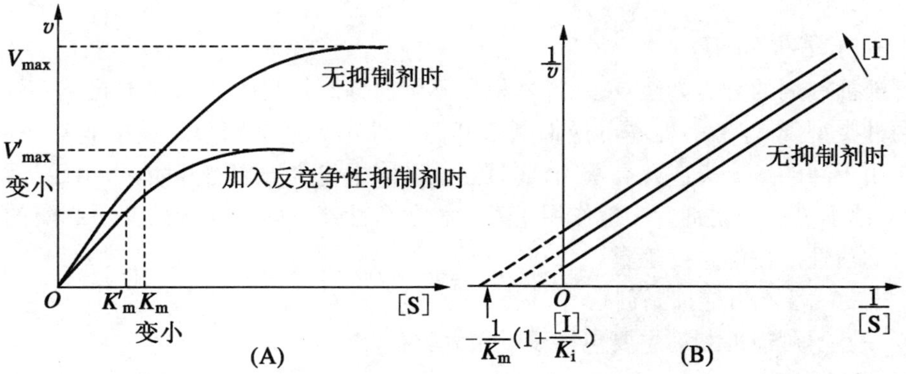

图 4-23 反竞争性抑制曲线

为了方便理解和记忆，现将无抑制剂和有抑制剂等不同情况下的米氏方程和 V_{max} 及 K_m 的变化总结归纳在表 4-3 中。

表 4-3 各种不同情况下的米氏方程和常数

类　型	方　程　式	V_{max}	K_m
无抑制剂	$v=V_{max}[S]/(K_m+[S])$	V_{max}	K_m
竞争性抑制	$v=V_{max}[S]K_i/(K_mK_i+K_m[I]+K_i[S])$	不变	增加
非竞争性抑制	$v=V_{max}[S]K_i/(K_m+[S])(K_i+[I])$	减小	不变
反竞争性抑制	$v=V_{max}[S]K_i/(K_mK_i+[S]K_i+[S][I])$	减小	减小

为了便于比较 3 种抑制类型的区别，可以用 Dixon 作图法求 K_i，只要以抑制剂浓度[I]为横坐标，以酶促反应速度的倒数 $1/v$ 为纵坐标，采用一个以上的底物浓度[S]，然后给出不同[S]时的直线，再由这些直线的交点即可以得到 K_i，如图 4-24 所示。

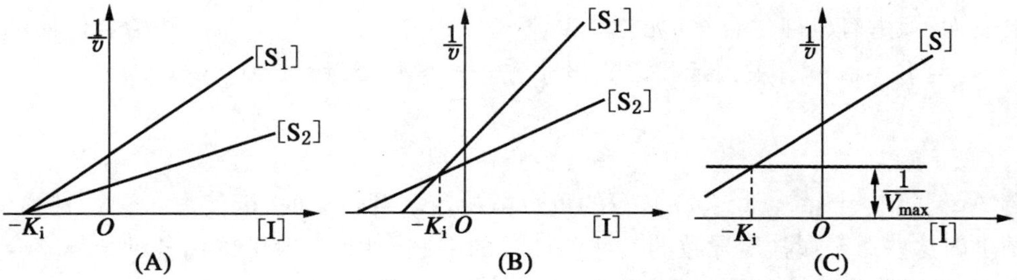

图 4-24 Dixon 作图法求 K_i ($[S_2]>[S_1]$)

(A) 非竞争性抑制；(B) 竞争性抑制；(C) 反竞争性抑制

除此之外必须补充的一点是，可逆抑制作用除了上面介绍的竞争性抑制、非竞争性抑制和反竞争性抑制这 3 种类型外，目前还发现有混合抑制(mixed inhibition)。它包括两种类型：非竞争性与反竞争性混合抑制；非竞争性与竞争性混合抑制。根据上面阐述的方法同样可推导出这两种混合抑制的化学动力学方程式，从而得知相应的 K_m 及 V_{max} 变化，在此不再赘述。

4.4.4 一些常见的抑制剂

1）不可逆抑制剂

不可逆抑制剂的分类方法众多，通常根据不可逆抑制作用的选择性不同，把不可逆抑制剂分为两种类型，即非专一性不可逆抑制剂和专一性不可逆抑制剂。其中非专一性不可逆抑制剂作用于酶的某一类或几类基团，而且这些基团中包含了必需基团，作用后导致酶的失活；而专一性不可逆抑制剂专一地作用于某一种酶活性部位的必需基团而引起酶的失活，它也是研究酶活性部位的重要工具。

(1) 非专一性不可逆抑制剂

非专一性不可逆抑制剂主要包括以下六大类：

① 有机磷化合物

常见的有 DFP、农药敌敌畏、敌百虫和对硫磷等，它们的化学通式和结构式十分相似。这些有机磷化合物能通过与某些蛋白酶及酯酶分子活性部位的丝氨酸羟基共价结合的方式，来抑制酶的活力，从而导致酶失活。

这类化合物强烈地抑制与胆碱酯酶的活力，而胆碱酯酶与神经传导密切相关。由于胆碱酯酶活力被抑制，使乙酰胆碱不能分解为乙酸和胆碱，从而引起乙酰胆碱的过度积累，使一些以乙酰胆碱为神经传导介质的神经系统处于一种过度兴奋状态，引起相应的神经中毒症状，因此我们也把这类有机磷化合物称为神经毒剂。

有机磷化合物与酶结合后虽然不解离，但却可以用碘化醛肟甲基吡啶(解磷定)或氯化醛肟甲基吡啶(氯磷定)把酶上的磷酸根除去，从而使酶复活，因此在临床上解磷定和氯磷定可以作为有机磷中毒后的有效解毒药物。

② 有机汞、有机砷化合物

这类化合物可通过与酶分子中半胱氨酸残基的巯基相互作用，从而抑制含巯基的酶。有机汞化合物(如一种常见的工业污染物对氯汞苯甲酸(PCMB))可以导致含巯基的酶的活力抑制，而这类抑制又可通过加入过量的(如半胱氨酸或还原型谷胱甘肽(GSH)之类的)巯基化合物而解除；有机砷化合物(如路易斯毒气(Lewisite))可与酶的巯基结合而使动物中毒，而一种与 Lewisite 有更大亲和力的解毒剂——BAL(Britishanti - Lewisite)却可重新使酶恢复活性。

③ 重金属盐

含 Ag^{+}、Cu^{2+}、Hg^{2+}、Pb^{2+}、Fe^{3+} 等的重金属盐在浓度较高时，能使酶蛋白变性而失活。在低浓度时这些重金属盐所导致的某些酶活性的抑制作用，一般可以用各种金属螯合剂如 EDTA、半胱氨酸等通过与重金属离子螯合的方式将其除去，从而恢复酶活性。

④ 烷化剂

烷化剂如碘乙酸、碘乙酰胺和 2,4 -二硝基氟苯等，常常含一个活泼的卤素原子，可以与酶必需基团中的巯基、氨基、羧基、咪唑基和硫醚基等结合，从而抑制酶活性。

⑤ 硫化物、氰化物和 CO

这类物质能通过与酶中金属离子形成较为稳定络合物的形式，来抑制酶的活性。如氰化物可以与含铁卟啉的酶（如细胞色素氧化酶等）中的 Fe^{2+} 络合，从而使酶失活而抑制细胞呼吸。

⑥ 青霉素（penicillin）

青霉素可通过与糖肽转肽酶（glycopeptide transpeptidase）活性部位丝氨酸羟基共价结合的方式，使糖肽转肽酶失活，而在细菌细胞壁合成过程中使肽聚糖链发生交联的糖肽转肽酶一旦失活，就会导致细菌细胞壁合成受阻，从而损害细菌生长。这也是青霉素起到抗菌作用的重要原因。

（2）专一性不可逆抑制剂

专一性不可逆抑制剂可以分为 K_s 型和 K_{at} 型两大类。

① K_s 型不可逆抑制剂

K_s 型不可逆抑制剂是根据底物化学结构设计的，具有与底物相类似的结构，因此可以与相应的酶结合。同时这类抑制剂结构上还带有一个活泼的化学基团，能通过对酶分子中的必需基团反应进行化学修饰的方式抑制酶活性。由于抑制是通过与酶的亲和力来对酶进行化学修饰标记的，故称为亲和标记试剂（affinity labeling reagent）。

虽然这种抑制剂主要“攻击”位于酶活性部位中的必需基团，但是由于它的活泼基团还可以修饰酶分子其他部位的同一基团，因此其专一性有一定的限度。这种限度取决于抑制剂与酶活性部位必需基团在反应前形成非共价络合物的解离常数和抑制剂与酶非活性部位同类基团形成非共价络合物的解离常数之比，也就是 K_s 的比值，所以这类抑制剂称为 K_s 型不可逆抑制剂。例如：胰蛋白酶要求所催化的底物具有一个如 Lys、Arg 之类的带正电荷的侧链，对甲苯磺酰－L－赖氨酰氯甲酮（TLCK）和胰蛋白酶的底物对甲苯硫磺－L－赖氨酰甲酯（TLME）具有相似的化学结构，因此 TLCK 可以与胰蛋白酶活性部位上的必需基团 His－57 共价结合，从而引起胰蛋白酶不可逆地失活。由于这种失活作用是以化学计算量进行，并且伴随着活性 100％丧失，因此 TLCK 是胰蛋白酶的 K_s 型不可逆抑制剂。

② K_{at} 型不可逆抑制剂

与 K_s 型不可逆抑制剂不同，K_{at} 型不可逆抑制剂是在预先了解酶的作用机制的基础上，根据酶催化过程设计的。该类抑制剂不但具有与天然底物相类似的结构，而且抑制剂本身也是酶的底物，因此能与酶结合发生类似于底物的变化。但由于该类抑制剂还含有一个潜伏反应基团，所以当酶对它进行催化反应时，这个潜伏反应基团就会被暴露或活化，并作用于酶活性部位的必需基团或酶的辅基，从而使酶不可逆失活。这类不可逆抑制剂的特点是专一性极高，因此也被称为自杀性底物（suicide substrate）。例如 β-卤代－D－Ala 是存在于细菌中的丙氨酸消旋酶（alanine racemase，AR）的不可逆抑制剂，它是磷酸吡哆醛酶类的自杀性底物。因为 AR 能使 L－Ala 转变成为细菌合成胞壁肽聚糖的重要原料 D－Ala，所以 AR 受抑制后可以阻断肽聚糖的合成过程，抑制细菌生长，故 β-卤代－D－Ala 也是一种抗菌药物。

2）可逆抑制剂

在各种可逆抑制剂中，最重要和最常见的是竞争性抑制剂。一些竞争性抑制剂与天然代谢物在结构上十分相似，能够选择性地抑制病菌（原核细胞）或癌细胞（真核细胞）在代谢过程中的某些酶，从而具有抗菌或抗癌作用。这类抑制剂也叫抗代谢物或代谢类似物。

例如对氨基苯磺酰胺等磺胺类药物，其结构与对氨基苯甲酸十分相似，构成对氨基苯甲酸的竞争性抑制剂。而对氨基苯甲酸是叶酸结构的一部分，叶酸和二氢叶酸则是四氢叶酸的前身，四氢叶酸则是核酸的嘌呤核苷酸合成中的重要辅酶，如果缺少四氢叶酸，细菌生长繁殖便会受到影响。人体能够直接利用食物中摄取的外源叶酸，而某些细菌则不能直接利用外源叶酸，它们只能在二氢叶酸合成酶的作用下，利用对氨基苯甲酸为原料合成二氢叶酸。而磺胺类药物可与对氨基苯甲酸相互竞争，从而抑制二氢叶酸合成酶的活性，影响二氢叶酸的合成，导致细菌的核酸合成障碍而不影响人体正常的核酸合成，引起细菌生长繁殖受阻，从而达到抗菌治疗的目的。

还例如，5′-氟尿嘧啶是一种常见的抗癌化疗药物，其结构与尿嘧啶十分相似，能抑制胸腺嘧啶合成酶的活性，阻碍胸腺嘧啶的合成代谢过程，使体内核酸正常合成途径受阻，使癌细胞不能增殖从而起到抗癌作用。因此，竞争性抑制的原理可以用来设计诸如阿拉伯糖胞苷、氨基叶酸等抗癌药物。

所谓过渡态底物是指底物和酶结合成酶-底物复合物后被活化的过渡形式，由于能障小，和酶结合就紧密得多，这也是酶具有高度催化效力的原因之一。很容易推理得到，如果抑制剂的化学结构能与过渡态底物结构类似，则其对酶的亲和力就会远远大于底物，从而引起酶的强烈抑制，因此过渡态底物类似物也可作为一种竞争性抑制剂。例如，乳酸脱氢酶（lactate dehydrogenase）、草酰乙酸脱羧酶（oxaloacetic decarboxylase）、丙酮酸羧化酶（pyruvate carboxylase）在催化各自底物（分别为乳酸、草酰乙酸、丙酮酸）形成产物的过程中，烯醇式丙酮酸是三者共有的过渡态，而草酸则是烯醇式丙酮酸的类似物，故对三种酶都具有强烈的抑制作用，其 K_i 为 $3.5\times10^{-6}\sim1.1\times10^{-6}$ mol/L，和相应的底物有竞争作用。

对过渡态底物类似物抑制剂的研究，不仅有利于对酶催化机制的深入研究，还可据此合成高效而特异的新药物，因此具有重大的理论意义和实践价值。

4.5 其他因素对酶促反应速度的影响

其他影响酶促反应速度的因素主要包括温度、pH 和激活剂等。

4.5.1 温度对酶促反应速度的影响

和绝大多数化学反应一样，酶促化学反应速度也和温度密切相关。温度对酶促化学反应速度的影响主要表现在两个方面，其一是当温度升高时，与一般化学反应一样，反应速度加快，这种影响可以用反应的温度系数来衡量。所谓反应的温度系数是指反应温度提高10℃，其反应速度与原来反应速度之比，通常用 Q_{10} 来表示。对大多数酶而言，酶促化学反应的温度系数 Q_{10} 多为 2，即温度每升高 10℃，酶促化学反应速度为原反应速度的 2 倍。其二是由于酶的本质是蛋白质，因此随着温度逐渐升高，酶蛋白会因逐渐变性而失活，从而导致酶促化学反应速度下降。

在不同温度条件下进行某种酶促化学反应，然后将所测得的酶促反应速度相对于温度来作图，即可得到如图 4-25 所示的钟罩形曲线。从该曲线我们可以看出，在较低的温度范围内，酶促化学反应速度随温度升高而增大，但在超过一定温度后，酶促化学反应速度不见上升反而下降，因此只有在某一温度条件下，酶促化学反应速度达到最大值，通常把这个温度称为酶促化学反应的最适温度(optimum temperature)。在一定条件下每种酶都有其催化反应的最适温度。

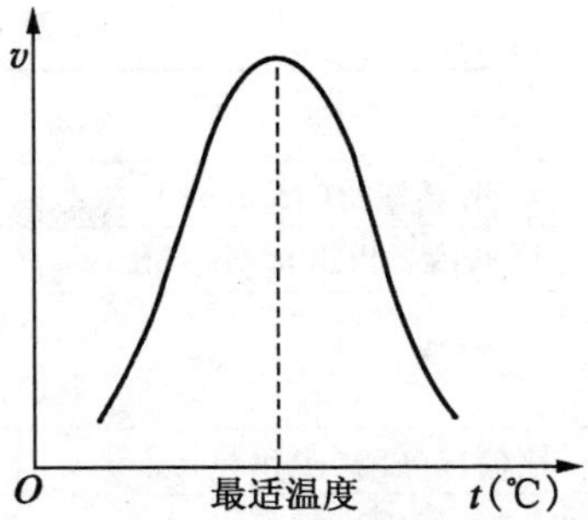

图 4-25 温度对酶促反应速度的影响

酶所表现的最适温度是上述两种影响综合作用的结果。在酶促化学反应的最初阶段，酶蛋白的变性尚未表现出来，第一个方面的影响占主导地位，因此反应速度随温度升高而增加；但当反应温度逐渐高于最适温度时，酶蛋白变性逐渐突出，第二个方面的影响逐渐取代第一个方面的影响从而占主导地位，反应速度随温度升高的效应也将逐渐被酶蛋白变性效应所抵消，反应速度开始迅速下降，因此表现出酶促化学反应的最适温度。

一般来说，动物细胞内的酶最适温度为 35～40℃，植物细胞中的酶最适温度较动物细胞中稍高，通常在 40～50℃之间，而微生物中的酶最适温度差别则较大，如用于进行 PCR 反应的 Taq DNA 聚合酶的最适温度可高达 70℃。

需要指出的是，最适温度不是酶的特征物理常数，相反它常常受到其他各种条件如底物种类、作用时间、pH 和离子强度等因素影响。如最适温度随酶促反应进行时间的长短而改变，这是因为温度使酶蛋白发生变性效应是随时间而逐步累加的。一般而言，酶促反应进行时间长时，酶的最适温度低；酶促反应进行时间短，则酶的最适温度高。所以，只有在规定的酶促反应时间内才可确定酶的最适温度。

酶在固体状态下比在溶液中对温度的耐受力更高。酶的冰冻干粉制剂通常在冰箱中可存放几个月以上，而酶溶液一般在冰箱中只能保存数周，所以酶制剂以固体保存为佳。

4.5.2 pH 对酶促反应速度的影响

除温度影响之外，酶的活力还受到环境 pH 的影响。通常在一定 pH 下，酶会表现出最大活力，而一旦高于或低于此 pH，酶活力就会降低。我们把表现出酶最大活力时的 pH 称为该酶的最适 pH(optimum pH)，在不同 pH 条件下进行某种酶促化学反应，然后将所测得的酶促反应速度相对于 pH 作图，即可得到如图 4-26 所示的钟罩形曲线。

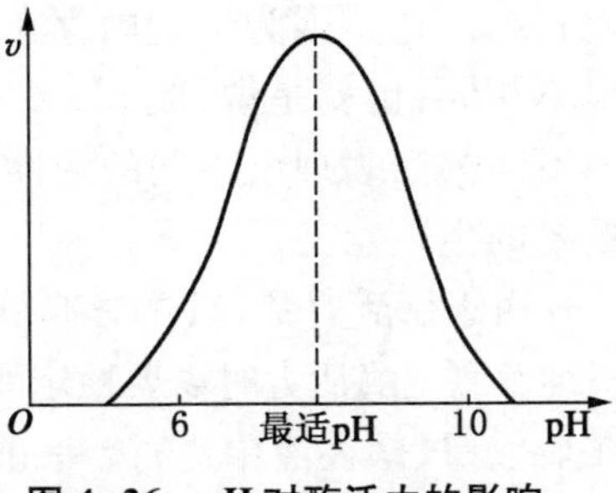

图 4-26 pH 对酶活力的影响

与酶促化学反应的最适温度不同的是，各种酶在一定条件下都有其特定的最适 pH，因此最适 pH 是酶的特性之一。但是酶的最适 pH 并不是一个常数，它受诸如底物种类和浓度、缓冲液种类和浓度等众多因素的影响，因此只有在一定条件下最适 pH 才有意义。绝大多数酶的最适 pH 在 5～8 之间，动物体内的酶最适 pH 在 6.5～8.0 之间，植物及微生物中的酶最适 pH 在 4.5～6.5 之间。但并不排除例外，如胃蛋白酶的最适 pH 为 1.5，肝中精氨酸酶最适 pH 为 9.7 等等。表 4-4 列举了几种具有代表性酶的最适 pH。

表 4-4 具有代表性酶的最适 pH

酶	底　物	最适 pH
精氨酸酶(arginase)	精氨酸	9.7
碱性磷酸酶(alkaline phosphatase)	甘油-3-磷酸	9.5
胰蛋白酶(trypsin)	苯甲酰精氨酰胺 苯甲酰精氨酸甲酯	7.7 7.0
核糖核酸酶(ribonuclease)	RNA	7.8
过氧化酶(catalase)	H_2O_2	7.6
延胡索酸酶(fumarase)	苹果酸 延胡索酸	8.0 6.5
脂肪酶(lipase)	低级酯	5.5～5.8
丙酮酸羧化酶(pyruvate carborylase)	丙酮酸	4.8
胃蛋白酶(pepsin)	血红蛋白 鸡蛋白蛋白	2.2 1.5

pH 影响酶活力的原因可能包括以下几个方面：

(1) 过酸或过碱使酶的空间结构遭到破坏，引起酶变性从而导致酶构象的改变、酶活性随之丧失。

(2) 当 pH 改变不是十分剧烈时，酶虽未发生变性，但其活力已经受到影响。这是由于 pH 影响了底物的解离状态或酶分子活性部位上有关基团的解离状态或酶-底物复合物的解离状态，而使底物不能与酶结合形成酶-底物复合物，或者形成酶-底物复合物后不能生成产物，使酶活性降低。

(3) pH 影响了与维持酶分子空间结构有关的基团解离，从而改变酶活性部位的构象，进而降低了酶的活性。

各种酶在最适 pH 时所处的解离状态往往最有利于该酶与底物结合，并发生催化反应，活力最大。如胆碱酯酶解离成两性离子时活力最大，而精氨酸酶则需解离成负离子时活力最大。应当指出的是，酶在体外所测定的最适 pH 与它在生物体内的生理 pH 并不一定相同。这是因为细胞内存在许多种酶，各种不同的酶对此细胞内的生理 pH 的敏感性也不相同，也就是说，此 pH 对一些酶是最适 pH，而对另一些酶则不是，因而在同一细胞内不同的酶表现出不同的活性。这种酶活性的差异对于控制细胞内复杂的代谢途径具有重要的生理意义。

由于酶活力受 pH 的影响很大，因此在酶的提纯及测定酶活力时需要稳定酶的 pH，通常是在某一 pH 缓冲液中进行。一般来说酶的最适 pH 总是在其稳定 pH 范围内，所以酶在最适 pH 附近最为稳定。虽然多数酶的 pH-酶活性曲线为钟罩形，但并非所有的酶都是如此，如胃蛋白酶和胆碱酯酶的 pH-酶活性曲线为钟罩形的一半，而木瓜蛋白酶则在较大的 pH 范围内，其活性几乎不受 pH 的影响，如图 4-27 所示。

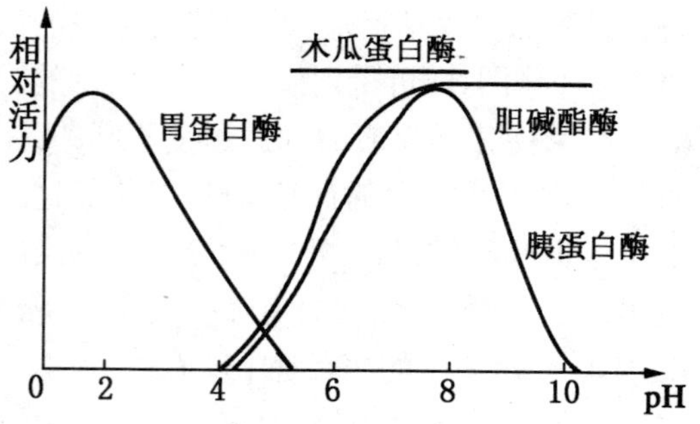

图 4-27　四种 pH-酶活性曲线

4.5.3 激活剂对酶促反应速度的影响

与抑制剂相对的是，凡是能提高酶活性的物质都称为激活剂(activator)，激活剂中大部分是无机离子或简单的有机化合物。作为激活剂的金属离子主要包括 K^+、Na^+、Ca^{2+}、Mg^{2+}、Zn^{2+} 及 Fe^{2+} 等离子，无机阴离子主要包括 Cl^-、Br^-、I^-、CN^-、PO_4^{3-} 等。如 Mg^{2+} 可以作为多种激酶及合成酶的激活剂，Cl^- 可以作为唾液淀粉酶的激活剂。

激活剂对酶的作用具有一定程度的选择性，即一种激活剂只对某种酶起激活作用，而对另一种酶可能不起任何作用或起抑制作用。如对脱羧酶有激活作用的 Mg^{2+} 对肌球蛋白腺三磷酶却有抑制作用；而对脱羧酶有抑制作用的 Ca^{2+} 对肌球蛋白腺三磷酶却有激活作用。有时各种离子之间有拮抗作用，如被 K^+ 激活的酶会受 Na^+ 的抑制，被 Mg^{2+} 激活的酶会受 Ca^{2+} 的抑制。有时金属离子的作用也可以相互替代，如作为激酶的激活剂的 Mg^{2+} 可被 Mn^{2+} 所代替。除此以外，因浓度不同，同一种激活剂对于同一种酶会起不同的作用，如对于 $NAD(P)^+$ 合成酶，当 Mg^{2+} 浓度为 $5\times10^{-3}\sim10\times10^{-3}$ mol/L 时起激活作用酶活性上升，但当浓度升高到 30×10^{-3} mol/L 时酶活性下降；如果用 Mn^{2+} 代替 Mg^{2+}，则在 1×10^{-3} mol/L 时起激活作用酶活性上升，高于此浓度时则起抑制作用酶活性下降。

除了上面提到的金属离子之外，有些小分子有机化合物也可作为酶的激活剂。例如，对木瓜蛋白酶和甘油醛 3-磷酸脱氢酶等含巯基的酶而言，半胱氨酸、还原型谷胱甘肽等还原剂对其有激活作用，它们可使酶中二硫键还原成巯基从而提高酶活性。因此，在分离纯化木瓜蛋白酶和甘油醛 3-磷酸脱氢酶等含巯基的酶过程中，往往需加半胱氨酸、还原型谷胱甘肽等还原剂，以保护巯基不至于在分离纯化过程中被氧化。

思考与练习

1. 在进行酶的活力测定时应该注意哪些因素？常用哪些方法来测定酶活力？简述各种方法的原理和优缺点。
2. 在化学动力学研究中，化学反应可以分别根据反应分子数和反应级数分为哪几类？各类之间关系如何？各级反应的特征是什么？
3. 简述酶促化学反应的中间络合物学说，并阐明目前所得的该学说的主要实验依据。
4. 试根据平衡态理论和稳态理论分别推导米氏方程式，并简述各常见化学动力学参数 K_m、V_{max}、k_{cat}、k_{cat}/K_m 等的意义，尝试利用 4 种作图法测定 K_m 和 V_{max} 值。
5. 简述多底物反应按化学动力学机制的分类，并推导各类反应的动力学方程和动力学图。
6. 简述抑制作用的类型、各类的特点以及鉴别方法。
7. 试推导各类不可逆抑制作用的动力学方程式，并比较它们之间的异同。
8. 举例说明什么是 K_s 型和 K_{at} 型不可逆抑制剂？什么是过渡态底物类似物？它属于何种类型抑制剂？
9. 简述温度、pH 和激活剂等因素对酶促化学反应速度的影响。

5 固定化酶和固定化细胞

固定化酶、固定化细胞是一种在空间运动上受到完全约束或局部约束的酶、细胞。近代工业化利用始于1969年固定化氨基酰化酶的应用。利用固定化技术，解决了酶应用过程中的很多问题，如可使所使用的酶、细胞能反复使用，使产物分离提取容易，并在生产工艺上可以实现连续化和自动化等。固定化技术在20世纪70年代后得到迅速发展，其新功能和新的应用正在迅速地扩展，是一项研究领域宽广、应用前景引人瞩目的新研究领域和新技术。

本章主要介绍固定化技术的发展史、酶和细胞的固定化方法以及酶经固定化后性质的变化，从动力学方面分析了固定化后酶特性变化的原因，并简要介绍了酶反应器的结构特点、固定化酶在食品工业中的应用情况。

5.1 酶固定化技术发展史

酶作为一种生物催化剂，因其催化作用具有高度专一性、催化条件温和、无污染等特点，广泛应用于食品加工、医药和精细化工等行业。但在使用过程中，人们也注意到酶的一些不足之处，如酶稳定性差、不能重复使用，并且反应后混入产品，纯化困难，使其难以在工业中更为广泛地应用。为适应工业化生产的需要，人们模仿人体酶的作用方式，通过固定化技术对酶加以固定改造，来克服游离酶在使用过程中的一些缺陷。

将酶固定化以后，既保持了酶的催化特性，又克服了游离酶的不足之处，使其具有一般化学催化剂能回收反复使用的优点，并在生产工艺上可以实现连续化和自动化。事实上，早在1916年，Nelson和Griffin就用吸附的方法实现了酶的固定化，他们将蔗糖酶吸附在骨炭粉上，发现吸附以后酶不溶于水而且具有和液体酶同样的活性。可惜这个重要的发现长期以来没有得到酶学家的重视。系统地进行酶的固定化研究则是从20世纪50年代开始的。1953年Grubhofer和Schleith将聚氨基苯乙烯树脂重氮化，然后将淀粉酶、羧肽酶、胃蛋白酶和核糖核酸酶等酶与这种载体结合，制成了固定化酶。60年代后期，酶固定化技术迅速发展，出现了很多新的酶固定化方法。1969年，日本的著名学者千畑一郎等将固定化氨基酰化酶应用于DL-氨基酸的光学拆分上来生产L-氨基酸，开创了固定化酶应用于工业生产的先例。

在20世纪60年代后期对酶的固定化研究主要是将酶与水不溶性载体结合起来，成为不溶于水的酶衍生物，所以最初曾称为水不溶酶(water insoluble enzyme)和固相酶(solid phase enzyme)。但是随着理论与技术的发展，后来发现也可以将溶解状态的酶固定在一个有限的空间使其不能自由移动，也能达到固定酶的作用。如把酶包埋在凝胶内，酶本身是可溶的，因此，用水不溶酶和固相酶这个名称就不恰当了。所以，在1971年召开的第一届国际酶工程会议上，建议采用统一的英文名称 Immobilized Enzyme。

用于固定化的酶，起初都是采用经提取和分离纯化后的酶，后来随着固定化技术的发展，作为固定化的对象已不一定是酶，也可对含酶细胞或细胞器进行固定化。1973 年，千烟一郎等人成功地使用固定化大肠杆菌菌体中的天冬氨酸酶，由反丁烯二酸连续生产L-天冬氨酸，将固定化微生物细胞首次应用于工业生产，使细胞固定化技术迅速发展。1976 年，法国首次用固定化酵母细胞生产啤酒和酒精。1978 年，日本的铃木等人用固定化枯草杆菌生产 α-淀粉酶研究成功，开始了用固定化活细胞进行酶的生产先例。此后，采用固定化细胞生产蛋白酶、糖化酶、果胶酶、溶菌酶、天冬酰胺酶等的研究相继取得可喜成果。目前，固定化技术已从最初的固定化死细胞扩展到固定化活细胞，从固定化微生物细胞扩展到固定化植物细胞、动物细胞以及用 DNA 重组技术和细胞融合技术人工组建的细胞、原生质体等。例如，1982 年，日本首次研究用固定化原生质体生产谷氨酸；1986 年，我国科学家利用固定化原生质体发酵生产碱性磷酸酶和葡萄糖氧化酶等相继获得成功。

对于固定化技术的研究，早期各国主要集中于各种固定化酶制备方法的研究，近年来，各国的研究重点已经转向固定化技术在工业、医学、化学分析、环境保护和能源开发等方面的实际应用，以及酶和细胞固定化后的作用机理等。目前，固定化技术已经取得了许多重要成果，充分发挥了固定化酶和固定化细胞在改革工艺和降低成本方面的巨大潜力。但从目前的发展状况来看，尽管酶种类繁多，但已经固定化的酶却相对有限，采用固定化酶技术大规模生产的企业尚属少数，真正在工业上使用的固定化酶还仅限于葡萄糖异构酶、葡萄糖氧化酶和青霉素酰化酶等为数不多的十几个酶种，故仍需大力研究开发，使更多的固定化酶和细胞能适用于工业规模生产。

5.2 固定化酶的制备方法

所谓固定化酶，是指在一定的空间范围内起催化作用，并能反复和连续使用的酶。

固定化酶的制备方法、制备材料多种多样，不同的制备方法和材料导致固定化后酶的特性不同。对于特定的目标酶，要根据酶自身的性质、应用目的、应用环境来选择固定化载体和方法。在具体选择时，一般应遵循以下几个原则：

(1) 必须注意维持酶的构象，特别是活性中心的构象。酶的催化反应取决于酶本身蛋白质分子所特有的高级结构和活性中心，为了不损害酶的催化活性及专一性，酶在固定化状态下发挥催化作用时，既需要保证其高级结构，又要使构成活性中心的氨基酸残基不发生变化。这就要求酶与载体的结合部位不应当是酶的活性部位，应避免活性中心的氨基酸残基参与固定化反应。另外，由于酶蛋白的高级结构是借助疏水键、氢键、盐键等较弱的键维持的，所以固定化时应采取尽可能温和的条件，避免那些可能导致酶蛋白高级结构破坏的条件，如高温、强酸、强碱和有机溶剂等的处理。

(2) 酶与载体必须有一定的结合程度。酶的固定化既不影响酶的原有构象，又能使固定化酶有效地回收贮藏，利于反复使用。

(3) 固定化应有利于自动化、机械化操作。这要求用于固定化的载体必须有一定的机械强度，才能使之在制备过程中不易破坏或受损。

(4) 固定化酶应有最小的空间位阻。固定化应尽可能不妨碍酶与底物的接近，以提高催化的效率和产物的量。

(5) 固定化酶应有最大的稳定性。在应用过程中，所选载体应不和底物、产物或反应液发生化学反应。

(6) 固定化酶的成本要适中。工业生产必须要考虑到固定化成本，要求固定化酶应是廉价的，以利于工业使用。

酶的固定化方法主要可分为吸附法、包埋法、共价键结合法和交联法等 4 类，吸附法和共价键结合法又可统称为载体结合法。

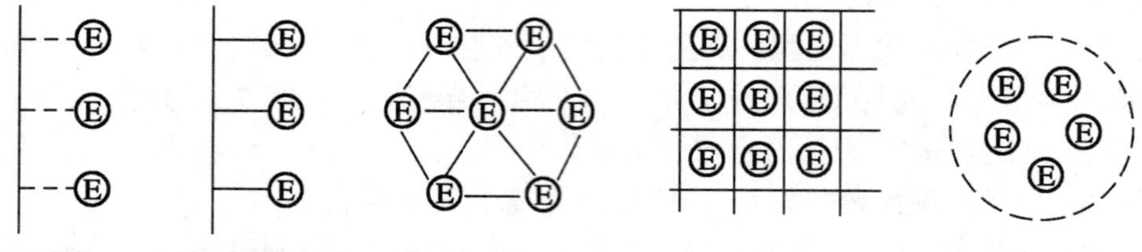

图 5-1 酶的固定方法示意图

5.2.1 吸附法

吸附法(adsorption)是通过载体表面和酶分子表面间的次级键相互作用而达到固定目的的方法，是固定化中最简单的方法。酶与载体之间的亲和力是范德华力、疏水相互作用、离子键和氢键等。

吸附法又可分为物理吸附法和离子吸附法。

(1) 物理吸附法

物理吸附法(physical adsorption)是通过物理方法将酶直接吸附在水不溶性载体表面上而使酶固定化的方法，是制备固定化酶最早采用的方法，如 α-淀粉酶、糖化酶、葡萄糖氧化酶等都曾采用过此法进行固定化。物理吸附法常用的有机载体有纤维素、胶原、淀粉及面筋等，无机载体有活性炭、氧化铝、皂土、多孔玻璃、硅胶、二氧化钛、羟基磷灰石等。

物理吸附法制备固定化酶，操作简单、价廉、条件温和，载体可反复使用，酶与载体结合后，活性部位及空间构象变化不大，故所制得的固定化酶活力较高。但由于靠物理吸附作用，酶和载体结合不牢固，在使用过程中容易脱落，所以使用受到限制，常与交联法结合使用。

(2) 离子吸附法

离子吸附法(ion adsorption)是将酶与含有离子交换基团的水不溶性载体以静电作用力相结合的固定化方法，即通过离子键使酶与载体相结合的固定化方法。此法固定的酶有葡萄糖异构酶、糖化酶、β-淀粉酶、纤维素酶等，在工业上用途较广，如最早应用于工业化生产的氨基酰化酶，就是使用多糖类阴离子交换剂二乙氨基乙基(DEAE)-葡聚糖凝胶固定化的。此外，DEAE-纤维素吸附的 α-淀粉酶、蔗糖酶已作为商品固定化酶。

离子吸附法所使用的载体是某些离子交换剂。常用的阴离子交换剂有 DEAE-纤维素、混合胺类(ECTEOLA)-纤维素、四乙氨基乙基(TEAE)-纤维素、DEAE-葡聚糖凝胶、Amberlite IRA-93(410、900)等，阳离子交换剂有羧甲基(CM)-纤维素、纤维素-柠檬酸盐、

Amberlite CG－50、IRC－50、IR－200、Dowex－50 等。离子吸附法的吸附容量一般大于物理吸附剂。

离子吸附法具有操作简便、条件温和、酶活力不易丧失等优点。此外，吸附过程同时可以纯化酶。例如氨基酰化酶的固定化：将处理成 OH^- 型的 DEAE－葡聚糖凝胶加至含有氨基酰化酶的 0.1 mol/L 磷酸盐缓冲液（pH 7.0）中，于 37℃条件下搅拌 5 h，氨基酰化酶就可与 DEAE－葡聚糖凝胶通过离子键结合，制成固定化氨基酰化酶。其缺点是酶与载体的结合力不够牢固，易受环境因素的影响。当使用高浓度的底物、高离子强度条件和 pH 发生变化时，酶往往会从载体上解吸脱落。所以，这种方法制备的固定化酶，在使用时一定要控制好 pH、离子强度和温度等操作条件。

5.2.2 包埋法

包埋法（entrapment）是将酶包埋在高聚物的细微凝胶网格中或高分子半透膜内的固定化方法。前者又称为凝胶包埋法，酶被包埋成网格型；后者又称为微胶囊包埋法，酶被包埋成微胶囊型。包埋法制备的固定化酶结构可防止酶渗出，底物需要渗入格子内或半透膜内与酶接触。此法较为简便，固定化时一般不需要与酶蛋白的氨基酸残基起结合反应，酶分子本身不参加水不溶性格子或半透膜的形成，因而从原理上而言，由于酶分子本身不发生物理化学变化，酶的高级结构较少改变，故酶的回收率较高，适合于固定各种类型的酶。但也有局限性，由于只有小分子的底物和产物可以通过高聚物网格扩散，故包埋法只适用于小分子底物和产物的酶，对那些底物和产物是大分子的酶不适合。而且高聚物网格或半透性膜对小分子物质扩散的阻力有可能会导致固定化酶的动力学行为改变和活力的降低。

（1）凝胶包埋法

凝胶包埋法常用的载体有海藻酸钠凝胶、角叉菜胶、明胶、琼脂凝胶、卡拉胶等天然凝胶以及聚丙烯酰胺、聚乙烯醇和光交联树脂等合成凝胶或树脂。

天然凝胶采用溶胶状天然高分子物质在酶存在下凝胶化的方法，一般包埋时条件温和、操作简便，对酶活性的影响甚少，但强度较差。合成的高分子则采用合成高分子的单体或预聚物在酶存在下聚合的方法。合成载体的强度较高，但需在一定的条件下进行聚合反应，才能把酶包埋起来，聚合反应的条件往往会引起部分酶的变性失活，所以包埋条件的控制非常重要。如聚丙烯酰胺包埋是最常用的包埋法，制备时，在酶溶液中加入丙烯酰胺单体和交联剂 N,N'-甲叉双丙烯酰胺，在氮气的保护下，加聚合反应催化剂四甲基乙二胺和聚合引发剂过硫酸钾等使其在酶分子周围进行聚合，形成交联的高聚物网络，酶分子便被包埋在刚聚合的凝胶内。

（2）微胶囊包埋法

微胶囊包埋即将酶包埋在各种高聚物制成的半透膜微胶囊内的方法。它使酶存在于类似细胞内的环境中，可以防止酶的脱落，防止微囊外的环境直接接触，从而增加了酶的稳定性，常用于制造微胶囊的材料有聚酰胺、火棉胶和醋酸纤维素等。

用微胶囊包埋法制得的微囊型固定化酶的直径通常为几微米到数百微米，胶囊孔径为几埃至数百埃①，适合于小分子为底物和产物的酶的固定化，如脲酶、天冬酰胺酶、尿酸酶、

① 1 埃（Å）＝0.1 nm。

过氧化氢酶等。其制造方法有界面聚合法、界面沉淀法、二级乳化法、液膜(脂质体)法等。

① 界面聚合法

界面聚合法是将含有酶的亲水性单体乳化分散在与水不相溶的有机溶剂中,再加入溶于有机溶剂的疏水性单体,亲水性单体和疏水性单体在油水两相界面上发生聚合反应,形成高分子聚合物半透膜,使酶被包埋于半透膜内。常用的亲水单体有乙二醇、丙三醇等,疏水单体有聚异氰酸酯、多元酰氯等。在包埋过程中由于发生化学反应可能会引起某些酶失活。此法曾用聚脲制备过天冬酰胺酶、脲酶等的微囊。

② 界面沉淀法

界面沉淀法是一种简单的微囊化法,它是利用某些高聚物在水相和有机相的界面上溶解度较低而形成皮膜将酶包埋。如,将含有高浓度血红蛋白的酶溶液,在与水不互溶的、沸点比水低的有机相中乳化,在油溶性的表面活性剂存在下形成油包水的微滴,再将溶于有机溶剂的高聚物在搅拌下加入乳化液中,然后加入一种不溶解高聚物的有机溶剂,使高聚物在油-水界面上沉淀析出形成膜,将酶包埋,最后在乳化剂的帮助下由有机相转入水相,从而制成固定化酶。此法条件温和,酶不易失活,但要完全除去膜上残留的有机溶剂很困难。作为膜材料的高聚物有硝酸纤维素、聚苯乙烯和聚甲基丙烯酸甲酯等。此法曾用于固定化天门冬酰胺酶、脲酶等。

③ 二级乳化法

二级乳化法是将酶溶液首先在高聚物有机相中分散成极细液滴,形成第一个“油包水”型乳化液,此乳化液再在水相中分散形成第 2 个乳化液,在不断搅拌下,低温真空蒸出有机溶剂,使有机高聚物溶液固化,便得到包含多滴酶液的固体球微囊。常用的高聚物有乙基纤维素、聚苯乙烯、氯化橡胶等,常用的有机溶剂为苯、环己烷和氯仿。此法制备比较容易,酶几乎不失活,但残留的有机溶剂难以完全去除,而且膜也比较厚,会影响底物扩散。此法曾用乙基纤维素和聚苯乙烯制备成过氧化氢酶、脂肪酶等微囊。

④ 液膜法(脂质体包埋法)

上述微囊法是用半透膜包埋酶液,近年又研究出以脂质体为液膜代替半透膜的新微囊法。脂质体包埋法是由表面活性剂和卵磷脂等形成液膜包埋酶的方法。例如,将卵磷脂、胆甾醇和二鲸蜡磷脂按 7∶2∶1 溶于氯仿中,再加入酶液,混合物在旋转蒸发器中,在氮气下 32℃转动乳化,然后在室温下保持 2 h,再在氮气气流中,4℃用音波处理 10 s,在室温下保持 2 h,过 Sepharose 6B 柱,收集脂质体,离心分离出脂质体,所得球粒悬浮于缓冲液中,继续音波处理,并过 Sepharose 6B 柱,可得含酶的微囊。此法的最大特征是底物和产物的膜透过性不依赖于膜孔径的大小,而与底物和产物在膜组分中的溶解度有关,因此可以加快底物透过膜的速度。此法曾用于糖化酶的固定化。

5.2.3 共价键结合法

共价键结合法(covalent binding)是将酶与聚合物载体以共价键结合的固定化方法。酶蛋白上可供载体结合的功能基团有以下几种:

(1) 酶蛋白 N 末端的 α-氨基或赖氨酸残基的 ε-氨基。

(2) 酶蛋白 C 末端的 α-羧基、天门冬氨酸残基的 β-羧基以及谷氨酸残基的 γ-羧基。

(3) 半胱氨酸残基的巯基。

(4) 丝氨酸、苏氨酸和酪氨酸残基的羟基。

(5) 组氨酸残基的咪唑基。

(6) 色氨酸残基的吲哚基。

(7) 苯丙氨酸和酪氨酸残基的苯环。

其中最普遍的共价键结合基团是氨基、羧基以及苯环。常用来和酶共价偶联的载体的功能基团有芳香氨基、羟基、羧基和羧甲基等。这种方法是固定化酶研究中最活跃的一大类方法。但必须注意，参加共价结合的氨基酸残基应当是酶催化活性非必需基团，若共价结合包括了酶活性中心有关的基团，会导致酶的活力损失。

共价法所用载体的性质也会对固定化酶有很大影响。理想的载体应具备如下特点：结构疏松、表面积大、具有一定的亲水性、没有或很少有非专一性吸附、有一定的机械强度，以及带有在温和条件下可和酶的侧链基团进行结合反应的功能基团。常用的载体有天然高分子衍生物，如纤维素、葡聚糖凝胶、琼脂糖等；合成高聚物，如聚丙烯酰胺、多聚氨基酸等；无机载体如多孔玻璃、金属氧化物等。

酶与载体的结合选择什么样的反应，取决于载体上的功能基团与酶分子上的非必需侧链基团。一般来说载体上的功能基团和酶分子上的侧链基团间不具有直接反应的能力，因此在进行反应前往往需要先进行活化。活化反应可能比较激烈，易导致酶变性失活，故通常总是先使载体上的功能基团活化，然后再在比较温和的条件下将酶和活化了的载体偶联。使载体活化的方法很多，最常用的方法有重氮法、叠氮法、溴化氰法、烷化法等。

(1) 重氮法

重氮法是将酶蛋白与水不溶性载体的重氮基团通过共价键相连接而固定化的方法，是共价键法中使用最多的一种。常用的载体有多糖类的芳族氨基衍生物、氨基酸的共聚体和聚丙烯酰胺衍生物等。

具有苯氨基的不溶性载体，可先用稀盐酸和亚硝酸钠处理成重氮盐衍生物，再在温和条件下和酶分子上相应基团直接偶联，如下面反应式所示：

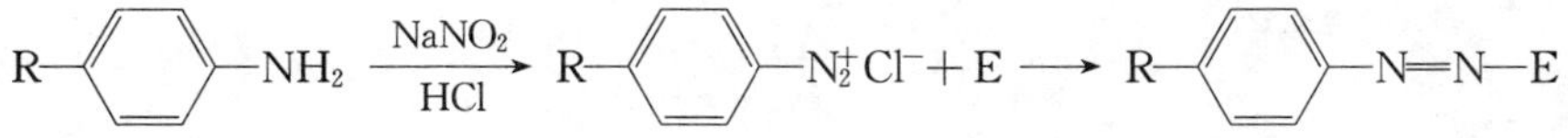

酶蛋白中的游离氨基，组氨酸中的咪唑基，酪氨酸中的酚基都能进行重氮结合。

(2) 叠氮法

叠氮法是将载体活化生成叠氮化合物，再与酶分子上的相应基团偶联成固定化酶。含有羟基、羧基、羧甲基等基团的载体都可用此法活化。如 CMC、CM - sephadex（交联葡聚糖）、聚天冬氨酸、乙烯-顺丁烯二酸酐共聚物等都可用此法来生成固定化酶，其中使用最多的是羧甲基纤维素叠氮法，如下面反应所示：

$$\mathrm{R{-}O{-}CH_2COOH \xrightarrow[HCl]{CH_3OH} R{-}O{-}CH_2COOCH_3}$$

$$\mathrm{\xrightarrow{NH_2NH_2} R{-}O{-}CH_2CONHNH_2}$$

$$\mathrm{\xrightarrow[HCl]{NaNO_2} R{-}O{-}CH_2{-}CON_3 + H_2N{-}E}$$

$$\mathrm{\longrightarrow R{-}O{-}CH_2{-}CONH{-}E}$$

先将羧甲基纤维素在酸性条件下用甲醇酯化，生成羧甲基纤维素甲酯，再与肼反应生成羧甲基纤维素的酰肼衍生物，酰肼衍生物用亚硝酸（由硝酸钠和盐酸反应生成）活化，生成叠氮衍生物，该叠氮基团在低温下可与酶分子中的氨基形成肽键而固定化酶，也可以和酶分子中的羟基、酚羟基、巯基反应，使酶固定化。

（3）溴化氰法

溴化氰法是用溴化氰将含有羟基的载体，如纤维素、葡聚糖凝胶、琼脂糖凝胶等，活化生成亚氨基碳酸酯衍生物，然后再与酶分子上的氨基偶联，制成固定化酶。任何具有连位羟基的高聚物都可用溴化氰法来活化。由于该法可在非常缓和的条件下与酶蛋白的氨基发生反应，近年来已成为普遍使用的固定化方法。尤其是溴化氰活化的琼脂糖已在实验室广泛用于固定化酶以及亲和层析的固定化吸附剂，如下面的反应式所示：

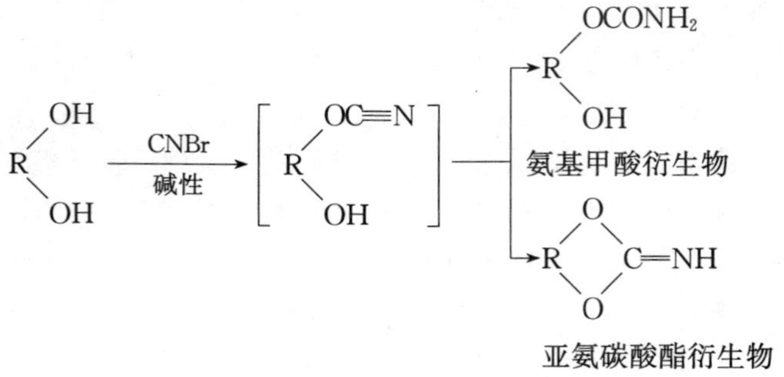

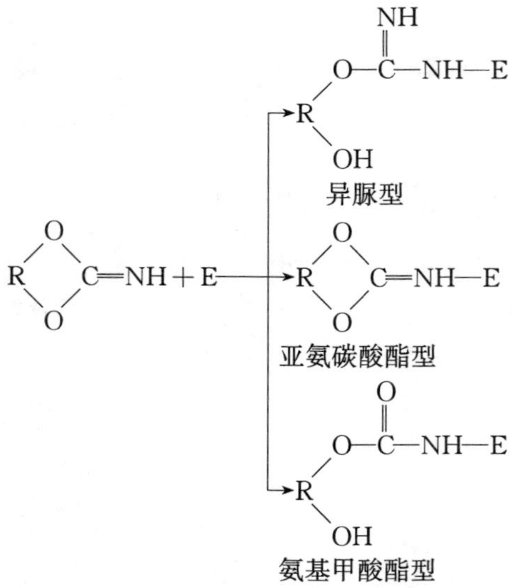

在碱性条件下载体的OH基和溴化氰反应，生成大量活泼的亚氨碳酸酯衍生物和少量不活泼的氨基甲酸衍生物，前者可直接和酶的氨基进行共价偶联而制成固定化酶，其中生成的异脲型为主要产物。

（4）烷化法和芳基化法

以卤素为功能团的载体可与酶蛋白分子上的氨基、巯基、酚基等发生烷基化或芳基化反应而使酶固定化。此法常用的载体有卤乙酰、三嗪基或卤异丁烯基的衍生物。

含羟基的载体在碱性条件下可用三氯-均三嗪等多卤代物活化，形成含卤素基团的活化载体，引入卤素基后直接与酶的氨基偶联成固定化酶（如下反应式）。此外，也和酶分子上的

酚羟基或巯基等偶联，如下图所示

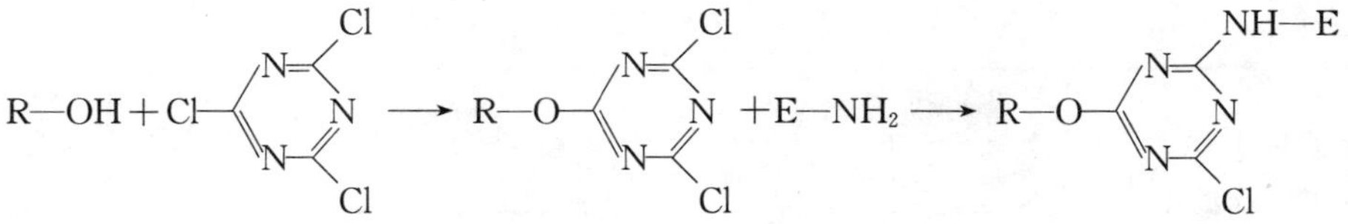

从上面介绍的 4 种制备方法可看出，用共价键结合法制备的固定化酶，酶和载体之间都是通过化学反应以共价键偶联。由于共价键的键能高，酶和载体之间的结合相当牢固，即使用高浓度底物溶液或盐溶液，也不会使酶分子从载体上脱落下来，具有酶稳定性好、可连续使用较长时间等优点。但是采用该方法时，载体活化的难度较大，操作复杂，反应条件较剧烈，制备过程中酶直接参与化学反应，易引起酶蛋白空间构象变化，酶活回收率一般为 30%左右，甚至酶的底物的专一性等性质也会发生变化，往往需要严格控制操作条件才能获得活力较高的固定化酶。现在已有不少活化的商品化酶固定化载体，它们的使用不需做大量的处理工作，商品一般以干的固定相或预装柱的形式供应，一般情况下这些固定相已经活化好，酶的固定化只要将酶在合适的 pH 和其他相关条件下，让酶循环通过柱子便可完成。

5.2.4 交联法

交联法(cross-linking)是使用双功能或多功能试剂使酶分子之间相互交联呈网状结构的固定化方法。由于酶蛋白的功能团(如氨基、酚基、巯基和咪唑基)参与此反应，所以酶的活性中心构造可能受到影响，而使酶失活明显。但是，尽可能地降低交联剂浓度和缩短反应时间将有利于固定化酶活力的提高。

常用的双功能试剂有戊二醛、己二胺、异氰酸衍生物、双偶氮联苯和 *N*,*N*′-乙烯双顺丁烯二酰亚胺等，其中使用最广泛的是戊二醛。戊二醛和酶蛋白中的游离氨基发生 Schiff 反应，形成薛夫碱，从而使酶分子之间相互交联形成固定化酶，如下图所示：

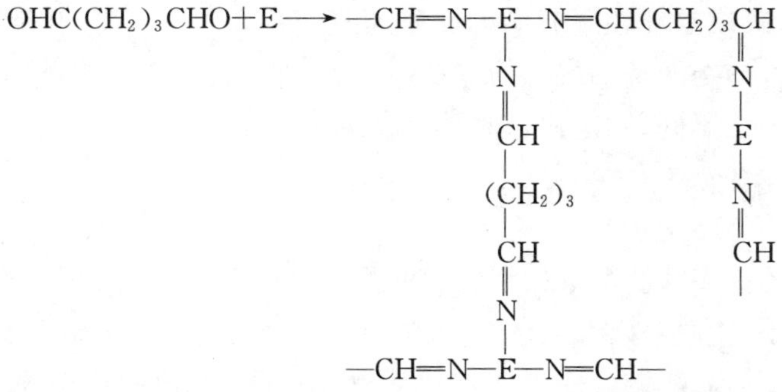

交联法制备的固定化酶，结合牢固。但由于反应条件较剧烈，酶活力损失较大，活力回收率一般比较小(30%)，但固定后酶的稳定性较好。由于交联法制备的固定化酶颗粒较细，且交联剂一般价格昂贵，此法很少单独使用，一般与其他方法联合使用。如：将酶用角叉菜胶包埋后用戊二醛交联，或先用硅胶吸附，再用戊二醛交联等。这种采用两个或多个方法进行固定化的技术，称为双重或多重固定化法。

以上四种固定化酶方法各有其优缺点(见表 5-1)。往往一种酶可以用不同方法固定化，但没有一种固定化方法可以普遍地适用于每一种酶。在实际应用时，常将两种或数种固定化方法并用，以取长补短。

表 5-1　各种固定化方法的比较

固定化方法	吸附法		包埋法	共价键结合法	交联法
	物理吸附法	离子吸附法			
制备	易	易	较难	难	较难
结合程度	弱	中等	强	强	强
活力回收率	高，但酶易流失	高	高	低	中等
再生	可能	可能	不可能	不可能	不可能
固定化成本	低	低	低	高	中等
底物专一性	不变	不变	不变	可变	可变

5.3　固定化酶的特性

5.3.1　固定化酶的形状

固定化酶的形状多样，依不同用途有颗粒、线条、薄膜和酶管等形状。其中颗粒状占绝大多数，它和线条这两种形状主要用于工业发酵生产，如装成酶柱用于连续生产，或在反应器中进行批式搅拌反应；薄膜主要用于酶电极，应用于分析化学；酶管的机械强度较大，宜用于工业生产。

5.3.2　固定化酶的性质

酶在水溶液中以自由的游离状态存在，但是固定后酶分子便从游离的状态变为牢固地结合于载体的状态，其结果往往引起酶的性质的改变。为此，在固定化酶的应用过程中，必须了解固定化酶的性质与游离酶之间的差别，并对操作条件加以适当调整。

由于固定化的方法不同，固定化酶的活力和性质也有所不同。

5.3.3　酶活力

固定化酶的活力在多数情况下比天然酶的活力低，其原因可能是：① 酶活性中心的重要氨基酸残基与水不溶性载体相结合；② 当酶与载体结合时，它的高级结构发生了变化，其构象的改变导致了酶与底物结合能力或催化底物转化能力的改变；③ 酶被固定化后，虽不失活，但酶与底物间的相互作用受到空间位阻的影响。

也有在个别情况下，酶经固定化后其活力升高，可能是由于固定化后酶的抗抑能力提高使得它反而比游离酶活力高。

5.3.4　固定化酶的稳定性

游离酶的一个突出缺点是稳定性差。而固定化酶的稳定性一般都比游离酶提高得多，这对酶的应用是非常有利的，其稳定性增强主要表现在如下几个方面：

(1) 操作稳定性

酶的固定化方法不同,所得的固定化酶的操作稳定性亦有差异。固定化酶在操作中可以长时间保留活力,一般情况下,半衰期在一个月以上,即有工业应用价值。

(2) 储藏稳定性

固定化可延长酶的储藏有效期。但长期储藏,活力也不免下降,最好能立即使用。如果储藏条件比较好,亦可较长时间保持活力。例如,固定化胰蛋白酶,在0.002 5 mol/L磷酸缓冲液中,于20℃保存数月,活力尚不损失。

(3) 热稳定性

热稳定性对工业应用非常重要。大多数酶在固定化之后,其热稳定性都有所提高,但也有一些酶的耐热性反而下降。一般采用吸附法来进行酶的固定化时,有时会导致酶热稳定性的降低。

(4) 对蛋白酶的稳定性

酶经固定化后,对蛋白酶的抵抗力提高。这可能是因为蛋白酶是大分子,由于受到空间位阻的影响,不能有效接触固定化酶。例如,千烟一郎发现,用尼龙或聚脲膜包埋,或用聚丙烯酰胺凝胶包埋的固定化天门冬酰胺酶,对蛋白酶极为稳定;而在同一条件下,游离酶几乎全部失活。另外,固定化后酶对有机试剂和酶抑制剂的耐受性也得到了提高。

(5) 酸碱稳定性

多数固定化酶的酸碱稳定性高于游离酶,稳定 pH 范围变宽。极少数酶固定化后稳定性下降,可能是由于固定化过程使酶活性构象的敏感区受到牵连而导致的。

5.3.5 固定化酶的反应特性

固定化酶的反应特性,例如底物特异性、酶反应的最适 pH、酶反应的最适温度、动力学常数、最大反应速度等均与游离酶有所不同。

(1) 底物特异性

固定化酶的底物特异性与底物分子量的大小有一定关系。一般来说,当酶的底物为小分子化合物时,固定化酶的底物特异性大多数情况下不发生变化,例如氨基酰化酶、葡萄糖氧化酶、葡萄糖异构酶等,固定化前后的底物特异性没有变化;而当酶的底物为大分子化合物时,如蛋白酶、α-淀粉酶、磷酸二酯酶等,固定化酶的底物特异性往往会发生变化。这是由于载体引起的空间位阻作用,使大分子底物难以与酶分子接近而无法进行催化反应,酶的催化活力难以发挥出来,催化活性大大下降;而分子量较小的底物受到空间位阻作用的影响较小,与游离酶没有显著区别。

酶底物为大分子化合物时,底物分子量不同,对固定化酶底物特异性的影响也不同,一般随着底物分子量的增大,固定化酶的活力下降。例如,糖化酶用 CMC 叠氮衍生物固定化时,对分子量 8 000 的直链淀粉的活性为游离酶的 77%,而对分子量为 50 万的直链淀粉的活性只有游离酶的 15%～17%。

(2) 反应的最适 pH

酶被固定后,其最适 pH 和 pH 曲线常会发生偏移,可能有以下三个方面的原因:一是酶本身电荷在固定化前后发生变化;二是由于载体电荷性质的影响致使固定化酶分子内外扩散层的氢离子浓度产生差异;三是由于酶催化反应产物导致固定化酶分子内部形成带电荷微环境。

载体的电荷性质对固定化酶作用的最适 pH 有明显的影响。一般来说，用带负电荷载体制备的固定化酶的最适 pH 较游离酶偏高，即向碱性偏移；用带正电荷载体制备的固定化酶的最适 pH 较游离酶偏低，即向酸性偏移。使用带负电荷的载体时，由于载体的聚阴离子效应，会吸引反应液中的阳离子(H^+)到其表面，使固定化酶扩散层的 H^+ 浓度比周围外部溶液高，从而造成固定化酶反应区域 pH 比外部溶液的 pH 偏酸，这样实际上酶的反应是在反应液的 pH 偏酸一侧进行，外部溶液的 pH 只有向碱性偏移，才能抵消微环境作用；反之，用带正电荷的载体制备的固定化酶的最适 pH 比游离酶的最适 pH 低一些。

产物性质对固定化酶的最适 pH 的影响，一般来说，产物为酸性时，固定化酶的最适 pH 与游离酶相比升高；产物为碱性时，固定化酶的最适 pH 与游离酶相比降低。这是由于酶经固定化后产物的扩散受到一定的限制所造成的。当产物为酸性时，由于扩散限制，使固定化酶所处微环境的 pH 与周围环境相比较低，需提高周围反应液的 pH，才能使酶分子所处的催化微环境达到酶反应的最适 pH，因而，固定化酶的最适 pH 比游离酶的最适 pH 高一些；反之，当产物为碱性时，固定化酶的最适 pH 比游离酶的 pH 低。

(3) 反应的最适温度

固定化酶的最适反应温度多数较游离酶高，如色氨酸酶经共价结合后最适温度比固定前提高 5～15℃，但也有不变甚至降低的情况。固定化酶的作用最适温度会受固定化方法以及固定化载体的影响。

(4) 米氏常数

米氏常数 K_m反映了酶与底物的亲和力。酶经固定化后，酶蛋白分子的高级结构的变化以及载体电荷的影响可导致底物和酶的亲和力的变化。使用载体结合法制成的固定化酶的 K_m有时变动的原因，主要是由于载体与底物间的静电相互作用的缘故。当两者所带电荷相反时，载体和底物之间的吸引力增加，使固定化酶周围的底物浓度增大，从而使酶的 K_m值减小；而当两者电荷相反时，载体与底物之间相互排斥，固定化酶的 K_m值比游离酶的 K_m值增大。另外，K_m值还与载体颗粒大小有关，一般而言，载体的颗粒越小，K_m值在固定化前后的变化越小。

例如，用 CMC 叠氮衍生物结合法制成的固定化无花果酶的 K_m 比游离酶减少 1/10，这是因为正电荷底物与载体多阴离子的 CMC 间的静电引力提高，所以固定化酶区域的底物浓度比外部溶液高，在较高底物浓度下酶反应可以更快地进行，表观 K_m 就下降了；相反，用尼龙膜或聚脲膜做成天门冬酰胺酶微胶囊固定化酶的 K_m 值，较游离酶多两个数量级，这是由于在凝胶中底物浓度减少的缘故，内部底物浓度低于外部区域的浓度，表观 K_m 就上升了。

(5) 最大反应速度

固定化酶的最大反应速度与游离酶大多数是相同的。有些酶的最大反应速度会因固定化方法的不同而有所差异。

5.4 固定化酶的催化反应机理探讨

5.4.1 固定化酶对反应体系的影响

固定化酶的性质，许多方面不同于水溶性酶。发生这些变化是因为酶的固定化对酶本身和反应体系产生了深刻的影响。如溶液酶反应中，酶和底物都可以自由扩散，而固定化酶反应中，只有底物可以自由扩散。固定化对酶活性和酶反应体系的影响是十分复杂的，常因酶的种类、反应系统的组成，特别是固定的方法及载体而显著不同。为了简化，通常作两个假设：

(1) 酶在载体表面或多孔介质内的分布是完全均匀的；

(2) 整个系统各方同性。

在上述条件下，固定化对反应体系的影响，可以概括为3种类型：① 构象改变和屏蔽效应；② 微环境的影响；③ 分配效应与扩散效应。

5.4.2 影响固定化酶的动力学因素

酶经固定化后性质的改变是下述各种因素综合影响的结果。

(1) 酶分子构象改变、化学改变的影响

酶在固定化过程中，由于酶和载体之间相互作用，引起酶分子构象发生某种扭曲、形变，从而导致酶和底物的结合能力或催化底物转化能力发生改变，以及效应物对酶的变构效应改变。在大多数情况下，固定化致使酶活性不同程度地下降。尤其是载体对酶的修饰氨基酸是组成活性部位的一部分，或者是对保持酶的三维结构十分重要时，这种构象效应对酶的活性影响特别严重。在共价结合法和吸附法制备固定化酶时，表现尤为突出。这种效应难以定量描写，也难以预测。另外，共价结合引起酶的化学改变，在大多情况下，化学改变可能导致酶分子总的净电荷的改变，也可能对酶的活性中心区发生专一的邻近效应。

(2) 微环境的影响

所谓微环境是指紧邻固定化酶的环境区域，微环境效应是由于固定化酶处于与整体溶液(宏观体系)完全不同的物理环境中产生的，主要是载体、产物的疏水亲水及电荷性质带来的影响。这在多电解质载体制备的固定化酶中最为显著，带电的载体使酶在固定化后具有不同的微环境，通常可以通过改变载体和介质的性质作出判断和调节。

(3) 扩散限制、分配效应的影响

这两种效应都和微环境密切相关。和溶液酶不同，固定化酶反应系统中酶分子和底物、抑制剂等处于不同相中，底物必须通过水不溶性载体周围的扩散层，从主体溶液传递到固定化酶内部活力部位才能和酶接触反应。同样，产物又从固定化酶活力部位扩散到主体溶液，因此发生扩散限制作用。扩散限制效应，是指底物、产物和其他效应物在微环境中的迁移运转速度受到的限制作用，即底物、产物、效应物在微观反应区与宏观体系之间的迁移速度低于理论反应速度的效应。有外扩散限制和内扩散限制两种类型。

外扩散限制是指物质从宏观体系穿过包围在固定化酶颗粒周围近乎停滞的液膜层(又称 Nernst 层)达到微粒表面时所受到的限制。在充分混合的反应器内，可通过增加搅拌程度来减小但不能避免外扩散限制作用；在管式反应器内可以采用增加流速的方法，或用更浓的底物或黏度较低的底物的方法来减小其影响。

内扩散限制是指上述物质进一步向微粒内部酶所在点扩散所受到的限制。内扩散效应一般是由于载体的孔径小(和弯曲)引起的。如对于高载量的固定化酶产生的内扩散限制常会导致酶活性的下降。这是由于载体颗粒外层部分的酶分子消耗了进入颗粒的大部分，甚至是全部的底物，而处于颗粒较深部的酶分子很少有机会与底物作用而未发挥其催化作用，从而使固定化酶的活力下降。一般可通过如下一些方法来降低内扩散限制的影响：使用低分子量底物，高底物浓度，低载量的固定化酶，高孔率载体且孔要尽可能大、尽可能不弯曲，固定化酶的颗粒尽可能小等等。

分配效应是由于载体的亲水和疏水性质造成酶的底物、产物或其他效应物在微观环境和宏观体系之间的不等性分配，改变了酶反应系统的组成平衡，从而影响酶促反应速度的一种效应。分配效应通常是由微环境效应引起的。例如，亲水底物会有选择地吸附在亲水载体表面或孔内，使底物的局部浓度增加；而疏水底物会被亲水载体排斥。同样，带正电荷的底物和质子会吸在带负电荷的载体上，使局部底物浓度增加，同时还会导致载体内的 pH 降低。这样的分配效应使固定化酶的最适 pH 和 K_m 值不同于用游离酶所得的值。如前面已经讨论过，一般情况下，如果载体与底物带有相同电荷，则酶的 K_m 值将因固定化而增大；如果带有相反电荷，则相反。当载体带正电荷时，固定化之后，酶活性- pH 曲线向酸性方向偏移；相反，带负电荷的载体将导致该曲线向碱性方向偏移。

(4) 立体屏蔽的影响

立体屏蔽是指固定化后，由于载体空隙太小，或固定化的结合方式不对，使酶活性中心或调节部位造成某种空间障碍，使底物或效应物与酶的邻近或接触受到干扰，不易与酶接触，从而影响酶的活性。因此，选择载体的孔径不可忽视。尤其是固定化酶作用于高分子底物时，载体的空间位阻可能显著地影响酶的催化功能。可采用载体加“臂”的方法，改善这种立体屏蔽的不利影响。

5.5 固定化活细胞

利用胞内酶制作固定化酶时，先要把细胞破碎，才能将里面的酶提取出来，这就增加了工序和成本，且提取的酶往往不够稳定。因此，人们设想直接固定那些含有所需胞内酶的细胞，并且就用这样的细胞来催化化学反应。20 世纪 70 年代，在固定化酶的基础上科学家们研制成固定化细胞(immobilized cell)，并且用于生产。70 年代末，法国科学家研究成功固定化细胞生产啤酒，80 年代初我国的居乃琥等人用固定化细胞批量生产啤酒和酒精取得重要研究成果。

固定化细胞按其生理状态可分为固定化死细胞和活细胞两大类。最初固定化的细胞是死细胞或静止态细胞，只利用其酶活性，近年来发展到固定化活细胞。前者经固定化后，虽然整个细胞活力消失，但是，需要利用的“目的酶”仍保持催化活力；而后者经固定化后，细胞仍保存活性，能进行正常的生长、繁殖和新陈代谢，所以称为固定化活细胞或固定化增殖细胞。例如，琼脂包埋的酵母细胞数初始为 10^6 个/cm^3，在营养培养基里培养两天后，细胞数可达 10^9～10^{10}个/cm^3。

与酶的固定化相比，固定化细胞保持了胞内酶系的原始状态与天然环境，有效地利用游离细胞完整的酶系统和细胞膜的选择通透性，既具有固定化酶的优点，又具有其自身的优越性：① 无需进行酶的分离和纯化，减少酶的活力损失，同时大大降低了成本；② 可进行多酶反应，且不需添加辅助因子，固定化细胞不仅可以作为单一的酶发挥作用，而且可以利用菌体中所含的复合酶系完成一系列的催化反应，对于这种多酶系统，辅助因子再生容易；③ 对于活细胞来说，保持了酶的原始状态，酶的稳定性更高，对污染的抵抗力更强；④ 细胞生长停滞时间短，细胞多，反应快等等。正是由于固定化细胞的这些无可比拟的优势，尽管其出现远远晚于固定化酶，但其应用范围比固定化酶更为广泛。它由研究阶段进入生产应用的周期很大程度上超过了固定化酶。近几十年来固定化细胞技术发展十分迅猛，其应用涉及食品及发酵工业、医药工业、化学分析、环境保护、能源开发等各个领域，充分展示了固定化细胞的美好发展前景。

当然，固定化细胞也有其自身的缺点，如：必须保持菌体的完整，需防止菌体的自溶，否则影响产物的纯度；必须抑制细胞内蛋白酶对目的酶的分解；胞内多酶的存在会形成副产物；载体、细胞膜或细胞壁会造成底物渗透与扩散的障碍等。

固定化酶和固定化细胞都是以酶的应用为目的，其制备方法也基本相同。固定化活细胞的制备条件比固定化酶更要温和，其制备方法主要有物理吸附法和包埋法两种。

5.5.1 物理吸附法

物理吸附法主要是利用细胞与载体之间的静电引力和专一的亲和力作用，使细胞固定在不同的载体（如硅藻土、陶瓷、玻璃和塑料）上。

很多细胞都具有吸附到固体物质表面或其他物质表面的能力，如酵母细胞一般带负电荷，在固定化时可选择带正电的载体使其固定化。例如，在 pH 4 条件下，酿酒酵母在陶瓷表面上的吸附程度最大，这时载体表面有 40%～70%细胞被牢固吸附，不会被高流速培养基冲掉。还可以利用专一的亲和力，例如 α-甘露聚糖和伴刀豆球蛋白 A 具有专一亲和力，而酿酒酵母细胞壁上含有 α-甘露聚糖，故可将伴刀豆球蛋白 A 先连接到载体上，然后把酵母连接到活化了的伴刀豆球蛋白上。

物理吸附法的优点是操作简单，条件温和，对细胞活性影响小、酶活力损失小等，但细胞易受环境影响而脱落，操作稳定性差，另外，吸附的细胞数量少。吸附的发生受细胞的性质（细胞壁成分和壁上的电荷等）、载体的特性（载体成分、表面电荷及表面积）及细胞与载体之间的相互作用等因素的影响。只有这些参数配合适当，才能形成稳定的细胞-载体复合物，以应用于连续生产系统。

5.5.2 包埋法

将细胞包埋在多孔载体内部而制成固定化细胞的方法称为包埋法，细胞经包埋固定化后，被限制在凝胶的微孔内进行生长、繁殖和新陈代谢。包埋法固定细胞具有很多优点，如方法简便、条件温和，对细胞活性影响小、稳定性好、机械强度较好和包埋容量较高等。但此法也有缺点，只适用于小分子底物。

包埋法可分为凝胶包埋法和半透膜包埋法。凝胶包埋法是应用最广泛的细胞固定化方法，各种微生物、动植物细胞都可用此方法固定化，一般采用的载体为琼脂、海藻酸钙、角叉菜胶、明胶、聚丙烯酰胺等。其中聚丙烯酰胺应用最早，如早在 1973 年千畑一郎采用此法固定大肠杆菌，实现了 L-天冬氨酸生产的工业化。

(1) 琼脂凝胶包埋法

配制一定浓度的琼脂，加热使之溶解，然后冷却至 48～55℃，加入一定量的细胞悬浮液，迅速搅拌均匀后，趁热分散在预冷的甲苯或四氯乙烯溶液中，形成球状固定化细胞胶粒，分离后洗净备用。也可将琼脂细胞混悬液摊成薄层，待其冷却凝固后，在无菌条件下，将固定化细胞胶层切成所需的形状。由于琼脂凝胶的机械强度较差，而且氧气、底物和产物的扩散较困难，故其使用受到限制。

(2) 海藻酸钙凝胶包埋法

室温下配制一定浓度的海藻酸钙，和微生物细胞混匀后滴加到氯化钙溶液中即形成球状的固定化细胞胶粒。一般 10 g 凝胶可以包埋 200 g 细胞(干重)。

用海藻酸钙凝胶制备的固定化细胞已用于多种酶的发酵生产研究。其操作简便、条件温和，对细胞无毒性，通过改变海藻酸钙的浓度可以改变凝胶的孔径，适合于多种细胞的固定化。但磷酸盐会使凝胶结构破坏，在使用时应控制好培养基中磷酸盐的浓度，并要在培养基中保持一定浓度的钙离子，以维持凝胶结构的稳定性。

(3) 角叉菜胶包埋法

配制一定浓度的角叉菜胶，加热溶化后，冷至 35～50℃，与一定量的细胞悬浮液混匀，趁热滴到预冷的氯化钾溶液或其他二价或三价金属离子溶液中，制成小球状固定化细胞胶粒，也可按需要制成片状或其他形状。如果颗粒稳定性不够好，可用戊二醛等交联剂再交联处理，进行双重固定化。

角叉菜胶包埋法操作简便，对细胞无毒害，通透性能较好，是一种良好的固定化载体。自 1977 年以来，在固定化细胞和固定化菌体方面广泛应用。

(4) 明胶包埋法

配制一定浓度(常配成 10%)的明胶悬浮液，加热溶化，冷却至 32℃以上，与一定浓度的细胞悬浮液混合均匀，冷却凝聚后做成所需形状的固定化细胞。若机械强度不够，可用戊二醛等双功能试剂交联强化。

(5) 聚丙烯酰胺凝胶包埋法

聚丙烯酰胺是常用的一种包埋法，制备方法和固定化酶法相似。先配制一定浓度的丙烯酰胺和亚甲基双丙烯酰胺的溶液，与一定浓度的细胞悬浮液混合均匀，然后加入一定量的过硫酸钙和四甲基乙二胺，混合后让其静置聚合，获得所需形状的固定化细胞胶粒。

用聚丙烯酰胺凝胶制备的固定化细胞机械强度高，可通过改变丙烯酰胺的浓度以调节凝胶的孔径，适用于多种细胞和酶的固定化。然而，由于丙烯酰胺单体对细胞有一定的毒害作用，在聚合过程中应尽量缩短聚合时间，以减少细胞与丙烯酰胺单体的接触时间。

5.6 酶催化反应器及其类型

5.6.1 酶反应器的类型

以酶为催化剂进行反应所需要的设备称之为酶催化反应器，简称酶反应器。酶反应器有两种类型：一类是直接用游离酶进行反应，即均相酶反应器；另一类是应用固定化酶进行的非均相酶反应器。均相酶反应能在批量式搅拌桶反应器或超滤膜反应器中进行，而非均相酶反应则可在多种反应器中进行，适用于连续催化反应，包括连续流搅拌桶反应器、填充床反应器、流化床反应器、连续搅拌桶-超滤和循环式反应器等。

5.6.2 反应器的结构特点

1）批量式搅拌桶反应器(Batch Stirred Tand Reactor，缩写为 BSTR)

批量式搅拌桶反应器又称为间歇式酶反应器、间歇式搅拌罐、搅拌式反应罐(如图 5-2)。间歇式反应器主要用于溶液酶反应，即将酶与底物一起加入到反应器内，待达到规定的转化率后随即放料。在这种情况下，一般并不回收溶液酶。如果把固定化酶用于间歇反应器，则需把流出液中的固定化酶和产物分离，它可采用过滤或超滤法实现，回收的固定化酶可以反复多次使用。这类反应器结构简单，造价较低，传质阻力很小，反应能迅速达到稳态，主要应用在饮料等食品工业中。其缺点是操作麻烦，在反复回收过程中固定化酶容易损失，所以工业规模的固定化酶很少采用。但是，常用于游离酶。

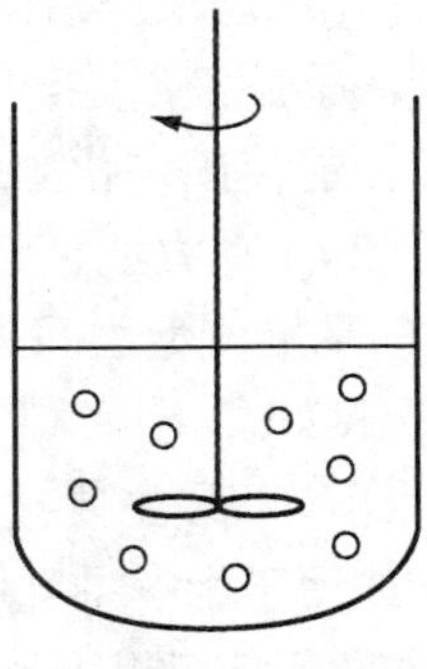

图 5-2　批量式搅拌桶反应器

2）连续流搅拌桶反应器(Continuous Flow Stirred Tand Reactor，缩写 CSTR)

连续流搅拌桶反应器在运转过程中，底物以恒定的流速流入反应器，与此同时，反应液则以同样的流速流出反应器。反应桶内装有搅拌器，使反应组分与固定化酶颗粒混合均一，出口处有过滤膜，可使不断补充新鲜底物与反应液流量维持动态平衡，如图 5-3 所示。

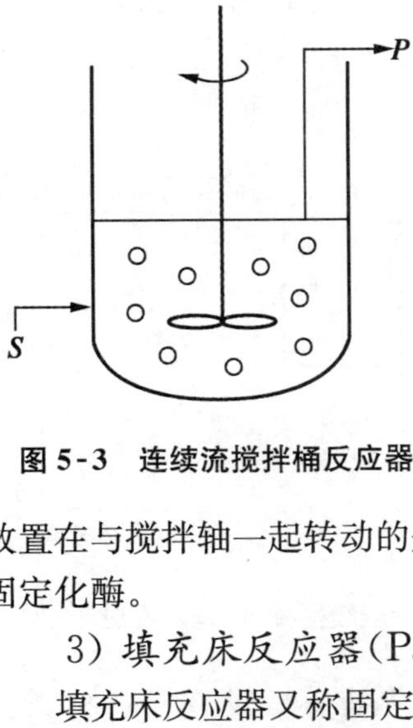

图 5-3　连续流搅拌桶反应器

在理想的连续流搅拌桶反应器中，反应液混合良好，各部位的成分相同，与流出液的组成也一致。CSTR 的开放结构使得调换固定化酶比较容易，而且有利于控制温度和调节 pH，还能够处理胶态或不溶性底物，受底物抑制的固定化酶采用 CSTR 有较高的转化率。其缺点是，由搅拌产生的剪切力较大，易打碎磨损固定化酶颗粒。近来对此类型反应器进行了改良，就是将载有酶的圆片聚合物固定在搅拌轴上或者放置在与搅拌轴一起转动的金属网筐内，这样，既能保证反应液搅拌均匀，同时又不致损坏固定化酶。

3）填充床反应器(Packed Bed Reactor，缩写 PBR)

填充床反应器又称固定床反应器(如图 5-4)。可填充多向异性半透性中空纤维制成管状，内部填充酶膜、酶片等。在填充床反应器内，底物在一定方向上以恒定的速度通过固定化酶柱。若柱的横截面上每一点液体流动的速度完全相同，则可以认为反应器是在理想条件下作为活塞式流动反应器(Plug Flow Reactor，PFR)运转。由于流动方向上存在速度和温度梯度，在轴方向上存在底物的扩散，所以实际上总是不可能完全符合理想化的条件。

PBR 具有高效率、易操作、结构简单等优点，因而是目前工业生产及研究中应用最为普遍的反应器。它适用于各种形状的固定化酶和不含固体颗粒、黏度不大的底物溶液，以及有产物抑制的转化反应。其缺点是传质系数和传热系数相对较低。当底物溶液含固

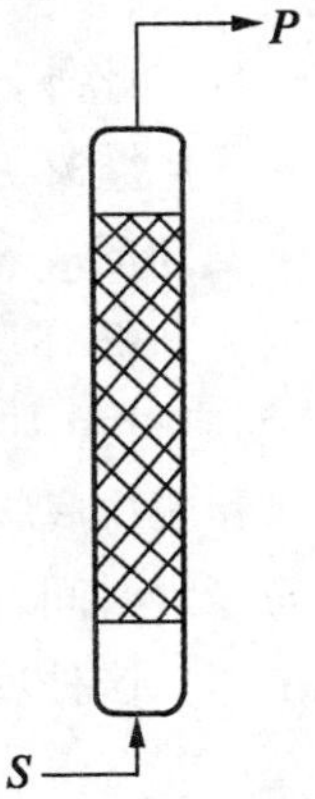

图 5-4　填充床反应器

体颗粒或黏度很大时，不宜采用 PBR，因为固体颗粒易堵塞柱床，黏度大的底物溶液难以在柱床中流动。

4）流化床反应器(Fluidzed Bed Reactor，缩写为 FBR)

流化床型反应器是一种装有较小颗粒的垂直塔式反应器。反应时，底物溶液以足够大的流速，从反应器底部向上通过固定化酶柱床，便能使固定化酶颗粒始终处于流化状态。其结构如图 5-5 所示。其流动方式使反应液的混合程度介于 CSTR 的全混型和 PFR 的平推流型之间。由于反应器内混合程度高，因此，传热、传质情况良好。

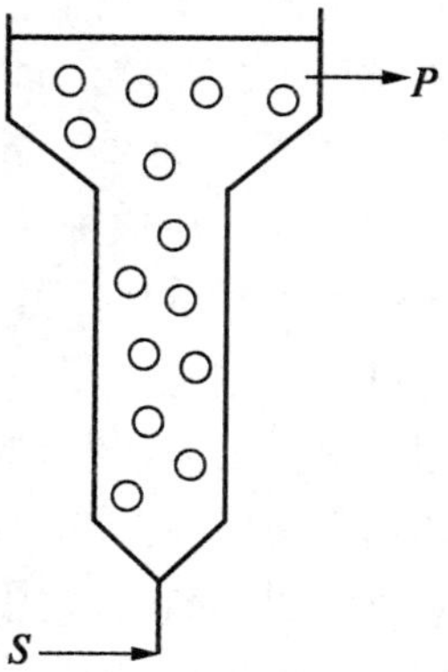

图 5-5 流化床反应器

目前，FBR 主要被用来处理一些黏度高的液体和颗粒细小的底物，如用于水解牛乳中的蛋白质。同时，亦可用于供气体或排放气体的酶反应(即固、液、气三相反应)。但因 FBR 混合均匀，故不适用于有产物抑制的酶反应。为了减轻产物抑制引起的不良反应，一般可采用多个 FBR 串联操作，或者将 FBR 分成几个不同区域，在不同进口处加入底物溶液的方式加以改善。近年来，为了提高传质，在固定化酶(细胞)块内添加微小砂粒、不锈钢粒子等惰性物质，或者加入磁性物质，使柱床在磁场操作下运行。

5）连续搅拌桶-超滤反应器(CSTR/UF)

CSTR/UF 结构是 CSTR 与超滤装置联用的酶膜反应器。在 CSTR 出口处设置一个超滤装置，通过超滤装置，酶可以循环使用。其结构如图 5-6 所示。该超滤器中的半透性超滤膜只允许小分子产物通过，不允许大分子酶和底物通过。因此，可以将小分子产物与大分子酶和底物分开，有利于产物回收。该反应器适用于颗粒较细的固定化酶、游离酶和细胞以及小分子产物与大分子底物。

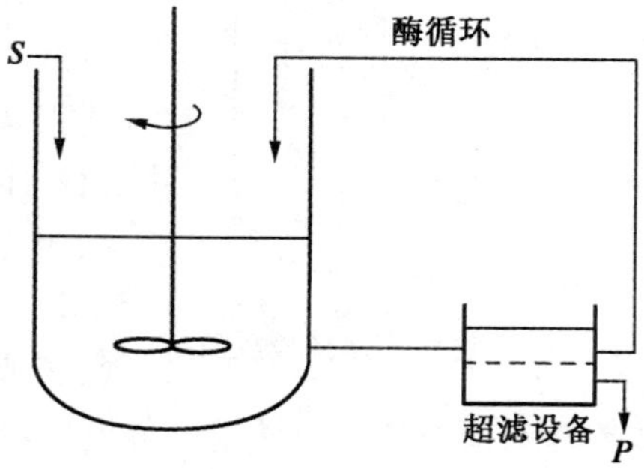

图 5-6 连续搅拌桶-超滤反应器

对这类反应器在技术上的可行性已得到了证实，例如进行纤维素的连续糖化、用 α-淀粉酶水解淀粉、用转化酶水解蔗糖和用青霉素酶把青霉素 G 转化成 6-氨基青霉烷酸(6-APA)等生化过程。此外，还用于小分子产物(葡萄糖、麦芽糖)与大分子底物(淀粉、纤维素)的分离。

6）循环反应器(Recycle Reactor，RCR)

循环反应器是把部分流出物与加料流混合，然后再将其进入反应器。如图 5-7 和 5-8 所示。外循环反应器又称为带循环的填充床，是在 PBR 的进料口与出料口之间用管道相连，反应过程中有部分输出液与进料液混合，再进入酶柱。RCR 的特点是可以提高液体的流速和减少底物向固定化酶表面传递的阻力。尽管此时高的流速将减少每次底物通过反应器的停留时间，但总的来说，循环操作仍能为底物与酶提供足够的接触机会，以达到所需的转化率。这种反应器可用于难溶或者不溶性底物的转化反应。

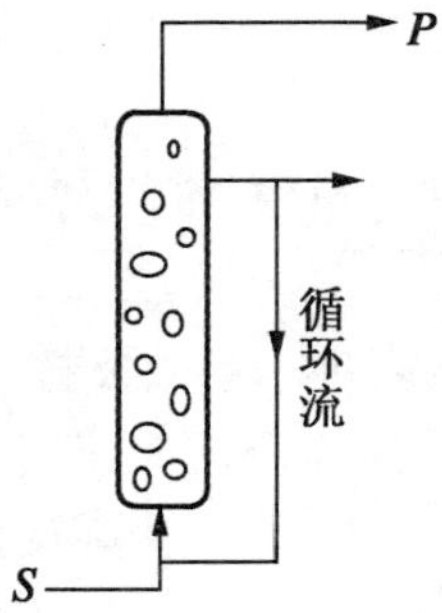

图 5-7 外循环反应器

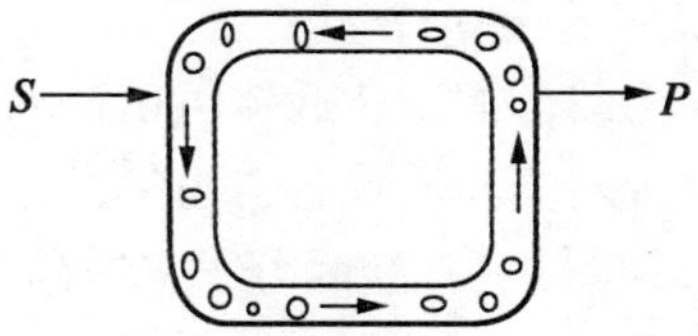

图 5-8 内循环反应器

5.6.3 膜式反应器

膜式反应器是 20 世纪 70 年代以来发展起来的一种新型反应器，它是利用膜的分离功能，同时完成反应和分离过程的一种反应器。

1）膜式反应器的类型

根据酶的存在状态、相数、膜组件型式、膜材料类型、耦合方式、传质推动力等的不同，酶膜反应器有不同的分类方式。根据膜组件的型式不同，可把酶膜反应器分为板框式、螺旋卷式、管式和中空纤维式。以下以螺旋卷膜式反应器和中空纤维膜式反应器为例进行介绍。

(1) 螺旋卷膜式反应器

螺旋卷膜式反应器的螺旋结构是将含酶的膜片与支持材料交替地缠绕在中心棒上。所用的膜片一般是胶原蛋白，而支持材料则是一种称为凡克塞(vexar)的惰性聚合网状物。后者可以将相邻的两层含酶膜片分开来，以防止膜层相互重叠，堵塞流道。把上述螺旋元件装进圆筒，筒两端加盖板，并安装进出口管，这样，就制成了螺旋卷膜式反应器。含酶的膜是半透性膜，只允许小分子的底物和产物通过膜，而大分子酶则不能通过。该反应器有许多优点，例如，螺旋模型可将流体流动的单元分隔成许多独立空间，当底物溶液流经各个独立空间，并与酶接触时，均有相同的流体力学条件和停留时间，可改善接触效果，消除短路；另外，网状支持材料可以提高每一流动间隔的混合效果，加快物质传递。

(2) 中空纤维膜式反应器

这类反应器是把酶结合于半透性的中空纤维上，中空纤维壁的内外结构一般是不同的，其内层是紧密光滑的半透性膜，有一定的分子截留值，可以截留大分子物质如酶，而允许小分子物质通过；其外层是多孔海绵状的支持层。将酶固定于中空纤维的支持层中，然后，将许多含酶的中空纤维集中成一束，装进圆筒内，筒两端封闭，并安装进出口管道，这样便制成了中空纤维膜式反应器。

用这种固定化酶填充的反应器可以提供较大的催化表面，其缺点是中空纤维的制造极为困难，难以保证纤维束内流体流动的均匀性，以及存在较大的物质传递阻力等。

2）膜式反应器的特点

与一般反应器相比，酶膜反应器具有以下优点：

(1) 反应转化率不受化学平衡转化率的限制，这是酶膜反应器最为显著的特点。许多重要的化学反应都是平衡反应，使用传统的反应器无法突破平衡转化率的限制。而在膜反应器中，膜的选择透过性可使某些组分（如产物）的连续脱除成为可能，从而可促使化学平衡发生移动，大大提高了反应的转化率。

(2) 酶膜反应器可将目的产物分离出去，而酶可以重复利用，可实现连续操作，并有可能提高复杂反应的选择性。

(3) 膜作为酶的固定化载体可以使酶在类似生物膜的环境中高效发挥作用。

(4) 可实现对流传质代替自由扩散，强化了传质速率，提高了反应速度。填充床与流化床反应器中，质量传递常会因分子扩散的制约而影响反应的进程，而酶膜反应器可通过对流扩散消除这种影响，从而使传质速率加快，反应速度提高。

(5) 可以简化工艺流程和操作步骤，有可能使产物分离、反应物净化及化学反应等几个单元操作在一个膜反应器中进行，从而同时起到降低生产成本和增加产量的作用。

(6) 膜作为相分离器和相接触器，避免了乳化和破乳等问题，也摆脱了液泛的限制。

但是，膜反应器在使用过程中也存在着一些问题，这些问题严重制约了膜反应器的推广应用：

(1) 由于膜的加工水平较低，膜孔分布与形态结构的均一性差，造成酶分子和小分子激活剂（金属离子或辅助因子等）的泄漏损失，需要在酶促反应过程中不断添加，既增加成本又造成操作过程的复杂化。

(2) 酶在膜表面的随机吸附引起酶空间构型的改变或活性位点的遮蔽，有些膜材料还可使酶中毒失活，从而降低或破坏酶的催化活性。

(3) 酶分子在酶膜反应器中容易因湍流等原因而发生剪切失活。

(4) 在有些情形下，由于产物分子在靠近膜面的位置逐渐积聚而形成凝胶层，造成酶膜反应器中严重的产物抑制，降低了生产效率。

(5) 浓差极化和膜污染使酶膜反应器的传质速率和生产能力急剧下降，膜孔堵塞、膜厚增加使膜的结构形态发生不利变化，膜需要频繁地清洗或更换。

3) 膜式反应器的应用

酶膜反应器把酶促反应与膜的选择性物质传递有效地结合在一起，从而创造出有利的过程热力学和动力学，在生物、医药、化工、环境等领域得到了越来越广泛的应用。目前膜反应器的应用主要有：辅酶或辅助因子的再生、有机相酶催化、手性拆分与手性合成、反胶团中的酶催化、生物大分子的水解等。它在食品中的应用有：① 透过果胶水解来降低果汁黏度；② 通过将乳糖转化为可以消化的糖类来降低牛奶和乳清中乳糖的含量；③ 通过多酚化合物和花色素的转化来进行白酒的处理；④ 从牛奶产品中去除过氧化物等。

酶膜反应器与传统反应器相比，具有许多现实意义。随着膜式反应器应用中一些问题的解决，膜式反应器将会得到越来越广泛的应用。

以上各种类型的酶反应器都可供使用，但并不存在一种通用的理想反应器。在酶促反应中，反应器的选择是一个十分重要的问题。在选择反应器时，除应考虑固定化酶的形状及稳定性、底物与产物性质和载体性质外，还需考虑生产成本、操作方式及反应器应用的可塑性等因素。在生产中，必须根据具体情况，针对系统的特点，选择和使用合适的反应器。

5.7 固定化酶在食品工业中的应用

固定化酶与水溶性酶相比，具有以下优点：

(1) 固定化酶在较长时间内可反复使用，使酶的使用效率提高，使用成本降低。一般在反应完成后，采用过滤或离心等简单的方法就可回收、重复使用。尤其是对于一些比较贵重的酶来说，重复使用可大大降低成本。

(2) 固定化酶极易与反应体系分离，产物溶液中没有酶的残留，简化了提纯工艺，而且产品收率高、质量好。

(3) 在多数情况下，酶经固定化后稳定性得到提高。如对热、pH 等的稳定性提高，对抑制剂的敏感性降低，可较长时间地使用或储藏。

(4) 固定化酶具有一定的机械强度，可以用搅拌或装柱的方式作用于底物溶液，便于酶催化反应的连续化和自动化操作。

(5) 固定化酶的催化反应过程更易控制。例如，当使用填充式反应器时，底物不与酶接触，即可使酶反应终止。

(6) 固定化酶与游离酶相比更适于多酶体系的使用，不仅可利用多酶体系中的协同效应使酶催化反应速度大大提高，而且还可以控制反应按一定顺序进行。

固定化酶的这些优点为其在各个领域的应用开辟了新途径，尤其是对于食品工业来说，酶的固定化，不仅可反复使用，而且易于产物分离，产物不含酶，因此，省去了热处理使酶失活的步骤，这对于提高食品的质量极为有利。所以很多人把固定化酶称为“长效的酶”，“无公害催化剂”。

但是，固定化酶也有其缺点：

(1) 固定化可能造成酶的部分失活，酶活力有损失；同时也增加了固定化的成本，使工厂的初始投资增大。

(2) 固定化酶一般只适用于水溶性的小分子底物，对于大分子底物不适宜。

(3) 胞内酶进行固定化时必须经过酶的分离纯化操作。

(4) 酶催化微环境的改变可能导致其反应动力学发生变化。

目前人们正从多方面改进固定化酶的条件，降低其成本，使更多的固定化酶得到工业规模的应用。目前已商业化生产的固定化酶有葡萄糖异构酶、氨基酰化酶、天冬氨酸酶、α-半乳糖苷酶、β-半乳糖酶、葡萄糖淀粉水解酶等。

5.7.1 固定化酶在淀粉和糖工业中的应用

许多酶可被固定化用于淀粉的水解，如细菌和真菌的 α-淀粉酶、β-淀粉酶、葡糖淀粉酶、支链酶和异淀粉酶等，都可被用来使淀粉转化为更加可利用的、小分子质量的糖类。在食品工业中应用最广、规模最大的为固定化葡萄糖异构酶(glucose isomerase)生产高果糖浆。早期工业生产果葡糖浆是采用游离的葡萄糖异构酶或含有此酶的微生物菌体分批进行的。近年来，比蔗糖更便宜的果葡糖浆的需求量日渐增大，因此，世界各国都进行了旨在以大量和廉价生产果葡糖浆为目的的固定化葡萄糖异构酶的应用研究，并成功地实现了工业生产。如国外从 1969 年起，陆续采用固定化葡萄糖异构酶将葡萄糖转化为果糖，制成含葡萄糖(52%左右)、果糖(42%)的混合糖浆，其甜度可以等于或高于蔗糖，也称为果葡糖浆或异构糖浆、高果糖浆(high fructose syrup)。目前，工业使用的葡萄糖异构酶有两种形式，一种是固定化酶形式，一种是固定化细胞的形式。

据报道，工业上还利用固定化蔗糖酶由蔗糖生产转化糖，以及利用固定化 α-半乳糖苷酶水解甜菜糖废液糖蜜中的棉子糖。另外，用固定化酶生产功能性低聚糖也有报道。Jong等人用固定化酶生产低聚糖，30天后酶活性仅损失8%，产率达到1 174 g/(L·h)，所用蔗糖浓度为600 g/L，进料速率sv(superficial space velocity)2.7 h^{-1}，反应温度50℃。Chantal等人优化了酶法生产低聚果糖的工艺条件，其操作参数为：pH=5.5，温度55℃，蔗糖浓度为750 g/L，酶浓度5 U/g蔗糖，产物浓度达到588 g/L。

5.7.2 固定化酶在乳制品中的应用

牛奶中含有4.3%～4.5%的乳糖，患乳糖缺乏症的人饮用牛奶后常发生腹泻、腹胀等不良后果。利用固定化 β-半乳糖苷酶(乳糖酶)分解牛奶中的乳糖，生成葡萄糖和半乳糖，可使甜度增加，适合婴儿和病人食用。国外已用固定化黑曲霉乳糖酶处理牛奶生产脱乳糖牛奶。此外，固定化乳糖酶还可以用来分解乳糖，制造具有葡萄糖和半乳糖甜味的糖浆。乳糖在温度较低时易结晶，用固定化乳糖酶处理后，可以防止其在炼乳、冰淇淋类产品中结晶，改善口感，增加甜度。

除乳糖酶外，固定化过氧化氢酶可被用于牛奶的杀菌中。在国外，过氧化氢杀菌法被广泛用于牛乳生产或干酪的制造，这种方法在杀菌后利用过氧化氢酶将剩余的过氧化氢除去，以达到食品卫生的要求，既简便实用，效果又好。特别是酶固定化技术兴起后，以过氧化氢作为奶保鲜剂更为可行。固定化过氧化氢酶技术保鲜奶制品的方法已被世界粮农组织和世界卫生组织批准，并确认不会对健康带来任何危害。

5.7.3 固定化酶在饮料和果汁生产中的应用

1) 固定化酶在啤酒生产中的应用

在啤酒生产中，天然的淀粉酶不足以使淀粉完全水解，必须添加外源性的淀粉酶来予以补充，因此可将发酵液连续通过固定化淀粉酶反应器，从而解决其天然淀粉酶不足的问题。此外，长期放置的啤酒会由于多肽和多酚物质发生聚合反应而变得混浊。为防止出现混浊，目前主要是采取向啤酒中添加蛋白酶来水解啤酒中的蛋白质和多肽，但水解过度会影响啤酒保持泡沫的性能。Witt等人在1970年用戊二醛交联将木瓜蛋白酶固定化制成反应柱，生产所得啤酒在长期储存中可保持稳定。Finely等人报道，用几丁质固定的木瓜蛋白酶可用于啤酒的大罐冷藏或过滤后装瓶进行处理，通过调节流速(酶柱法)和反应时间(分批法)，可以精确控制蛋白质的分解程度。处理后的啤酒和固定化酶易分开，固定化酶可以多次反复使用，极为经济。经处理后的啤酒在风味上与传统的啤酒无明显差异。

2) 固定化酶在果汁生产中的应用

柑橘类加工产品出现过度苦味是柑橘加工业中较重要的问题。造成苦味的物质主要是二类：一类为柠檬苦素的二萜烯二内酯化合物(A环和B环)；另一类为果实中多种黄酮苷。脱去苦味的方法有吸附法和固定化酶法。吸附法是一次去除苦味物质，而酶法脱苦主要是利用不同的酶分别作用于柠檬苦素和柚皮苷，生成不含苦味的物质。工厂生产中常采用固定化柚皮苷酶减少柑橘类果汁中的柚皮苷含量，Tsen 等人在 1989 年使用甲壳素固定柚皮苷酶，并且研究了固定化的动力学因子。

另外，固定化酶还可用于果汁的澄清，如在苹果汁生产中，榨汁之前在碾碎的果浆中和压榨后的果汁中都要加入酶来进行澄清，如果用固定化酶来处理，将会大大节约成本并减少工序。

3）固定化酶在速溶茶生产中的应用

在速溶茶的生产过程中，没食子酸酯的脱棓酰化是一个极为重要的技术环节，尤其是生产冰茶时。茶中的咖啡因与多酚物质一起形成不溶性络合物，即所谓的“茶冰淇淋”，这实际上是由于氢键存在的缘故。通过去除棓酰基，可以使其溶解性能增加。因此，将发酵液通过固定化单宁酶反应器，使速溶茶的生产更为简单，产品速溶性更高。

5.7.4 固定化酶在油脂改性中的应用

脂肪酶可以催化酯交换、酯转移和水解等反应，所以在油脂工业中有广泛应用，1,3－特异性脂肪酶可催化酯交换反应，将棕榈油改性为代可可脂。代可可脂是生产巧克力的原料，价格甚高，而棕榈价廉，因此这一工艺受到较大重视，已开展了较多工作。Blooner 等用脂肪酶将棕榈油转化成代可可脂，Goto 等人用表面活性剂处理固定化酶，使酶活性大幅度提高，并增加固定化酶的使用次数。

5.7.5 固定化酶在食品添加剂和调味剂生产中的应用

固定化技术在食品添加剂生产中已经得到广泛的应用，并已获得显著的经济效益和社会效益。在酸味剂生产中，1974 年日本田边制药公司首先采用固定化富马酸酶生产 L－苹果酸。富马酸酶是胞内酶，当对细胞进行固定化处理时，酶的稳定性得到提高。一个 10 m^3 的固定化细胞柱每月可生产数吨 L－苹果酸。也可采用酶法以大量廉价的无水马来酸为工业原料生产酒石酸，江苏省微生物研究所成功的将固定化酶生产酒石酸推广到工业生产中，具有操作简单、速度快、产品纯度高等优点。另外，可用固定化酶和细胞生产的有机酸还有：乳酸、醋酸、柠檬酸、衣康酸、曲酸、葡萄糖酸等。

在氨基酸生产中，用有机合成法制造的氨基酸都是 DL－消旋物，但是生物体系中的氨基酸大都是 L－构型的，因此为了得到纯 L－构型的氨基酸，必须设法将 D－型与 L－型两异构体分离。过去曾用旋光活性的碱和消旋物结合而予以分离，这是既费时又费钱的方法；用游离酶只能批式生产，难以自动化；而用固定化酶可实现连续式生产工艺，并可实现自动控制。据千畑一郎等人估算，采用固定化技术后，L－氨基酸的生产成本可降低 40%。将酶固定在 DEAE-Sephadex 上生产 L－天门冬氨酸，是用固定化细胞最早在工业上大规模生产的氨基酸。此外，目前可用固定化酶和细胞生产的氨基酸还有：L－谷氨酸、L－异亮氨酸、L－瓜氨酸、L－赖氨酸、L－色氨酸、L－精氨酸等。

在甜味剂生产中，固定化酶可用于生产阿斯巴甜。阿斯巴甜是双肽甜味剂，在工业上用化学法合成。现在，已开始用酶法合成，用固定化酶进行偶合反应，得到阿斯巴甜。

在调味剂生产中，近年来在日本和美国利用酶水解蛋白制取的营养型调味剂和氨基酸复配调味品已占调味剂市场很大的比例，其销售量已超过传统调味品。1980 年我国袁中一等人将 ABSE-纤维素固定化 5-磷酸二酯酶用于 5′-核苷酸的中试生产，每天降解 2 000 L 核酸液(10 kg 纯核酸)，酶利用效率比发酵法提高了 30 倍。

另外，固定化酶还可直接作为食品抗氧化防腐剂的使用。在食品储藏中，利用葡萄糖氧化酶、过氧化氢酶加配葡萄糖与琼脂制成凝胶，封入聚乙烯膜小袋，放入食品容器中，可以去除残留氧，防止食品褐变。

5.7.6 固定化酶在食品分析与检测中的应用

固定化酶技术的发展使生物传感器应运而生。将固定化酶应用于组装生物传感器的研究并应用于食品分析与检测的发展也十分迅速。它的问世不仅使食品成分的快速、低成本、高选择性分析测定成为可能，而且生物传感器技术的持续发展将很快实现食品生产的在线质量控制，降低食品生产成本，并给人们带来安全可靠及高质量的食品。

1962 年 Clark 在氧电极的基础上提出了研制葡萄糖酶传感器的设计原理。1967 年 Updick 和 Hicks 把葡萄糖氧化酶固定在疏水膜上再和氧电极结合，组装成第一个酶电极-葡萄糖电极。此后，这类酶传感器得到了广泛应用。利用酶传感器进行食品分析，已能测定多种氨基酸和一些糖类。如：用脲酶电极法测定食品中赖氨酸含量；由固定化蔗糖转化酶、葡萄糖变旋酶及葡萄糖氧化酶的复合酶膜组成的过氧化氢双电极系统，可同时测定样品中蔗糖和葡萄糖的含量，具有操作简单、测定快速、结果准确可靠、仪器稳定性好和酶膜使用寿命长等特点，一次进样可同时测定样品中蔗糖和葡萄糖的含量，而且样品无需特别处理，适用于食品发酵液中蔗糖和葡萄糖的测定。在酿酒过程中，将乙醇酶和葡萄糖氧化酶固定成酶膜，与电极连接，制成的生物传感器可监控葡萄糖和乙醇的浓度。

酶传感器在食品卫生检测中也有着重要的用途。如采用乙酰胆碱酯酶、胆碱氧化酶和氧电极组成的生物传感器可用于海产品中沙蚕毒素的检测。Fernando 采用电导型生物传感器检查食品中有机农药的污染。

除此以外，在对食品鲜度的检验和食品滋味、气味及成熟度的测定等方面也有大量的研究报道。Kurube 用单胺氧化酶膜和氧电极组成的酶传感器测定了猪肉新鲜度，反应时间为 4 min，单胺测定线性范围为 $5\times10^{-5}\sim2\times10^{-5}$ mol/L。日本农林水产省研制出一种滋味传感器，可品尝肉汤风味，用于肉汤生产过程的质量控制。

酶生物传感器在食品分析、食品检测和食品生产的在线检测等方面已显示了良好的应用前景。在不久的将来，它将和其他的生物传感器一起逐步取代一些传统的、落后的分析仪器与检测方法，成为广泛普及的常规分析仪器，在食品工业中发挥更大的作用。

思考与练习

1. 什么是固定化酶？什么是固定化活细胞？酶与细胞固定化后的优点有哪些？
2. 酶的固定化方法有哪些？各有什么优缺点？
3. 酶经固定化后，其性质和游离酶相比有何不同？
4. 影响固定化酶性能的因素有哪些？
5. 固定化细胞最常用的方法是什么？
6. 酶反应器有哪些类型？各有什么特点？

6 酶分子修饰

酶分子是具有完整化学结构和空间结构的生物大分子。酶分子的结构决定了酶的性质和功能，当酶分子的结构发生改变时，将会引起酶的性质和功能的改变。通过各种方法使酶分子的结构发生某些改变，从而改变酶的某些特性和功能的技术过程称为酶分子修饰。对酶分子的修饰方法分为化学法、生物法和物理法。化学法又可分为金属离子置换法、大分子修饰法、肽链有限水解法、蛋白侧链基团的小分子修饰法等。生物法是通过基因工程的手段改变蛋白质，即基于核酸水平对蛋白质进行改造，利用基因操作技术对 DNA 或 mRNA 进行改造和修饰，以期获得化学结构更为合理的蛋白质。物理法的特点是不改变酶的组成和基团，酶分子的共价键不发生变化。本章将对几种修饰方法、应用及进展做一简要介绍。

6.1 采用蛋白质工程技术修饰酶

对于蛋白类酶(P 酶)来说，其化学本质是蛋白质。蛋白质工程是指从改变蛋白质的基因入手，定向改造或制造出具有人们所期望特征的新型蛋白质的技术。蛋白质工程是近年来在蛋白质化学、分子遗传学、蛋白质晶体学、蛋白质动力学及计算机技术等研究基础上产生和发展起来的新兴研究领域。蛋白质工程的一般程序是，首先要对欲改造蛋白质进行一级结构、空间结构及结构与功能的研究，找出其表现特征的关键部位，借助于计算机对它进行如何改造的分子设计，如删去或改造其中某个或某几个氨基酸，然后从它的基因入手，对基因进行相应的定位改造，改造后的基因经表达后，还须分析和测试其产物性质，以指导进一步的分子设计，进行再改造，直到获得所期望的蛋白质分子。蛋白质工程也可完全通过基因合成制造出全新的蛋白质。利用蛋白质工程，可以更好地、有目的地进行蛋白质结构和功能的研究，更有应用价值的是利用蛋白质工程可以制造出人们所需要的蛋白质。如工业上所需的人造酶，可催化天然酶所不能催化的化学反应；研制一些比天然药物更有效的蛋白质制剂；农业上生产出有利于固氮、有利于光合作用的酶，或用全新的方法制造人工蛋白，如人造骨等等。蛋白质工程被誉为第二代遗传工程，有着广泛的用途和前景。

6.1.1 蛋白质工程常用策略

1) 合理设计

合理设计是蛋白质工程最早使用的技术，而且现在也在广泛地使用。要达到此目的需做好三个方面的工作。第一，要用结晶学技术来获得蛋白质结晶体，然后利用 X 射线技术对晶体进行测量、分析，确定蛋白质的三维结构。第二，借助计算机对蛋白质进行选择修饰，从氨基酸的化学结构预见空间结构，或通过人工智能等其他方法来确定蛋白质和功能的关系，找到要修饰的位点。第三，通过对基因序列的了解，运用定点突变技术来进行碱基替换，通过此法来改变蛋白质的功能，但要想获得理想的蛋白质工程产物往往要经过多次分析、替换才能达到目的。

2）定向进化

酶的体外定向进化(in vitro directed evolution)是在人工模拟自然进化过程的条件下，通过易错 PCR(error-prone PCR)、DNA 改组(DNA shuffling)、交错延伸技术、随机引物引导重组和递增截短技术等方法对编码酶的基因进行突变和体外重组，经高通量筛选获得性能更优良或全新的酶。定向进化是蛋白质工程的新策略，它是在不需要事先了解蛋白质的空间结构的情况下，通过模拟自然进化机制，以改进的诱变技术结合确定进化方向的选择方法，因此称为非理性化设计。它能解决合理设计所不能解决的问题，在工业生产中的应用越来越受到重视。定向进化是在待进化蛋白质基因的 PCR 扩增反应中，利用 Taq DNA 多聚酶不具有 3′→5′校对功能的性质，配合适当条件，以很低的比率向目的基因中引入突变，构建突变库，凭借定向选择方法，选出所需性质的蛋白质。定向进化实际就是随机突变加上定向选择，它与自然进化不同，整个过程都是在人为控制下进行的，并且还可以模拟真核细胞中 DNA 随机拼接这一蛋白质进化过程来加速蛋白质的优化。

酶定向进化通常分三步进行：① 通过随机突变和(或)基因体外重组创造基因多样性；② 导入适当载体后构建突变文库；③ 通过灵敏的筛选方法，选择阳性突变子。这个过程可重复循环，直至得到预期性状的酶。其中易错 PCR 技术、化学诱变剂介导的突变、致突变株产生随机突变和随机寡核苷酸突变等称为基因随机突变；而 DNA 改组等称为基因重组技术。

6.1.2 蛋白质工程在食品工业用酶中的应用

1）脂肪酶

脂肪酶能催化酯的水解和合成，广泛用于洗涤剂的生产、油脂工业、有机合成、皮革及造纸工业。Beer 等人根据酶的 X 射线结构建立一模型，并通过定点突变搞清楚了 Rhizopus oryzea 脂肪酶的催化机制。Okkels 等人通过定点突变使 Candida Antarctica A 脂肪酶的比活力提高了 4 倍。Yamaguchi 等人将 Cys 二硫键引入 Humicola lanuginsa 脂肪酶中，突变体的热稳定性提高了 12℃，酶的最适温度提高了 10℃。Patka 等人发现 Candida Antarctica B 脂肪酶的 M72L 突变体抗过氧辛酸氧化作用能力比野生型强。Kampen 等人研究了 Staphylococcus hyicus 脂肪酶的突变体对底物专一性的影响，发现把 356 位的 Ser 用 Val 来替换，其磷脂酶活性降低了 12 倍。Egmond 等人研究了 Fusarium solani pisi 角质酶对阴离子的亲和性。发现通过 N172K 突变，酶表面带有更多的正电荷，同野生型角质酶相比，突变体稳定性更差。在 17 和 196 位引入负电荷残基，则酶对阴离子表面活性剂十二烷基磺酸锂的稳定性提高。Pseudomonas glumae 脂肪酶的 154 和 150 位的氨基酸残基用 Pro 替代，在 P1 位引入 Arg 残基，酶的抗蛋白稳定性得到了提高。

2）蛋白酶

蛋白酶在酶制剂市场中占的份额较大，主要用于洗涤剂、制革和纺织。人们对枯草芽孢杆菌蛋白酶的蛋白质工程研究较多，对其结构和功能的关系也认识较深。一般蛋白质工程中出现的新方法，人们首先想到的就是用枯草杆菌作为实验菌株。我国王凡强等人详尽概述了蛋白质工程对枯草杆菌蛋白酶各个方面进行改性的进展情况。Brode 等人对枯草杆菌蛋白酶 BNP 的表面特征进行研究，发现在活性区域有较多负电荷的突变体的吸附力更弱，在洗涤中能更好地发挥作用。

3）淀粉酶

淀粉酶的使用范围极广，种类繁多，根据不同的需要可以选择不同种类的酶。α-淀粉酶主要用来生产麦芽糖糊精，葡萄糖淀粉酶催化糊精可得到葡萄糖，用 β-淀粉酶可以得到麦芽糖，用葡萄糖异构酶可以将葡萄糖转化为果糖。而一般的淀粉酶催化都是在高温条件下进行的。应用蛋白质工程可提高酶的热稳定性。有人得到 B. Licheniformmis α-淀粉酶的双突变体 A209V/H133T，酶在 90℃的半衰期延长了 9 倍。Mitchinson 等人用定点突变和高通量筛选的方法得到了一个突变体，其最适 pH 提高了 0.5～1.0。Gloria 等人用 Phe 或 Tyr 来替换 B. Stearothermophilus α-淀粉酶 289 位的 Ala，使它具有了催化醇化反应的能力。Sierks 等人报道了通过改变葡萄糖淀粉酶活性位点的三个氨基酸残基，它作用于 1,4-糖苷键，相对于 1,6-糖苷键的 K_{cat}、K_m 比值提高了 300 倍。

4）纤维素酶

纤维素酶现在已广泛地应用于医药、纺织、日用化工、造纸、食品发酵、工业洗涤、烟草、石油开采、废水处理及饲料等各个领域，其应用前景十分广阔。大多数工业用的纤维素酶都是葡萄糖苷内切酶，含有一个催化区和一个纤维素连接区。没有纤维素连接区则酶对于纤维素的活性很低。有人对纤维素酶和蛋白酶进行了对照研究，发现纤维素酶的活性与吸附的强弱关系更大。Koivula 等人对 Trichoderma reesei 的纤维二糖水解酶催化区域 169 位的氨基酸残基 Try 进行了研究，发现它能协助葡萄糖环转换成更容易反应的构型。Hakamada 等人用定点突变的方法将细菌碱性纤维素酶的 Glu-137、Asn-179 和 Asp-194 突变为 Lys，其热稳定性得到了提高。Zhang 等人专门研究了 T. fusca 纤维素酶 Cel16A 表面残基对底物专一性的影响，发觉突变体 R237A 对羧甲基纤维素的活力提高了。后来他又研究了靠近活性位点残基对催化活性、底物专一性、配基连接亲和性的影响，4 个残基（His-159、Arg-237、Lys-259、Glu-263）的 7 个突变体对羧甲基纤维素的活性都有所提高，其中 K259H 突变体的活性提高最为显著。

5）木聚糖酶

木聚糖酶可用于食品行业的焙烤、果汁处理、淀粉加工和动物饲料等，在制纸浆和造纸工业中主要用来减少漂白过程中化学药品的用量，从而减少对环境的污染。Kanekoa 等人研究 Streptomyces olivaceoviridis α-木聚糖酶 F/10，除去 D133 位或 S135 位残基，酶的动力学性质不变。同时除去这两个残基时，K_m 从 2.0 降到 0.6，K_{cat}值从 20 降到 8.7。如果在双去除体中插入 Q140，K_m 进一步降到 0.3，K_{cat}降到 3.8。Atsushi 等人用 His 来替换此酶 128 位的 Glu 残基，发现与野生型相比，其突变体对 PNP-X2 的亲和力提高了 103 倍。

6）葡萄糖异构酶(GI)

葡萄糖异构酶(GI)在工业上应用广泛，为提高其热稳定性，朱国萍等人在确定第 138 位甘氨酸(Gly-138)为目标氨基酸后，用双引物法对 GI 基因进行体外定点诱变，以脯氨酸(Pro-138)替代 Gly-138，含突变体的重组质粒在大肠杆菌中表达，结果突变型 GI 比野生型的热半衰期长一倍，最适反应温度提高了 10～12℃，酶比活相同。据分析，Pro 替代 Gly-138 后，可能由于引入了一个吡咯环，该侧链刚好能够填充 Gly-138 附近的空洞，使蛋白质空间结构更具刚性，从而提高了酶的热稳定性。

显然，蛋白质工程在提高工业用酶的基本特性以及赋予其新用途方面起着重要的作用。酶的合理设计需要了解酶的结构及功能的关系，使其应用受到了一定的限制。而酶的定向进化属于非合理设计，它不需要事先了解酶的空间结构和催化机制，因而大大拓宽了蛋白质工程的研究和应用范围，特别是它能解决合理设计不能解决的问题，使我们能较快、较多的了解蛋白质结构和功能之间的关系，为指导酶在工业中的应用奠定理论基础，为寻找新的方法提供理论依据。目前定向进化的主要问题在于是否有高通量的筛选方法。筛选方法的发展是酶技术发展的基础，要想获得具有期望特性的酶就必须重视筛选方法的建立。

蛋白质工程改造工业用酶中，较为常见的做法是改变酶的热稳定性。早期的研究主要是了解影响酶热稳定性的结构特征，其突变较易成功、识别和证实。而对于改变酶活则较难，一是影响其活性的因素很多，二是人们对影响酶的参数，尤其是对大分子底物来说，了解还不多，在突变中往往容易使酶失活或酶活力下降。现在蛋白质工程对酶的改造涉及的特性越来越多，对稳定性的研究也从单一的热稳定性扩展到抗氧化稳定性、抗蛋白酶稳定性和在有机溶剂中的稳定性等各方面；对专一性的研究也从改变底物专一性扩展到改变立体专一性和位置专一性等方面。另外，各种能够在极端环境（如高温、高压、高盐、高酸、高碱）应用的酶的出现为蛋白质工程改造工业用酶提供了新的来源。但是，提高工业用酶的各方面特性对我们来说还是一个严峻的挑战，进一步研究酶的结构，了解酶的结构和功能的关系以及催化机制是以后研究的重点。

6.2 酶法有限水解

蛋白类酶（P 酶）的组成单位是氨基酸。氨基酸通过肽键连接成肽链，再通过盘绕折叠形成完整的空间结构。肽链是蛋白类酶（P 酶）的主链。主链是酶分子结构的基础，蛋白类酶活性中心的肽段对酶的催化作用是必不可少的，活性中心以外的肽段起到维持酶的空间构象的作用。肽链一旦改变，酶的结构和特性将随之有某些改变。

酶蛋白的肽链被水解以后，可能出现下列三种情况中的一种：

(1) 若肽链的水解引起酶活性中心破坏，酶将丧失其催化功能，这种修饰主要用于探测酶活性中心的位置。

(2) 若肽链的一部分被水解后，仍然可以维持酶活性中心的空间构象，则酶的催化功能仍可以保持不变或损失不多，但是其抗原性等特性将发生改变，这将提高某些酶特别是药用酶的使用价值。酶蛋白的抗原性与其分子大小有关，大分子的外源蛋白往往有较强的抗原性，而小分子的蛋白质或肽段的抗原性较低或无抗原性。

(3) 若肽链的一部分水解除去以后，有利于酶活性中心与底物的结合并且形成准确的催化部位，则酶可显示出其催化功能或使酶活性提高。

在后两种情况下，肽链的水解在限定的肽键上进行，称为肽链有限水解。利用肽链的有限水解，使其分子质量减少，既可以在基本保持酶活力的同时使酶的抗原性降低或消失，又可以使酶的空间结构发生某些精细的改变，从而改变酶的特性和功能，这种方法称为肽链有限水解修饰。

6.2.1 有限水解修饰方法

酶蛋白的肽链有限水解修饰通常使用某些专一性较高的蛋白酶或肽酶作为修饰剂。有时也可以采用其他方法使酶的主链部分水解，而达到修饰目的。例如，枯草杆菌中性蛋白酶，在经过 EDTA 处理后，再通过纯水或稀盐缓冲液透析，可以使该酶部分水解，得到仍然具有蛋白酶活性的小分子肽段。用作消炎剂使用时，不产生抗原性，表现出良好的治疗效果。

6.2.2 酶法有限水解的应用

1）酶原的激活

酶原是指无活性的酶的前体。酶原激活后转化为酶，即具有催化活性。酶原的激活实际上是酶的活性中心形成或暴露的过程，通常通过具有高度专一性的蛋白酶对其进行肽链有限水解修饰，除去一部分肽段或若干个氨基酸残基，就可以使其空间结构发生某些精细的改变，有利于活性中心与底物结合并形成正确的催化部位，从而显示出酶的催化活性或提高酶活力。酶原的激活有重要的生理意义：保证酶在其特定的部位与环境发挥其催化作用。此外，酶原还可视为酶的贮存方式，但需要使酶原转化为有活性的酶，发挥对机体的保护作用。

例如，胰蛋白酶原没有催化活性，当受到胰蛋白酶或肠激酶的修饰作用，从 N 端去一个 6 肽（Val－Asp－Asp－Asp－Asp－Lys）后，就显示胰蛋白酶的催化功能。

2）酶活性的提高

有些酶的活性较低，通过酶分子主链修饰可以显著提高酶的催化活性。例如，天冬氨酸酶通过胰蛋白酶修饰，从其羧基端切除 10 个氨基酸残基的肽段，可以使天冬氨酸酶的活力提高 4～5 倍。活化酶仍是四聚体，亚单位相对分子质量变化不大，说明天然酶并不总是处于最佳构象状态。

3）降低酶的抗原性

药用酶大多数来自各种动物、植物或微生物，当其进入体内后，对于机体来说，酶是一种外源物质，在它的刺激下，体内会运用某些特定的机制对其进行排斥。除了酶分子的结构特点以外，酶还是生物大分子，所以有些酶蛋白具有抗原性。例如，木瓜蛋白酶用亮氨酸氨肽酶进行有限水解，除去其肽链的 2/3，该酶的活力基本保持，其抗原性却大大降低；又如，酵母的烯醇化酶（enolase）经肽链有限水解，除去由 150 个氨基酸残基组成的肽段后，酶活力仍然可以保持，抗原性却显著降低。

6.3 氨基酸置换修饰

酶蛋白的基本组成单位是氨基酸。在特定位置上的各种氨基酸是酶的化学结构和空间结构的基础。肽链上某个氨基酸的改变将会引起酶的化学结构和空间构象的改变，从而改变酶的某些特性和功能。将酶分子肽链上的某一个氨基酸换成另一个氨基酸的修饰方法，称为氨基酸置换修饰。

6.3.1 氨基酸置换修饰的方法

1) 化学修饰法

氨基酸置换修饰可以采用化学方法。例如，Bender 和 Kosland 成功地利用化学修饰法将枯草杆菌蛋白酶活性中心的丝氨酸转换为半胱氨酸，修饰后，该酶失去对蛋白质和多肽的水解能力，却出现了催化硝基苯酯等底物水解的活性。但是化学修饰法难度大、成本高、专一性差，而且要对酶分子逐个进行修饰，操作复杂，难以工业化生产。

2) 定点突变技术

现在常用的氨基酸置换修饰的方法是定点突变技术。定点突变技术用于酶分子修饰的主要过程如下：

(1) 新的酶分子结构的设计

根据已知的酶 RNA 或酶蛋白的化学结构和空间结构及其特性，特别是根据酶在催化活性、稳定性、抗原性和底物专一性等方面存在的问题，设计出欲获得的新的酶 RNA 的核苷酸排列次序或酶蛋白的氨基酸排列次序，确定欲置换的核苷酸或氨基酸及其位置。

(2) 突变基因碱基序列的确定

对于核酸类酶，根据欲获得的酶 RNA 的核苷酸排列次序，依照互补原则，确定其对应的突变基因上的碱基序列，确定需要置换的碱基及其位置。

对于蛋白类酶，首先根据欲获得的酶蛋白的氨基酸排列次序，对照遗传密码，确定其对应的 mRNA 上的核苷酸序列，由于一种氨基酸所对应的密码子不止一个，不同的物种对同义密码子的使用有很大差别，所以在确定所使用的密码子时，要充分考虑到物种间的差异；再依据碱基互补原则，确定此 mRNA 所对应的突变基因上的碱基序列，并确定需要置换的碱基及其位置。

(3) 突变基因的获得

根据欲获得的突变基因的碱基序列及其需要置换的碱基位置，首先用 DNA 合成仪合成有 1～2 个碱基被置换了的寡核苷酸，再用此寡核苷酸为引物通过聚合酶链反应(PCR)或 M13 质粒等定位突变技术获得所需的大量突变基因，这称为寡核苷酸诱导的定位突变。现在普遍采用聚合酶链反应(PCR)技术以获得所需的基因。利用定位突变技术进行酶分子修饰，突变基因中所需置换的碱基数目一般只有 1～2 个，就能达到修饰目的。

例如：酪氨酰- tRNA 合成酶的修饰是将 51 位的苏氨酸由脯氨酸置换，苏氨酸的密码子是 ACU，ACC，ACA，ACG，而脯氨酸的密码子为 CCU，CCC，CCA，CCG，虽然苏氨酸和脯氨酸各有 4 个密码子，但是在 mRNA 上只需将密码子上的第一个碱基 A 换成 C，在对应的基因上只需将 T 换成 G 即可达到置换目的。

(4) 新酶的获得

将上述定位突变获得的突变基因进行体外重组，插入到适宜的基因载体中，然后通过转化、转导、介导、基因枪、显微注射等技术，转入到适宜的宿主细胞，再在适宜的条件下进行表达，就可获得经过修饰的新酶。定点突变技术只能对天然酶蛋白中少数的氨基酸残基进行替换、删除或插入，不改变酶蛋白的高级结构，因而对酶功能的改造有限。本法仅适用于三维结构清楚、结构和功能的相互关系也较清楚的酶。当对酶结构不甚了解时，定点突变就无能为力了。近年来发展起来的定向进化技术可在一定程度上弥补上述不足，应用范围更广。

目前采用体外分子定向进化技术来改造酶蛋白的研究日益增多，已取得了一些令人瞩目的成就。

酶定点突变的成果实例见表 6-1。

表 6-1 酶定点突变的成果实例

酶	氨基酸改变	目 的	结 果
枯草杆菌蛋白酶	Met-222→Ser→Leu	提高酶的抗氧化能力，用来制备具漂白作用的加酶洗涤剂	突变体能保留原酶活力的 50%，但在 1 mol/L H_2O_2的条件下，酶活能维持 1 h
	Asp-99→Lys Glu-156→Lys	提高该酶在 pH 7 时的酶活力	导致该酶活性中心的组氨酸上的质子易丢失，pK_a 由 7 降为 6，使在 pH 7 时酶活力提高了 1 倍
β-内酰胺酶	Ser-70→Cys Ser-70→Thr	证明 Ser 对酶活力的重要性	Ser-70 突变使酶失活
酪氨酸-RNA 合成酶	Thr-51→Pro	提高酶活力	修饰后的酶对 ATP 的亲和性提高近 100 倍，酶活力提高 25 倍
T_4-溶菌酶	Ile-3→Cys	提高热稳定性	修饰后的 T_4-溶菌酶，其活力保持不变，但该酶对热的稳定性却大大提高
葡萄糖异构酶	Gly-138→Pro	提高热稳定性	在酶比活相近的情况下，突变型葡萄糖异构酶的热半衰期延长了 1 倍，最适反应温度提高了 10～12℃

6.3.2 氨基酸置换修饰的作用

蛋白类酶分子经过氨基酸置换修饰后，可以提高酶活力、增加酶的稳定性或改变酶的催化专一性。目前已利用定点突变技术对天然酶蛋白的催化活性、抗氧化性、底物特异性、热稳定性及拓宽酶反应的底物范围、改进酶的别构效应(allosteric effect)等进行了成功的改造。

6.4 亲和标记修饰

亲和标记是一种特殊的化学修饰方法。它是利用酶和底物的亲和性，使用与酶底物类似的修饰剂，对酶活性部位上的氨基酸残基进行共价标记。这类专一性化学修饰也称为亲和标记或专一性的不可逆抑制修饰。修饰剂不仅具有对被作用基团的专一性，而且具有对被作用部位的专一性，即试剂作用于被作用部位的某一基团，而不与被作用部位以外的同类基团发生作用。

6.4.1 亲和标记

设计亲和标记反应时，要满足两个条件：① 亲和试剂应当对活性部位专一性地结合；

② 亲和试剂必须含有能与某些氨基酸残基起反应的化学基团。在适宜的条件下，反应只能在活性部位上及其附近的氨基酸残基上进行。蛋白质的正常的配位体、底物和抑制剂的结构，可作为设计亲和试剂（特异部位试剂）的参考。亲和试剂有时也叫导向活性部位的试剂。

亲和试剂作为底物类似物应符合如下条件：① 反应速度对试剂浓度的依赖关系应当表明结合部位是饱和的；② 对正常的配位体来说，参加反应的试剂的量应与结合部位的数目成化学计量关系；③ 正常配位体的存在应减弱与底物类似物的反应速度。亲和试剂体积不能太大，否则会产生空间障碍；修饰产物应当稳定，便于表征和定量。

对于一个特定的酶，设计亲和标记是一个有机化学中的问题。查阅文献就可以知道，大多数成功的亲和标记都是用 α-卤代乙酰化合物、α-卤代酮进行的。这类化合物有一个有利条件，即它们能与蛋白质分子进行亲核侧链反应。例如，α-卤代酸、卤代酰胺和带有卤代乙酰基的底物类似物可与各种酶活性部位中的 ε-氨基、羧基、咪唑基、巯基、苯酚的和脂肪族的羟基反应。标记的特异性因试剂与蛋白质形成的复合物大大增加了结合部位上试剂的浓度，因此当溶液中试剂的浓度低时，也能看到在结合部位上的特异反应。选择性取代的速度将决定于试剂与结合部位互补的程度，决定于试剂对结合部位上的亲核物的倾向性。因此底物类似物往往会使反应速度大大加强。例如，α-N-甲苯磺酰-L-赖氨酸氯甲基酮（TLCK）与 clostripain 活性部位上的巯基的反应速度，在同样条件下，比它与半胱氨酸的巯基的反应速度快 10^8 倍。

应当指出的是，亲和标记并不总是针对产生单一部位的修饰。溴代丙酮酸盐能酯化一种醛缩酶活性部位上的羧基，也能烷化它的巯基，所形成的酯和硫醇盐的比例取决于盐浓度。在 1 mol/L NaCl 溶液中，有利于硫醇盐生成，这是由于此酶有两个不同的构象，这两个构象随盐浓度而成比例地改变。由于溴代丙酮酸盐对这两种构象中活性部位上亲核物的倾向性不同，因此产生不同的共价产物。

亲和试剂可以专一性地标记于酶的活性部位上，使酶不可逆失活，因此也称为专一性的不可逆抑制。这种抑制又分为 K_s 型不可逆抑制和 K_{cat} 型不可逆抑制。K_s 型抑制剂是根据底物的结构设计的，它具有和底物结构相似的结合基团，同时还具有能和活性部位氨基酸残基的侧链基团反应的活性基团，因此也可以和酶的活性部位发生特异性结合，并且能够对活性部位侧链基团进行修饰，导致酶不可逆失活。

K_{cat} 型抑制剂专一性很高，因为这类抑制剂是根据酶催化过程设计的，它具有酶的底物性质，还有一个潜在的反应基团在酶催化下活化后，不可逆地抑制酶的活性部位，所以 K_{cat} 型抑制剂也称为“自杀性抑制剂”。自杀性抑制剂可以用来作为治疗某些疾病的有效药物。

6.4.2 光亲和标记

光化学标记是亲和标记的一个很重要的变体，因此有时也叫光亲和标记（photoaffinity-labeling）。光亲和标记试剂的反应可以用光照来引发，因此它们的反应性可以被很好地控制，因其参与反应的成分为自由基，可以与它们附近几乎所有的基团反应，这些标记试剂也可与非极性的侧链基团相结合。此法是 Westheimer 及其同事于 1962 年提出的。光亲和标记是将重氮基引入到试剂中，这个试剂能共价或非共价地结合在酶的活性部位上，因此重氮基也就被带到紧靠活性部位的残基上。重氮基在温和的 pH、温度条件下，经光照射（$\lambda>315$ nm）变成有反应性的卡宾（carbene），卡宾再与周围的基团反应，甚至能插入到

C—H键。这样就有可能标记脂肪族残基。卡宾的能量很高，反应迅速，而且在它插入到附近的氨基酸残基或溶剂以前，蛋白质的构象不大可能发生改变。此法在研究胰凝乳蛋白酶和胰酶的活性部位时，得到了有用的结果。α-胰凝乳蛋白酶与^{14}C标记的对硝基苯重氮乙酸盐反应，得到钝化的单重氮乙酰胰凝乳蛋白酶。由产物光分解产生的卡宾主要(约55%)进入水中，形成乙醇酸，同时再生出相应量的活性酶。

但是，有20%～25%的放射性进入到蛋白质中，形成的产物包括：羧甲基丝氨酸、1-羧甲基组氨酸和羧甲基酪氨酸。前两个产物是胰凝乳蛋白酶活性部位上的丝氨酸、组氨酸残基的衍生物。Hexter令人信服地证明了，通过分子间反应，在胰凝乳蛋白酶体内形成羧甲基酪氨酸，因此光化学标记能提供有关多聚体蛋白质中分子内和分子间相互关系方面的信息。

重氮酰基衍生物有一些缺点。脂肪族重氮化合物需要有临近羧基或其他电子基团来稳定它。光分解这样的化合物导致wolff重排，形成乙烯酮，光分解产生的卡宾大部分转变成这个产物。当附近没有好的亲核剂时，乙烯酮迅速与水反应。脂肪族重氮化合物在水溶液中的稳定性也有限。

Fleet等引入带芳香基的叠氮化合物作为光化学标记试剂。这些化合物在黑暗中是稳定的，但用$\lambda>400$ nm光照射后，产生有高度反应性的氮烯(nitrene)。在芳香氮烯中，分子内重排无关紧要。像卡宾一样，氮烯也能插入到C—H键中。用芳香酮作为光亲和标记试剂看来有很多优点。用$\lambda>320$ nm的光照射，很容易产生三重态的芳香酮，这种酮不溶于水，不能发生重排或分子内反应。

近年来，随着放射性同位素探针对环境污染的影响，不少生物试剂公司着力开发光化学标记试剂，光化学标记放射性标记膜上的特殊大分子和其他细胞器方面的应用日趋重要。

6.5 大分子结合修饰

对酶蛋白侧链基团的修饰反应不仅可以使用小分子物质，也可使用大分子物质。其中利用水溶性大分子与酶分子的侧链基团共价结合，使酶分子的空间结构发生某些精细的改变，从而改变酶的特性与功能。这种方法称为大分子结合修饰法，简称为大分子结合法。

大分子结合修饰是目前应用最广的酶分子修饰方法，通常使用的水溶性大分子修饰剂主要有：相对分子质量为1 000～10 000的聚乙二醇(PEG)；多糖类，如右旋糖苷(dextran)、聚蔗糖(ficoll)、淀粉、壳聚糖(chitosan)、β-环糊精，琼脂糖等；同源蛋白质及人工合成的多肽类，如牛血清白蛋白、免疫球蛋白、聚丙氨酸、聚赖氨酸等；长链脂肪酸类以及聚烯属烃基氧化物等，如硬脂酸、月桂酸、棕榈酸等。其中聚乙二醇和壳聚糖等具有显著降低酶分子抗原性的能力，所以它们被更广泛的应用于临床的药物酶的修饰。

修饰剂的种类虽然很多，但在选择修饰剂的时候需要考虑的以下几个方面：修饰剂的分子量，修饰剂的链长度对蛋白质的吸附性；修饰剂上反应基团的数目及位置修饰剂上反应基团的活化方法及条件。

一般条件下，要求修饰剂具有较大的分子量、良好的生物相溶性及水溶性，修饰分子表面有较多的反应活性基团及修饰后的酶活的半衰期较长。

由于酶的结构各不相同，所以不同的酶所结合的修饰剂的种类和数量也有所差别，修饰后酶的特性和功能的改变情况也不一样,必须通过试验确定最佳的修饰剂的种类和浓度。操作时需根据所要求的分子比例控制好酶和修饰剂的浓度、温度、pH 和反应时间等修饰条件,以便获得理想的修饰效果。

在 20 种构成蛋白质的常见氨基酸中,只有具有极性的氨基酸残基的侧链基团才可以进行化学修饰,这些基团的反应性取决于它们的亲核性。很多因素都可以影响亲核性的大小,这些因素对酶分子的化学修饰反应会造成较大的影响。

6.5.1 酶分子的 PEG 修饰原理

通常使用水溶性大分子修饰剂。其中应用最广泛的是聚乙二醇(PEG),聚乙二醇是一种线性、亲水、灵活且不带电的分子,当它与蛋白质的非必需基团共价结合时,可作为一种屏障,挡住蛋白质的抗原决定簇,使该蛋白作为异源物质不会被识别,避免相应抗体的产生,或者阻止抗体与抗原的结合从而抑制相应的免疫反应。这便是 PEG 降低蛋白质免疫原性的基本原理。另一方面,酶蛋白的底物往往是一些小分子,它们可以穿过 PEG 分子所形成的屏障与蛋白质的活性部位接触,使酶促反应得以进行,所以 PEG 化不会显著影响酶的活性。现普遍采用的是单甲氧基聚乙二醇(简称 MPEG) $CH_3O—(CH_2CH_2O)_nH$,其中 n 一般从 10～400 不等。在蛋白质 PEG 化过程中,PEG 末端羟基是其化学反应的功能基团,但它反应活性低,只能在较剧烈的条件下才能与其他基团发生反应,而这样的条件往往会使蛋白质(酶)变性。因此,必须将 PEG 改造成各种活性中间体,以便在温和的条件下,以较高的反应速率与蛋白质偶联。活化的 PEG 修饰剂可以和蛋白质分子侧链上的各种化学基团发生反应。蛋白质分子中用于与 PEG 进行偶联最常见的基团有氨基、巯基和羧基。但由于蛋白质分子中一般 Lys 含量较多,且多位于分子表面,便于进行化学修饰,故目前应用最广泛的是对 Lys 残基的化学修饰。由于氨基(多为 Lys 的—NH_2)往往位于蛋白质分子表面,加之较高的亲核反应活性,使其成为目前蛋白质 PEG 化中最常用的被修饰基团。

经 PEG 修饰后的酶一般具有以下优点:① 提高酶的稳定性;② 降低或消除酶的免疫原性;③ 延长其在体内的半衰期;④ 增加酶在水中的溶解度等。因此,这是一种较有前途的修饰方法。

6.5.2 修饰剂的活化

作为修饰剂用的水溶性大分子含有的基团往往不能直接与酶分子的基团进行反应而结合在一起。在使用之前一般需要经过活化,活化基团才能在一定条件下与酶分子的某侧链基团进行反应。PEG 分子末端有两个能被活化的羟基,化学修饰时多采用单甲氧基聚乙二醇(MPEG)。右旋糖苷的活化是用氧化开环法,用 $NaIO_4$ 氧化糖环使其打开,形成醛基,再和蛋白质氨基酸残基上的自由氨基反应而偶联。肝素可以被氧化剂亚硝酸钠氧化形成带醛基的肝素片断,和蛋白质的自由氨基发生半缩醛反应而偶联,这些肝素片断的相对分子质量在 10 000～20 000 之间。

酶分子表面的游离氨基(主要为 Lys 的—NH_2)具有较高的亲核反应活性,使之成为蛋白质化学修饰中最常用的被修饰基团。具有羟基的修饰剂,由于羟基反应活性低,为了能在温和条件下以较高速率与蛋白质相偶联,事先需对 PEG 进行活化,形成活化的 PEG。活化的方法很多,主要有:① 氰尿酰氯(cyanuric chloride),亦称三聚氯氰;② 1,1′-羰基二咪唑

(1,1′carbonyl diimidaziole)；③ 对硝基苯碳酸酯（*p*-nitrophenylcarbonate）；④ *N*-羟基琥珀酰亚胺(*N*-hydroxysuccinlimide)活化脂法等。尤其是 *N*-羟基琥珀酰亚胺活化脂法由于修饰后的生物活性保留较好，因此被评价为 PEG 活化中最有价值的方法之一，但其操作比较复杂，且不易控制。

三聚氯氰活化的特点是试剂易得、活化简单、反应时间短、方便经济，这种活化中间物有两种形式，一种是一分子三聚氯氰与一分子 PEG 偶联，称为 PEG_1；另一种是一分子三聚氯氰与两分子 PEG 偶联，称为 PEG_2。从理论上讲往往用 PEG_2 修饰蛋白质的效果会更好，可以在较低的修饰程度下获得解除免疫原性产物。

Davis 等人采用氰脲酰氯法活化 PEG 对牛肝过氧化氢酶进行化学修饰以探索其对免疫原性及循环半衰期的影响拉开了酶 PEG 化的序幕。PEG 的二氯三嗪化衍生物可以和多种亲核官能团结合，如 Lys、Ser、Tyr、Cys 及 His，但仅仅会生成以亚胺键相连接的一取代物，另一个氯原子的反应活性不足以使其结合另一亲核氨基酸残基，反而会与另一个有多余亲核残基的蛋白质（酶）分子结合进而引起蛋白的交联。

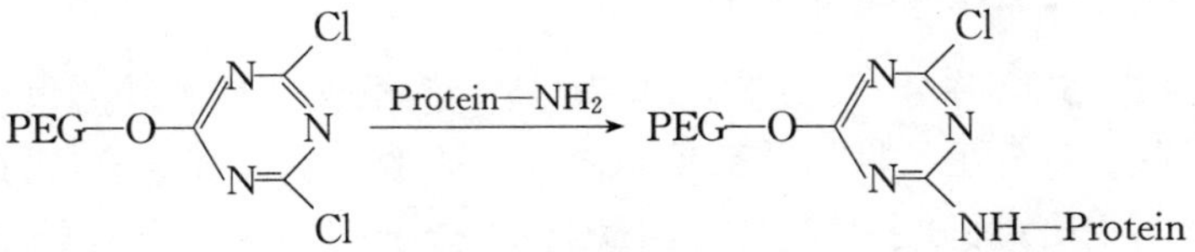

图 6-1　氰脲酰氯法活化 PEG

为解决这个问题，Inada 等人合成了 2,4-二甲氧基聚乙二醇-6-氯-三嗪（$MPEG_2$ 一三嗪）（见图 6-2）：

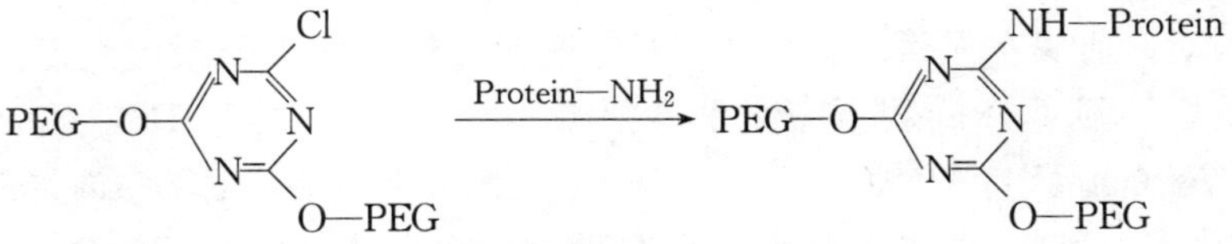

图 6-2　双链 PEG 修饰剂修饰蛋白质示意图

该分子中剩余的氯原子能更好地选择性修饰蛋白质（酶）中的 Lys 和 Cys 残基，而不会有副反应发生。

6.5.3　聚乙二醇(PEG)的修饰反应

将活化 PEG 与酶分子中可修饰氨基数目以一定摩尔比混合，在合适的温度、pH 等条件下反应一段时间，使修饰剂的活化基团与酶分子的某侧链基团以共价键结合，对酶分子进行修饰。在典型的液相 PEG 修饰反应中，蛋白质与 PEG 的摩尔比一般为 1∶3～1∶5，反应 pH 维持在 7～8 之间，温度保持在 4～8℃，反应持续 8～16 h，然后用冰醋酸调节到 pH 4.5 来终止反应。反应混合物用水稀释后在阳离子交换柱上进行吸附分离，洗涤除去剩余的 PEG 和反应副产物。修饰蛋白质与未修饰蛋白质可以通过提高缓冲液中盐的浓度来分离。终止修饰反应的方法有：加入某种化学试剂（通常为某一种氨基酸）与修饰剂反应，从而消耗未与蛋白质反应的修饰剂；通过洗滤、超滤或透析等分离未与蛋白质反应的修饰剂；改变反应条件，使修饰反应停止。

6.5.4 修饰酶的纯化

酶经过大分子结合修饰后，不同酶分子的修饰效果往往有所差别，有的酶分子可能与一个修饰剂分子结合，有的酶分子则可能与2个或多个修饰剂分子结合，还可能有的酶分子没有与修饰剂分子结合。为此，需要通过凝胶层析等方法进行分离，将具有不同修饰度的酶分子分开，从中获得具有较好修饰效果的修饰酶。由于修饰后酶活的测定要求酶溶液纯度较高，因此在测定酶活前必须将酶液作纯化处理。在修饰酶酶液中含有过量的PEG修饰剂、未活化的PEG等杂质，为了确定修饰反应的效果，确定PEG修饰反应的修饰程度很有必要。目前广泛使用的测定方法是TNBS法，其基本原理是：TNBS与蛋白质分子上的游离氨基发生显色反应，因此通过测定修饰酶前后的吸光度变化可计算出修饰化度。典型的纯化方法步骤为：

修饰反应⟶酸化⟶稀释⟶阳离子交换⟶洗涤⟶过滤⟶干燥

6.5.5 大分子结合修饰的应用

通过大分子结合修饰，酶分子的结构发生某些改变，酶的特性和功能也有所改变：① 可以提高酶活力。例如，每分子核糖核苷酸酶与6.5分子的右旋糖苷结合，可以使酶活力提高到原有酶活力的2.25倍；每分子胰凝乳蛋白酶与11分子的右旋糖苷结合，酶活力达到原有酶活力的5.1倍等。② 增加酶的稳定性，例如，超氧化物歧化酶(SOD)在人体血浆中的半衰期只有6 min左右，尿激酶在人体内的半衰期仅为2～20 min。为此，如何增加酶的稳定性，延长酶的半衰期，是酶工程研究的一个重要课题。③ 降低或消除酶的抗原性等，例如，具有抗癌作用的精氨酸酶经聚乙二醇结合修饰，生成聚乙二醇-精氨酸酶(PEG-Arginase)后其抗原性被消除；对白血病有显著疗效的L-天冬酰胺酶经右旋糖苷或者聚乙二醇结合修饰后，都可以使抗原性显著降低甚至完全消除。自1990年第一种用PEG修饰的蛋白药物PEG-腺苷脱胺酶(商品名：ADAGEN){33}被FDA批准上市后，PEG修饰蛋白(酶)药物已逐渐成为研究热点。目前，尚有几十种的PEG修饰的蛋白药物处于研究或临床试验阶段。

(1) PEG-胰蛋白酶

熊剑对胰蛋白酶用PEG修饰剂修饰后，得出的结果是：① 修饰酶酶活较原酶除Trypsin-PEG 6 000略有增大外，其余7种修饰酶酶活均有不同程度的损失。其中Trypsin-2mPEG 5 000酶活损失最为严重，修饰后酶活仅为原酶的52%，表明酶分子热稳定性与修饰剂分子量及结构有一定关系。② 修饰酶热稳定性均有不同程度的提高，其中分子量小于4 000和大于10 000的修饰剂对酶分子热稳定性仅有很小幅度的改善，表明酶分子热稳定性与酶分子整体空间结构有关，酶分子刚性越大，热稳定性越高。③ 修饰酶的K_m值的变化与热稳定性变化趋势大致相同，表明酶分子在整体结构不发生较大变化的情况下，酶分子对底物的亲和力也不会发生较大变化。

(2) PEG-胆固醇酯酶

胆固醇酯酶是催化胆固醇酯水解成胆固醇和脂肪酸的一种酶，它是测定血清中总胆固醇含量的工具酶，但其极不稳定的性质直接影响了商品试剂盒的质量。熊剑对胆固醇酯酶PEG修饰剂修饰后得出如下结论：① 胆固醇酯酶经不同PEG修饰后酶活均有不同程度的下降，其中PEG20 000修饰酶酶活损失最为严重，仅为原酶的70%。其他几种修饰剂对胆固醇酯酶的修饰结果亦呈现出一定规律，其中单链小分子量 PEG 修饰胆固醇酯酶会造成较大程度的酶活损失，而双链 PEG 修饰胆固醇酯酶则可以保持较高的酶活。② 除 PEG 20 000外，其余 7 种 PEG 修饰剂修饰胆固醇酯酶后均使其热稳定性得到明显改善，其中双链 PEG 的修饰效果尤为明显。③ 修饰酶的 K_m 值测定数据表明，经双臂 PEG 修饰后的修饰酶 K_m 较接近于原酶，其余 5 种修饰酶的 K_m 值均有大幅提高，其中经 PEG20 000 修饰后的修饰酶的 K_m 最大。

(3) PEG-腺苷脱氨酶(ADA)

腺苷脱氨酶(ADA)是一种与机体细胞免疫活性有重要关系的核酸代谢酶类。ADA 对于免疫系统的发育十分重要，当此酶缺乏时，将终止免疫系统的发育，造成对各种感染抵抗力下降，称为严重综合免疫缺陷症(SCID)。目前对这种疾病的治疗方法主要有骨髓移植、基因治疗以及补充缺乏的酶等。腺苷脱氨酶(ADA)与 PEG 连接用于治疗免疫缺损综合征已为 FDA 批准。天然 ADA 进入血液后几分钟内会被肝脏等清除而达不到修复免疫缺陷。Hershfield 等人用 PEG－ADA 注射体内后可在血液中存留 1～2 周，抗原反应降低，活性可保留未修饰的 ADA 达 40%左右，临床效果明显提高，患者的免疫功能不同程度的得到恢复，且无过敏反应。

(4) PEG-超氧化物歧化酶(SOD)

超氧化物歧化酶(superoxide dismutase，SOD；EC 1. 15. 1. 1)催化超氧负离子(O_2^-)进行氧化还原反应，生成氧和过氧化氢。SOD 起着消除自由基、消除炎症的作用，而且 SOD 与抗肿瘤、调节免疫、辐射保护及组织发育都有关系。但是 SOD 不容易进入细胞内，在体内的作用时间短，因而限制了 SOD 的应用。经过大分子结合修饰，SOD 稳定性显著提高，半衰期延长 70～350 倍(见表 6-2)。

表 6-2　天然 SOD 与经修饰后在人体血浆中的半衰期

酶	半 衰 期	相对稳定性
天然 SOD	6 min	1
右旋糖苷-SOD	7 h	70
ficoll(低分子质量)-SOD	14 h	140
ficoll(高分子质量)-SOD	24 h	240
聚乙二醇-SOD	35 h	350

(5) PEG-降纤酶

血栓类疾病发生率较高，危害性也较大，利用各种溶栓蛋白的药物治疗是当今研究的方向之一。目前有多种酶用于该领域的研究，如链激酶、组织纤溶酶原激活剂、尿激酶、弹性蛋白酶等都对溶剂有高效专一的作用。PEG 修饰后，使这些异源蛋白质在体内的作用明显加强，在体内半衰期显著延长，降低了抗原性。

(6) PEG-天门冬酰胺酶(ASNase)

ASNase 能专一地催化天门冬酰胺形成天门冬氨酸及氨。天门冬酰胺是肿瘤细胞代谢中的一个重要环节，一旦破坏会引起细胞内蛋白质、核酸代谢紊乱而抑制肿瘤细胞生长、分裂，从而抑制肿瘤的生长及恶化。ASNase 是治疗白血病的有效药物，对淋巴细胞白血病，尤其是对儿童的淋巴细胞白血病有很好疗效。由于 ASNase 是从大肠埃希菌中提纯出来的，因其在体内作用时间短，反复注射会在血液中产生抗体，发生免疫排斥反应。为此人们采用化学修饰方法克服这一困难，用 PEG 修饰此酶的两个氨基，PEG 与此酶连接后，在体内的作用时间由 18h 提高到 2 周，免疫反应消失，保持原来 20%左右的活性，1994 年已经得到美国 FDA 批准，正式作为治疗急性淋巴性白血病的药物使用。

思考与练习

1. 什么是酶分子修饰？酶分子的修饰包括哪些内容？
2. 酶分子修饰的基本原理有哪些？
3. 什么是大分子结合修饰？常用修饰剂有哪些？
4. 设计亲和标记需要满足哪些条件？亲和标记有何意义？
5. 试分析酶分子修饰的发展趋势。

7 食品工业酶

在食品加工中，较好地保持食物的色、香、味和结构是很重要的。因此，在加工过程中要避免引起剧烈的化学反应。酶的作用条件非常温和，它是最适合用于食品加工的催化剂。如蛋白酶是食品工业中最重要的一类酶，在干酪生产、肉类嫩化和植物蛋白质改性中都大量地使用蛋白酶；糖酶中的淀粉酶是用途最广、产量最大的一个酶制剂品种。本章简要介绍糖酶、蛋白酶、脂肪酶、葡萄糖氧化酶等几种在食品工业中常用酶的特性及作用机理。

7.1 糖酶

糖酶的作用是裂解多糖中将单糖结合在一起的化学键，使多糖降解成较小的分子。糖酶还能催化糖单位结构上的重排，形成新的糖类化合物，这类反应被称为转糖苷作用反应。除了上述两类反应外，一些酯酶类能作用于酯化的糖类，这类反应在改变果胶物质的功能性质上是很重要的。

7.1.1 淀粉酶

淀粉酶是能催化淀粉水解转化成葡萄糖、麦芽糖及其他低聚糖的一群酶的总称，它能作用于淀粉、糖原和多糖衍生物，在动物、植物和微生物中都有分布（如表7-1）。每种淀粉酶都有一个编号及不同的最适pH、温度、激活剂和抑制剂（见表7-2）。同一种淀粉酶，来源不同，这些性质也有差异。不同的淀粉酶对淀粉的水解方式不同，而且具有产物特异性（见表7-3）。

表7-1 各种淀粉酶的编号、名称及来源

EC编号	推荐名称	系统名称	来源及别名
3.2.1.1	α-Amylase	1,4-α-D-Glucan-glucanohydrolase	植物，动物，微生物 Liquefying amylase
3.2.1.2	β-Amylase	1,4-α-D-Glucanmaltohydrolase	植物，微生物 Maltogenicamylase
3.2.1.3	Exo-1,4-α-glucosidase	1,4-α-D-Glucan glucohydrolase	动物，细菌，霉菌 r-Amylase
3.2.1.10	Oligo-1,5-glucosidase	Dextrin 6-α-D-glucanohydrolase	植物，动物，微生物 Limit dextrinase, Isomaltoase
3.2.1.11	Dextranase	1,6-α-D-Glucan-6-glucanohydrolase	动物，微生物

（续表）

EC 编号	推荐名称	系统名称	来源及别名
3.2.1.20	α-D-Glucosidase	α-D-Glucoside glucohydrolase	广泛分布 maltase，Maltase-glucoamylase
3.2.1.33	Amylo-1,6-glucosidase	Dextrin 6-α-D-glucosidase	动物，酵母
3.2.1.41	pullulanase	pullulan 6-glucanohydrolase	植物，微生物 R-Enzyme（植物中），Limit-dextrinase，debranching-enzyme，Amylopectin-6-glucanohydrolase
3.2.1.54	Cyclomaltodextrinase	Cyclomaltodextrin dextrinhydrolase	微生物
3.2.1.60	Exo-maltotetraohydrolase	1,4-α-D-Glucan maltotetraohydrolase	微生物
3.2.1.68	Isoamylase	Glucogen 6-glucanohydrolase	植物，微生物
3.2.1.69	Amylopectin-6-glucanohydrolase	现归入 EC 3.2.1.41	
3.2.1.98	Exo-maltohexaohydrolase	1,4-α-D-Glucan maltohexaohydrolase	微生物

表 7-2　蜡状芽孢杆菌蕈状变种（*B. Cereus Varmycoldes*）产生的 β-淀粉酶和 α-1,6-葡糖苷酶的性质

项　目	β-淀粉酶	α-1,6 葡糖苷酶
最适 pH	7.0	6.0～6.5
最适温度	50℃（30 min）	50℃（30 min）
Ca^{2+} 保护作用	—	+
稳定 pH	6～10（30℃，3 h）	6～9（30℃，3 h）
抑制剂	PCMB，Cu^{2+}，Hg^{2+}，Ag^{+}	PCMB，Hg^{2+}，Ag^{+}，Fe^{2+}

表 7-3　不同来源淀粉酶的产物专一性

生成糖	酶来源	最适 pH	最适温度（℃）	生成糖构型	收量（%）
G_2	植　物	5～6	50～60	β	50～60
	Bacillus sp.	6～7	50～60	β	50～60
G_3	*Stre. Griseus*	5.6～6.0	45	—	56
	Bacillus sp.	6.0～6.5	50	α	55～60
G_5	*Pseu. Stutzeri*	8;0	47	α	55
G_4	*Bac. Licheniformis*	5～8	76	—	33.3
G_4+G_5	*Bac. Circulans*	6.7～7.5	50	α	30～40G_4 20～30G_5
G_6	*Aer. Aerogene* (*kle. Pueumoniae*)	6.8	50	α	30
	Bac. Circulans G-6	8.0	80	α	30～35
G_7	麦　芽	～	～	α	35

注：G_2 表示麦芽糖；G_3 表示麦芽三糖，依次类推。

根据淀粉酶对淀粉的水解方式不同，可以将淀粉酶分成三类：α-淀粉酶，它从底物分子内部将糖苷键裂开；β-淀粉酶，它从底物的非还原性末端将麦芽糖单位水解下来；葡萄糖淀粉酶，它从底物的非还原性末端将葡萄糖单位水解下来。

1）α-淀粉酶

α-淀粉酶（α-1,4-葡聚糖-4-葡聚糖水解酶 EC 3.2.1.1）又称液化酶。高等植物，如玉米、稻米、高粱、谷子等含有α-淀粉酶，发芽大麦中含有丰富的α-淀粉酶；人及动物唾液、胰液中也含有此酶。能产生α-淀粉酶的微生物有枯草杆菌（*Bacillus subtilis*）、芽孢杆菌、吸水链霉菌、米曲霉、黑曲霉和扩展青霉等。α-淀粉酶以随机的方式作用于淀粉而产生还原糖，它作用的模式、性质和降解物因酶的来源不同而稍有差别。

α-淀粉酶以直链淀粉为底物时，反应一般按两个阶段进行。首先，直链淀粉快速地降解，产生寡糖，它是α-淀粉酶以随机的方式作用于淀粉的结果。第二阶段的反应比第一阶段要慢得多，包括寡糖缓慢地水解生成最终产物葡萄糖和麦芽糖。第二阶段的反应并不遵循第一阶段随机作用的模式。α-淀粉酶作用于支链淀粉时产生葡萄糖、麦芽糖和一系列α-限制糊精（由4个或更多个葡萄糖基构成的寡糖），后者都含有α-1,6糖苷键。

（1）α-淀粉酶的性质

α-淀粉酶的分子量范围是15 600～139 300，通常为45 000～60 000，其分子中的巯基往往是酶催化活性的必需基团。所有α-淀粉酶都是金属酶，每个酶分子至少含有一个钙离子，它是α-淀粉酶的激活剂，钙与酶分子的结合非常牢固，结合常数达到10^{12}～10^{15} L/mol。只有在低pH和同时存在螯合剂的条件下，才能将酶分子中的钙除去。如果将酶分子中的钙完全除去，就能导致酶基本上失活和对热、酸或脲等变性因素的稳定性降低。虽然钙并没有直接参与形成酶-底物络合物，但是它能使酶分子保持适当的构象，从而维持其最大的活性和稳定性。许多添加物如钠、钾、硼砂、硼酸氢钠、巯基乙醇等也是α-淀粉酶良好的稳定剂，而最常用的还是钙离子。

（2）α-淀粉酶作用的机制

典型的α-淀粉酶是内切酶型，故称内淀粉酶，随机作用于淀粉、糖原的α-1,4-糖苷键，对α-1,6-糖苷键则不能水解。水解直链淀粉时，先切开淀粉分子中间部分的α-1,4-糖苷键，使长链淀粉很快地分解成短链的糊精，糊精再继续水解，最后产物为α-麦芽糖和少量的葡萄糖。在水解支链淀粉时，由于它不能水解分支点的α-1,6-糖苷键，因此作用的产物中不仅有麦芽糖和少量葡萄糖，还产生了异麦芽糖。异麦芽糖是支链淀粉分子的分支点，是由两个葡萄糖以α-1,6-相连的双糖。由于α-淀粉酶在水解淀粉时反应速度很快，所以反应底物淀粉的黏度下降得很快。由于其水解产物没有专一性，产物构型仍为α-型，故称作α-淀粉酶。

（3）pH对α-淀粉酶作用的影响

一般情况下α-淀粉酶在pH 5.5～8比较稳定，在pH 4以下时易失活，酶的最适pH在5～6。另外酶的催化活性和酶的稳定性是有区别的，前者指酶催化反应速率的快慢，活性高，反应速度快，反之则反应速度慢；而后者表示酶具有催化活性而不失活。酶最稳定的pH不一定是酶活性的最适pH，反之，酶活性的最适pH不一定使酶最稳定。在霉菌中，黑曲霉α-淀粉酶耐酸性强，其最适pH约为4。在pH 2.5、40℃处理30 min尚不失活；然而在pH 7.0时，55℃处理15 min时，活性几乎全部丧失。米曲霉则相反，其α-淀粉酶经过pH 7.0、55℃处理15 min，几乎没有损失，而在pH 2.5处理则完全失活。

枯草杆菌α-淀粉酶作用的最适pH为5~7，嗜碱细菌中存在着最适pH为4.0~11.0的α-淀粉酶。嗜碱性假单胞杆菌α-淀粉酶的最适pH为10，各种酶的最适pH可以通过实验测定。由于最适pH受底物种类、浓度、缓冲液成分、温度和时间等因素的影响，测定时必须控制一定的条件，条件改变可能会影响最适pH，因此，pH对α-淀粉酶稳定性和酶活力的影响具有很重要的实际意义。例如，黑麦粉中含有过量的α-淀粉酶，如果它能在pH 3.4~4.0时快速失活，那么用黑麦粉在较低pH下加工面包时，就能防止因α-淀粉酶的作用而导致淀粉的过分糊精化和产生胶黏状的面包瓤。因此，谷类中的α-淀粉酶在低pH下失活对于加工高质量的面包是十分理想的性质。

(4) 温度对α-淀粉酶作用的影响

温度对酶活性有很大的影响，纯化的α-淀粉酶在50℃以上容易失活，但是有钙离子大量存在的条件下，酶的热稳定性会增加。在与钙相结合的条件下，α-淀粉酶的热稳定性高于β-淀粉酶。α-淀粉酶的高耐热性质在食品加工中(例如烘焙面包)，是很重要的。当然，不同来源的α-淀粉酶具有不同的热稳定性，芽孢杆菌的α-淀粉酶耐热性较强，例如枯草杆菌α-淀粉酶在65℃稳定。嗜热脂肪芽孢杆菌和凝结芽孢杆菌的α-淀粉酶的热稳定性更强，前者经85℃处理20 min尚残存酶活70 %；后者在钙离子存在下，90℃时的半衰期长达90 min。有的嗜热芽孢杆菌的α-淀粉酶在110℃仍能液化淀粉；地衣芽孢杆菌的α-淀粉酶的热稳定性不依赖钙离子，因此可在EDTA存在下测定酶活，利用该性质可用于区别非耐热性和耐热性α-淀粉酶。霉菌α-淀粉酶的耐热性较低，黑曲霉耐酸性α-淀粉酶的耐热性比其非耐热性α-淀粉酶要高，在pH 4、55℃时加热24 h，酶也会不失活。

α-淀粉酶是各种酶中耐热性较好的酶，其耐热程度一般是按动物α-淀粉酶、麦芽α-淀粉酶、丝状菌α-淀粉酶、细菌α-淀粉酶的顺序而增强。曾对各种α-淀粉酶制剂的水溶液进行加热处理，每分钟升高1.5℃，直至80℃，发现各种酶的残留活性是：真菌来源的为1%，谷物来源的为25%，细菌来源的为92%。α-淀粉酶的耐热性还受底物的影响，在高浓度的淀粉浆中，最适温度原为70℃的枯草杆菌α-淀粉酶在85~90℃时的活性最高。

不耐热的α-淀粉酶主要由米曲霉生产，一般用于紧接在淀粉液化作用后的糖化过程，它们能将底物水解到较高的程度，因此在产物中含有较高比例的麦芽糖。

(5) 钙离子与α-淀粉酶活性的关系

大多数α-淀粉酶的活性需要钙离子，钙离子对酶的稳定性起重要的作用，钙离子使酶分子保持适当的构象，从而维持其最大的活性与稳定性。钙离子和酶的结合牢度依次是：霉菌>细菌>哺乳动物>植物。钙离子对麦芽α-淀粉酶的保护作用最明显。枯草杆菌糖化型α-淀粉酶同钙离子的结合比液化型更为紧密。向枯草杆菌α-淀粉酶中添加钙离子对酶活性几乎无影响，单用EDTA处理也不能引起失活，只有在低pH(pH 3.0下)用EDTA处理才能去除钙离子。但若添加与EDTA当量的钙离子，并将pH恢复至中性，则仍然可恢复它的活性。

(6) α-淀粉酶的用途及展望

α-淀粉酶的用途极为广泛，不同来源的α-淀粉酶具有不同的性质，不同性质的酶具有不同的用途。黑曲霉酸性α-淀粉酶适用于制造助消化的药物；米曲霉的α-淀粉酶耐热性较差，用于面包工业；糖化型细菌淀粉酶因产物具有较多的麦芽糖，可用于制造低光密度(*DE*)值的糖类；而耐热性强的细菌α-淀粉酶，由于液化完全，用酶量少，操作较容易，适于淀粉液化及酶法生产葡萄糖。目前，α-淀粉酶已用在淀粉加工业、面包工业、发酵工业和饲料制造等方面。由于α-淀粉酶的用途广泛，在市场上α-淀粉酶是产量最大的酶类。

2) β-淀粉酶

β-淀粉酶(α-1,4-葡聚糖麦芽糖水解酶 EC 3.2.1.2)又称糖化酶。此酶主要存在于高等植物和微生物中，哺乳动物中不含该酶。对小麦、大麦芽、甘薯和大豆中的β-淀粉酶已经做了相当多的研究工作，并且已得到了酶的结晶。

(1) β-淀粉酶的作用

β-淀粉酶是一种外切酶，水解支链淀粉、糖原及有关低聚糖的α-1,4-糖苷键，从链的非还原末端依次切下麦芽糖单位，产物的构型从α型转变成β型，故称作β-淀粉酶，不能作用于α-1,6-糖苷键，因此，当它作用于支链淀粉和糖原时，不能作用的α-1,6-糖苷键，也不能绕过支链淀粉的分支点继续作用于α-1,4-糖苷键，因此，β-淀粉酶对支链淀粉的作用是不完全的。支链淀粉经β-淀粉酶作用后，其中50%～60%转变成麦芽糖，而其余部分称为β-极限糊精。当β-淀粉酶作用于高度分支的糖原时，仅有40%～50%能转变成麦芽糖。在许多情况下，β-淀粉酶只能使直链淀粉的70%～90%降解成麦芽糖。

(2) β-淀粉酶的性质

β-淀粉酶为单成分酶，以前对从植物中提取的β-淀粉酶研究较多，来源于不同高等植物的β-淀粉酶对淀粉作用方式虽都一样，但作用最适 pH、稳定性却有差异，见表7-4。

表7-4　几种高等植物β-淀粉酶酶学特性

项　目	酶　源			
	大　豆	小　麦	大　麦	甘　薯
每毫克氮的酶活性	2 780	1 450	1 160	2 500
每毫克酶蛋白的酶活性	250	198	235	378
酶蛋白的含氮量/%	14.7	14.3	14.1	15.1
有无与酶活性有关的—SH 基团	+	+	+	+
最适 pH	5.3	5.2	5.0～6.0	5.5～6.0
pH 稳定性范围	5.0～8.0	4.5～9.2	4.5～8.0	—
等电点	5.1	6.0	6.0	4.8
最大吸收波长/nm	280	280	280	—
淀粉分解率/%	63	67	65	62
淀粉分解后的主要产物	麦芽糖	麦芽糖	麦芽糖	麦芽糖
淀粉分解结束时的碘反应	蓝色	蓝色	蓝色	蓝色
分解麦芽糖的作用	—	—	—	—

β-淀粉酶最早虽来源于高等植物，但早在1940年就有人发现许多属于芽孢杆菌属的细菌具有β-淀粉酶活性，并发现多黏芽孢杆菌能产生类似于大麦麦芽抽提物的淀粉酶或淀粉酶系。近年来，发现不少微生物能产生β-淀粉酶，研究微生物来源的β-淀粉酶比较活跃，并且在工业生产中得到了应用。

钙离子对β-淀粉酶有降低稳定性的作用，这与对α-淀粉酶有提高稳定性的效果相反，利用这一差别，可在 70℃、pH 6～7、有钙离子存在时，使 β-淀粉酶失活，从而纯化 α-淀粉酶。

酶蛋白中的巯基对 β-淀粉酶的活力来说是必需的。用巯基试剂对-氯汞苯甲酸和 N-乙基苹果酰胺处理酶或者氧化作用都会使酶失活。如果在酶液中加入血清白蛋白和还原型谷胱甘肽，可以防止酶失活。环状糊精和麦芽糖是酶的竞争性抑制剂。

β-淀粉酶的分子量一般高于 α-淀粉酶，例如，甘薯 β-淀粉酶的分子量高达 152 000。

(3) β-淀粉酶作用机制

β-淀粉酶以淀粉作为底物时的作用机制可根据图 7.1 所示的 β-淀粉酶机制图推测，酶的活性部位中至少含有 3 个特异基团 X、A 和 B，它们参与酶同底物的结合和酶-底物络合物转变成产物的过程，其中 X 基团能识别淀粉分子非还原性末端 C-4 上的—OH基。当 X 基团和 C-4 上的—OH基发生相互作用时，底物分子的第 2 个糖苷键恰到好处地配置在催化基团 A 和 B 的邻近处，这样就形成了具有反应力的酶-底物络合物。图中同时指出了当 X 基团未能正确地发挥作用和酶被环状糊精抑制时就生成没有反应力的络合物。

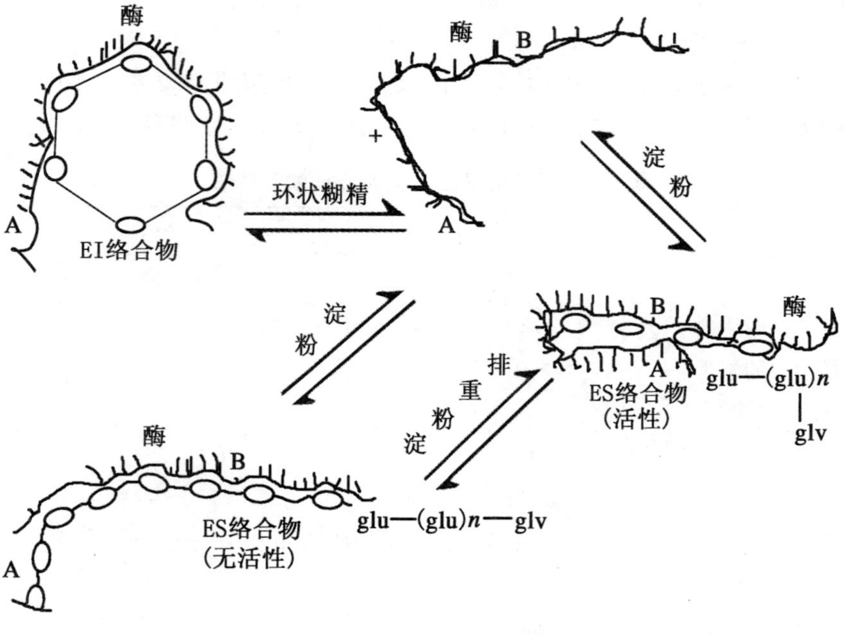

图 7-1 β-淀粉酶作用的机制图

3) 葡萄糖淀粉酶

葡萄糖淀粉酶(α-1,4-葡聚糖葡萄糖水解酶 EC 3.2.1.3)是一种外切酶，又称糖化酶。能将直链淀粉和支链淀粉分解为葡萄糖，它作用于淀粉时，从非还原性末端逐次切下一个葡萄糖单位，并将其构型由 α-型转变为 β-型。

葡萄糖淀粉酶的底物专一性较低，它不仅能分解 α-1,4-糖苷键，而且也能分解 α-1,3 和 α-1,6 糖苷键，只是速度要慢得多。

虽然葡萄糖淀粉酶能作用于 α-1,6 糖苷键，但是它仍然不能使支链淀粉完全降解。据推测，在支链淀粉中，一些 α-1,6 糖苷键可能因它的排列方式而让葡萄糖淀粉酶不易使它水解。然而当有 α-淀粉酶参加作用时，葡萄糖淀粉酶可使支链淀粉完全降解。

葡萄糖淀粉酶水解 α-1,4-糖苷键的速度随底物分子量的增加而提高，当分子量超过麦芽五糖时，这个规律不存在(见图 7-2)。

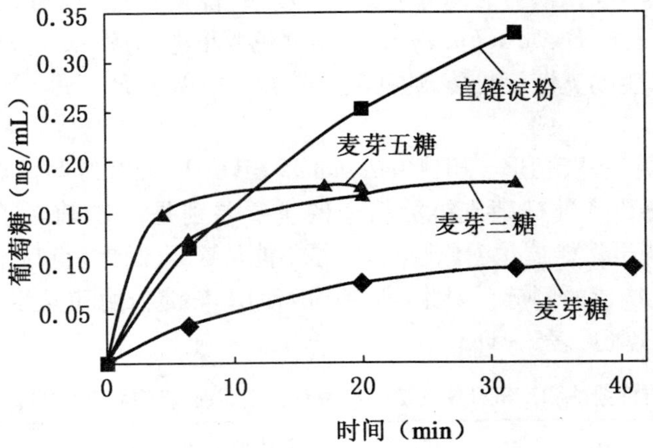

图 7-2　葡萄糖淀粉酶水解不同分子量底物时的反应-时间曲线

葡萄糖淀粉酶是一种糖蛋白，主要糖类为甘露糖、葡萄糖和半乳糖，其分子量在 69 000 左右。不同来源的葡萄糖淀粉酶在糖化的最适温度和 pH 方面存在差别，曲霉为 55～60℃，pH 3.5～5.0；根霉为 50～55℃，pH 5.4～5.5；拟内孢霉为 50℃，pH 4.8～5.0。

葡萄糖淀粉酶作用的详细机制至今仍然不是很清楚，该酶和 β-淀粉酶在某些方面相类似。例如葡萄糖淀粉酶的作用也是裂开 C-1—O 键，并且生成的葡萄糖的构型也发生了转变。然而，环状糊精并没有抑制葡萄糖淀粉酶，它对葡萄糖淀粉酶的影响小于对 β-淀粉酶的影响，因此这两种酶的作用机制应该存在着重大的差别。

葡萄糖淀粉酶是工业上用途广泛的酶制剂，我国已大规模生产，主要用于食品工业。可作为淀粉的糖化剂，广泛用于葡萄糖工业、酿酒和酒精工业及发酵工业作为糖化剂，在改进食品加工技术，提高食品质量、改善食品风味等方面有显著的作用。

4) 脱支酶

脱支酶系统名为支链淀粉 α-1,6-葡聚糖水解酶(EC 3.2.1.9)，只对支链淀粉、糖原等分支点有专一性。该酶最早由日本丸尾等于 1940 年在酵母细胞提取液中发现的，由于该酶的作用是催化水解支链淀粉、糖原以及相关的大分子化合物中的 α-1,6-糖苷键，故被命名为脱支酶或异淀粉酶。以后，又相继在高等植物及其他微生物中发现这种类型的酶。由于来源不同，作用也有差异，名称更不统一。

根据脱支酶的作用方式，可分为直接脱支酶和间接脱支酶。根据对底物的特异性要求，又可将直接脱支酶分成支链淀粉酶和异淀粉酶。

(1) 植物支链淀粉酶

植物来源的降解 pullulan 酶又称为 *R*-酶。*R*-酶作用于普鲁蓝反应途中出现中间分子量的中间产物，而用支链淀粉作底物时没有这种中间产物。低分子产物区有 α-1,6-糖苷键，由此可以认为 *R*-酶对支链淀粉的作用实质上是外酶型(exo-type)，普鲁蓝酶能够专一性切开支链淀粉分支点的 α-1,6-糖苷键，从而剪下整个侧支，形成长短不一的直链淀粉。

如果糖化酶与普鲁蓝酶配合使用,可使淀粉糖化完全,在淀粉糖工业中,可用于制造葡萄糖含量很高的葡萄糖糖浆。

(2) 微生物支链淀粉酶

微生物来源的具有类似活力的酶称为支链淀粉酶,曾先后从产气杆菌(*Aerobaoter aerogenes*)、大肠杆菌中间体(*Eseherichia intermedia*)和微小链球菌(*Streptococcus mitis*)以及其他菌种中分离出微生物支链淀粉酶,这些酶的特异性类似于 R-酶。

(3) 异淀粉酶

曾先后从酵母、极毛杆菌 SB-15(*Psedomonas* SB-15)和纤维黏菌属等微生物分离出异淀粉酶。异淀粉酶和产气杆菌支链淀粉酶的主要差别是:① 前者不能降解线性多糖 pullulan;② 异淀粉酶虽然能催化糖原脱支,但是不能从 β-限制糊精和 α-限制糊精水解由 2 个或 3 个葡萄糖单位构成的侧链。因此,即使同时使用 β-淀粉酶和异淀粉酶也不能使支链淀粉完全水解成麦芽糖(见表 7-5)。

表 7-5　极毛杆菌异淀粉酶和产气杆菌支链淀粉酶对支链淀粉、糖原和它们的 β-糊精作用的比较

底　物	麦芽糖得率(%)				
	β-淀粉酶	脱支酶和 β-淀粉酶同时作用		脱支酶和 β-淀粉酶相续作用	
		异淀粉酶	支链淀粉酶	异淀粉酶	支链淀粉酶
蜡质玉米支链淀粉	50	99	95	95	103
支链淀粉 β-糊精	0	80	97	72	97
马铃薯支链淀粉	45	96	98	97	103
蚝糖原	38	102	46	100	99
糖原 β-糊精	0	79	31	76	99
兔肝糖原	42	100	51	99	98

异淀粉酶只能水解构成分支点的 α-1,6 键,而不能水解直链分子中的 α-1,6 键。异淀粉酶对 α-1,6 键所处位置的严格要求,使它成为研究碳水化合物结构很有价值的工具。

(4) 间接脱支酶

间接脱支酶包括两种酶:淀粉-1,6-葡萄糖苷酶和寡-1,4→1,4-葡聚糖转移酶,它以间接的方式催化底物的脱支反应。

脱支酶的性质如下:

① 对底物作用的专一性

不同来源的脱支酶对于底物作用的专一性有所不同,这主要表现在对于各种支链低聚糖以及茁霉多糖的分解能力上。产气杆菌所产生的脱支酶能够分解茁霉多糖,因而特将这种类型的脱支酶称之为茁霉多糖酶。假单胞菌所产生的脱支酶则不能切开茁霉多糖的 α-1,6-糖苷键。

从脱支酶对各种分支低聚糖的作用结果来看,所有脱支酶对于潘糖、异麦芽糖/异潘糖等 α-1,6-糖苷键只有 1 个葡萄糖残基的低聚糖,或仅含 α-1,6-糖苷键的多糖都没有作用。也就是说受到切开的 α-1,6-糖苷健的两端,至少应含有 2 个以上的 α-1,6-葡萄糖单位。

脱支酶对淀粉的作用是先将淀粉水解成 G_2～G_6 等一系列低聚糖。通过缩合反应或转葡萄糖基反应，将 G_5、G_6 水解成 G_2、G_3、G_4，而 G_3 需经过过渡物 G_4 最后降解成麦芽糖，通过一系列反应几乎将淀粉完全转化为麦芽糖。

② pH、温度和金属离子的作用

不同类型脱支酶的作用条件不同，如表 7-6 所示。

表 7-6　各种脱支酶的作用条件

酶来源	最适温度(℃)	最适 pH	稳定 pH 范围	失活温度(℃)
酵　母	20	6.0～6.2	—	—
产气杆菌	47	6.0	5 以下	25 以上
假单孢菌	52	3.0～4.0	5.5～7.5	55
放线菌	60	5.0	3.5～5.5	55
埃希氏杆菌	47	6.0	5.0～7.5	55
诺卡氏菌	45	6.5	—	—
乳酸杆菌	55	5.5	5.5～7.5	50
小球菌	45	5.5	5.5～7.5	60
麦　芽	40	5.1～5.3	5.5～7.5	50

金属离子对脱支酶活性有影响，例如产气气杆菌 10016 菌株脱支酶，加入金属络合物 EDTA 进行反应，酶活几乎全部丧失，说明该酶反应需要金属离子，所以脱支酶催化反应需金属离子激活。Mg^{2+} 与 Ca^{2+} 略有激活效应，Hg^{2+}、Cu^{2+}、Fe^{3+}、Al^{3+} 等有强烈抑制作用。

5）淀粉酶在食品工业中的应用

目前商品淀粉酶制剂最重要的应用是从淀粉制备糊精糖浆、葡萄糖和麦芽糖。

淀粉水解成葡萄糖的过程包括液化和糖化。液化过程中，淀粉颗粒首先在受热过程中吸水膨胀，体积迅速增加，晶体结构破坏，颗粒外膜裂开，形成一种糊状的黏稠液体，这一过程称为糊化。淀粉经过第一阶段的糊化过程后，虽然原有的淀粉链还未真正打开，但是由于外膜已经裂开，晶体结构受到破坏，淀粉分子就直接暴露在酶分子的作用之下，分子链随即迅速断开，变短，最终形成含有少量葡萄糖的低分子糊精溶液，液体黏度随之降低，这就是淀粉的液化过程。由于地衣形芽孢杆菌 α-淀粉酶具有特别高的耐热性，因而被广泛地应用在淀粉的酶液化工艺中。除了步骤简单外，淀粉酶法液化的另一个主要优点是能耗低，因为它的最高操作温度只有 105℃。仔细地控制温度是非常重要的，如果温度太低，底物将不能充分地糊化；如果温度太高，酶活力将损失太多。

在酸-酶法淀粉液化工艺中也使用了地衣形芽孢杆菌 α-淀粉酶。在加入耐热 α-淀粉酶之前，淀粉糊必须在 140℃和 pH 2～5 下蒸煮 5 分钟。如果 pH 太低，将会生成许多副产物；如果 pH 太高，酸变稀效果将会消失，并且淀粉糊的颜色也会变深。在蒸煮之后，淀粉糊瞬间冷却至 100℃，pH 调节至 6～6.5，然后加入耐热 α-淀粉酶。采用该液化工艺可以节省酶的使用量，但是，由于工艺过程中包括了高温蒸煮而增加了能耗。

葡萄糖淀粉酶的主要用途是作为淀粉的糖化剂，广泛用于葡萄糖工业、酿酒和酒精工业及发酵工业，在改进食品加工技术，提高食品质量、改善食品风味等方面有显著的作用。用酶法代替酸水解法生产葡萄糖是葡萄糖工业的重大突破。日本自1959年研究成功以来，10年内葡萄糖的产量猛增10倍，许多国家的葡萄糖厂先后改为酶法生产。酶法生产可克服酸水解工艺的缺点，具有许多优点。如：① 糖化率高，DE值≥97%，结晶葡萄糖≥70%；② 设备不需要耐酸耐压，对材料质地要求低，投料浓度高(可达50%)，加工简单；③ 酶法糖化液纯度高、甜味纯正、不易褐变，可制成食品加工的全糖等等。酶法生产葡萄糖的简要步骤是：以淀粉作成30%～40%粉浆，在pH 6.0～6.5加入α-淀粉酶，90℃左右液化至碘反应消失，迅速冷却却到55～60℃，立刻用HCl调至pH为4.0～5.0，加入糖化酶于60℃保温40～50 h，则几乎全部淀粉转变为葡萄糖，立即升温至80℃终止酶反应，然后经脱色浓缩，结晶喷雾干燥等处理，便成产品，其DE值可达80%以上。

7.1.2 乳糖酶

β-半乳糖苷酶(β-D-半乳糖苷半乳糖水解酶，EC 3.2.1.23)通常称为乳糖酶。该酶可作用降解乳糖为半乳糖和葡萄糖，也具有半乳糖苷的转移作用。

1) 乳糖酶的来源和分布

乳糖酶在动植物和微生物中分布广泛，主要存在于扁桃、杏、刀豆等植物，细菌、霉菌和酵母等微生物及幼小哺乳动物的小肠中。其中细菌中的乳酸菌环状芽孢杆菌、大肠杆菌、产气肠细菌等，霉菌中的米曲霉、黑曲霉、硫球曲霉、黄青霉、炭色曲霉等，酵母中的脆壁克鲁维酵母和乳酸克鲁维酵母、热带假丝酵母等及放线菌中的天蓝色链霉菌等均产β-半乳糖苷酶。目前，商业用酶源一般认为酵母最为安全。乳糖酶根据不同来源可分为胞内酶和胞外酶。如乳酸酵母、黑曲酶、米曲酶、米根酶等产乳糖酶均为胞外酶，脆壁克鲁维酵母和大部分细菌产胞内酶。通常，霉菌所产乳糖酶适用于酸性乳清和干酪的水解；酵母和细菌乳糖酶适于水解牛乳(pH=6.6)和甜乳清(pH=6.1)中的乳糖。微生物乳糖酶最适作用温度范围较宽，酵母乳糖酶作用温度在35℃左右，而霉菌最适作用温度一般在50℃以上，最高可达60℃，环状芽孢杆菌则可达65℃，嗜热水生菌则为80℃，耐高温微生物菌株使用时可避免杂菌污染。

2) 乳糖酶的反应机制

研究表明水解过程至少包括3个步骤，最后一步表现为水解或转苷活性。步骤如下：

① 酶+乳糖⟶酶-乳糖；

② 酶-乳糖⟶半乳糖基-酶+葡萄糖；

③ 半乳糖基-酶+受体⟶半乳糖基-受体+酶

第3步中若受体为水，则表现为水解，生成半乳糖和葡萄糖；若受体为糖则表现为转移，生成低聚半乳糖。

3) 乳糖酶的体内代谢

正常情况下，乳糖可在人体小肠上皮细胞的乳糖酶作用下水解成葡萄糖和半乳糖后被吸收而进入血液。半乳糖比葡萄糖吸收速度更快，两者吸收系数分别为122和100。

乳糖不耐症就是指人体摄入牛奶等含乳糖的乳制品后，由于体内缺乏将乳糖水解为葡萄糖和半乳糖的内源性乳糖酶，乳糖就保留在肠道中被细菌发酵成短链有机酸（如丁酸、乳酸）和气体（如 CO_2、CH_4），从而引起肠鸣、腹胀等症状，使得钙离子、蛋白质等营养物质流失，从而造成营养不良。此现象普遍存在于全世界人群中，以亚洲人和非洲人较为多见，我国人口属乳糖酶缺乏的高发群体。由于乳糖酶的缺乏，对利用乳品作为廉价的动物蛋白及钙的来源以改善人群的营养状况造成困难。为弥补肠道乳糖酶的不足，可采用微生物来源的乳糖酶预处理乳品生产低乳糖食品。在乳糖酶的作用下，乳糖被分解为半乳糖和葡萄糖。单糖可被肠道吸收并进入血液，解决乳糖不耐症患者的乳品消费问题。乳糖的甜度较低，只有蔗糖的 20%，被乳糖酶水解后生成甜度接近于蔗糖的葡萄糖和半乳糖，可明显提高乳制品的甜度，并且不增加食品的热量。

4）乳糖酶的应用

乳糖的溶解度较低，牛乳浓缩时或制作冷冻乳制品时，乳糖容易结晶析出，使产品中有颗粒状物质，食用时口中有沙样感，产品质量因此而下降。将乳糖部分水解后可以防止出现这种现象，而且能够延长乳糖的结晶和蛋白质的聚集，从而降低产品的冷冻增稠。

目前商业生产的乳糖酶制剂主要有 3 种类型：口服乳糖酶片、乳糖酶制剂和固定化乳糖酶制剂。

7.1.3 纤维素酶

纤维素酶（β-1,4-葡聚糖 4-葡聚糖水解酶，EC 3.2.1.4）是所有参与降解纤维素并将其转化为纤维二糖和葡萄糖的各种酶的总称。纤维素酶用途极广，可用于一切以植物和植物子实体为原料的加工业。

1）纤维素酶的分类和作用模式

由于纤维素不溶于水，微生物水解和代谢纤维素需要产生胞外或结合在细胞上的纤维素酶。现在已经明确，纤维素酶并不是一种单一组分的酶，而是一个由多种酶组成的复合酶体系，一般将纤维素酶分为如下 3 类：

(1) 葡聚糖内切酶（endo-β-1,4-葡聚糖酶）。这类酶作用于纤维素分子内部的非结晶区，随机水解 β-1,4-糖苷键，将长链纤维素分子截短，产生大量带非还原性末端的小分子纤维素。

(2) 葡聚糖外切酶（exo-β-1,4-葡聚糖酶），包括1,4-β-D-葡聚糖水解酶和 1,4-β-D-纤维二糖水解酶。这类酶作用于纤维素还原性和非还原性末端，水解 β-1,4-糖苷键，释放葡萄糖（葡聚糖水解酶）或纤维二糖（纤维二糖水解酶）。外切葡聚糖酶还能作用于微晶纤维素，原因可能是它能从微晶纤维素的结构中驱除纤维素链。

(3) β-葡萄糖苷酶。这类酶作用于小分子量底物时表现出最高的活力，能将纤维二糖水解成葡萄糖分子。

2）纤维素酶的性质

由不同纤维素酶生产商生产的纤维素酶在酶系的组成、相对分子质量、等电点、最适 pH 和最适温度等方面是不同的，有的甚至相差较大（一般纤维素酶的相对分子质量在 45 000～76 000，最适 pH 大多偏酸性一般在 4.5～6.5 范围内，最适温度为 40～60℃，从黑曲霉生产的商业纤维素酶制剂的最适 pH 范围是 pH 4.5～5.5）。然而，酶制剂的最适 pH 也将随着底物的改变而变化，即使底物不变，酶制剂的最适 pH 也随酶活力测定的方法而变化。例如，黑葡萄状穗霉纤维素酶以 CMC 为底物测定反应体系黏度下降时（即还原糖生成的速度），酶的最适 pH 降为 6.5。

另外，纤维素酶的各组分大多是糖蛋白，含糖比例亦很少相同，糖和蛋白之间的结合方式亦不同。有的是通过共价键连接，有的是可解离的复合物。纤维素酶是诱导酶，起诱导作用的并不是纤维素本身，而是其分解产物纤维二糖等。

纤维素酶具有很高的热稳定性。例如，疣孢状漆斑菌（Myrothecium verrucaria）纤维素酶在没有底物存在时，100℃加热 10 min，仍然有 20%的活力保留下来。从黑曲霉分离的不同种类纤维素酶具有明显不同的热稳定性，其中外切酶经沸腾 2 min 即完全失活。而在相同条件下，内切酶在高温下，特别当存在底物时，不易变性，因此它能在高温下使用。由于纤维素酶具有非常高的耐热性，因此可以利用它的这一性质来区分它和果胶酶的作用，后者经短时间沸腾即可失活。必须指出，并非所有的纤维素酶都具有高的热稳定性。前面已提到，黑曲霉外切纤维素酶在高温下很易失活，还有一些微生物纤维素酶的最适温度是相当低的，例如从球状毛壳菌（Chaetomium globosum）分离的纤维素酶的最适温度是 33～35℃（pH 5.0，CMC 作为底物）。

葡萄糖酸内酯能有效地抑制纤维素酶，重金属离子如铜和汞离子，也能抑制纤维素酶。但是半胱氨酸能消除它们的抑制作用，甚至进一步激活纤维素酶。植物组织中含有天然的纤维素酶抑制剂，它能保护植物免遭霉菌的腐烂作用，这些抑制剂是酚类化合物。如果植物组织中存在着高的氧化酶活力，那么它能将酚类化合物氧化成醌类化合物，后者能抑制纤维素酶。

7.1.4 果胶酶

果胶酶（EC 3.2.1.15 pectolytic enzyme or pectinase）与纤维素酶相类似，是一类复合酶，包含多种组分，它是指能够分解果胶物质的各种酶的总称。

1）果胶

果胶是一种高分子多糖化合物，作为细胞结构的一部分，存在于几乎所有的植物中。它主要由半乳糖醛酸及其甲酯缩合而成，此外还含有鼠李糖、阿拉伯糖、半乳糖等。果胶的基本结构是 α-1-4-D 半乳糖醛酸主链，鼠李糖单元以（1-2）连接于还原端或以（1-4）连接于非还原端。鼠李糖在果胶多糖的主链上引入了节点阿拉伯糖、半乳糖或阿拉伯半乳聚糖再作为侧链以（1-4）连接于鼠李糖上。

根据从植物细胞壁中提取方式的不同，果胶可分为 3 类：水溶性果胶、螯合剂可溶性果胶和原果胶。前两种果胶主要由半乳糖醛酸和 10%～20%的中性糖以及 2%左右的鼠李糖等组成，糖醛酸中羧基的数量和分布对于此果胶物质是水溶性还是螯合剂可溶性有很大的影响；而原果胶特别是用碱提取得到的原果胶，中性糖含量很高，主要是阿拉伯糖和半乳糖。

2）果胶酶的分类

果胶酶大致分为果胶水解酶（pectin hydrolases）、果胶裂解酶（ pectin lyases，PMGL）、果胶酯酶（pectin esterases，PE）和原果胶酶等，其中果胶水解酶又可分为聚半乳糖醛酸酶（polygalacturonases，PG）、聚半乳糖醛酸甲酯水解酶（polymethylgalacturonases，PMG）、聚鼠李半乳糖醛酸酶（rhamnogalacturonases）、阿拉伯聚糖酶、半乳聚糖酶、木糖基半乳糖醛酸酶(xylogalacturonase)等。

表 7-7　果胶酶的分布

植物或微生物	果胶酯酶(PE)	聚半乳糖醛酸酶(PG)	果胶酸裂解酶(PGL)	果胶裂解酶(PMGL)
高等植物				
柑　橘	+++			
番　茄	+++	+++		
香　蕉	+			
苹　果	+	+		
梨	+	+		
马铃薯	+			
葡　萄	+	+		
霉　菌				
黑曲酶	++	++		+
青曲霉	+	+		+
镰刀霉菌	+	+	+	
根霉菌	+	+		
核盘霉菌	+	+		+
刺盘孢		+		
酵　母				
克鲁氏酵母		++		
细　菌				
多黏杆菌			+++	
梭状芽孢杆菌	+	+	+	
欧氏植病杆菌属		+	+++	
极毛杆菌			+++	
节杆菌属			+	

PMG 水解高酯化果胶分子的 α-1,4-糖苷键，而 PG 则通过水解作用切断果胶酸分子的 α-1,4-糖苷键。后者对果胶的水解速度及程度随果胶酸酯化度的增加而降低，与 PE 协同作用可加速降解。对寡聚半乳糖醛酸的水解作用也随聚合度的长度减少而降低。Endo-PG 可将果胶降解为小分子，使果胶黏度降低并释放还原末端。PL 只能裂解贴近甲酯基的 α-1,4 糖苷键，裂解反应遵循 β 消去机制，生成在非还原末端的 C-4 和 CS 位置有不饱和键的半乳糖醛酸。但还原性末端与用 PG 水解的情况完全相同，即 PL 与 PG 的分解效果在表观上是一样的，都能造成还原糖含量的增高和黏度的降低。

3) 果胶酶的分布

许多霉菌及少量的细菌和酵母菌都可产生果胶酶，主要以曲霉和杆菌为主，新近报道的其他菌有青霉如意大利青霉(Penicillium italicum)和扩展青霉(Penicillium expansum)等、白绢菌(Sclerotium rolfsii)、立枯丝核菌(Rhizoctoniasolani)、微小毛霉(Mucor pusilus)、高大毛霉(Mucor mucedo)和匐枝根霉(Rhizopus stolonifer)等。由于真菌中的黑曲霉(Aspergillus niger)属于公认安全,其代谢产物是安全的,因此目前市售的食品级果胶酶主要来源于黑曲霉,最适 pH 一般在酸性范围。近年来,一些来源于细菌杆菌属的碱性果胶酶日益受到重视,随着分子生物学技术的不断提高,也可利用基因克隆技术实现。

4) 果胶酶的作用方式

在果胶酶中聚半乳糖醛酸酶(PG)发现较早,这类酶可以水解 D-半乳糖醛酸 α-1,4 糖苷键,其作用方式如图 7-3 所示。

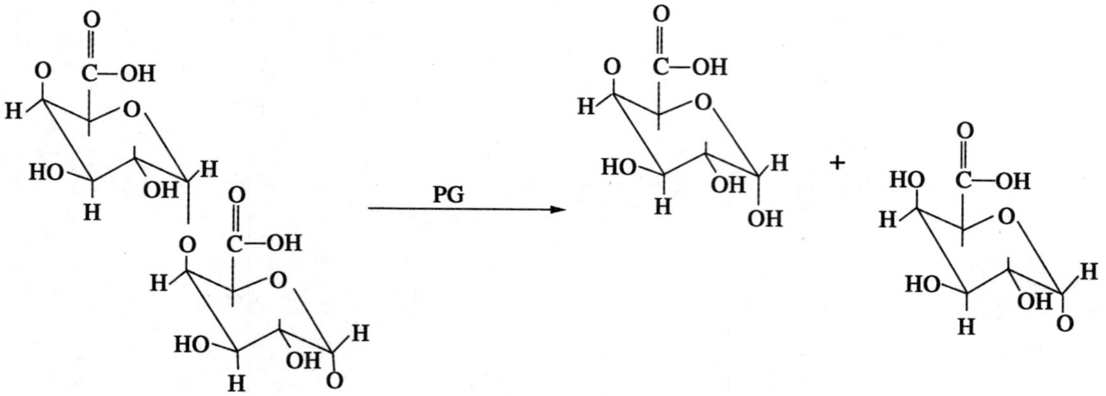

图 7-3 聚半乳糖醛酸酶作用方式

聚半乳糖醛酸裂解酶通过反式消去作用切断果胶酸分子 α-1,4 糖苷键,生成具有不饱和键的半乳糖醛酸酯,其作用方式如图 7-4 所示。

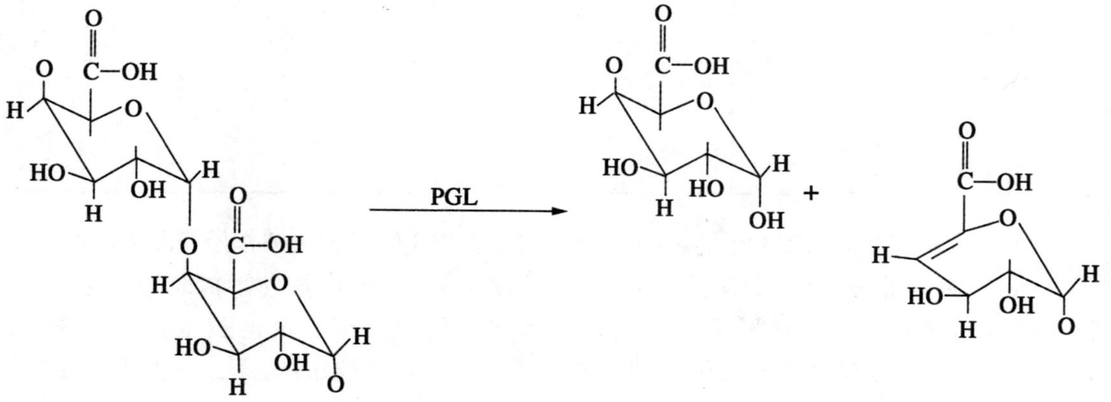

图 7-4 聚半乳糖醛酸裂解酶作用方式

聚甲基半乳糖醛酸裂解酶可以通过反式消去作用切断果胶分子 α-1,4 糖苷键,其作用方式如图 7-5 所示。

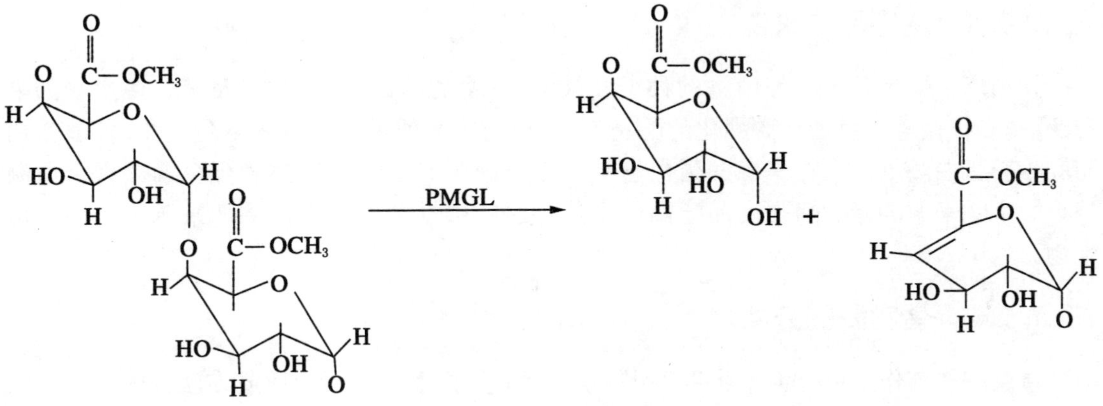

图 7-5　聚甲基半乳糖醛酸裂解酶作用方式

果胶酯酶能使果胶中的甲酯水解，生成果胶酸，其作用方式如图 7-6 所示。

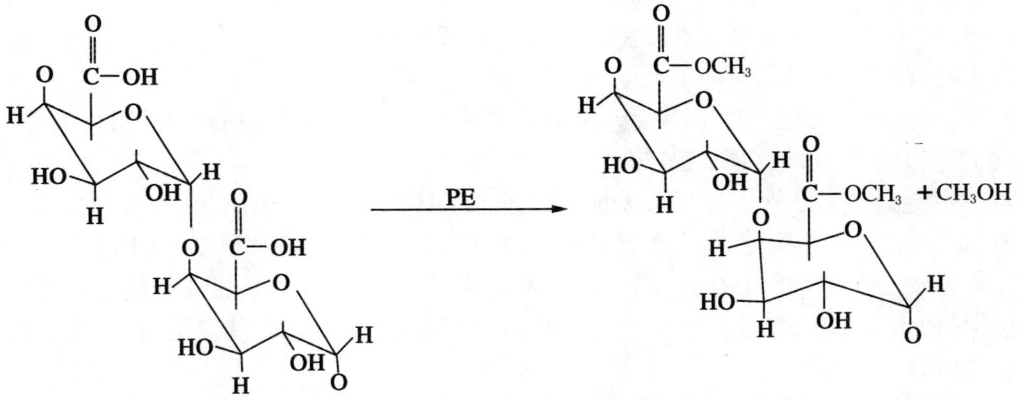

图 7-6　果胶酯酶作用方式

5）果胶酶在食品工业中的应用

果胶物质存在于水果和蔬菜中，它的变化对于水果和蔬菜的结构有重要影响。果胶酶能降解果胶物质，因而在食品加工和保藏中起重要的作用。微生物果胶酶是食品工业中使用量最大的酶制剂之一，主要应用于果汁的萃取、澄清以及果酒酿造。在工艺过程中，添加果胶酶助剂能够提高出汁率，加速果汁澄清，降低成本。同时，由于果胶酶降解果胶质，产品更易于吸收和储存。

7.2　蛋白酶

蛋白酶是水解肽键的专一酶类。蛋白质在蛋白酶的作用下依次被水解成胨、多肽、肽，最后成为蛋白质的基本组成单位——氨基酸。蛋白酶来源丰富，种类繁多，各种蛋白酶的作用方式及作用特点也有很大不同。

7.2.1 蛋白酶的来源

蛋白酶主要来源于高等植物的种子和果实，动物的内脏和腺体，以及某些微生物如酵母、霉菌和杆菌等。目前已商品化的酶制剂中，植物来源的蛋白酶有木瓜蛋白酶、菠萝蛋白酶和生姜蛋白酶等。动物来源的蛋白酶有从家畜胰脏和胃中提取的胰蛋白酶和胃蛋白酶等。微生物来源的蛋白酶是商品化酶的主体，酸性、中性和碱性蛋白酶即来源于不同的微生物。

7.2.2 蛋白酶的分类

蛋白酶按其作用可分为内肽酶和外肽酶两大类：内肽酶从蛋白质或多肽的内部切开肽键生成分子量较小的胨和多肽；而外肽酶则只能从蛋白质或多肽的氨基酸或羧基末端水解肽键而游离出氨基酸。蛋白酶也可以按酶的来源分类，例如胃蛋白酶、胰蛋白酶、木瓜蛋白酶、细菌或霉菌蛋白酶等。目前人们对木瓜蛋白酶研究得最多，它是由木瓜的未成熟果实提取而来的，具有较高的热稳定性，适宜温度范围较宽，最适温度 65℃左右；其最适 pH 随底物而变动，一般在 5～7 的范围内。木瓜蛋白酶活性受氧化剂或重金属离子抑制，还原剂或 EDTA 能恢复酶的活力。

微生物蛋白酶则常根据其作用最适 pH 分为碱性蛋白酶、中性蛋白酶、酸性蛋白酶等。另外，根据活性中心来分，蛋白酶可分为 4 类：

(1) 丝氨酸蛋白酶，活性中心在丝氨酸，最适反应 pH 8～10。这类酶几乎全是内肽酶，属于此类的酶包括胰蛋白酶、糜蛋白酶、弹性蛋白酶、枯草杆菌碱性蛋白酶和凝血酶等。

(2) 巯基蛋白酶，活性中心含巯基，可为还原剂所活化，巯基易同金属离子结合而引起酶不同程度的失活，最适 pH 在中性附近。植物蛋白酶如木瓜蛋白酶、菠萝蛋白酶、微生物中的中性蛋白酶均属此类。

(3) 金属蛋白酶。这类酶以其活性中心含 Ca^{2+}、Zn^{2+} 等金属离子而得名，加入金属螯合剂(如 EDTA)能将金属原子从酶蛋白中剥离而引起酶失活，失活的酶重新加入金属可使酶活性恢复。另外，氰化物、汞、铅、铜等重金属对酶有抑制作用。属于这类的蛋白酶有微生物中性蛋白酶、胰羧肽酶 A 等。

(4) 羧基蛋白酶，主要是最适 pH 2～4 的酸性蛋白酶类，其活性中心含有两个羧基。

7.2.3 酸性蛋白酶

酸性蛋白酶是水解酶类的一种，能够在微酸环境下(pH 2.5～4.0)水解动植物蛋白质，通过内切和外切作用将蛋白质水解为小肽和氨基酸。从酶的活力-pH 曲线分析，在酶的活性部位中含有一个或更多的羧基。

1) 生产菌种

酸性蛋白酶首先由吉田在 1954 年在黑曲霉中发现，目前商品酸性蛋白酶的生产菌主要是黑曲霉、黑曲霉大孢子变种、斋藤曲霉、根霉、杜邦青霉、血红色陀螺孔菌和微小毛霉(凝乳酶)等少数菌株。

2) 酸性蛋白酶的性质

酸性蛋白酶广泛存在于霉菌、酵母菌和担子菌中，细菌中极少发现，它的分子量在

35 000左右，其最适 pH 3～4，等电点低(pI 3～4)。酸性蛋白酶主要是一种羧基蛋白酶，大多数在酶分子活性中心有两个天冬氨酸残基，酶蛋白中酸性氨基酸含量高，而碱性氨基酸含量低，在已经进行过氨基酸序列分析的酸性蛋白酶分子中约有 30%的区域是同系的。由于酸性蛋白酶活性中心具有—COOH，多数抑制剂都是通过与其发生酯化反应而迅速使之钝化。譬如，重氮乙酰正亮氨酸甲酯等重氮试剂可以与活性基团—COOH发生酯化反应。

酸性蛋白酶在 pH 2～6 范围内稳定，若在 pH 7、40℃条件下处理 30 min，酶将立即失活。

斋藤曲霉酸性蛋白酶，最适 pH 2～3，但在 pH 4.0 的培养液中稳定，在 pH 2.7、30℃可引起严重的失活。从溶液中游离氨基酸的增加，可以看出酶的失活是由于自溶；在 pH 6～7 酶发生变性失活，添加 2 mol/L NaCl 可以增加酶的稳定性。

一般霉菌酸性蛋白酶在 50℃以上颇不稳定，斋藤曲霉酸性蛋白酶在 pH 5.5、50℃，黑曲霉 3.350 的酶在 pH 6.5、60℃处理 20 min 可引起完全失活。但是紫微青霉酸性蛋白酶在 60℃历时 1 h 仍不致失活。有些酸性蛋白酶不耐低温。许多酸性蛋白酶分子中含有 5%～10%多糖对酶稳定有益。

微生物酸性蛋白酶与胃蛋白酶不同是许多霉菌酸性蛋白酶能裂开胰蛋白酶原的赖氨酸与异亮氨酸间的肽键(Lys-6-Ile-7)，使活性中心暴露而激活，利用此原理可在有其他酸性或碱性肽酶共存下，专一地测定霉菌酸性蛋白酶的活性。

与胃蛋白酶另一个不同点是霉菌酸性蛋白酶需要较大分子的底物，其最小底物为苄氧基十二肽，作用于蛋白质的专一性比胃蛋白酶或枯草杆菌中性蛋白酶更广，胃蛋白酶作用过的底物蛋白还可被酸性蛋白酶进一步分解。

在食品工业中最有价值的酸性蛋白酶是凝乳酶，这是因为它被广泛地用于生产干酪。虽然许多微生物蛋白酶也是属于这一类蛋白酶，但是对这些酶所做的基础研究工作远不如对胃蛋白酶或凝乳酶那么充分。凝乳酶是存在于哺乳期小牛第四胃中的蛋白酶，它也是以无活性的酶原形式被分泌出来的。随着小牛长大，由摄取母乳改变成青草和谷物时，凝乳酶的数量下降，而胃蛋白酶的数量增加。

凝乳酶在从无活性的酶原转变成活性酶时经受了部分的水解，分子量从 36 000 下降到 31 000。pH 和盐浓度影响着酶原激活的过程。在 pH 5 时，酶原主要通过自身催化作用激活；而在 pH 2 时，激活过程进行得非常快，并且自身催化起着一个次要的作用。

凝乳酶在 pH 5.3～6.3 范围内是最稳定的，在 pH 2 时还相当稳定。酶在 pH 3.5～4.5 范围内由于自我消化而很快失活，在中性和碱性 pH 范围，酶很快失去凝乳的活力。以血红蛋白为底物时，酶的最适 pH 是 3.7。凝乳酶具有和胃蛋白酶相类似的底物特异性。

7.2.4 中性蛋白酶

1) 生产菌种

中性蛋白酶是最早用于工业生产的蛋白酶。商品中性蛋白酶的生产菌种，主要是枯草杆菌、耐热解蛋白芽孢杆菌、灰色链霉菌、寄生曲霉、米曲霉和栖土曲霉等。

2) 中性蛋白酶的性质

大多数微生物中性蛋白酶是金属酶，一部分酶蛋白总含有一个锌离子，相对分子质量 35 000～40 000，等电点 pI 8～9，是微生物蛋白酶中最不稳定的酶，很易自溶，即使在低温冰冻干燥的条件下，也会造成相对分子质量的明显减少。

代表性的中性蛋白酶是耐热解蛋白芽孢杆菌所产生的热解素与枯草杆菌的中性蛋白酶，这些酶在 pH 6～7 稳定，超出此范围迅速失活。以酪蛋白为底物时，枯草杆菌蛋白酶最适 pH 为 7～8，热解素最适 pH 7～9，曲霉菌的酶是 pH 6.5～7.5。

一般中性蛋白酶的热稳定性较差，枯草杆菌中性蛋白酶在 pH 7、60℃处理 15 min，失活 90%；栖土曲霉中性蛋白酶 55℃处理 10 min，失活 80%以上；而放线菌中性蛋白酶的热稳定性更差，只在 35℃以下稳定，45℃迅速失活。只有少数例外，如热解素在 80℃处理 1 h，尚存酶活 50%；有的枯草杆菌中性蛋白酶，在 pH 7、65℃，酶活几乎无损失。酶的最适温度，取决于反应时间，在反应时间 10～30 min 内，最适温度是 45～50℃。钙离子可以增加酶的稳定性，并减少酶自溶，故中性蛋白酶提纯过程的每一步都需有钙离子的存在。

合成底物实验表明，中性蛋白酶只水解由亮氨酸、苯丙氨酸、酪氨酸等疏水大分子氨基酸提供氨基的肽键。对不同氨基酸构成的肽键的水解能力，因酶的来源而异，大体是亮氨酸＞苯丙氨酸＞酪氨酸。

7.2.5 碱性蛋白酶

碱性蛋白酶（又称丝氨酸蛋白酶）广泛存在于细菌、放线菌和真菌中，研究最为广泛和深入的是芽孢杆菌的丝氨酸蛋白酶。这种酶在洗涤剂、制革、丝绸等工业上有广泛用途。工业生产用的菌种主要是枯草杆菌、淀粉液化芽孢杆菌和短小芽孢杆菌以及地衣芽孢杆菌等少数几种。

碱性蛋白酶有下面的一些性质。

多数微生物碱性蛋白酶在 pH 7～11 范围内有活性。以酪蛋白为底物时的最适 pH 以 9.5～10.5 为多，这种酶除了水解肽键外，还具有水解酯键、酰胺键和转酯及转肽的能力。

多数微生物碱性蛋白酶不耐热，若在 50～60℃加热 10～15 min，几乎有一半酶的活性下降 50%，只有费氏链霉菌与立德链霉菌等的碱性蛋白酶，经 70℃处理 30 min，酶活性仅损失 10%～15%。不少链霉菌碱性蛋白酶即使在 pH 12～13 仍有活性，可是超过 50℃就引起失活。我国生产的几种碱性蛋白酶的耐热性亦在 60℃以下。碱土金属，特别是钙对碱性蛋白酶有明显的热稳定作用。

碱性蛋白酶的相对分子质量比中性蛋白酶小（20 000～34 000），而等电点高（pI 8～9）。碱性蛋白酶与胰蛋白酶都是丝氨酸酶。活性中心的丝氨酸可能是通过它的羟基同底物多肽的羧基结合，而形成酶与底物的络合物，在这里进行了酰化和去酰化反应而使底物水解。如将枯草杆菌的碱性蛋白酶活性中心的丝氨酸残基用—SH 基取代，变成巯基枯草杆菌碱性蛋白酶，它的专一性发生了变化，酯酶活性只对硝基酚酯起作用，它的酰胺酶活性只对咪唑酰胺起作用。

枯草杆菌碱性蛋白酶是由单条肽链所构成，它不需任何辅基，未发现需要激活因素，也未发现曲霉碱性蛋白酶的激活剂。而微生物碱性蛋白酶具有强烈的酯酶活性，可水解甲苯磺酰精氨酸甲酯和各种对硝基苯基酯。

碱性蛋白酶对底物有高度专一性，只能水解蛋白质肽链，而不能水解淀粉、脂肪等其他物质，但是有可能水解多种蛋白质。另外，不同的碱性蛋白酶具有对切开点羧基侧的专一性，如枯草杆菌碱性蛋白酶对酸性残基的专一性等。

7.2.6 蛋白酶在食品中的作用

蛋白酶具有降蛋白质水解成肽和氨基酸的功能，能提高和改善蛋白质的溶解性、乳化性、起泡性、黏度和风味等，在食品工业中广泛应用于肉的嫩化、制造鱼蛋白、增加面团柔软性、防止啤酒产生浑浊等工艺。利用蛋白酶，可以避免酸水解、碱水解对氨基酸的破坏作用及变质，保证蛋白质的营养价值不受影响。由于蛋白质是决定食品的物理性质、营养价值和风味等性质的主要成分之一，因而与分解蛋白质有关的蛋白酶制剂是食品工业的主要酶制剂之一。

蛋白质经酶水解后味道的改变是影响它能否应用于食品的一个关键因素。一种蛋白质产品即使具有很高的营养价值，如果它的味道不能被消费者所接受，那么它仍然是没有价值的。纯蛋白质的风味一般是比较平淡的。小麦、鱼和大豆蛋白质的特征风味是由于它们结合着少量的其他化合物。蛋白质经酶水解后能释放出这些风味成分，其中包括一些不良风味的成分，同时也可能导致蛋白质产生一些苦味。水解蛋白质的苦味和蛋白质原有的氨基酸组成有关，特别是蛋白质中的疏水性氨基酸是导致蛋白质经水解后产生苦肽的重要原因。当蛋白质处于天然状态时，这些氨基酸埋藏在蛋白质结构的内部，因而对蛋白质的味道不会产生明显的影响。在酶水解过程中，小肽的数量将增加，从而暴露了这些疏水性氨基酸，当它们同味蕾相作用时就产生了苦味。实验数据也证实了这个理论，例如，明胶含有较少的疏水性氨基酸，它的水解物就带有很少的苦味。如果采取有控制的酶水解，使蛋白质的水解反应停止在某一个阶段，使肽链具有足够的长度将疏水性氨基酸埋藏在它的结构内部，就能减少水解蛋白质的苦味。

7.3 脂酶(甘油酯水解酶 EC 3.1.1.3)

当脂肪作为食品的一部分被摄入人体后，大部分是在小肠中在胰脂酶作用下被水解成甘油、甘油一酯和脂肪酸，脂酶存在于胰腺、血浆、唾液、胰汁、乳、许多产生甘油三酯的植物(大豆、蓖麻子和花生等)、霉菌和细菌中。

按照国际生物化学委员会的命名规则，脂酶催化下列反应：

$$\text{甘油三酯} + H_2O \longrightarrow \text{甘油二酯} + \text{脂肪酸}$$

然而，上述反应不是一个完全的反应，因为脂酶催化的反应可以进行到甘油一酯甚至甘油阶段，如果以甘油三亚油酸酯作为底物，那么脂酶可以定义为：① 水解甘油脂肪酸酯的酶；② 水解长链脂肪酸酯的酶。但是，上述两个定义都不能充分地反映脂酶的催化作用。例如，以甘油三丁酸酯为底物时，定义：① 可以适用而定义，② 却不适用；而以硬脂酸苯酯为底物时，定义：① 不适用而定义，② 却能适用。

7.3.1 脂酶的来源

目前应用的脂酶主要有两个来源。一个来源是从天然组织中提取或直接利用活化天然组织中的脂酶，例如用皱胃膜中提取出的前胃脂酶类制剂，或者直接用皱胃膜浆就可以生产出意大利式干酪；也有直接利用牛乳中本身含有的脂酶生产增香乳制品的。虽然这些方法已被广泛运用，但它的发展受到资源和稳定性方面的因素所制约。另一个来源是用霉菌（如米黑毛霉、青霉等）分离培养，这种办法可批量生产，是未来脂酶生产的主要途径。现在市售的质量较肯定的脂酶制剂大多是此类产品，种类很多，效果一般比较稳定。几年以前，我国就用假囊酵母采用深层通风发酵培养生产出了脂酶，实际推广效果不错。

7.3.2　脂酶作用的底物的物理状态

脂酶的天然底物（长链甘油三酯）是不溶于水的，脂酶不能作用于分散在水中的底物分子，而能作用于乳化的脂肪球，脂之间的界面是酶作用的部位。脂酶的活性不是取决于底物的数量，而取决于底物-水界面的浓度和界面的质量，脂酶在这一界面上裂解底物。当脂酶分子同处在界面的底物分子相接触时，其构象发生改变，使它能抓住底物分子，这是一个界面激活过程。在脂酶分子构象改变过程中，酶分子中一个特殊的部位（并非活性部位）和底物或界面的一部分依靠空间电荷或其他因子相接触则起着关键的作用。

7.3.3　底物特异性

猪胰脂酶作用于 3 种甘油酯时，它的相对速度是甘油三酯＞甘油二酯＞甘油一酯，图 7-7证实了上述观点。从图中可以看出脂酶催化的水解反应是从甘油三酯开始的。在不同的反应时间取出一定量的反应混合物，分析其中的甘油三酯、二酯、一酯及甘油的含量。甘油三酯的量快速减少的同时，甘油二酯的量快速地增加，而甘油一酯的量慢慢地增加。由于它增加的速度平行于甘油一酯水解的速度，甘油的量在反应进行到较后阶段才显著地增加。

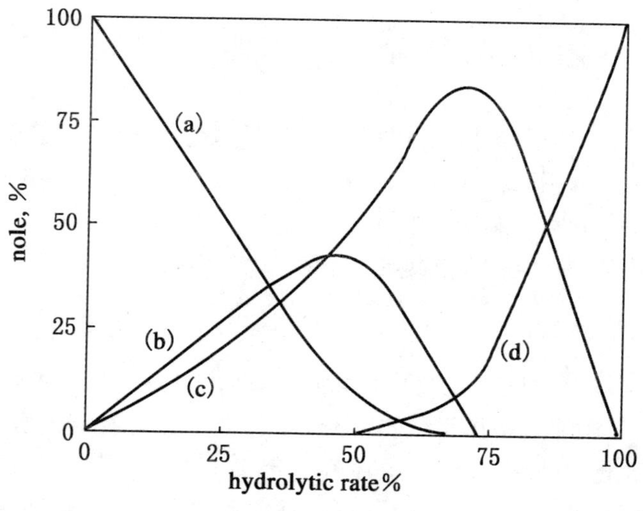

图 7-7　猪胰脂酶水解甘油三酯的进程

(a) 甘油三酯　(b) 甘油二酯　(c) 甘油一酯　(d) 甘油

猪胰脂酶作用于甘油三酯时的特异性表现为它选择 1 位和 3 位的酯键作为作用点，而猪胰脂酶对于酯的醇部分却绝对没有特异性要求。例如，它作用于甘油丁酸酯的速度约为作用于丁酸甲酯的 4 倍。

脂酶对酯的酸部分有特异性要求。虽然各种脂酶之间似乎有定量的差别，但是它们以甘油三丁酸酯为底物时都表现出最高的活力。因此，脂酶对于四碳链酸具有最高的特异性，然而此种特异性仅仅是相对的。比如，人的胃脂酶的最适 pH 为 5.5～7，其他种类的脂酶的最适 pH 为 8～9，而它们以甘油三酯为底物时仍然表现出相同的相对特异性。当构成甘油酯的脂肪酸的碳数超过 10 时，脂酶具有较低的活力。

脂酶只有在甘油酯和水所构成的非均相体系乳状液中才表现其活力，它对水溶性底物的催化作用很小，任何能增加底物-水界面面积的条件和措施（例如，添加乳化剂、均质等）都能提高脂酶的活力。在实验室中测定脂酶的活力时，也加入牛磺胆酸盐或洗涤剂作为乳化剂，以提高脂酶的活力。

7.3.4 pH、温度、激活剂和抑制剂对脂酶作用的影响

脂酶的最适 pH 和最适温度随底物、脂酶的纯度，缓冲液和测定的方法而稍有改变。大多数脂酶的最适 pH 在 6～9 范围内，酶解反应的最适温度是 20～40℃，实际生产中一般用 30～36℃。也有一些脂酶具有酸性的最适 pH，胰脂酶的最适 pH 为 8～9，由于底物、盐和乳化剂的影响，它的最适 pH 降为 6～7。

除了底物、pH 和温度外，盐对脂酶的作用也有影响。胆酸盐等具有乳化作用的盐能提高脂酶的活力，但是重金属的盐类却能起抑制脂酶的活力的作用。氯化钠对于猪胰脂酶的作用是必需的。当 NaCl 的浓度增加到 7 mmol/L 时，酶的活力达到最高值，超过这个浓度，酶的活力开始下降。虽然牛胰脂酶和牛乳胰脂酶对于氯化钠并非绝对必需，但是低浓度的 NaCl 能激发酶的作用。钙离子能激发大多数脂酶的作用，并且能提高胰脂酶的热稳定性。

虽然二异丙基氟磷酸（DFP）是脂酶和蛋白酶强有力的抑制剂，但是在低浓度时，它不能使胰脂酶失活，只有在较高浓度时，它才能使胰脂酶失活。有机磷化物二乙基-对-硝基苯磷酸在溶液中几乎不能抑制胰脂酶，但是在乳状液中它能显著地抑制胰脂酶。胰脂酶可能是一种“丝氨酸-组氨酸”酶，这是因为二乙基-对-硝基苯磷酸能与酶的丝氨酸残基相结合，同时，在酶的光氧化失活和组氨酸氧化损失之间存在着一定的关系。

7.3.5 脂酶酯化反应特性

脂酶不但能催化合成甘油脂肪酸酯，还可以合成其他酯类，酯化反应进程受到多种因素的影响。

1）反应介质

近年来，酶在有机相中的生物催化作用因其潜在的工业用途而日益受到人们的重视。与水相催化相比，有机介质可以增加脂酶的热稳定性，增加非极性底物的溶解度，减少反应副产物，还可能影响酶的底物特异性及酶反应的平衡方向和反应速度。

非极性溶剂适合于酯化合成，反应平衡常数与溶剂对水的溶解度显示了很好的相关性，反应初速度与有机溶剂的极性参数（lg P）和极化度也密切相关。一方面，控制反应系统中水的含量，有助于平衡向合成方向移动；另一方面，微量的水是维持脂酶活性的必要条件，在绝对无水的环境中酯合成一般不会发生。

2）底物及产物的影响

研究脂肪酸对脂酶的竞争性产物抑制效应，可以发现效应物通过疏水作用直接结合到酶的活性中。抑制强度取决于效应物的结构因素（例如，链的长度或（和）疏水性），中等链长的脂肪酸如正十二烷酸强烈抑制酯水解反应，而短链脂肪酸强烈抑制有机相中的酯化作用。

移去反应产物可促进酯化反应的继续进行，在甘油单酯的工业生产中，使用固定化酶膜反应器技术并利用吸附柱回收体系中的单酰基甘油，产率可达90%以上。

3）脂酶的种类和用量

不同种类的脂酶催化酯化的反应速度和转化率有所不同，如何从中选择出合适的酶是一个困难的问题。一般认为脂酶催化水解反应的活性与转酯或酯化活性并不相关。此性质受到介质的影响，许多脂酶的水解活性在水相中与50%二氧六环-水体系中完全不同，但在50%二氧六环中保持高水解活性的脂酶通常都具有高的转酯或酯化活性，这将为合成反应中脂酶的选择提供了一个途径。酶促反应中，反应速度随酶的用量而增加，直至达到一稳定值，但也有报道，过高的脂酶-底物比率会导致溶液黏滞度增加，限制底物扩散，从而降低了酯化反应速度。

7.3.6 微生物脂酶

很多微生物能够利用天然的油和脂肪作为碳源维持生长。其原因主要是它们能分泌脂酶。近年来，由于脂酶在油脂工业和乳品工业中的应用逐渐增多，因此，利用微生物生产胞外脂酶具有一定的经济价值。

根据位置特异性的不同，可以将微生物脂酶分成两种类型。第一类是非特异性微生物脂酶，它们能从甘油三酯的所有3个位置将酯水解，生成游离脂肪酸。这类脂酶能催化甘油三酯完全水解成游离脂肪酸和甘油。第二类微生物脂酶只能从甘油三酯的1位和3位将它水解，生成游离脂肪酸。其产物，除游离脂肪酸外，还有1,2(2,3)-甘油二酯和2-甘油一酯。这两类微生物脂酶催化的反应如下式所示。

(1) 非特异性脂酶催化的反应：

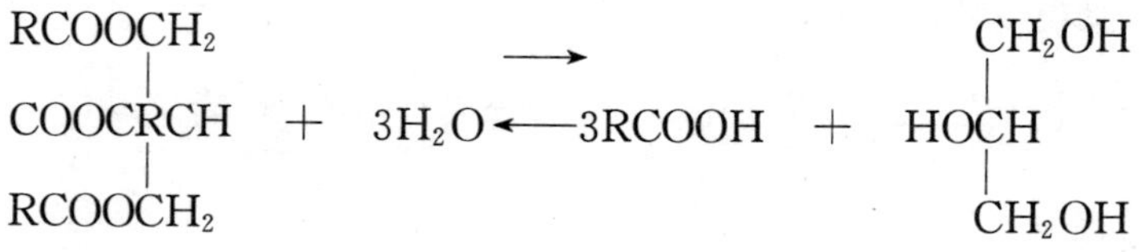

(2) 1,3-特异性脂酶催化的反应：

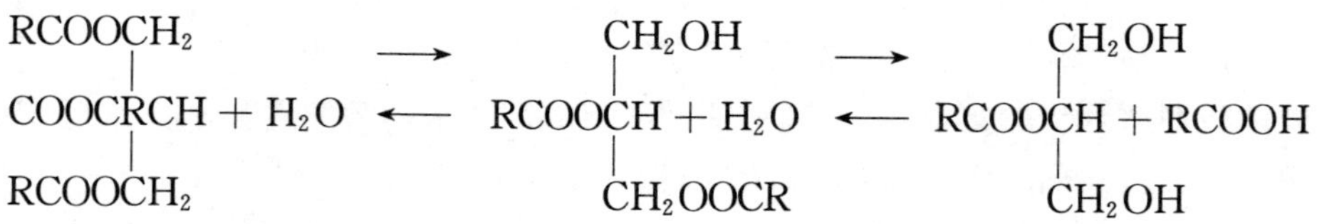

由于1,2(2,3)-甘油二酯，特别是2-甘油一酯稳定性较差，它们分子中的酰基能转位而分别生成1,3-甘油二酯和1-甘油一酯，因此，当1,3-特异性脂酶长时间作用于脂肪时，脂肪中的甘油三酸酯将被完全水解而产生甘油。

在微生物脂酶中，大多数是属于1,3-特异性脂酶，1,3-特异性微生物脂酶在位置特异性上类似于胰脂酶。它们所表现出的几乎绝对的位置特异性是由于空间位阻的第二醇酯不能进入酶的活性部位。1,3-特异性微生物脂酶与胰脂酶一样，能被用来成功地分析磷脂和甘油三酯的结构，同样，能被用来成功地分析磷脂和甘油三酯的结构。

大多数微生物脂酶以常见的中性油和脂肪为底物时，脂肪酸特异性较低，然而以海生动物油脂和乳脂为底物时情况就不同了。微生物脂酶和胰脂酶一样，仅能从海生动物油脂中以很慢的速度释出长链(>CH)多不饱和脂肪酸。对于一些微生物脂酶，甘油三丁酯不是良好的底物，因此，它们也只能以很慢的速度从乳脂释出丁酸和其他短链脂肪酸。

微生物脂酶大多是糖蛋白糖，糖含量在2%～15%之间，主要成分是甘露糖。分子量范围在20 000～60 000之间。

7.4 过氧化物酶

过氧化物酶是存在于各种动物、植物和微生物体内的一类氧化酶，催化由过氧化氢参与的各种还原剂的氧化反应：

$$RH_2 + H_2O_2 \longrightarrow 2H_2O + R$$

虽然过氧化物酶和过氧化氢酶在作用机制上有一些共同点，但是它们在酶蛋白质结构上有显著的差别。它对 H_2O_2 是非常专一的，而对供氢体的要求则较为广泛，酚类、胺类化合物、某些杂环化合物和一些无机离子等都可以作为过氧化物酶的供氢体。过氧化物酶是由单一肽链与一个铁卟啉辅基结合构成的血红蛋白。多数植物过氧化物酶与碳水化合物结合成为糖基化蛋白。糖蛋白有避免蛋白酶降解和稳定蛋白构象的作用。

过氧化物酶广泛地分布于自然界，可以将它分成两类：① 含铁过氧化物酶；② 黄蛋白过氧化物酶。其中第一类又可以再分成两类：正铁血红素过氧化物酶和绿过氧化物酶。前者含有正铁血红素Ⅲ(羟高铁血红素)作为辅基，纯酶呈棕色。这类酶存在于高等植物、动物和微生物中。绿过氧化物酶的辅基也含有一个铁原卟啉基团，然而在结构上不同于正铁血红素Ⅲ，纯酶呈绿色。这类酶存在于动物器官和乳中(乳过氧化物酶)。黄蛋白过氧化物酶含有黄素腺嘌呤二核苷酸作为辅基，这类酶存在于微生物和动物组织中。

正铁血红素过氧化物酶经酸性丙酮处理后，羟高铁血红素和酶蛋白分离，而用酸性丙酮处理绿过氧化物酶时，却没有类似的结果，因此可以采用这个方法来区分以上两类含铁的过氧化物酶。

7.4.1 过氧化物酶在自然界的分布

过氧化物酶在植物细胞中以两种形式存在：① 以可溶形式存在于细胞浆中；② 以结合形式在细胞中与细胞壁或细胞器相结合而存在。用低离子强度(0.05～0.18 mol/L)的缓冲液可以将可溶态过氧化物酶从组织均浆中提取出来。结合态酶又可分成两种形式：离子结合和共价结合。提取离子结合态过氧化物酶必须采用高离子强度缓冲液(含1 mol/L NaCl或0.1～1.4 mol/L $CaCl_2$)，而提取共价结合过氧化物酶时，必须采用果胶酶或纤维素酶制剂消化组织均浆才能将酶释放出来。

7.4.2 过氧化物酶的底物和催化的反应

过氧化物酶的底物是过氧化物和氢供体，过氧化物底物主要是 H_2O_2，然而高浓度 H_2O_2 却能使酶失活。过氧化物酶对于氢供体底物的特异性要求是不高的。植物过氧化物酶的各个同工酶具有不同的底物特异性，当这些同工酶没有被分离时，过氧化物酶能作用于许多种氢供体底物。氢供体底物的性质影响着从过氧化物酶试样中能检出的同工酶的数目、酶的热稳定性和它的再生特征，这对于使用过氧化物酶作为果蔬热处理是否充分的指标是非常重要的。另外，同一种植物中可溶态和结合态的过氧化物酶具有不同的底物特异性。

过氧化物酶能催化以下 4 类反应：① 在有氢供体存在的条件下催化过氧化氢或氢过氧化物分解，即过氧化活力；② 氧化作用；③ 在没有其他氢供体存在的条件下催化过氧化氢分解；④ 羟基化作用。

第一类反应的总反应式如下：

$$ROOH + AH_2 \xrightarrow{\text{过氧化酶}} H_2O + ROH + A$$

式中：R 为 $—H$、$—CH_3$ 或 $—C_2H_5$；

AH_2 为氢供体(还原形式)；

A 为氢供体(氧化形式)。

许多化合物可以作为反应中的氢供体，它们包括：酚类化合物(对甲酚、愈创木酚和间苯二酚)，芳香族胺(苯胺、联苯胺、邻苯二胺和邻联茴香胺)，$NADH_2$ 和 $NADPH_2$。

第二类反应是在没有过氧化氢存在时的氧化作用，反应需要 O_2 和辅助因素：Mn^{2+} 和酚。许多化合物，例如草酸、草酰乙酸、酮丙二酸、二羟基富马酸和吲哚乙酸等能作为这类反应的底物。反应的立体化学过程如下：

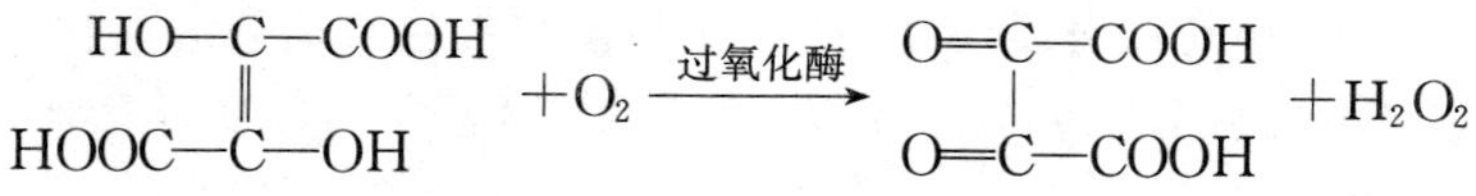

此反应有 2～3 min 的诱导期，增加酶的浓度可以缩短诱导期，如果加入一定量的 H_2O，能消除诱导期。

第三类反应，即在没有氢供体存在的条件下催化过氧化氢分解：

$$2H_2O_2 \longrightarrow 2H_2O + O_2$$

这类反应的速度比起前两类反应来是可以忽略的。

过氧化物酶催化的第四类反应，即从一元酚和氧生成邻二羟基酚，反应必须要有氢供体参加，例如二羟基富马酸，它提供了酶作用必需的自由基。

7.4.3 过氧化物酶的提取、纯化和性质

1) 过氧化物酶的提取、纯化

在大多数的水果和蔬菜中，过氧化物酶以可溶态、离子结合态和共价结合态形式存在。

可以直接从植物材料中提取过氧化物酶，也可以先制备丙酮粉，然后再从丙酮粉中提取。植物材料中的酚类化合物会降低酶的稳定性。在制备植物材料均浆时加入 PVP(聚乙烯吡咯烷酮)以结合这些酚类化合物，这样就可以消除它们的干扰。

从过氧化物酶粗提取液中分离纯化过氧化物酶，可以采用硫酸铵分级沉淀、凝胶过滤色谱、离子交换色谱和亲和色谱等手段。其中离子交换色谱和制备等电聚焦对于分离过氧化物酶同工酶特别有效，另外，亲和色谱(Sepharose-conA)在纯化过氧化物酶制剂上也是非常有效的。

植物的过氧化物酶具有非均一性的特点。随着生化分离技术的发展，已在水果和蔬菜中检出了愈来愈多的同工酶。同工酶的数目可见表 7-8。

表 7-8　果蔬中过氧化物酶的多种分子形式或同工酶

水果或蔬菜	同工酶的数目	分离的方法
辣　根	20	薄层等电聚集 pH 3～10
菠　菜	2	CM-纤维素离子交换色谱
青刀豆	20	薄层等电聚集 pH 3～10
番　茄	8	聚丙烯酰胺凝胶电泳
黄　瓜	8	聚丙烯酰胺凝胶电泳
香　蕉	9	聚丙烯酰胺凝胶电泳

2) 过氧化物酶的结构特点

过氧化物酶是一种由单一肽链与卟啉构成的血红素蛋白，脱辅基蛋白分子须与血红素结合才构成全酶。参与植物过氧化物酶血红素的合成部位可能像动物一样是在线粒体上。过氧化物酶能与碳水化合物结合成为糖蛋白。比如说，多数辣根过氧化物酶同工酶都含有 15%～17% 的碳水化合物，少数同工酶仅含有 7% 的碳水化合物。糖基化有避免蛋白酶降解和稳定酶蛋白构象的功效。糖基化发生位点在高尔基体上，糖基化碳水化合物的结构与相同结构和特点的酶蛋白结合会产生类似同工酶现象。

过氧化物酶的分子量在 30 000～45 000 之间，约由 300 个氨基酸残基组成，其中存在酸碱催化域和血红素结合区域，常含 8 个半胱氨酸、2 个葡萄糖胺、约 8 个糖和 2～6 个糖基化位点、1 个原高铁血红素和 2 个钙离子、N-端为吡咯烷酮碳酸、C-端为精氨酸。

7.4.4　过氧化物酶的最适 pH 和最适温度

1) 过氧化物酶的最适 pH

影响过氧化物酶最适 pH 的因素包括酶的来源、同工酶的组成、氢供体底物和缓冲液。果蔬中的过氧化物酶一般都含有多种同工酶，而不同的同工酶往往具有不同的最适 pH，因此，测定得到的过氧化物酶最适 pH 往往具有较宽的范围。同一种果蔬中的可溶态和结合态过氧化物酶具有不同的最适 pH。

在酸性条件下，由于过氧化物酶的血红素和蛋白质部分分离，导致酶蛋白质从天然状态转变到可逆变性状态，因而酶的活力下降。在 pH 2.4 和 25℃时，低浓度的氯化物能使血红素完全脱离酶蛋白质。pH 还影响着酶蛋白从可逆变性状态向不可逆变性状态转变，因此，在低 pH(2.5～4.5)条件下，过氧化物酶的热稳定性较低。在中性和碱性 pH 条件下，酶处于天然状态，一些果蔬中的过氧化物酶的最适 pH 可参见表 7-9。

表 7-9　一些果蔬中的过氧化物酶的最适 pH

果　蔬	最适 pH	说　明
葡　萄	5.4	柠檬酸-磷酸缓冲液
	4.0～5.0	硼缓冲液 0.2 mol/L
	5.0～6.0	醋酸缓冲液 0.1 mol/L
	5.0～6.0	粗提取液经凝胶过滤色谱纯化
香　蕉	4.5～5.0	阴离子部分
	4.5	阳离子部分
菠　萝	4.2	酶活力和缓冲液浓度(0.1～0.2 mol/L)
青刀豆	5.0～5.4	可溶态、离子结合态和共价结合态过氧化物酶
马铃薯	5.0	均　浆
甘　蓝	5.1～6.3	均　浆
花　菜	5.0～5.7	均　浆

2) 过氧化物酶的最适温度

不同来源的过氧化物酶在最适作用温度上存在着很大的差别。例如，马铃薯和花菜(均浆)中过氧化物酶的最适温度分别为 55℃和 35～40℃。

7.4.5　过氧化物酶的热稳定性

果蔬中的过氧化物酶的热失活是一个双相和部分可逆的过程。所谓热失活的双相过程指的是过氧化物酶中含有不同的耐热性质部分，包括耐热部分和不耐热部分，其中不耐热部分在热处理条件下会很快失活，而耐热部分在同样温度下缓慢地失活。所谓热失活的部分可逆过程指的是经热处理后的酶液在室温或较低温度下保藏时，它的部分活力可以再生。

果蔬热烫和灭菌的条件对于产品的颜色、黏度、风味以及营养价值有显著的影响。过分的热处理一般会损害食品的质量。由于在果蔬中，特别是非酸性蔬菜中的过氧化物酶具有比其他酶更高的耐热性，因此，可利用它作为热处理条件的指标。但是在实际的食品加工和保藏过程中，还没有一个普遍适用的标准，即多少残余活力或再生活力被允许留在被保藏的产品中。通常果蔬产品经很短时间的热烫后，仍含有很低水平的残余酶活力，这些过氧化物酶会产生不良风味和导致变色，需要冰冻保藏。此外，为了防止果蔬热烫后过氧化物酶的再生，需要比酶失活施加多几倍的热处理量。

1) 热处理中过氧化物酶的失活

理论上，酶的热失活通常可看作为一级衰退过程，但是过氧化物酶的热失活并不符合这种理想的模式，导致实际过程与理想模式偏差的原因是在过氧化物酶分子之间存在着热稳定性上的差别。当热处理的温度不超过 80～90℃时，过氧化物酶失活具有双相特征，而其中每一相都遵循一级动力学。在 88℃热处理整粒甜玉米时，残存过氧化物酶的对数与热处理时间的关系见图 7-8。

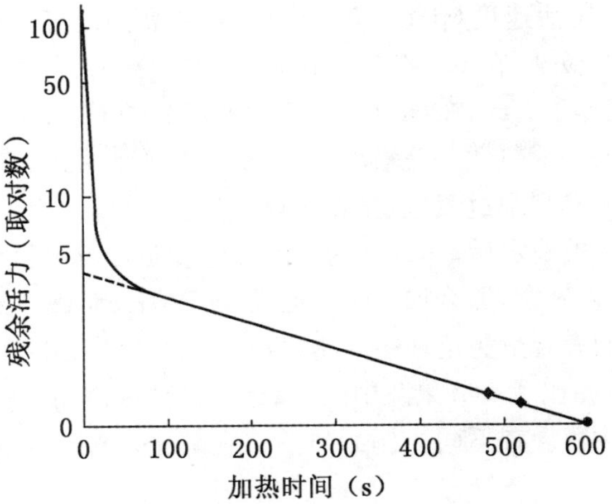

图 7-8　在 88℃热处理时甜玉米中过氧化物酶的失活

（用邻-苯二胺作为氢体底物测定酶活力）

热失活曲线包括三部分：最初的陡峭的直线部分，中间的曲线部分和最后的平缓的直线部分。从热失活曲线的形状，可以认为在热处理过程中有两个独立的一级热失活反应。最初的直线部分代表酶的热不稳定部分失活，最后的直线部分表示耐热部分的失活，而曲线部分可以认为是一个过渡区域。外延图 7-8 中代表酶的耐热部分的直线至零时间，就可以估算酶的耐热部分活力在总的酶活力中所占的比例。按此法可以算出整粒甜玉米中过氧化物酶的耐热部分活力占酶的总活力的 4%左右。热处理条件显然会影响耐热部分所占的比例，其中温度是最重要因素，温度愈高，耐热部分所占的比例愈低。在较高的温度范围，例如100～120℃，用实验方法难以区分酶的热不稳定部分和耐热部分。

在一些情况下，例如青刀豆中过氧化物酶在较低温下热处理时，酶失活之前有一个潜伏期，甘蓝中过氧化物酶甚至出现激活现象。这些现象可归之于：在失活之前，酶从天然形式转变成过渡活化形式，后者的活力不同于它的最初形式，然后再失活。由于不同来源的过氧化物酶分子结构上存在着差别，因此，它们在热失活的机制上是不完全相同的。

2）过氧化物酶同工酶的作用和性质

许多果蔬中的过氧化物酶含有同工酶，这些同工酶在耐热性上差别较大。例如，菠菜中过氧化物酶在 pI 5～6 范围内的同工酶在 70℃加热 1 min 全部失活；而在 pI 3.5～5 范围内的同工酶是较稳定的，甚至在 100℃加热 0.5 min 仍然有微量酶活力残存。辣根中过氧化物酶的碱性同工酶具有最低的热稳定性，分离的同工酶的热失活也具有双相特征，在热处理过程中还可能形成新的同工酶。

3）影响过氧化物酶热失活的因素

影响过氧化物酶热失活的因素包括两类：一类同酶的来源有关；另一类同热处理的参数有关。

不同来源的过氧化物酶具有不同的耐热性，比如马铃薯和花菜均浆中的过氧化物酶在 95℃加热 10 min 就完全而不可逆地失活，而甘蓝中的过氧化物酶在 120℃加热 10 min 仍然有 0.3%活力保存下来。三个甘蓝品种中的过氧化物酶，一个在 55℃下加热 10 min 酶活力反而增加，而另两个在相同条件下稍微下降。一般来说，植物的过氧化物酶活力越高，它的耐热性也越高。

一些外加因素影响过氧化物酶的热失活的速度。以辣根中过氧化物酶为例，加入羟高铁血红素能降低酶的热失活速度(pH 7.0、76℃),而升高温度能提高酶的热失活速度;在pH 7时酶热失活的速度最低,在pH 4.0和pH 10时酶热失活的速度分别提高到8倍和2倍。酶失活的初速度正比于NaCl的浓度(pH 7.0、NaCl浓度低于0.6 mol/L),在低水分含量时,谷类中过氧化物酶的耐热性显著增加,它对于加工脱水水果和蔬菜具有重要的参考价值。另外,糖能提高苹果和梨中过氧化物酶的热稳定性。

显然,当介质的pH被确定后,热处理的时间和温度是影响过氧化物酶失活的最主要的外部因素。如果温度也被确定,那么加热时间愈长,导致酶完全破坏的可能性就愈大。

此外,过氧化物酶的表观热稳定性还与测定酶活力时所采用的氢供体底物有关。

表7-10和表7-11指出了一些果蔬中的过氧化物酶的热失活特征。从表中数据可以看出,不同来源的过氧化物酶含有不同比例的热不稳定部分,对于多数蔬菜,这部分的酶活力占总活力的90%~99%。

表7-10 果蔬中过氧化物酶热失活的特征

酶的来源	Z(℃)	说　　明
辣　根	17 27	不耐热部分 耐热部分
豌　豆	9.8;9.9	两相失活的Z值
菠　菜	13 17.5~18.0	分离酶 pH 4~8,粗提取液
甘　蓝	9.6 14.3	丙酮粉水提取物,不耐热部分占58%~60% 丙酮粉水提取物,不耐热部分占40%~42%
青刀豆	7.8~15.3	不同的品种;pH 5.8~6.3;热处理6 s,温度105.8~133.6 ℃失活
茄　子	11.8	pH 5.03;热处理6 s,温度117.2℃完全失活
樱　桃		pH 3.46;热处理6 s,温度77.2℃完全失活

表7-11 果蔬中的过氧化物酶热破坏数据

果　蔬	热破坏		残余活力(%)
	时间(min)	温度(℃)	
桃	0.41	87	0
梨	4.5 2.0	87 95	0 0.7~3.2
青刀豆	2.0	100	0.2
豌　豆	1.0	100	0.3
菠　菜	1.5	100	0.16
卷心菜	2.0 2.0	95~100 95	2.9~8.2 13.4
花　菜	2.0	100	4.8
马铃薯	1.5~3.0	100	0.4
胡萝卜	2.0	100	0.02
芦　笋	2.0	100	0.02
蘑　菇	1.0	100	0

4）过氧化物酶活力的再生

经热处理失活的过氧化物酶，在常温下的保藏中，酶活力部分地恢复即酶的再生，是过氧化物酶的一个特征。加热的温度及时间和加热后保持的温度及时间是决定过氧化物酶活力再生的主要因素。

5）低温对过氧化物酶的影响

冷冻食品在冻结前需要用热烫的方法处理，这显然是因为－18℃或－20℃的低温不能破坏酶，而只能降低酶的活力或使酶可逆失活。以豌豆和青刀豆为例，当它们在＋5℃、－4℃、－20℃和－40℃保藏10天至18个月时，可溶态、离子结合态和共价结合态过氧化物酶三者之间的比例以不同的方式改变，然而总的酶活力实际上是保持不变的，这个事实也说明，在冷冻或低温保藏期间，过氧化物酶并没有变性，而只是从一种结合状态转变到另一种结合状态。辣根过氧化物酶制剂在低温下也表现出它的稳定性。在低温下影响酶活力变化的原因有：① 由于结冰使溶液的离子强度增加，从而影响酶的结合；② 由于冻结打破了细胞结构，因而产生了新的位置供过氧化物酶结合；③ 由于果胶的脱酯化作用使细胞壁结合过氧化物酶的能力改变。在低温保藏过程中没有新的同工酶形成，原有的同工酶也没有消失。

7.4.6 过氧化物酶在食品加工中的作用

过氧化物酶和木质素的生物合成有关。杨冬冬等人研究在西瓜/葫芦嫁接体发育过程中砧木和接穗部分木质素含量及其代谢相关酶的活性变化。结果表明，西瓜/葫芦嫁接体发育过程中木质素生物合成加快，砧木及接穗部分的过氧化物酶（POD）、过氧化氢酶（CAT）、苯丙氨酸解胺酶（PAL）、肉桂醇脱氢酶（CAD）等的活性均明显高于对照组。

过氧化物酶能氧化吲哚乙酸，参与植物生长调节。过氧化物酶是果蔬成熟和衰老的指标，如苹果在气调保藏中，过氧化物酶出现两个峰值，一个相当于呼吸转折，而另一个则相当于衰老开始。

过氧化物酶在果蔬加工和保藏中的主要影响包括两个方面：① 过氧化物酶的活力与果蔬产品、非酸性蔬菜在保藏期间形成的不良风味有关；② 过氧化物酶属于最耐热的酶类，在果蔬加工中常被用作热处理是否充分的指标，这是因为当果蔬中的过氧化物酶在热加工中失活时，其他的酶以活性形式存在的可能性很小。因此，只有在充分热烫使过氧化物酶基本失活的情况下，冷冻食品才能在长期保藏中保持良好的质量。

7.5 多酚氧化酶

多酚氧化酶（EC 1.10.3.1）在植物界乃至动物界分布广泛，由于其检测方便，是被最早研究的几类酶之一。果蔬食品在加工及储藏过程中存在褐变反应，而褐变的原因有非酶性的和酶性的，多酚氧化酶是引起食品酶促褐变的主要酶类，因此研究多酚氧化酶的特性对制定食品的加工与保藏工艺有非常重要的意义。

7.5.1 多酚氧化酶的名称和在自然界的分布

1) 酶的名称来源

多酚氧化酶属于氧化还原酶的范畴，当存在分子氧时它能够氧化二酚。多酚氧化酶大体上可分为两类：儿茶酚氧化酶和漆酶。习惯上常把儿茶酚氧化酶称为儿茶酚酶、酪氨酸酶、酚氧化酶、多酚氧化酶或甲酚酶，目前所称的多酚氧化酶主要指这种，其英文名为 polyphenol oxidase，缩写为 PPO，它能作用于羟基处在邻位的二酚及三酚类化合物，也能作用于单酚，将其转变为邻二酚，其名称均与其所作用的底物关联。儿茶酚酶不是严格存在于植物体的特定部位，它普遍存在于植物器官和组织。漆酶能氧化邻二酚及对二酚，常称为虫漆酶，主要存在于虫漆树中。漆酶的催化底物范围很广，可以催化单酚、三酚、邻和对位二酚以及氨基酸。

2) 多酚氧化酶在自然界的分布

多酚氧化酶广泛地分布于自然界，自 20 世纪 60 年代以来，曾从不同的植物中分离出来，如梨、苹果、马铃薯、桃、葡萄、茶叶、荔枝、烟草、百合、小麦、玫瑰和甘蔗等。除了植物外，它还存在于微生物，特别是霉菌以及一些动物器官中。多酚氧化酶在植物中的含量随品种不同而有很大的变化，在众多的水果和蔬菜中，橄榄中的多酚氧化酶的活力最高。

多酚氧化酶在植物细胞中的分布取决于品种和年龄，对果蔬而言还取决于成熟度。在绿叶中，很大一部分的多酚氧化酶活力集中在叶绿体中。而在马铃薯块茎中，很大一部分亚细胞中均存在多酚氧化酶活力，在新采摘的鲜苹果中，多酚氧化酶几乎全存在于叶绿体及线粒体中，在葡萄皮中多酚氧化酶活力较果肉中的高。

多酚氧化酶在一些作物上以潜在形式存在，如苜蓿、小麦等，需用胰蛋白酶或红光处理才能使其活化，蚕豆中的多酚氧化酶以酸或碱处理即能活化，在菠菜类瓤体中分离出失活的多酚氧化酶可被亚麻酸 100%的激活。此外，在众多水果中，多酚氧化酶主要以结合状态存在，如在桃、李、苹果中，可溶态多酚氧化酶分别占总酶活力的 20%～30%、13%、8%～15%。

7.5.2 多酚氧化酶催化的反应及其作用的底物

1) 多酚氧化酶催化的反应

多酚氧化酶是一种含铜的酶，它能催化两类完全不同的反应：① 一元酚羟基化，生成相应的邻二羟基化合物；② 邻二酚氧化，生成邻醌。这两类反应都需要有分子氧参加。

从下式可以看到，一元酚的羟基化反应需要在反应体系中同时加入邻二酚或其他还原性化合物，例如抗坏血酸、NADPH、NADP 或四氢叶酸等。

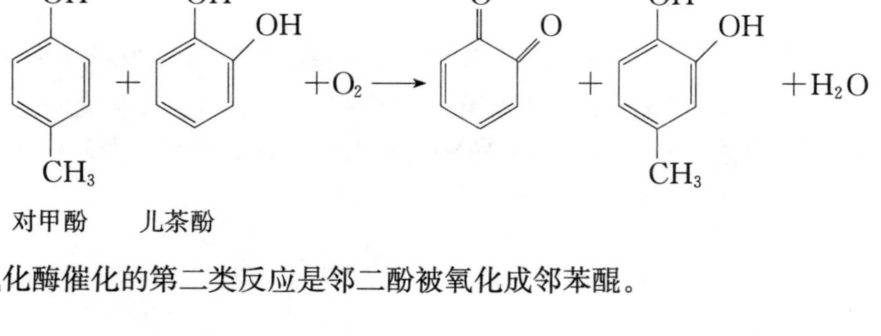

对甲酚　儿茶酚

多酚氧化酶催化的第二类反应是邻二酚被氧化成邻苯醌。

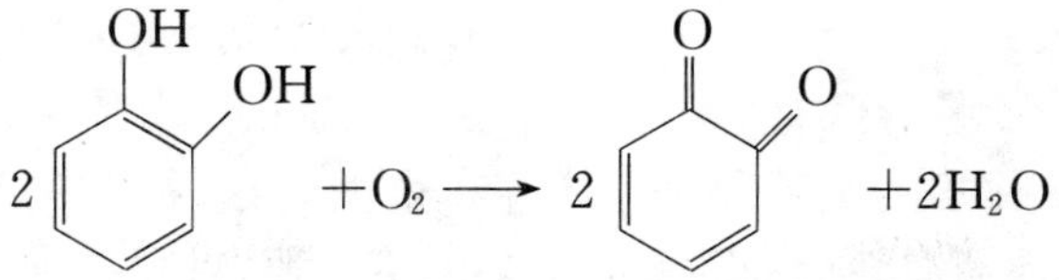

多酚氧化酶催化的氧化反应的最初产物邻苯醌将继续变化：① 相互作用生成高分子量聚合物；② 与氨基酸或蛋白质作用生成高分子络合物；③ 氧化那些氧化还原电位较低的化合物。其中非酶反应①和②导致褐色素的生成，色素的分子量愈高，颜色愈暗；反应③的产物是无色的。因此，酶促褐变实际上是多酚氧化酶作用的间接结果。在一些食品的加工中，酶促褐变是一个期望的变化，其中最著名的例子是加工红茶。

2）多酚氧化酶底物的复杂性

果实和蔬菜中含有大量的酚类物质，但只有一小部分是 PPO 的底物，这些酚类物质一方面被酶所催化，引起变色，影响产品的外观；另一方面对果实的口感也有影响，如多酚类物质含量较高，特别是儿茶酸或花青素原会有涩感。在邻二酚衍生物中，PPO 最重要的天然底物有儿茶素、3,4-二羟基肉桂酸酯、3,4-二羟基苯丙氨酸和酪氨酸。3,4-二羟基肉桂酸酯中的绿原酸（3-*o*-咖啡酰奎宁酸），而 3,4-二羟基肉桂酸酯中的绿原酸在果蔬植物中分布最广，酪氨酸同时又是构成蛋白质的一个氨基酸，也广泛存在于大多植物组织中。表 7-12 列举了一些常见果蔬的多酚氧化酶作用底物，从表中可见，多酚氧化酶作用的底物不仅取决于果蔬植物的种类，即使同一果蔬的不同品种多酚氧化酶也具有不同的底物特异性，同一品种不同部位中分离的多酚氧化酶具有不同的底物专一性。

表 7-12　常见果蔬 PPO 的作用

底物 PPO来源		绿原酸	酪氨酸	焦棓酚	儿茶酚	咖啡酸	多巴胺	3,4-二羟基苯丙氨酸	3,4-二羟基苯甲酸	4-甲基儿茶酚	(+)-儿茶素	(−)-表儿茶素	对甲酚
苹果	叶绿体	+				+		+	+	+		+	+
	皮	+			+					+	+		
梨		+			+	+		+	+		+		+
桃	红港	+		+	+	+				+			
	哈尔福特	+			+	+	+				+		
	玛丽金	+		+	+								
葡萄		+			+	+		+	+		+		
柑橘				+									
芒果		+	+		+	+	+	+		+	+		+
马铃薯		+			+	+		+					+
蚕豆	叶	+		+	+	+		+		+			+
	子叶							+					
茄子		+											
蘑菇		+	+		+			+					
甘薯		+				+							
香蕉					+			+					
荔枝				+	+			+					

不同来源的多酚氧化酶对于同一种底物亲和力的变动范围很大，同空间因子相关的酶蛋白质结构上的差异至少是导致它们对底物亲和力差别的部分原因。

不同来源的多酚氧化酶由于其理化性质存在很大差异，所以在不同植物体内表现出不同的活性特征，且其表现最适活性的环境因子要求不一致，对同一种物理或化学处理的敏感性反应也不相同。

7.5.3 影响多酚氧化酶的因素

1）植物年龄与多酚氧化酶活性

多酚氧化酶在植株幼嫩阶段及生长旺盛期活性最高。在梨外植体褐变与多酚氧化酶及酚类物质关系的研究中，多酚氧化酶的酶促褐变作用在植株萌芽阶段和生长旺盛期多酚氧化酶和总酚含量均高的情况下表现尤为明显。从烟草中多酚氧化酶生理生化特征及活性控制的研究也得出了与此较一致的结论，在苗期与生理成熟期多酚氧化酶活性最高。

2）pH 对多酚氧化酶活力的影响

多酚氧化酶作用的最适 pH 随酶的来源和选用的底物而改变。几种常见果蔬中多酚氧化酶的最适 pH 数据见表 7-13。

表 7-13 几种果蔬的多酚氧化酶活力的最适 pH

来源	最适 pH	说明
苹果	7.0	组织提取液
	5.0	叶绿素
	4.8～5.0	线粒体
	5.1 和 7.0	皮，结合态酶
	4.2 和 7.0	皮，可溶态和高度纯化
梨	6.2	巴梨
桃	6.0～6.5	红港品种，底物：儿茶酚
	6.5，6.8，7.2，7.0	科特品种，底物：儿茶酚
	6.2	哈尔福特品种，底物：儿茶酚
	5.9～6.3	弗·爱尔保太品种，底物：儿茶酚，柠檬酸-磷酸缓冲液
	6.5～6.8	弗·爱尔保太品种，底物：儿茶酚，草酸-磷酸缓冲液
葡萄	6.2	底物：绿原酸
	6.5	底物：儿茶酚
	7.0	底物：(+)-儿茶酚，焦棓酚
香蕉	6.0～7.0	不同的激活形式
马铃薯	5.8	底物：儿茶酚，丙酮提取物
甘薯	6.0，6.1，7.0	从 DEAE-纤维素分离的酶的不同部分
蘑菇	5.5～7.0	底物：儿茶酚
	6.0～7.0	底物：对甲酚

由表 7-13 可以得到几点结论：

(1) pH 是影响多酚氧化酶活性的重要因素，多酚氧化酶的最适 pH 在 4～7 之间。

(2) 不同植物或同属不同种植物体内 PPO 活性的最适 pH 均不相同，其变化幅度范围很大。

(3) 从果蔬的不同部位得到的多酚氧化酶在最适 pH 上也有差异。

(4) 酶的提取或分离的方法对它的最适 pH 也有影响。

(5) 测定酶活力时所采用的底物和缓冲液对酶的最适 pH 也有影响。

(6) 大多数多酚氧化酶具有一个最适 pH，在一些情况下具有第 2 个最适 pH。

因此，影响多酚氧化酶作用的最适 pH 的因素比较复杂。一些果蔬中的多酚氧化酶具有很多同工酶或多种分子形式，这可能是产生上述情况的一个原因。

3) 温度对多酚氧化酶活力的影响

温度对 PPO 活性的影响表现在两方面，一方面随温度升高，酶活性升高；另一方面随温度升高，活性酶的比例大为降低，因而酶活性降低。因此，温度对酶活性的影响是这两种因素综合作用的表现。PPO 活性在不同植物中表现的最适温度也不一致，其变化的幅度因植物体材料的不同呈现很大差异。以烟草中的多酚氧化酶为例，此酶的最适反应温度为 35℃，并且随着温度的升高，活性逐渐下降，在每一温度下保持 5 min，活性趋于稳定。杏和香蕉中多酚氧化酶的活力分别在 25℃和 37℃时达到最高值。马铃薯中多酚氧化酶以儿茶酚为底物时，它的活力在 22℃达到最高值；以焦棓酚为底物时，它的活力在 15℃和 35℃之间近乎线性地增加。类似的情况也见于温度对苹果中多酚氧化酶活力的影响。

4) 光照强度与多酚氧化酶活性

多酚氧化酶属于植物体内的末端氧化酶系统，光照明显促进了此酶的活性。不同光照条件下海带体内酚类化合物含量的结果表明，在 0～1 200 lx 光照强度间，PPO 随光照强度增加呈上升趋势。在对玫瑰组织培养的研究中，采用不同的遮光处理(对照、单层膜、双层膜)，其结果也同样证明在一定的光照强度变化幅度内，PPO 活性和接种后的褐变率均随光强增加而上升。另外，在茶叶研究中也有与此相一致的报道。

7.5.4 多酚氧化酶的激活剂、抑制剂和果蔬酶促褐变的防止

1) 多酚氧化酶的激活剂

多酚氧化酶的作用会导致食品褐变。长期以来，防止食品的酶促褐变是一个重要的研究课题。食品界在多酚氧化酶的抑制剂方面作了很多的研究工作，而对于它的激活剂相对地了解较少。

阴离子洗涤剂，例如 SDS，能有效激活多酚氧化酶。若苹果经 PVP(聚乙烯吡咯烷酮)处理，其果皮的多酚氧化酶便会失活，但用 SDS 处理后又能将已失活的酶激活。SDS 能激活以潜在的形式存在于粗提取液中的多酚氧化酶。

若用酸或尿素短时间地处理葡萄中的多酚氧化酶，能使酶可逆地激活；如果用酸处理作用时间较长，会导致酶不可逆地激活。另外 Cu^{2+} 和底物 3,4-二羟基苯丙氨酸对一些果蔬来源的多酚氧化酶也有激活作用。

虽然对于各种不同来源的多酚氧化酶的激活还没有经过系统的研究，但根据已有的实验结果可以推测，酶蛋白质在激活过程中经历了缔合或解离的变化。多酚氧化酶的活性形

式是含铜的酶单体的寡聚体，激活剂的作用正是使酶蛋白以一定的聚合度存在，从而具有生物活性。

2）多酚氧化酶的抑制剂和酶促褐变的防止

抑制剂对多酚氧化酶的作用机理是作用于产物的还原或抑制酶的活性。PPO 的辅基为铜离子，从理论上说，应该有两种类型的抑制剂：① 与铜离子作用从而抑制酶活性的物质；② 影响底物与酶作用部位结合的物质。

大量的试验研究认为，多酚氧化酶的抑制剂的作用机理较为复杂，在许多情况下抑制剂同时作用于酶、底物和酶反应的产物。直接作用于酶的抑制剂有 CO、氰化物、铜锌灵、二巯基丙醇、抗坏血酸及柠檬酸、苯甲酸等，因为多酚氧化酶是以 Cu^{2+} 作为辅基的金属蛋白，以上试剂对 Cu^{2+} 具有螯合作用。此外，还可以采取消除酶反应中的一个底物（O_2或者酚类化合物），或加入一种化合物与酶反应的产物作用，阻止它在第二步非酶反应中形成有色化合物等方法，比如 PVP 能与酚类化合物强烈地发生缔合作用，从而消去酶反应体系中的底物。高浓度的糖及盐能将介质中的 O_2 排除，从而在一定程度上抑制活性，这是一些果蔬制品加工的理论依据。采取使酶失活的方法来防止酶促褐变，加入抑制剂并不是惟一的手段，如控制果蔬产品的 pH 和温度也是常用的有效手段。

在食品加工中使用的酶促褐变抑制剂受到许多限制，例如，它必须是无毒、符合卫生要求以及对产品的感官质量没有损害而价格又是合理的化学试剂。

7.5.5 多酚氧化酶在果品和蔬菜中的生理作用

对果蔬中多酚氧化酶的生理作用目前还不十分清楚，但基本上可归纳为以下几点：① 起氧的缓冲剂作用；② 为抵抗病原菌提供一定程度的保护作用（因为 PPO 反应产物的反应能力大）；③ 酚类物质氧化产物与细胞成分的相互作用，使组织不易受病虫害侵噬；④ 酶活性的降低标志果实达成熟阶段，适口性增加，种子积累开始。这些作用对果蔬来说十分重要因此人们在尝试用选择性育种或分子生物学技术来降低或除去酶活性的研究。

对于采摘后的园艺产品，人们主要从消费的角度来研究 PPO 及其作用，根据最终食物产品的需要，PPO 或被加以利用，或被加以抑制。在苹果汁或发酵梨汁的加工过程中，天然存在的酚类物质经氧化及聚合或凝聚而沉积成较大颗粒，能被过滤或澄清，因而这些饮料本身的涩度大大降低。在罐装桃子加工中，常采用碱液去皮，这一步骤促使产品变色加剧。如果在碱液去皮后没有立即将桃子热加工，那么在将碱液从桃子表面洗掉之后，必须采取措施保护桃子的颜色，常采用的方法是将桃子浸没在 0.1%的抗坏血酸或 1%的柠檬酸溶液中。

7.6 脂肪氧合酶

脂肪氧合酶（亚油酸：氧 氧化还原酶；EC 1.13.1.13）是近 20 年发现的与植物代谢有密切关系的一种酶，它属于氧化还原酶属的范畴，广泛存在于植物体中。研究认为，它可能参与植物生长、发育、成熟、衰老的各个过程，特别是成熟、衰老过程中自由基的产生以及乙烯的生物合成，都发现有脂肪氧合酶的参与。因此脂肪氧合酶被认为是引起机体衰老的一类重要的酶。虽然在动物组织中发现了类似于脂肪氧合酶的作用，但是到目前为止，还没有分离出和脂肪氧合酶类似的酶，动物组织中脂肪的氧化主要是由于血红素蛋白质的作用，后者存在于动物组织中。

脂肪氧合酶的结构中含有非血红素铁,能专一催化含顺,顺-1,4-戊二烯的多不饱和脂肪酸及酯,通过分子加氢,形成具有共轭双键的氢过氧化衍生物。

7.6.1 脂肪氧合酶催化的反应

脂肪氧合酶对于它作用的底物具有特异性的要求,含有顺,顺-1,4-戊二烯的直链脂肪酸、脂肪酸酯和醇都有可能作为脂肪氧合酶的底物。最普通的底物是必需脂肪酸——亚油酸、亚麻酸和花生四烯酸。在不饱和脂肪酸中,顺,顺-1,4-戊二烯的位置对脂肪氧合酶的作用有重要的影响。如果采用从—CH_3末端起编号的ω-编号系统,那么在ω-6具有双键(如图7-9所示)是必要的,而顺,顺-1,4-戊二烯单位的亚甲基在ω-8位的脂肪酸异构体是脂肪氧合酶的最佳底物。顺,顺-1,4-戊二烯的亚甲基单位在ω-10或ω-11位的脂肪酸异构体不能作为脂肪氧合酶的底物。在ω-3位增加一个顺-双键并不影响脂肪氧合酶对底物的作用,例如亚麻酸是脂肪氧合酶的良好底物。在脂肪酸的ω-10位和羧基之间增加双键仍然可以作为脂肪氧合酶的底物,例如花生四烯酸(5,8,11,14-二十碳四烯酸)和8,11,14-二十碳三烯酸都是脂肪氧合酶的底物。

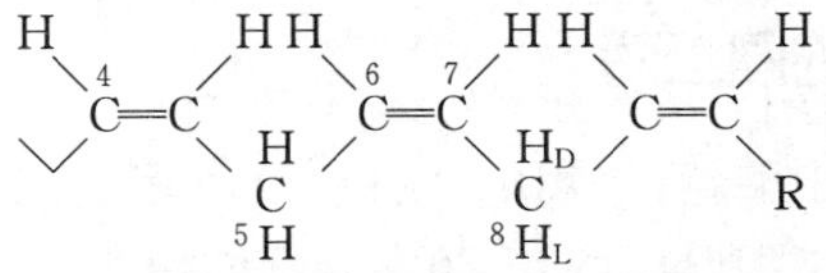

图7-9 脂肪氧合酶底物脂肪酸的部分结构

脂肪氧合酶作用于亚油酸时,能产生亚油酸的13-L-和9-D-氢过氧化物衍生物,反应的过程可参见图7-10。

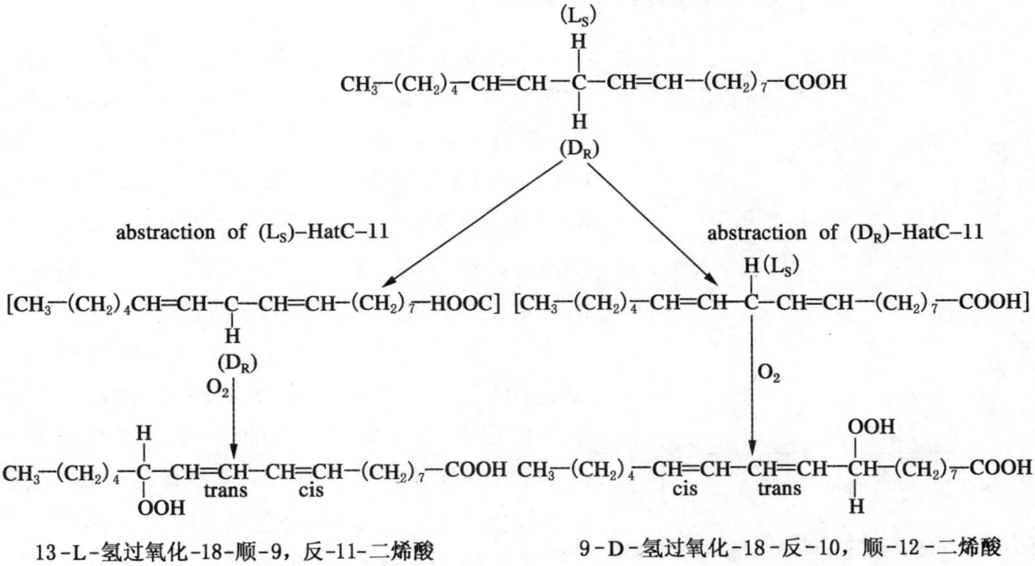

图7-10 脂肪氧合酶作用于亚油酸产生13-L-和9-D-氢过氧化物衍生物

7.6.2 脂肪氧合酶作用的初期产物的进一步变化

如果将氢过氧化亚油酸看作为脂肪氧合酶的初期产物，那么它进一步变化的产物将是十分复杂的，氢过氧化亚油酸变化的可能途径包括：① 氢过氧化亚油酸的还原，过氧化物酶体系参与这类反应；② 酶催化氢过氧化亚油酸异构化成多羟基衍生物和酮；③ 氢过氧化亚油酸的环氧化，这类反应发生在面粉-水悬浊液体系之中；④ 马铃薯中的酶催化氢过氧化亚油酸生成乙烯醚；⑤ 在无氧条件下，脂肪氧合酶催化氢过氧化亚油酸和亚油酸发生二聚化反应，同时生成戊烷和氧代二烯酸等产物；⑥ 氢过氧化亚油酸分解生成挥发性的醛和酮，是否有一种特殊的“裂解酶”参与这类反应还没有确定。

氢过氧化亚油酸通过上述各种途径可以产生数以百计的不同产物，因此，同一种脂肪氧合酶能同时以合乎需要和不合乎需要的方式影响食品的质量，其中一些产物不会影响食品的感官质量，它们的生成，从某种意义上讲，通过竞争减少了另一些有损于食品感官质量的产物的生成。

除了上述 6 种途径外，氢过氧化亚油酸还能与食品中非脂肪成分作用，从而进一步影响食品的质量。

7.6.3 脂肪氧合酶的同工酶

脂肪氧合酶含有多种同工酶，可采用电泳方法可以将它们分开，迄今为止，已从大豆中分离出 4 种脂肪氧合酶的同工酶，这些同工酶在分子结构上的差别尚不清楚。另外，从其他植物中也已发现了脂肪氧合酶的多种同工酶。例如，从豌豆提取液中分离出 4 种脂肪氧合酶的同工酶，从青刀豆中分离出两种脂肪氧合酶的同工酶，从蚕豆中分离出脂肪氧合酶的两种活性部分和从小麦中分离出 4 种脂肪氧合酶的同工酶。

7.6.4 pH 对脂肪氧合酶作用的影响

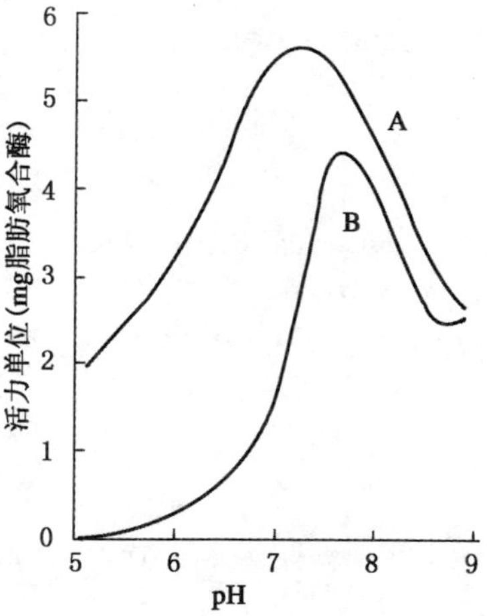

图 7-11 pH 对大豆脂肪氧合酶活力的影响

从实验数据得到的 pH -酶活力曲线可以发现，脂肪氧合酶的最适 pH 一般在 7.0～8.0，曲线呈钟形，曲线的最高点相当于 pH 7.0～8.0。然而，在 pH 低于 7 时，酶活力下降的部分原因是脂肪氧合酶的底物亚油酸的溶解度下降的结果，在酸性 pH 范围内亚油酸实际上是不溶解的，图 7-11 指出了表面活性剂吐温- 20 对大豆脂肪氧合酶活力- pH 曲线的影响。当使用吐温- 20 时（曲线 A），脂肪氧合酶的最适 pH 为 7.0，酶活力在此 pH 的两侧近乎对称地下降；当不使用吐温- 20 时（曲线 B），脂肪氧合酶的最适 pH 向碱性方向移动到 7.5，而且在整个 pH 范围内脂肪氧合酶的活力较低，在酸性 pH 范围内酶活力的下降尤为显著。在 pH 9 时两者的差别趋向于消失。

7.6.5 脂肪氧合酶的作用对食品质量的影响

食品的质量取决于它的色、香、味、质地和营养价值。脂肪氧合酶的作用对食品质量的影响比较复杂，它既有助于提高一些质量指标，又会损害另一些质量指标。

1) 脂肪氧合酶的作用对焙烤食品质量的影响

脂肪氧合酶在焙烤工业中起着重要的作用。在面包等面制品的生产过程中，添加适量的脂肪酸氧合酶及大豆粉可使面粉中存在的少量不饱和脂肪酸氧化分解，生成具有芳香风味的羰基化合物，从而能改进面粉的颜色和焙烤质量。

大豆粉脂肪氧合酶在漂白面粉的同时还具有氧化面筋蛋白质的功能，从而对面团和烘焙食品产生有益的影响。在面粉中加入脂肪和大豆粉后，脂肪经脂肪氧合酶作用所生成的氢过氧化物起着氧化剂的作用。在后者的作用下，面筋蛋白质的巯基(—SH)被氧化成—S—S—，这对于强化面团中的蛋白质，即面筋蛋白质的三维网状结构是必要的。脂肪氧合酶还具有另外一个重要功能，就是通过面筋蛋白质的氧化，防止脂肪的结合增加面团中游离脂肪的数量，这就保证了外加起酥脂肪能有效地改进面包的体积和软度。在游离脂肪释出时所伴随的面筋蛋白质的氧化，对于改进面团的流变性质是很重要的。在促使面筋蛋白质氧化的过程中，氧化脂肪中间物也起重要的作用。

2) 脂肪氧合酶的作用对于食品颜色、风味和营养的影响

脂肪氧合酶作用于不饱和脂肪酸及脂时产生的初期产物，在进一步分解后生成的挥发性化合物对不同食品的风味产生截然不同的影响。在一些水果和蔬菜中，例如番茄、豌豆、青刀豆、香蕉和黄瓜，这些挥发性化合物构成了人们期望的风味成分，然而在冷冻蔬菜和其他加工食品中，它们却产生了不良的风味。在谷类保藏过程中产生的不良风味也与脂肪氧合酶作用的初期产物的进一步分解有关。脂肪氧合酶还直接或间接地和肉类酸败及高蛋白质食品的不良风味有关。

脂肪氧合酶对食品营养的影响主要表现在：它作用的产物对维生素A及维生素A原的破坏；它的作用减少了食品中必需不饱和脂肪酸的含量；酶作用的产物同蛋白质的必需氨基酸作用，从而降低了蛋白质的营养价值及功能性质。

7.6.6 脂肪氧合酶的抑制

脂肪氧合酶会产生两种有害的副作用：一是造成有营养价值的多不饱和脂肪酸损失，二是产生导致酸败的氧化产物，在哺乳动物代谢中它们参与类二十烷酸(如前列腺素)的形成。在加工保藏期间产生不良的风味会导致食品在其他方面的质量的下降，因此，很多情况下，采用各种方法使脂肪氧合酶失活是十分必要的，主要包括控制温度和pH以及使用抗氧化剂。

控制食品加工时的温度是使脂肪氧合酶失活的最有效手段。例如，加工豆奶时，将未浸泡的脱壳大豆在加热到80～100℃的热水中研磨10 min就可以消除不良风味。

将食品材料调节到pH偏酸性再热处理，也是使脂肪氧合酶失活的有效方法。例如，将大豆调节至pH 3.88时和水一起研磨，然后再烧煮，能使脂肪氧合酶变性。

许多研究工作说明，酚类抗氧化剂能抑制脂肪氧合酶。为了避免食品在储藏中发生酸败，习惯上采用添加维生素E或丁羟基茴香醚一类的抗氧化剂来防止脂肪氧化酶的作用。

7.7 葡萄糖氧化酶

葡萄糖氧化酶(glucose oxidase,简称GOD,β-D-葡萄糖：氧 氧化还原酶;EC 1.1.3.4)是一种需氧脱氢酶,能专一地氧化β-D-葡萄糖成为葡萄糖酸和过氧化氢。1928年由Muller首先从黑曲霉(Aspergillus niger)的无细胞提取液中发现葡萄糖氧化酶。随后Kusai、Pazur和Swobod-da等分别从青霉素(P. Variable)和黑曲霉中提纯葡萄糖氧化酶。其他霉菌像米曲霉和点青霉也能产生葡萄糖氧化酶,然而在高等植物和动物体内还没有发现葡萄糖氧化酶。虽然在动物组织中有一些酶,如葡萄糖脱氢酶和葡萄糖-6-磷酸脱氢酶也能催化D-葡萄糖(或它的衍生物)的氧化,生成δ-D-葡萄糖酸内酯,但是这些酶的作用不需要有分子氧参加,且过氧化氢不是反应产物之一。于是,就能将这些酶和葡萄糖氧化酶区分开来。

葡萄糖氧化酶现已从多种材料中提取纯化予以结晶,并广泛应用于食品、医药、临床化学和分析化学等许多领域中。高纯度葡萄糖氧化酶为淡黄色粉末,易溶于水,完全不溶于乙醚、氯仿、丁醇、吡啶、甘油、乙二醇等。50%丙酮、66%甲醇能使其沉淀,一般制品中含有过氧化氢酶。葡萄糖氧化酶的最大光吸收波长为377 nm和455 nm,在紫外光下无荧光,但是经过热、酸或碱的处理后会呈现出特殊的绿色。

7.7.1 葡萄糖氧化酶催化的反应

葡萄糖氧化酶的催化反应,按条件不同有如下3种形式：

在没有过氧化氢酶存在下,1 mol葡萄糖氧化酶氧化时消耗1 mol氧。

$$C_6H_{12}O_6 + O_2 + H_2O \longrightarrow C_6H_{12}O_7 + H_2O_2$$

在有过氧化氢酶存在下,1 mol葡萄糖氧化酶氧化时消耗0.5 mol氧。

$$C_6H_{12}O_6 + 1/2O_2 \longrightarrow C_6H_{12}O_7$$

在有乙醇和过氧化氢酶存在下,过氧化氢同时被用于乙醇的氧化作用,此时,1 mol葡萄糖氧化酶氧化时消耗1 mol氧。

$$C_6H_{12}O_6 + C_2H_5OH + O_2 \longrightarrow C_6H_{12}O_7 + CH_3CHO + H_2O$$

1) 葡萄糖氧化酶的催化特异性

葡萄糖氧化酶与其他大多数酶一样,特异性非常严格,它对β-D-吡喃葡萄糖表现出高度的专一性。葡萄糖氧化酶底物分子C-1上的羟基在酶的催化作用中起着重要作用,且羟基处在β-位时酶的活力比处在α-位时高约160倍。底物分子中的任何一点改变都会显著降低其氧化速率。当底物结构在C-2、C-3、C-4、C-5或C-6位上发生改变时,虽然在不同程度上还表现出一定的活力,但其总体活力已大幅度下降(见表7-14)。葡萄糖氧化酶除了对2-脱氧-D-葡萄糖有一点作用外,对其他各种糖几乎没有活性作用。

表 7-14 葡萄糖氧化酶的底物特异性

葡萄糖改性的位置	化合物	同 β-D-葡萄糖的差别	相对速率(%)
	β-D-葡萄糖		100
1	α-D-葡萄糖	C-1 位上 OH 的构型	0.64
1	1,5-脱水-D-葡萄糖醇	C-1 位上 OH 被 H 取代	0
2	2-脱氧-D-葡萄糖	C-2 位上 OH 被 H 取代	3.3
2	D-甘露醇	C-2 位上 OH 的构型	0.98
2	2-*O*-甲基-D-葡萄糖	C-2 位上 OH 的 H 被甲基取代	0
3	3-脱氧-D-葡萄糖	C-3 位上 OH 被 H 取代	1.0
4	D-半乳糖	C-4 位上 OH 的构型	0.5
4	4-脱氧-D-葡萄糖	C-4 位上 OH 被 H 取代	2.0
5	5-脱氧-D-葡萄糖	C-5 位上 OH 被 H 取代	0.05
5	L-葡萄糖	C-5 位上 CH_2OH 的构型	0
6	6-脱氧-D-葡萄糖	C-6 位上 OH 被 H 取代	0
6	木糖	C-6 位被 H 取代	0.98

2) pH 对葡萄糖氧化酶作用的影响

葡萄糖氧化酶的最适 pH 为 5.6,在 pH 3.5～6.5 之间保持良好的稳定性。结晶酶在 pH 3.5～7.6、40℃下稳定。在没有保护剂存在的情况下,pH 大于 8.0 或小于 2.0 时酶将迅速失活。酶的底物起着稳定酶的作用,例如,在 pH 8.1 和不存在葡萄糖底物的条件下,10 min 内酶活力损失 90%;而在相同 pH 和存在葡萄糖底物的条件下,40 min 内酶活力仅损失 20%。在实际工作的特定环境下,低 pH 时也可以使用葡萄糖氧化酶。例如,30℃时的霉菌葡萄糖氧化酶制剂、pH 2.6 条件下的可乐饮料和 pH 3.2 的葡萄饮料中的酶制剂仍具有较高的稳定性(见表 7-15)。尽管在该环境下葡萄糖氧化酶的反应速度较慢,但它仍能起到催化作用。

表 7-15 葡萄糖氧化酶的相对稳定性(%)

介 质	时间(h)				
	0	24	48	72	100
可乐饮料	100	90	87	72	55
葡萄饮料	100	93	86	79	66

3) 温度对葡萄糖氧化酶作用的影响

葡萄糖氧化酶的作用温度范围较宽,最适作用温度为 30～50℃,在低温下有很好的稳定性。固体葡萄糖氧化酶制剂在零度下至少可稳定保存两年,－15℃下可稳定保存 8 年,但温度一旦高于 40℃酶活将逐渐丧失。酶的水溶液在 60℃下保持 30 min,活力损失将达 80%以上。

葡萄糖氧化酶催化反应需要氧的参与，反应温度改变将导致反应体系中氧的浓度发生改变，从而影响酶活性。温度升高时，反应体系中氧的溶解度下降，这就抵消了温度升高对酶反应速度的影响。分析表7-16中的数据可知：① 葡萄糖氧化酶催化的反应具有较低的Q_{10}；② 在一定温度范围内(30～60℃)，温度变化对葡萄糖氧化酶活力的影响不显著。必须指出，酶的最适作用温度和测定酶反应速度的时间有关。在表7-16中给出的葡萄糖氧化酶活力指标是通过量压法测定30 min内反应体系吸收氧气量而得到的。

表7-16　温度对葡萄糖氧化酶活力的影响

温度(℃)	O_2 吸收(μL)	相对活力(%)	Q_{10}	温度(℃)	O_2 吸收(μL)	相对活力(%)	Q_{10}
0	154	0.51		40	330	1.1	1.1
10	178	0.59	1.15	50	314	1.05	0.95
20	230	0.77	1.3	60	306	1.02	0.97
30	300	1.0	1.3				

4) 葡萄糖氧化酶的抑制剂

葡萄糖氧化酶的抑制剂为Hg^{2+}、Ag^{+}、Cu^{2+}、氯代汞基苯甲酸、苯基脲乙酯及NH_4OH、肼、苯肼、亚硫酸钠、双甲酮等。腺嘌呤二核苷酸(FAD)对其结构有稳定作用。甘露糖、果糖以及D-阿拉伯糖对葡萄糖氧化酶有比较明显的竞争性抑制作用，因此不宜与其共同使用。氰化物和一氧化碳对酶没有抑制作用。

另外，一些可溶性的高分子聚合物，尤其是醋酸乙烯酯、吡咯烷酮乙烯或乙烯醇的共聚物，可明显增强酶的稳定性。

7.7.2　葡萄糖氧化酶的分子组成及其作用机制

葡萄糖氧化酶以黄素腺嘌呤二核苷酸(FAD)为辅基，1 mol酶含2 mol FAD，来源不同，其分子量亦有所差别。目前葡萄糖氧化酶的工业酶制剂主要来源于黑曲霉，因此黑曲霉葡萄糖氧化酶是这类酶中研究得最为彻底的一种。黑曲霉葡萄糖氧化酶分子量为160 000左右。若用β-巯基乙醇裂解酶分子中的二硫键，将得到两个分子量为80 000的亚基。黑曲霉葡萄糖氧化酶属于糖蛋白类。从酶的提纯样品中分离出6个组分，等电点略有差别(3.88～4.33)，它们蛋白质部分的组成相同，而碳水化合物部分的组成不同。酶分子中不含类似磷酸根和硫酸根的带电基团。6个组分中具有相同的C-末端氨基酸顺序(即Ala-Met-Glu-COOH)，而N-末端氨基酸的顺序还未见报道。6个酶组分以葡萄糖为底物时的K_m和周转数没有显著差别。

黑曲霉葡萄糖氧化酶和青霉菌葡萄糖氧化酶在性质上的差别主要是以葡萄糖为底物时的K_m值不同，前者为30 mmol/L，而后者为11 mmol/L。另外，黑曲霉葡萄糖氧化酶在失去FAD后呈不可逆失活状态，而青霉菌葡萄糖氧化酶在重新加入FAD后能部分恢复活力。黑曲霉葡萄糖氧化酶中的碳水化合物部分既没有参与酶的催化作用，也不起维持酶蛋白质构象的作用。酶分子中的蛋白质部分和碳水化合物部分，通过氨基酸残基的羧基侧链和糖残基上的氨基之间的酰胺键连接起来。

实验数据证明，葡萄糖氧化酶催化的反应的速度同时取决于O_2和葡萄糖的浓度，反

应遵循乒乓机理,可以用下面的图 7-12 来表示:

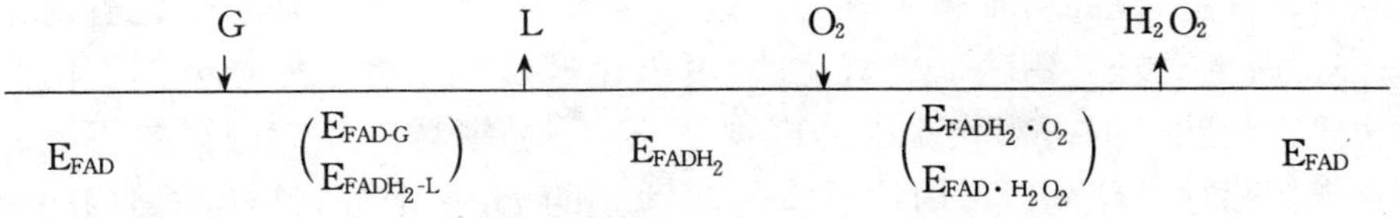

图 7-12　葡萄糖氧化酶催化反应机理

图中 G 和 L 分别代表 β-D-葡萄糖和 δ-D-葡萄糖酸内酯,也可以用下式(图 7-13)描述葡萄糖氧化酶催化的反应:

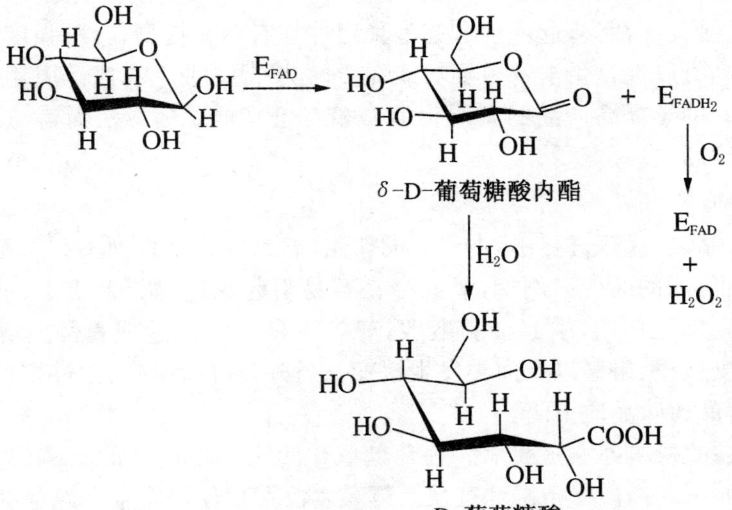

图 7-13　葡萄糖氧化酶催化反应

反应中,氧化态酶 E_{FAD} 作为脱氢酶从 β-D-葡萄糖分子中取走两个氢原子形成还原态酶 E_{FADH_2} 和 δ-D-葡萄糖酸内酯,随后 δ-D-葡萄糖酸内酯非酶水解成 D-葡萄糖酸,同时还原态葡萄糖氧化酶被分子氧再氧化成氧化态葡萄糖氧化酶。如果反应体系中存在过氧化氢酶,那么 H_2O_2 被催化分解成 H_2O 和 O_2。

7.7.3　葡萄糖氧化酶在食品加工中的应用

葡萄糖氧化酶的作用归纳起来不外乎 4 个方面:一是去葡萄糖;二是脱氧;三是杀菌;四是测定葡萄糖含量。

1) 蛋类食品的脱糖保鲜

葡萄糖氧化酶最重要的应用就是防止美拉德反应。由于蛋清中含有 0.5%～0.6% 的葡萄糖,因此在蛋类制品加工和储藏过程中,极易发生葡萄糖分子中的羰基与蛋白质分子的氨基结合生成黑蛋白的美拉德反应。美拉德反应不但导致食品中葡萄糖和游离氨基消失,还会使食品褐变、营养损失,风味也会发生变化,甚至产生有毒物质。因此,在蛋制品加工过程中往往要先进行蛋清的脱糖处理,以防止食品因氧化而引起的品质下降和变质。

早期在蛋制品工艺中多是采用干或湿酵母发酵的方法除去葡萄糖，该方法的缺点是周期长，卫生条件差，产品质量也不理想。近几年来，在干制蛋品加工中已普遍采用葡萄糖氧化酶进行脱糖处理。用葡萄糖氧化酶-过氧化氢酶体系将还原糖分子上的醛基转变成羧基，这样就消除了美拉德反应中的产物之一——还原糖。反应中需要不断地供给氧气，因此使用葡萄糖氧化酶脱糖时应分次加入适量的 H_2O_2溶液，这样同葡萄糖氧化酶一起使用的过氧化氢酶就能分解 H_2O_2，以补充反应所需要的氧。另外，适当降低反应温度可以保持乳状液的稳定性，由于温度降低后氧在蛋品中的溶解度提高，酶反应速度不受影响。因此，目前食品工业优先选择在低温下完成蛋品的脱糖操作。

采用葡萄糖氧化酶脱糖后的蛋制品基本上不会发生褐变。另外，脱糖处理后蛋清可保持原有色泽，且蛋腥味消失，起泡性和起泡稳定性均有明显提高，凝胶强度也有所增加。优良的起泡性和高凝胶性是蛋清的重要功能性质，在食品工业上有广泛应用，因此葡萄糖氧化酶脱糖法还有助于提高产品的实用价值。相对于其他脱糖方法而言，这也是葡萄糖氧化酶法脱糖的优点之一。

2）防止食品氧化

食品在运输、储藏、保存过程中，由于氧的作用，容易发生一系列不利于产品质量的化学反应，引起色、香、味的改变。例如，氧的存在容易引起花生、奶粉、饼干、油炸食品等富含油脂的食品发生氧化作用，引起油脂酸败，产生不良风味而造成食品营养损失、变质。氧化也会引起去皮果蔬、果酱以及肉类发生褐变。另外，氧的存在也为许多微生物生长创造了条件，导致食品风味品质下降。

解决氧化问题的根本办法是脱氧。葡萄糖氧化酶是一种理想的除氧保鲜剂，可有效防止食品因氧化而引起的质量下降和变质。罐藏食品可以使用含葡萄糖氧化酶的吸氧保鲜袋防止氧化，罐装果汁、酒和水果罐头等可以直接加入葡萄糖氧化酶以保持品质。另外，葡萄糖氧化酶也可以有效地防止罐装容器的氧化作用。

（1）干鲜食品脱氧

瓶装或罐装的干鲜食品储藏时，因容器密封性差，所以有必要除去氧。可以在容器中放入含葡萄糖氧化酶及其作用底物葡萄糖的吸氧保鲜袋，这样容器中的氧气透过薄膜进入袋中就在葡萄糖氧化酶作用下与葡萄糖反应，从而达到脱氧的目的。

（2）酒类脱氧

啤酒中含氧过高易引起啤酒的氧化，产生老化味，严重影响啤酒质量。利用葡萄糖氧化酶复合体系，可以有效地去除啤酒中的溶氧，在啤酒加工过程中以及包装后的储藏中起到保护作用。葡萄糖氧化酶用于啤酒脱氧时的使用量为每升啤酒中加 10～70 个 U，添加时机以发酵后啤酒与酵母刚刚分离时较为理想。虽然利用葡萄糖氧化酶可以有效地去除溶氧，但啤酒风味的稳定性并没有得到很好的改善，因此近几年来葡萄糖氧化酶在啤酒脱氧方面应用的研究进展不大。

氧的存在给白葡萄酒的生产造成极大的困难，葡萄皮、葡萄梗和葡萄籽中含有较高的多酚氧化酶和酚类物质，会使白葡萄酒发生褐变，尤其是使用原料的成熟度较差或以霉变的葡萄为原料酿制白葡萄酒，问题更为严重。如在生产过程中添加浓度为 20～40 U/L 酒的葡萄糖氧化酶，便可以有效地减轻氧造成的危害。另外，当葡萄糖氧化酶应用于葡萄酒脱氧时，添加适量的葡萄糖可在一定程度上加快氧气消除的速度。白葡萄酒中加入葡萄糖氧化酶能够防止葡萄酒发生酶褐变和口感、味觉的变化，还可以防止色素的沉淀，延长保存期。

(3) 饮料脱氧保鲜

果汁在深加工过程中若发生氧化作用，其中一些不饱和成分如不饱和脂肪酸和烯二醇类物质将会分解，使果汁品质低下。尤其是维生素 C 等维生素类的物质的氧化会使营养大量流失。添加葡萄糖 1 g/L、葡萄糖氧化酶 20 mg/L 即可有效防止氧化的发生。

含有果汁或天然油的所有柑橘类软饮料风味物质都容易逸失，光照后还会产生日光臭，降低饮料的品质和货架期。采用葡萄糖氧化酶除氧剂可以保持柑橘饮料的新鲜色泽风味。该方法对于无果汁饮料也同样有效，实验证明葡萄糖氧化酶在软饮料中起到保持正常口味、防止饮料氧化褪色、除残氧后降低饮料中氧化的铁质等作用。

(4) 虾肉食品保鲜

由于虾类固有的生物和生物化学特性(含水 77%，蛋白质 20.6%)，使得其在加工储藏、运输及销售过程中很容易腐败变质，严重影响它的经济价值和营养价值。传统的新鲜虾类保鲜方法是采用低温保存。但由于虾类自身存在的多酚氧化酶在虾类冷冻、冰藏和解冻期间仍然保持着活性，致使虾类食品都难以避免地发生褐变，因此对虾类保鲜来说防褐变是非常重要的。如果将虾肉置于葡萄糖氧化酶-过氧化氢酶溶液中浸泡，或将酶液加入到包装的盐水中，就能有效阻滞虾肉颜色的改变和防止蛤败的产生。采用葡萄糖氧化酶保鲜的虾肉食品，冷藏、冻藏都能保持二级鲜度，色泽、气味和弹性保持良好。葡萄糖氧化酶在虾、蟹肉等食品保鲜方面的应用有很好的发展前途。

(5) 稳定食品乳状液的质量

油水乳化后的食品乳状液如蛋黄酱，尽管在控制金属离子污染上作了很大的努力，并且使用了螯合剂，但由于在加工过程中引入了占总体积 10%～20%的空气，货架寿命仍然因为受包藏的氧的作用而显著缩短。保藏期间的质量下降主要表现为颜色减退和蛤败，并失去乳化性。在包装蛋黄酱的密闭容器中适量添加葡萄糖氧化酶-过氧化氢酶体系以防止其在储藏期间的变质，在之后 6 个月的保藏期内，通过感官评定和测定过氧化值来比较经处理的蛋黄酱和对照试样的质量稳定性(见表 7-17)，可以得出以下的结论：酶处理的效果显著，而且酶催化反应中生成的葡萄糖酸对于蛋黄酱的风味没有不良的影响。

表 7-17　葡萄糖氧化酶-过氧化氢酶处理对蛋黄酱稳定性的影响

保藏期(月)	感光评定		颜　色		氧化值(mmol/kg 样品)	
	对　照	酶处理	对　照	酶处理	对　照	酶处理
0	+	+	+	+	0.2	0.2
2	+	+	+	+		
3	−	+	+	+	6.2	0.2
4	−	+	−	+		
5	−	+	−	+		
6	0	+	0	+	14.6	0.8

(6) 防止马口铁罐壁氧化腐蚀

罐头生产虽然采用抽真空封罐，但罐头顶隙仍有氧气残留，特别是酸性介质，腐蚀罐壁，形成氧化圈，影响罐内食品的风味。尤其对电素马口铁这样镀锡薄的水果罐头，情况更为严重。在罐头中应用葡萄糖氧化酶，可以减轻和防止氧化圈和罐内的溶锡。在罐装啤酒的情况下，也能减少马口铁罐壁的氧化腐蚀和铁锡等重金属离子的溶出，保持其原有风味。

3) 杀菌

由于葡萄糖氧化酶能去除氧，所以能防止好气菌的生长繁殖；同时，由于产生过氧化氢，也可起到杀菌的作用。因此，葡萄糖氧化酶可用于在特殊情况下防止微生物的繁殖。

4) 葡萄糖氧化酶在食品分析中的作用

因葡萄糖氧化酶能专一氧化葡萄糖，故可用于定量测定各种食品中的葡萄糖含量。目前利用固定化技术制成的葡萄糖氧化酶分析仪器已广泛应用于发酵行业发酵液中残糖(主要是葡萄糖)的测定，方法简单、快速、准确。用葡萄糖氧化酶测定葡萄糖浓度的方法很多，如量压法、氧电极测定法、比色法、荧光光度法和电化学指示剂反应测定葡萄糖氧化酶反应过程的过氧化物法等。

另外，葡萄糖氧化酶也可用于测定食品中的果糖含量。需要指出的是，当用酶法测定样品的果糖含量时，如果样品中含有大量葡萄糖(葡萄糖含量/果糖含量>5)，必须采用葡萄糖氧化酶先将样品中的葡萄糖除去，否则测定的准确性就会降低。

葡萄糖氧化酶在食品加工中的应用还包括：改变转化糖中葡萄糖和果糖的比例；降低玉米糖浆中葡萄糖的含量；加入到面粉中起催熟作用；加入到牛乳中起凝结作用；稳定柑橘饮料及浓缩汁的质量；保护肉制品及干酪的颜色。然而，应该指出，尽管在这一节中提到了许多关于葡萄糖氧化酶在食品加工中应用的项目，但是其中多数还处于实验室研究阶段，葡萄糖氧化酶在食品工业中的应用还有待于进一步的研究和开发。

7.8 超氧化物歧化酶

超氧化物歧化酶(superoxide dismutase，简称 SOD，EC 1.15.1.1)是一类含金属的酶。超氧化物歧化酶每摩尔酶的氨基酸残基数在 300 个左右，它在生物界分布极广，广泛存在于需氧生物、耐氧生物及某些厌氧微生物中。目前已知的 SOD 主要分为 3 类，即 Cu－Zn－SOD、Mn－SOD 和 Fe－SOD。Cu－Zn－SOD 主要存在于包括人类在内的所有高等真核生物中，在真核细胞的细胞浆中分子量为 32 000 左右，呈蓝绿色；Mn－SOD 在高等生物的线粒体及细菌中均有发现，来自原核细胞的分子量约为 48 000，来自真核细胞线粒体的分子量约为 30 000，呈粉红色；Fe－SOD 只存在于原核细胞，分子量在 38 000 左右，呈黄色。三类 SOD 可能具有不同的进化祖先。

SOD 存在于几乎所有靠有氧呼吸的生物体内，从细菌、真菌、高等植物、高等动物直至人体均有存在。含 SOD 较高的天然植物有大蒜，其他如韭菜、大葱、油菜、柠檬和番茄等植物中也含有。

7.8.1 催化机制

超氧化物歧化酶的作用机制：催化超氧阴离子的歧化反应。

$$2O_2^- + 2H^+ \xrightarrow{SOD} O_2 + H_2O_2$$

根据衰老的自由基学说，老化是自由基产生和清除发生障碍的结果。在生物体内由于作用外界和内在的因素，瞬间能产生大量的自由基。在正常情况下，产生和清除处于平衡状态。但随着机体的衰老，清除内能逐渐减弱，这种平衡被打乱，多余的自由基就能通过多种渠道损害机体。如氧自由基能与多价不饱和脂肪酸作用生成一系列过氧化物，这些脂质过氧化物与蛋白质作用，使蛋白质交联聚合，产生不溶性蛋白质。这种变化以结缔组织中胶原最明显，它能导致胶原坚硬、长度缩短、失去膨胀力，即所谓皱纹。此外，过氧化脂质在氧化酶的作用下，能分解成丙二醛等化学物质，在体内丙二醛能迅速与磷脂酰乙醇胺交联生成黄色色素，然后与蛋白质、胺类或脂类结合成无生理活性的棕褐色色素，即所谓老年斑。细胞结构与功能的改变，破坏了机体正常代谢，于是老化了。

超氧化物歧化酶是专一清除氧自由基的清除剂。SOD 能清除 O_2^-，同时生成 H_2O_2，H_2O_2可被过氧化氢酶清除生成 H_2O 和 O_2。所以，SOD 可清除机体代谢过程中所产生的过量 O_2^-，延缓由于自由基侵害而出现的衰老现象。

7.8.2 理化性质

当 SOD 受到外界各种因素，如温度、pH、氰化物、变性剂和电离辐射等的影响时，其分子结构和酶活性都会发生变化。

1）热稳定性

超氧化物歧化酶是一种金属蛋白，它对热表现出异常的稳定性。实验证明，超氧化物歧化酶在 55℃、15～30 min，60℃、10～25 min 或 65℃、10～15 min 的条件下，酶活性的变化不大。加热至 75℃时，其酶活性几乎不会丧失。在离子强度非常低时，即使加热至 95℃其酶活性丧失亦很小。牛红细胞中 Cu－Zn－SOD 的 T_m 为 83℃，这是至今为止发现热稳定性最高的球蛋白之一。室温下保藏 9 个月，酶活存留率为 60%；保藏一年，酶活存留率 51.2%。SOD 的热稳定性有种族差异，如大鼠肝中的 Mn－SOD 不耐热，但从人肝和鸡肝得到的 Mn－SOD却很耐热，即使在 65～70℃加热数分钟，它的活性也丧失很少。

2）pH 的影响

pH 的改变会引起酶蛋白与金属辅因子结合状态的改变。实验表明，天然的Cu－Zn－SOD 在 pH 3.6 时，95%的 Zn 会脱落；在 pH<6.0 时，Cu 的结合位点要移动；当 pH>12.2 时酶的构象会发生变化。但总的来说，SOD 对 pH 并不敏感，通常在 pH 5.3～9.5 范围内对酶活性影响不大。

3）对氰化物的敏感性

实验表明，不同种类的 SOD 对氰化物的敏感性是不同的。所有的 Cu－Zn－SOD 都对氰化物敏感。相反，Mn－SOD 却抗氰化物。SOD 的这个特性已用于临床诊断。在大多数情况下，正常细胞和肿瘤细胞之间在 Mn－SOD 活性变化上有差异，肿瘤细胞内的 SOD 要比正常的低得多。因此能否把 Mn－SOD 的含量变化作为一个指标用于肿瘤诊断，是一项有意义的工作。

4）金属辅因子

Cu－Zn－SOD 中 Cu 与 Zn 的作用是不同的，Zn 仅与酶分子的结构有关，而与催化活性无关，而 Cu 却与催化活性有关。透析去 Cu，则酶活性全部丧失；一旦重新加入，活性恢复。Mn 和 Fe 与 Cu 一样分别对 Mn - SOD 和 Fe - SOD 的催化活性具有作用。

5）变性剂和还原剂

在 SOD 的变性剂中，研究最多的是尿素、SDS 和 EDTA。实验表明，牛血 SOD 在含有 SDS、EDTA 的 6 mol/L 尿素溶液中加热，活性丧失很快。但在 8 mol/L 尿素溶液中 SOD 相当稳定。

还原剂如巯基乙醇，主要作用于—SH 或二硫键。当加入巯基乙醇后 SOD 就会解聚，这已在人、牛和麦胚中的 Cu - Zn - SOD 中得到证实。SOD 的解聚会导致酶活性的降低。

6）电离辐射

电离辐射会产生超氧阴离子，SOD 能清除超氧阴离子，所以 SOD 具有抗辐射作用。实验表明，SOD 通过辐照后，除酶本身活性降低外，它的许多理化性质，如电子图谱、紫外吸收、电子核磁共振以及铜、锌的含量等都会发生变化。

Mn - SOD 和 Fe - SOD 经电离辐射后，金属辅助因子 Mn 和 Fe 会脱落，从而导致酶活性的丧失。

7.8.3 生理功能

1）SOD 是特殊的氧自由基清除剂

随着年龄的增长，人体免疫力的下降，特别是人在工作、生活中，精神紧张、忧郁、空气污染、失眠等原因引发的代谢紊乱等，会导致体内氧自由基的增加和泛滥。当人体防氧化系统不足以与它相抗衡时，便诱发各种疾病，并加速了人体衰老。医学研究证明，氧自由基可引发的疾病有一百多种，如心脏病、肺气肿、氧中毒、动脉硬化、中风、糖尿病、皮肤病、白内障和癌症等。

而超氧化物歧化酶便是氧自由基的天然克星，国内外医学界一致公认，超氧化物歧化酶是专一清除氧自由基的清除剂。SOD 可清除机体代谢过程中所产生的过量 O_2^-，延缓由于自由基侵害而出现的衰老现象，如皮肤衰老和脂褐素沉淀的出现；可提高人体对那些由于自由基侵害而诱发的疾病的抵抗力，包括肿瘤、炎症、肺气肿、白内障和自身免疫疾病等；可提高人体对自由基外界诱发因子的抵抗力，如烟雾、有毒化学品和有毒医药品等；增强机体对外界环境的适应力，还可减轻肿瘤患者在化疗、放疗时的疼痛及严重的副作用，如骨髓损伤和白细胞减少等；并可消除机体疲劳，增强对超负荷大运动量的适应力。

2）SOD 具有明显的防晒效果

在电离辐射的间接作用下，生物体内水分子经激发与电离后产生了包括超氧阴离子（O_2^-）在内的氧自由基，而 SOD 是氧自由基专一清除剂，在照射前供给外源性 SOD，可有抗辐射效果。

紫外线的光量子能量高于可见光，但 X -射线或 γ -射线的光量子能量又比紫外线高得多。日光致使皮肤变黑，甚至产生炎症。其主要原因就是氧的自由损害，因此经常使用 SOD 化妆品能有效防止机体免受电离辐射（尤其紫外线）的损害，SOD 有明显的防晒效果。

3）SOD 有明显的抗炎效果

活性氧损害是引起炎症的主要原因，SOD 是氧自由基清除剂，故 SOD 可作为抗炎药。

大量研究表明SOD安全无副反应，也很少出现过敏症状。欧美国家已于1988年批准它作为一种临床治疗药物，并在化妆品、牙膏和功能性食品中得到广泛应用。但有些疾病患者如肾功能衰竭、尿毒症、精神病及患孤独症的小孩，其血液中SOD浓度比正常人高很多，这种特殊人群不需补充而是要抑制或减少SOD。

7.8.4 SOD在食品中的应用

1) SOD可制成口服液和化妆品使用

SOD制作口服液试验表明：SOD在小鼠模拟胃酸中37℃保温150 min，活力仍残存81%；SOD在37℃、作用时间210 min下对胃蛋白酶和胰酶的降解原，仍残存82%和84%活力，SOD可透过小肠，即可为小肠吸收。因为SOD分子中不含色氨酸，芳香氨酸也很少，能抗胃蛋白酶水解。

皱纹是皮肤衰老的标志，皱纹的产生是由于自由基脂质过氧化反应发生在皮肤上，使真皮的胶原蛋白变性和交联，导致胶原坚硬，长度缩短，使皮肤失去膨胀力而形成皱纹。而且，皮肤在紫外光照射下会产生超氧自由基，使皮肤变黑。SOD是超氧自由基的清除剂，经常使用添加SOD的化妆品，等于对机体不断补充外源性SOD，能有效的防止或延缓皮肤衰老。经临床试验证明，SOD化妆品具有抗衰老、抗皱、抗炎症、防晒、去色素沉着、防止老年斑的形成等功效。长期使用可使皮肤富有弹性和光泽，青春常驻。添加SOD的化妆品种类有：化妆水、露、霜、洗面乳、沐浴液、护发素等系列化妆品。

2) SOD作为抗氧化剂

SOD作为抗氧化剂可防止氧化酶引起的食品变质及蛤变等现象。

3) 作为食品营养强化剂

SOD可作为抗衰老功能食品的添加剂，如制成强化SOD的牛奶、饮料、口香糖等系列产品。在食品保健业中，目前已渗入超氧化物歧化酶的有蛋黄浆、中老年奶粉、可溶性咖啡、啤酒、SOD口服液等。

7.9 溶菌酶

溶菌酶（*N*-乙酰胞壁质聚糖水解酶，EC 3.2.1.17）又称为胞壁质酶，是一种专门作用于微生物细胞壁的水解酶。溶菌酶是由129个氨基酸构成的单纯碱性球蛋白，化学性质非常稳定。

在自然界中，溶菌酶普遍存在于鸟类、家禽的蛋清和哺乳动物的眼泪、唾液、血液、鼻涕、尿液、乳汁和组织细胞中（如肝、肾、淋巴组织、肠道等），从木瓜、芜青、大麦、无花果和卷心菜、萝卜等植物中也能分离出溶菌酶，其中以蛋清含量最高。在生物体内溶菌酶具有抗菌消炎，抗病毒，增强机体免疫力的生理功能，还可激活血小板，改善组织局部血液循环障碍，分泌脓液，增强局部防卫功能，具有止血、消肿等作用。它还可以作为一种宿主抵抗因子，对组织局部起保护作用。

7.9.1 溶菌酶的种类

溶菌酶的研究最早是从尼科尔（Nicoile）1907年发表枯草杆菌溶解因子的报告开始的。

两年后，Laschtschenko 指出：鸡卵白强烈抑菌作用是酶作用的结果。1922 年英国细菌学家弗莱明(Fleming)发现人的唾液、眼泪中存在这种能溶解细菌细胞壁的酶，因其具有溶菌作用，故命名为溶菌酶。1937 年由 Abraham 与 Robinson 从卵蛋白中最先分离出晶体溶菌酶，此后人们在人和动物的多种组织、分泌液及某些植物、微生物中也发现了溶菌酶的存在，根据来源不同，将溶菌酶分为三类。

1）*动物源溶菌酶*

动物源溶菌酶包括鸡蛋清溶菌酶及人和哺乳动物溶菌酶。鸡蛋清溶菌酶是目前研究和应用最多的，在鸡蛋清中含有 3.5%左右，分子量为 14 000，其等电点在 pI 10.8 左右，最适反应温度在 50℃，化学性质稳定。pH 在 1.2～11.3 之间改变时对酶结构影响很小，pH 在 4～7范围内 100℃处理 1 min 仍有近 100%的活力，在 210℃条件下加热 1.5 h 仍具有活性。在碱性环境条件下稳定性较差，分解 G^+ 细菌，但对 G^- 细菌不起作用。研究表明其他鸟类蛋清溶菌酶也是由 129 个氨基酸残基组成，但其排列顺序和鸡蛋清溶菌酶不同，并且活性部位也不相同。人溶菌酶分子量为 14 600 单位，对人的溶菌酶研究发现它是由 130 个氨基酸残基组成，也有 4 个 S—S 键，其一级结构氨基酸顺序及组成与鸡蛋清溶菌酶相比有极大的差异，但三级结构有相似性，其溶菌活性比鸡蛋清溶菌酶高 2 倍。对于哺乳动物溶菌酶，目前仅从牛、马、羊等动物的乳汁中分离出溶菌酶，其化学性质与人溶菌酶相似，但结构尚不清楚，其溶菌活性远低于人溶菌酶。

2）*植物源溶菌酶*

目前发现含溶菌酶的植物有近 170 种，在木瓜、无花果、大麦等植物中均已分离出溶菌酶。植物源溶菌酶分子量较大，为 24 000～29 000 单位，其对溶壁小球菌的溶菌活性不超过鸡蛋清溶菌酶的 1/3，但其对胶体状甲壳质的分解活性则是鸡蛋清溶菌酶的 10 倍。

3）*微生物源溶菌酶*

20 世纪 60 年代从微生物中分离出溶菌酶，根据其作用对象分为细菌细胞壁溶菌酶和真菌细胞壁溶菌酶。细菌细胞壁溶菌酶可分为三大类：*N*-乙酰氨基已糖苷酶，它破坏细菌细胞壁肽聚糖中 *β*-1,4 糖苷键；酰胺酶，它催化裂解细菌细胞壁肽聚糖中 *N*-乙酰胞壁酸与肽“尾”之间的 *N*-乙酰胞壁酸-L-丙氨酸键；内肽酶，它催化裂解肽聚糖肽桥中的肽键。现在研究发现，细菌细胞壁溶菌酶的抗菌活性不仅表现在其分解细菌细胞壁方面，当酶受到不可逆抑制后，它仍然显示出抗菌效应，不同来源的细菌细胞壁溶菌酶有不同的抗菌范围，并对不同类型的肽聚糖有特异性。

真菌细胞壁溶菌酶包括几丁质酶和 *β*-葡聚糖酶。抗真菌的几丁质酶主要是内几丁质酶，首先是在植物中发现，这类几丁质酶可以对抗侵入植物体的真菌病原体，后来人们在链霉菌属、杆菌和大多数真菌中也发现该酶，真菌几丁质酶与植物几丁质酶相似。几丁质酶主要用于真菌细胞壁的降解和重组，但在大多数产几丁质酶的真菌中，此酶主要用于真菌细胞壁的成型过程。由于肽聚糖和甲壳质的糖骨架具有相似的结构，一些几丁质酶也具有溶菌酶活性。*β*-葡聚糖酶(*β*-glucanases)是另一类真菌细胞壁溶菌酶，包括 *β*-1,3 葡聚糖酶、*β*-1,6葡聚糖酶和甘露聚糖酶等，主要用于分解酵母细胞的细胞壁。如 *β*-1,3 葡聚糖酶主要作用是它能水解 *β*-1,3 糖苷键，还可以对几丁质降解真菌细胞壁起到显著的协同作用，将纯化的几丁质酶和 *β*-葡聚糖酶合用，其抗灰色葡萄孢(Botrytis cinera)的作用能够提高 10 倍。

7.9.2 溶菌酶的性质及作用机理

溶菌酶纯品为白色或微黄、黄色的结晶体或无定型粉末，无异味，微甜，易溶于水，遇碱易被破坏，不溶于乙醚。溶菌酶活性受以下因素影响。

1）温度对溶菌酶活性的影响

Weaver 等发现在 60℃以上牛乳中的溶菌酶活性下降。Hayase 等发现溶菌酶通过二硫键聚合，180℃时聚合和降解同时进行，当＞200℃时肽键的断裂和重组发生，聚合和降解变得更为剧烈。

Frasco 等用红外光谱研究了溶菌酶的热变性机理，发现它是和水结构密切相关的。其他外侧非极性氨基酸残基对变性无重要影响，从外侧极性氨基酸游离出的水在其始变性过程中起重要作用，水进入内部肽-肽键中，使蛋白质膨胀和伸展。研究者们假定变性通过减少蛋白质结晶化、增加整个表面积和可利用的极性水合位促进水变构，这使肽-肽键向肽-水键转化，引起进一步的蛋白膨胀和伸展。当水加入体系时，其他水形成分子单层直至达到新加入的水不再影响蛋白电荷的层数为止。

2）pH 对溶菌酶活性的影响

溶菌酶在酸性 pH 下是稳定的，此时 100℃的加热对溶菌酶仅有很小的活性损失。Ma-tsuoka等报道，pH 4.5(100℃、3 min)、pH 5.29(100℃，30 min)的加热对溶菌酶是稳定的；Beychok 等报道，溶菌酶在 pH 5.5 最为稳定；Cunningham、Gorini 等均发现溶菌酶在酸性时稳定，在碱性时不稳定。

3）化学物质对溶菌酶的影响

Back 等研究表明糖和聚烯烃类能增加溶菌酶的热稳定性；Hidaka 等发现 NaCl 对溶菌酶也有抗热变性作用。同时，Kravchenko 等发现盐溶液的存在对溶菌酶的活性是十分必要的，Chang 的研究也发现溶菌酶的活性在低盐浓度时和离子强度是密切相关的；在高盐浓度时溶菌酶的活性受到抑制，阳离子的价态越高则其抑制作用越强。Yashitake 等发现具有—COOH和—SH_3OH基的多糖对溶菌酶活性有抑制作用。

4）加工过程对溶菌酶活性的影响

Schaich 发现溶菌酶和过氧化甲基亚油酸盐一起培养，导致蛋白质溶解度的下降和增加了溶解部分的分子量，是由于在溶菌酶中产生了游离基，游离基和过氧化的甲基亚油酸作用。研究表明溶菌酶中游离基浓度随水活性的上升而下降，其原因可能是因为基团的重构和交换。Funes 等继续进行溶菌酶和过氧化甲基亚油酸的作用研究，发现在一个冷冻干燥的模拟体系中溶菌酶在空气中和过氧化甲基亚油酸作用，有聚合、生物活性损失和其他化学变化。Kanner 等发现溶菌酶和过氧亚油酸的反应生成了二聚和高聚体；多聚是因为随水活性增加共价键交联度、蛋白质不溶性和酶活性损失增加引起的。

Fujimaki 等研究了在 150～300℃焙烤对溶菌酶和酪蛋白的作用，溶菌酶被作为一个纯蛋白质样品在 250℃时几乎所有溶菌酶的氨基酸被分解。

5）络合作用对溶菌酶活性的影响

溶菌酶可与许多物质形成络合物导致其活性丧失。Fleming 等(1924 年)报道了等量蛋清和蛋黄的混合物的溶菌酶无活性，Hartsell 报道脱水整蛋仅保留部分溶菌酶活性，Cunningoham 等研究表明蛋黄在 pH 6.2 磷酸盐缓冲液中使纯溶菌酶失活，他们观察发现蛋黄污染蛋清仅有两个离子交换色谱峰，而不是无污染的 3 个峰。Parkinson 报道了整蛋的色谱分离时无溶菌酶。研究者认为抑制机理是在溶菌酶和蛋黄化合物间形成静电相互作用的络合物所致。*N*-乙酰葡萄糖胺的 β-1,4 键多聚物是溶菌酶的底物，它们间形成一聚、二聚、三聚、四聚体，是溶菌酶的抑制剂。Imoto 分析了 SDS 和溶菌酶的相互作用，NMR、荧光和 UV 谱表明在没有引起酶分子整个构象变化的情况下，它们之间形成稳定的络合物。XRD 分析表明 SDS 结合到活性位上强烈抑制了溶菌酶活性。除此之外，其他和溶菌酶形成络合物的物质有：胸腺泡核、酵母泡核、甲状腺素、甲状腺球蛋白、α-La、咪唑核吲哚衍生物。阳离子如 Co^{2+}、Mg^{2+}、Hg^{2+}、Cu^{2+} 等均可抑制溶菌酶的活性（10^{-3}～10^{-2} mol/L）。

6）溶菌酶的抗菌机理

细菌的细胞壁由胞壁质组成，胞壁质是由 *N*-乙酰氨基葡萄糖（*N*-acetylglucosamine）及 *N*-乙酰胞壁酸（*N*-acetylmuramic acid）交替组成的多聚物，胞壁酸残基上可以连接多肽，称为肽聚糖（peptidoycan）。肽聚糖是细菌细胞壁的主要成分，它是由 *N*-乙酰胞壁酸（NAM）、*N*-乙酰葡萄糖胺（NAG）和肽"尾"（一般是 4 个氨基酸）组成，NAM 与 NAG 通过 β-1,4 糖苷键相连，肽"尾"则是通过 D-乳酰羧基连在 NAM 的第 3 位碳原子上，肽尾之间通过肽"桥"（肽键或少数几个氨基酸）连接，NAM、NAG、肽"尾"与肽"桥"共同组成了肽聚糖的多层网状结构。作为细胞壁的骨架，上述结构中的任何化学键断裂，皆能导致细菌细胞壁的损伤。溶菌酶能有效地水解细菌细胞壁的肽聚糖，其水解位点是 NAM 的 1 位碳原子和 NAG 的 4 位碳原子间的 β-1,4 糖苷键，结果使细菌细胞壁变得松弛，失去对细胞的保护作用，最后细胞溶解死亡。

对于 G^+ 细菌与 G^- 细菌，其细胞壁中肽聚糖含量不同，G^+ 细菌细胞壁几乎全部由肽聚糖组成，而 G^- 细菌只有内壁层为肽聚糖，因此，溶菌酶只能破坏 G^+ 细菌的细胞壁，而对 G^- 细菌作用不大。

7.9.3 溶菌酶在食品中的应用

1）溶菌酶用于水产类熟制品、肉类制品的防腐和保鲜

溶菌酶可作为鱼丸等水产类熟制品和香肠、红肠等肉类熟制品的防腐剂。只要将一定浓度（通常为 0.05%）的溶菌酶溶液喷洒在水产品或肉类上，就可起到防腐保鲜的作用。

2）用于新鲜海产品和水产品的保鲜

一些新鲜海产品和水产品（如虾、蛤蜊肉等）在 0.05%的溶酶菌和 3%的食盐溶液中浸渍 5 min 后，沥去水分，进行常温或冷藏储存，均可延长其储存期。

3）在乳制品中的应用

溶菌酶在人乳中含量最高，是牛乳的 3 000 倍，是山羊乳的 1 600 倍，溶菌酶是婴儿生长发育必需的抗菌蛋白，在人工喂养或食用母乳不足的婴儿食品中添加溶菌酶是非常必要的。因为溶菌酶是人体的一种非特异性免疫因子，对杀死肠道腐败球菌有特殊作用。溶菌酶在婴儿体内可以直接或间接促进婴儿肠道细菌双歧杆菌增殖，它可以促进婴儿胃肠内乳酪蛋白形成微细凝乳，有利于婴儿消化吸收；它可以促进人工喂养婴儿肠道细菌群的正常化；它能够加强对血清灭菌蛋白、γ-球蛋白等体内防御因子，以增加对感染的抵抗力，特别是对早产婴儿有预防体重减轻，预防消化器官疾病，增加体重的功效。所以，溶菌酶是婴儿食品、婴

儿配方奶粉等的良好添加剂。

在奶酪生产中使用溶菌酶，特别是中期、长期熟化奶酪中，可以防止奶酪的后期起泡，以及奶酪风味变化，而且不影响在老化过程中的奶酪基液。溶菌酶不仅对乳酸菌生长很有利，而且还能抑制污染菌引起的酪酸发酵，这种特性是一般防腐剂不能达到的。

溶菌酶还可用于乳制品防腐，尤其适用于巴氏杀菌奶，能有效地延长其保存期。由于溶菌酶具有一定的耐高温性能，因此也适用于超高温瞬时杀菌奶。

4）在糕点和饮料上的应用

在糕点中加入溶菌酶，可防止微生物的繁殖，特别是含奶油的糕点容易腐败，在其中加入溶菌酶也可起到一定的防腐作用。

在 pH 6.0～7.5 的饮料和果汁中加入一定量的溶菌酶具有较好的防腐作用。在低度酒方面的应用是日本已成功地使用鸡蛋蛋清溶菌酶代替水杨酸作为防腐剂用于清酒的防腐，其加入量为 15 mg/kg。此外，溶菌酶还可作为料酒和葡萄酒的防腐剂和澄清剂，使用量为 0.005%～0.05%。

5）用于制备细胞浸提物

酵母膏是发酵工业中用量最多的一类培养基成分，它的制备目前大多是采用酵母自溶法或酵解酵母法。如果改用溶菌酶制备酵母膏，则不仅可以提高浸膏量的收率，还可以大大缩短酵母膏的制备时间。也可以用溶菌酶从酵母细胞中制备呈味物质，如有些溶菌酶中除了含有溶菌酶的活性外，还可以含有能分解酵母细胞中的核酸为肌苷酸和鸟苷酸的单核酸类的呈味物质。

6）溶菌酶在食品包装工业中的应用

将溶菌酶固定化在食品包装材料上，生产出有抗菌功效的食品包装材料，以达到抗菌保鲜功能。目前许多肉制品软包装都需要经过高温灭菌处理，经过处理的肉制品脆性变差甚至产生蒸煮味。如果在产品真空包装前添加一定量的溶菌酶(1%～3%)，然后巴氏杀菌(80～100℃，25～30 min)，可获得很好的保鲜效果。

7）在功能性食品中的应用

溶菌酶是一种无毒、无害的高盐基蛋白质，且具有一定的保健作用，有抗感染和增强抗生素作用效力，促进血液凝固及止血作用，有组织再生作用。因此，可以在保健食品中添加一定量以提高保健效果。

思考与练习

1. 什么是糖酶，它主要包括哪几类，各自有何特点？
2. 果胶酶如何分类？在食品工业中如何合理使用果胶酶？
3. 蛋白酶如何分类？蛋白酶水解蛋白质的苦味来源及控制措施是什么？
4. 脂肪酶的催化反应特性是什么？
5. 简述过氧化物酶的性质及在果蔬加工中的重要性。
6. 简述酶促褐变的机理及其控制措施。
7. 脂肪氧合酶作用机制是什么？
8. 超氧化物歧化酶作用机制及其性质是什么？
9. 简述溶菌酶的抗菌机理及外界条件对其抗菌作用的影响。

8 酶在食品科学与工程中的应用

食品加工过程中，如何保持食品的色、香、味是非常重要的问题，因此加工过程中应避免使用剧烈的化学反应。作为一种食品添加剂，与传统的化学法，如酸法、碱法加工食品相比，酶制剂用于食品加工中具有以下优点：① 它不会有任何有害的残留物质；② 酶的催化反应具有高度专一性和高效性，酶制剂用量小，经济上合算；③ 酶反应条件温和，营养成分损失少，易操作，能耗低；④ 提高食品质量，许多酶制剂可作为食品原料的品质改良剂；⑤ 改善食品风味、颜色等，而且不会引起食品结构、物理状态和风味等的变化。可见，酶制剂在食品生产的应用中处处体现出省时节能、对环境没有污染和能够保持食品的天然风味的特性。近年来，随着发酵技术的不断提高，酶制剂已在淀粉类食品、蛋白类食品、果蔬类食品、功能性食品和食品添加剂的生产、食品保鲜和食品分析等食品行业的各个领域得到广泛应用。

8.1 酶在淀粉类食品生产中的应用

淀粉类食品是指含大量淀粉或以淀粉为主要原料加工而成的食品，是世界上产量最大的一类食品。在淀粉类食品的加工中，多种酶被广泛地应用，主要有 α-淀粉酶、β-淀粉酶、糖化酶、支链淀粉酶、葡萄糖异构酶等。淀粉可以通过酶水解作用生成糊精、低聚糖、麦芽糊精和葡萄糖等产物，这些产物又可进一步转化为其他产物。

8.1.1 酶在制糖工业中的应用

利用酶水解淀粉生产葡萄糖是酶催化工业的一项重大成就，由日本在 20 世纪 50 年代末研究成功，现已在全世界普遍采用。现在国内外葡萄糖的生产绝大多数是采用 α-淀粉酶将淀粉液化成糊精，再利用糖化酶生成葡萄糖。果葡糖浆是用葡萄糖异构酶催化葡萄糖异构化生成果糖，而得到含有葡萄糖和果糖的混合糖浆。若将异构化反应完成后，混合糖液经过脱色、精制、浓缩等过程，得到固形物含量达 71%左右的果葡糖浆，其中，含果糖 42%左右，含葡萄糖 52%左右，另有 6%左右为低聚糖。若将异构化后的混合糖液中的果糖与葡萄糖分离，再将分离的葡萄糖进行异构化，如此反复进行，可使更多的葡萄糖转化为果糖，由此可生产出果糖含量达 70%、90%甚至更高的果葡糖浆，称之为高果糖浆。高果糖浆与蔗糖相比具有甜度高、不易结晶、易发酵等特点，故备受点心及冷饮加工业青睐。葡萄糖异构酶生产果糖的技术可用于大规模生产果糖而取代蔗糖作为甜味剂。目前世界上淀粉糖的产量已达 1 000 多万吨，其中有一半是果葡糖浆。现在国内普遍使用耐高温 α-淀粉酶生产葡萄糖，这种酶具有反应温度高（最适温度 90～95℃）、作用力强、反应速度快等优点，克服了普通 α-淀粉酶作用温度不高的缺点。耐高温 α-淀粉酶不仅可用于淀粉糖的制造，还广泛地用于啤酒、酒精、发酵业、制药、纺织和造纸等工业上。

以淀粉为原料，通过不同的淀粉酶分解淀粉，还可以生产出饴糖、麦芽糊精、麦芽糖浆（三糖、四糖）、高麦芽糖浆（麦芽糖达60%）、麦芽糖、麦芽糖醇和果糖等甜味剂。饴糖生产中所用的酶，除了从添加的大麦芽中得到以外，也可以采用直接添加酶制剂的方法提供。添加的酶主要是α-淀粉酶和β-淀粉酶。目前高麦芽糖浆的生产是采用β-淀粉酶和支链淀粉酶的共同作用，使淀粉更多地转化为麦芽糖。糖化时，将液化后得到的糊精液调至pH 5～6，温度50℃左右，加入一定比例的支链淀粉酶和β-淀粉酶，作用10 h左右，得到麦芽糖含量达80%～95%的糖化液。

糊精是淀粉的低级程度水解产物，广泛应用于食品增稠剂、填充剂和吸收剂等。糊精和麦芽糊精可用酸法和酶法生产，现在大多采用酶法水解的方法生产。环状糊精是由6～12个葡萄糖单位以α-1,4-葡萄糖苷键连接而成的环状结构的一类化合物，能吸附各种小分子物质，起到稳定、缓解、乳化、提高溶解度和分散度等作用，在食品工业中有广泛用途。β-环状糊精的生产，一般采用嗜碱芽孢杆菌BGT。常用的生产菌株有N-227，NO. 38-2等。采用嗜碱芽孢杆菌N-227菌BGT生产β-环状糊精时，可使用木薯淀粉、马铃薯淀粉、甘薯淀粉及可溶性淀粉为原料，转化率可达35%～40%。

以淀粉为原料，通过酶转化法生产低聚麦芽糖、低聚异麦芽糖，具有原料来源广、价格低、入口香甜、风味独特等优点。麦芽寡糖酶水解淀粉后，通过絮凝、脱色、离子交换、纯化后制成由3～8个葡萄糖分子组成的新型淀粉糖，不仅是一种科学的、合理的、具有功效的高能营养品，还具有易消化、低甜度、低渗透等优点。葡萄糖苷转移酶是生产低聚异麦芽糖必须使用的酶制剂。以淀粉为原料，经调乳、液化后，在液化液中添加真菌淀粉酶、葡萄糖苷转移酶进行糖化、转苷反应，经一定时间后，便产生以异麦糖、异麦芽三糖和潘糖为主要成分的糖液。以玉米淀粉为原料，在糊化时加入耐热α-淀粉酶，采用脱支反应等手段改变淀粉原有的分子结构并重新结晶，可以提高产品中抗性淀粉的含量。

目前，微生物糖苷水解酶在生产中应用较多，而且技术都比较成熟。如：利用α-葡萄糖苷酶生产低聚异麦芽糖；利用节杆菌产生的β-呋喃果糖苷酶合成低聚乳果糖、低聚半乳果糖；利用α-半乳糖苷酶生产棉子糖和蜜二糖；利用橙皮苷酶和橙皮苷反应生产橙皮素-F-葡萄糖苷二氢查耳酮（一种对人体安全的甜味剂，甜度为蔗糖的70～100倍）。利用酶水解所获得的糖浆类产品非常多，在焙烤食品、甜点、饮料、肉类、冰淇淋、水果罐头、果酱、调味酱等食品中都使用着各种糖浆。

8.1.2 酶在焙烤食品中的应用

在焙烤食品中应用的酶制剂主要有淀粉酶、蛋白酶、葡萄糖氧化酶、木聚糖酶、脂酶等，这些酶制剂的使用可以增大面包体积，改善面包表皮色泽，改良面粉质量，延缓陈变，提高柔软度，延长保存期限。

1）淀粉酶

淀粉酶在焙烤食品中的主要应用是在面包的制作过程中，大量的文献资料表明，利用淀粉酶能够改善或控制面粉的处理品质和产品质量（如面包的体积、颜色、货架寿命）。面粉中添加α-淀粉酶，可调节麦芽糖生成量，使二氧化碳产生和面团气体保持力相平衡，添加β-淀粉酶可改善糕点馅心风味，还可防止糕点老化。

在面包生产中采用麦芽和微生物 α-淀粉酶，已有数十年的历史。随着焙烤工业的发展，以及消费者对天然食品的需求日益增加，酶在面包配方中所扮演的角色愈来愈重要。试验表明，向面粉中添加 0.1%的淀粉酶，就可以使面粉变得完善，大大改进产品的质量，因此国外都把面粉中的淀粉酶活力作为面粉质量指标之一。面包老化会导致严重的经济损失，美国每年均有价值高达 10 亿美元的焙烤食品因此而废弃掉。实验证明，在面包粉中添加一种从基因工程改性细菌中得到的麦芽糖 α-淀粉酶，对面包有独特的抗老化作用，能够保持面包在储存时的新鲜度，比较各种淀粉酶与单甘酯的抗老化作用机理的研究显示，与真菌 α-淀粉酶相比，细菌麦芽糖 α-淀粉酶不仅能大大改进面包的抗老化作用，而且对面包瓤的弹性也有正面的影响，从而提高面包的可口性。

在面包粉中添加适量的 α-淀粉酶，还可使面包体积较空白面包提高 10%左右，这是因为烘烤面包时，α-淀粉酶水解部分淀粉，生成糊精和糖，降低了面团黏度，导致面团膨胀率提高，焙烤后面包体积增大，面包心柔软度变好。另外，α-淀粉酶在降解面团中的淀粉时有少量糖产生，有利于促进焙烤时糖和蛋白质的“美拉德反应”，形成褐色的“类黑色素”，使面包上色更好。

2）蛋白酶

蛋白酶添加到面粉中，使面团中的蛋白质在一定程度上降解成肽和氨基酸，导致面团中的蛋白质含量下降，面团筋力减弱，满足了饼干、曲奇、比萨饼等对弱面筋力面团的要求。同时，蛋白质的降解更有利于人体对营养物质的吸收。研究发现，还有一些蛋白酶，如“Milensyme”真菌蛋白酶，在面包制作中能够水解面筋内部的某些特定位置化学键，从而改善面团延伸性，提高面包的对称性和均匀性，对面包的结构及风味均有改善。因此，制作面包时，当面质很硬需要面团具有特别的柔韧性和延伸性时，加入蛋白酶能改善面团物理性质和面包质量，使面团易于延伸以较快速度成熟。

在生产蛋糕过程中，鸡蛋液是主要的关键原料，要求它具有良好的乳化性和起泡性，添加蛋白酶制剂可有效地改善鸡蛋液乳化性和起泡性。

3）葡萄糖氧化酶

葡萄糖氧化酶因具有良好的氧化性可显著增强面团筋力，使面团不黏，有弹性。醒发后，面团洁白有光泽，组织细腻，烘烤后，体积膨大、气孔均匀、有韧性、不黏牙。同时随着葡萄糖氧化酶添量的增加，面包抗老化效果也随之增加，并且效果显著于溴酸钾。葡萄糖氧化酶作为一种面粉改良剂有望得到广泛的应用。

4）木聚糖酶

传统用以改进面团机械加工性能和烘烤膨胀性能的酶是戊聚糖酶，又称半纤维素酶，主要应用于欧式面包中调整面引的性能，使面包的体积增大。随着生物科技的进步，通过重组基因由基因变性微生物可以得到木聚糖酶，这种纯化的木聚糖酶的酶活力比传统的戊聚糖酶活性少，制成的面包更加稳定，而且用量也较少，现已逐步替代戊聚糖酶制剂。不过，受小麦戊聚糖的降解影响，不论是戊聚糖酶或木聚糖酶均会出现过量使用而破坏小麦戊聚糖的水结合能力的情况，从而增加面团的黏性。因此酶的添加量尤为关键。

所谓最佳酶用量，指的是能够最大限度地改进面包性质而不会引起面团发黏的酶用量。不同的面粉，其最佳的酶用量均不尽相同。一项有关木聚糖酶对面筋流变性影响的研究显示，在萃取自面团的面筋中添加分量每千克面粉为 50～100 FXU 的木聚糖酶，面筋就会得到强化，呈现出更佳的弹性，面筋的流变性质得以改进，说明木聚糖酶能够增加面团的体积并改进面团的稳定性，从而提高面团的烘烤膨胀性。不过，当木聚糖酶的添加分量过高时，如每千克面粉为400 FXU，制成的面则会黏稠。

5）脂酶

脂酶在面包生产中，有显著延缓老化、提高面团流动性、增加面团在过度发酵时的稳定性、增加烘烤膨胀性以使面包有更大的体积改进，不含起酥面团的面包瓤结构等作用。同大多数酶一样，脂酶的烘烤膨胀性功效亦取决于面粉的种类和面包的生产配方。对不添加起酥油的面包，添加脂酶在增大体积、改善面包心质地及延长保存期方面与添加3%～6%起酥油相似。脂酶亦能改进以无油配方或含油配方面包的膨胀性，但对于含有氢化起酥油的面包配方，则没有什么作用。至于在改进面包瓤的弹性方面，脂酶却没有太大的作用。

另外，脂肪氧化酶添加于面粉中，可以使面粉中不饱和脂肪酸氧化，同胡萝卜素发生共轭氧化作用，将面粉漂白。乳糖酶也用于加脱脂奶粉的面包制造中，它可以分解乳糖生成可发酵性的糖，促进发酵，改善面包色泽。

6）酶的协同作用

当前，酶制剂的发展正逐步从单一酶向复合酶过渡，因复合酶制剂作用全面，可弥补单一酶的专一性，有利于食品生产中多种成分的配比。在面包制造中使用复合酶制剂并不是一项新技术。

戊聚糖酶或木聚糖酶与真菌淀粉酶结合使用时，能产生协同作用。一般来说，较高的纯木聚糖酶用量可使面团体积增大。但当用量过高时，面团就会变得太黏。将木聚糖酶与少量的真菌淀粉酶结合使用时，就可采用较少分量的α-淀粉酶和木聚糖酶，制得较大体积和较好总体质量评分的面团，并避免发黏的问题。例如，当使用由 7 FAU 真菌淀粉酶和75 FXU真菌木聚糖酶混合的酶制剂时所制得的面团体积要比单独使用真菌木聚糖酶的大，面包瓤的结构也得到改进。

脂酶不会使面团发黏，而且能够大大地改进面团的稳定性和面包瓤的结构，因此，木聚糖酶或淀粉酶与脂酶之间的协同作用，为改进面包质量提供了许多可行性。例如，添加3.3 g 由真菌α-淀粉酶和木聚糖酶组成的混合酶制剂，虽然能获得满意的面团稳定性，但只能有限度地增加面团的体积；若提高用量，加工时却会出现太黏的情况。把这种混合酶制剂与脂酶结合使用时，不但减少所需的酶制剂用量，且在较大程度地增加面团体积的同时，又不会使面团发黏，制成的面包具有细腻、柔滑、均匀的面包瓤结构。

葡萄糖氧化酶虽能使面团强度加大，却会使之干硬，而高剂量的真菌淀粉酶则能赋予面团较好的延伸性，将这两种酶结合使用，就能产生协同作用。此外，当两种酶与少量的抗坏血酸一起使用时，面团不仅非常稳定，而且能够增加1%～2%的水吸收能力，使面包体积有更大的增长，面包皮也更为松脆，提高面包整体的感官品质。葡萄糖氧化酶与真菌α-淀粉酶结合使用，可取代某些面包配方中使用的溴酸盐，使面包的体积增加约40%，从而大大改进其外观质量。

随着生物技术的迅猛发展，人们对酶在焙烤食品中应用的兴趣更加浓厚，相信在不久的将来，会有更理想、更先进的酶产品问世。与此同时，更多的研究成果，将使我们能更好地了解焙烤食品用酶的机理，进而开发出质量更上乘的酶产品，生产出成分天然、优质的焙烤面包制品。

8.1.3 酶在面条加工中的应用

面条是仅次于面包的世界第二大方便主食，是我国的传统食品，起源于我国东汉，距今已有 2 000 年的历史。我国面条的品种和风味富于变化，在世界上是最多的，据统计全国面条加工用小麦粉约占小麦粉总量的 40%左右。我国在制面技术的研究和工业化等方面落后于日本、意大利等国家，许多传统制面技术、艺术、文化等逐渐流失。如何解决传统面条工业化是所有面条研究者和生产者共同努力的目标。

在面条的生产中，一般要加入一定量的添加剂来改善面条的品质，同时提高其商品价值。目前，使用的面条品质改良剂如增白剂、氧化剂、面筋增强剂等大多是由化学改良剂组成，存在安全隐患。消费者对天然食品的追求，使化学改良剂的使用受到了很多限制。例如溴酸钾在面粉改良中已有 80 多年的使用历史，现在许多国家中均已被禁止使用；吊白块也在禁用之列，吊白块的学名为甲醛次硫酸氢钠，分子式为 $NaHSO_2 \cdot CH_2O \cdot 2H_2O$，是工业上常用的还原剂和漂白剂。在面条(米粉)中添加吊白块，可使面条(米粉)韧性好、弹性强、不易断裂和煮烂、色泽白、表面感观好。吊白块属细胞原浆毒，对人体细胞功能损害较大，在国际上被列为能引起致癌的物质之一，添加到米面制品中易受热分解为甲醛和二氧化硫，这两种物质对人体都有毒性，尤其是甲醛对人体毒性更大。国家有关部门已明确规定，禁止生产和销售含有吊白块的食品。这就要求科研工作者研制天然安全的添加剂来满足市场需求，而酶制剂是一种比较好的选择。

加工面条的原料主要为粮谷原料，化学组成主要为淀粉和蛋白质，以及少量的非淀粉碳水化合物和脂质等。工业化面条的加工和成型方法主要为压延法和挤压法。酶制剂的选用主要考虑面条的原料组成和加工工艺，以期最终达到改善品质的目的。目前，能够用于面条加工酶制剂主要有以下几种。

1) 氧化酶

用于面制品加工中的氧化酶主要包括：葡萄糖氧化酶、半乳糖氧化酶、脂肪氧合酶和一些过氧化物酶等，它们对面筋结构和面团流变学性质有一定影响。目前，应用研究较多的是葡萄糖氧化酶和脂肪氧合酶。这些氧化酶由于具有良好的氧化性，能够显著增强面团筋力，可望替代传统的化学氧化剂，如溴酸盐等。

葡萄糖氧化酶能消耗氧气催化葡萄糖氧化生成葡萄糖酸内酯，并释放出 H_2O_2。它广泛应用于蛋白脱糖、食品除氧及葡萄糖定量分析等，也是迄今为止生物传感器领域最主要的工具酶，在食品工业上有去葡萄糖、脱氧、杀菌和测定葡萄糖含量等用途。葡萄糖氧化酶作为一种商业酶制剂，能够改善面粉的加工性能，增强面团的筋力，被认为是较为理想的溴酸钾替代物之一。葡萄糖氧化酶在面条加工中的作用机理为将葡萄糖氧化生成 H_2O_2，从而将面筋蛋白中的—SH 氧化为—S—S—，有助于面筋蛋白之间形成较好的蛋白质网络结构，在面条加工中的推荐用量每千克面粉为 200～300 U。

脂肪氧合酶是一种氧化还原酶，在氧气的参与下，将顺，顺-1,4-戊二烯单元的不饱和脂肪酸(如亚油酸、亚麻酸、花生四烯酸)及酯氧化，反应产生具有氧化能力的 H_2O_2，它能作用于食品中各种不同的组分。在面条制作中添加脂肪氧合酶，能将面筋蛋白中的—SH氧化为—S—S—，增强面团的筋力，同时消除面粉中蛋白酶的激活因子—SH，防止面筋蛋白水解。另外，通过偶合反应破坏胡萝卜素的双键结构，从而使面粉增白。实验结果表明它既能使面粉增白，又能增强面团的筋力，因此脂肪氧合酶可望替代现用的面粉增白剂过氧化苯甲酰。小麦粉中脂肪氧合酶活力很低，且主要存在于胚乳和麸皮中。但在大豆、扁豆和豌豆中，脂肪氧合酶活性很高。因此，可添加一些脂肪氧合酶活性高的豆粉来改善面条品质。

2）脂肪酶

脂肪酶即甘油三酯水解酶，它催化天然底物油脂水解，生成脂肪酸、甘油和甘油单酯或二酯。面粉中含有1%～2%的脂类，且大部分是甘油三酸酯，能被脂肪酶降解生成游离脂肪酸、甘油单酸酯和甘油二酸酯。因此，加入脂肪酶能够获得乳化剂对面团的改善效果。在面条加工中，通过此酶的作用，可以使面粉中的天然脂质得到改性，形成脂质、直链淀粉复合物，从而防止直链淀粉在膨胀和煮熟过程中的渗出现象。

3）木聚糖酶

β-1,4-木聚糖酶(EC 3.2.1.8)能够以内切方式作用于木聚糖主链，产生不同长度的木寡糖和少量木糖，是木聚糖降解酶系中最主要的酶。尚未有木聚糖酶应用于面条加工的研究报道，但由于木聚糖酶能够水解戊聚糖，增加非淀粉多糖的水溶性，降低它们与水的结合力，这样就可以释放出大量的结合水。这些水可以提供给淀粉和面筋，使面团能够形成更好的面筋网络结构，提高面团的机械加工性能，改善面条的品质。

4）诺帕酶

诺帕酶是一种可以提高东方面条和意大利式通心面条整体品质的专用酶制剂。诺帕酶是一种来源于微生物脂肪酶，由基因工程改变的米曲霉经深层发酵并提取纯化而得。试验表明：面粉在添加该酶后，可以增加60%以上的复合物，防止面条和通心面条中的淀粉在煮制时渗出，同时还可以提高面条或通心粉的咬劲，使面条在水煮过程中不粘连，不易断，表面光亮、滑爽；此外，还能减少面团上出现的斑点，提高面带压片或通心粉挤出的过程中产品颜色的稳定性。酶活力为 6×10^6 U/g，在面条加工中建议用量每千克面粉为 $5\times10^3\sim60\times10^3$ U。

5）面用改良剂

作为面用改良剂的酶制剂以转谷氨酰胺酶为主要成分，能改善面类的口感。该添加剂能够对形成的质地构造产生直接的影响，通过强化网络结构来增强其黏弹性，赋予面条良好的韧性，并且可以使其韧性保持较长的时间，抑制面条煮坨或糊烂。

目前，商用面条酶制剂主要基于对蛋白质或脂肪作用的酶。实际上，淀粉也是决定面条品质的主要因素，寻找合适的能够作用于淀粉或修饰淀粉的酶制剂应该能取得很好的效果。面条种类繁多，因原料品种要求、制作过程、食用方法和产品形态存在差异，单独使用某一种酶剂多存在某些不足。因此应根据面条品质的要求和各种酶制剂的特点，研究酶的协同增效作用，将几种酶或酶与其他添加剂复合使用，效果会更好。酶制剂品种日益增多，应用技术也不断提高，酶制剂在面条中的应用将具有广阔的前景，开展酶制剂在面条加工中的应用研究将是面条行业今后的发展方向之一。

8.1.4 酶在啤酒生产中的应用

啤酒是最早利用酶的酿造产品之一。其酿造过程中制浆和调理两阶段需酶制剂，主要工艺流程如下：

蛋白酶，α-淀粉酶，糖化酶，茁霉多糖酶

↓

发芽的大麦→磨碎→制麦芽浆→加啤酒花，煮麦芽汁→冷却，去酒花残渣→发酵

↓

蛋白酶，糖化酶，β-葡聚糖酶→调理啤酒

↓

巴氏灭菌

↓

成品啤酒

其中蛋白酶可降解啤酒的蛋白质组分，防止啤酒冷浑浊，延长啤酒储藏期；糖化酶能降解啤酒中的残留糊精，既保证了啤酒中最高的乙醇含量，又能增加糖度。麦芽是生产啤酒的主要原料。麦芽质量欠佳或大麦、大米等辅助原料使用量较大时，会造成淀粉酶、β-葡聚糖酶、纤维素酶的活力不足，使糖化不充分、蛋白质降解不足，从而影响啤酒的风味和收率。使用微生物淀粉酶、蛋白酶、β-葡聚糖酶等制剂，可补充麦芽中酶活力不足的缺陷。目前，β-葡聚糖酶广泛应用于啤酒发酵工业。美国、日本、丹麦、德国、澳大利亚、加拿大等国均已采用β-葡聚糖酶作为啤酒工业的主要酶制剂，我国每年生产啤酒约 2 200 多万吨，其消费呈上升趋势，但在该酶制剂的研制和应用方面起步较晚。在啤酒的酿造过程中，大麦胚乳细胞中β-葡聚糖不能充分降解，β-葡聚糖的残留是造成啤酒酒体混浊、泡沫持久力减少和挂杯力不强的主要原因之一。β-葡聚糖酶可以专一分解黏度很高的各种大麦β-葡聚糖，能够疏松大麦胚乳细胞壁，促进细胞内容物的外溢，提高原料利用率，使麦芽汁黏度降低，大大缩短麦芽汁和啤酒的过滤时间，增加啤酒产量，改善啤酒的质量。

啤酒中的多酚或多肽、二价金属等物质由低分子向高分子缩聚形成啤酒的混浊，并以多酚聚合为主。氧是啤酒混浊母体形成与结合的促成因素，主要是在啤酒生产过程中，特别是在酒汁过滤和啤酒罐装时，酒中的溶解氧和瓶颈空气所引起的。如果啤酒中溶氧量过高，就会造成啤酒短期内发生劣化现象，使口味粗糙，甚至难以饮用。工业生产中采用葡萄糖氧化酶除氧，可获得口味好、澄清度高、风味稳定、保质期长的优质啤酒。

葡萄糖氧化酶除氧还有利于控制啤酒中双乙酰含量。双乙酰是挥发性黄色液体，存在于发酵饮料中，浓度极稀时，有奶香味，当啤酒中双乙酰含量超过一定量时即有馊饭味。因此，双乙酰含量的高低可视为评定啤酒品质好坏的一个重要因素。双乙酰的前体物质是α-乙酰乳酸，啤酒中溶解氧的存在可加速α-乙酰乳酸氧化成双乙酰，使双乙酰回升，影响啤酒风味。现代工艺除用除氧的方法来有效控制双乙酰含量外，还采用向啤酒中加入α-乙酰乳酸脱羧酶，快速将α-乙酰乳酸脱羧为羟基乙酮，效果更明显、更直接，实现了新型酶制剂应用在控制啤酒双乙酰含量中的一次突破。

在啤酒生产中，许多酶制剂还被用来提高麦汁收率，节省糖化过滤时间，改善啤酒品质。如专门在啤酒糖化阶段使用的复合酶，由半纤维素酶(戊聚糖酶)、纤维素酶、β-葡聚糖酶、中性蛋白酶及中温淀粉酶等组成。这种复合酶不但能克服因大麦麦汁中β-葡聚糖含量较高而影响麦汁和啤酒过滤的问题，而且可有效破解麦芽的胚乳细胞，加大原料利用率，提高麦汁收率。

此外，酶制剂也广泛应用于果酒、白酒等的酿造，既可提高出酒率又能消除浑浊等。如

在小曲酒生产中，加入安琪酵母和糖化酶，用量均为5 g/kg，将根霉曲用量从7 g/kg降到4 g/kg，结果表明出酒率从50%升到59.8%，且酒质较好。

8.2 酶在蛋白类食品生产中的应用

蛋白类食品是指含大量蛋白质或以蛋白质为主要原料加工而成的食品。在蛋白类食品的生产过程中，主要使用的酶是各种蛋白酶。蛋白质在蛋白酶的作用下，可水解生成肽和氨基酸，改善蛋白质的溶解性、乳化性、起泡性、黏度和风味等，避免酸水解、碱水解对基酸的破坏作用，保证蛋白质营养价值不受影响。

8.2.1 酶在肉制品加工中的应用

1）酶在肉类嫩化中的应用

动物肉类是人类生活中不可缺少的食品。在肉的全部质量特征中，嫩度是影响其食品质量的重要特征。决定肉硬度的最主要的因素是肌原纤维和结缔组织，而肉的总嫩度基本上是由结缔组织中胶原蛋白含量所决定。通过添加蛋白酶，使肉类胶原蛋白中的肽键和交联发生断裂，破坏蛋白质严密的空间结构，可使肉嫩化。生产中最常用的是木瓜蛋白酶，它是半酰氨基蛋白酶，具有广谱的水解活性，主要在烹饪过程中起作用。它能降解肌原纤维和结缔组织的蛋白质，将肌动球蛋白和胶原蛋白降解成小分子的多肽甚至氨基酸，令肌丝和筋键丝断裂，使肉类变得嫩滑爽脆，肉类蛋白因结构简化而易于消化吸收。

工业上软化肉的方式有两种：一是将酶涂抹在肉的表面或用酶液浸肉；另一种较好的方法是肌肉注射，即在动物屠宰前10～30 min，把酶的浓缩液注射到动物颈静脉血管中，随着血液循环，使酶在肌肉中得到均匀分布，从而达到嫩化的效果。一般所需的酶量为2～5 mg/kg。在动物宰后也可利用酶法进行处理。外加酶的量依肉的不同切割法而异，可采用粉状酶制剂或液体酶溶液。脂类、盐类和亲水试剂也能与酶溶液结合使用。此外，蛋白酶还可用于生产牛肉汁、鸡汁等以提高产品回收率。将酸性蛋白酶在中性pH时处理解冻鱼类，可驱除腥味。

从植物中提取的菠萝蛋白酶和无花果蛋白酶也可作为肉类嫩化剂使用，但是这两种酶来源较少，而木瓜蛋白酶相对使用较为方便，价格也较低廉。现已开发出用于肉类嫩化的食品级微生物蛋白酶有枯草杆菌蛋白酶、黑曲霉蛋白酶、米曲霉蛋白酶、根曲霉蛋白酶等微生物蛋白酶。

2）酶法制取明胶

明胶是一种热可溶性的蛋白质凝胶，在食品加工中有广泛的用途。生产明胶的原料一般采用动物的皮或骨，这些原料含有丰富的胶原蛋白。天然状态的胶原蛋白呈三股螺旋结构，不溶于水，若采用适当的方法处理，即可使三股螺旋结构解体成为单链，而溶解在热水中，得到明胶溶液。目前我国多数工厂仍采用碱法制取明胶，欧美各国20世纪80年代初期就采用酶法来制取明胶，采用酶法代替碱法，可以使提取时间从几周缩短到不足一天。

3）酶对加工副产品的增值作用

利用酶的高效生物催化作用，促进不易消化、不易加工成分的有益转化，从而增加食品的花色品种，提高产品的附加值是目前我国酶制剂在食品中应用的热点之一。

屠宰加工过程中常产生大量的肉类副产品，如骨、骨架、骨饼、机械去骨肉、脂肪及油渣等。这些副产品往往被视为低价值产品，有些被当作动物饲料廉价出售，有些则无法加以利用，带来储放及环保等方面的问题。利用酶工程技术水解其中的动物蛋白，将这些副产品加工成肉类抽提物，添加于火腿肠、香肠等肉制品中，可明显改善肉制品的胶黏性、切割性，并减少肉制品的烹调损失，使制品富含多种氨基酸、多肽及呈味核酸，既保持肉类的原香，又滋味鲜美，口感圆润且有助于改善肉制品中蛋白质分布的均一性，强化产品中蛋白质含量，替代一部分肉原料，可以节约成本。水解动物蛋白还可以作为添加剂用在果奶饮料、味精、保健食品、乳品等食品中，用以增强食品风味，提高制品营养价值，使食品稳定性增加，延长保质期。

动物血中血红朊占血液蛋白质的2/3，其颜色暗红，使血制品呈现不良的感观性质，限制了血粉食品的消费市场。美国采用酶技术对血红朊进行脱色，效果良好。工艺要点如下：将血液采用分离法收集红细胞，加入2～5倍的水，使红细胞发生溶血作用。将此血红朊溶液调到8%浓度、pH 8～9之间，然后按照溶液中蛋白质量的2%～4%加入碱性蛋白酶，在温度为55℃条件下进行酶法脱色处理。当血蛋白液的水解度高于15%时，采用加入盐酸降低pH，提高温度的方法来终止酶促反应，将上清液过滤、水洗、浓缩、干燥即得无色血粉。无色的水解浓缩液也可以直接用做灌肠的蛋白液成分，从而为大量的动物血液的综合利用开发了新途径。

随着海洋渔业资源的衰退，对低值鱼和鱼类加工下脚料的综合利用愈来愈受到重视。鱼类加工行业产生大量的下脚料，这些下脚料含有各种营养成分，如蛋白质、脂肪及钙质，有很大的利用价值。有研究用枯草杆菌蛋白酶从烤鳗下脚料中提取水解动物蛋白(HAP)，在50℃、pH 7.5、固液比5∶8，添加酶量为下脚料中蛋白质含量的2%，反应时间为5 h，其水解度达82.6%。HAP是高档的食品和营养补充剂，可作为蛋白质和氨基酸强化剂应用于营养保健品，也适用于高档调味品和汤料。青、草、鲢、鳙鱼在我国量大价廉，由于其风味质构和出肉率都不尽如人意，一般只用于鲜食。但这些鱼类蛋白质的品质极高，所含氨基酸比值与人体肌肉成分极为接近，将这些蛋白质酶解，不仅功能和品质可以得到提高，而且其水解产物具有一定生理活性，易吸收，易被利用，可以应用于临床营养、老年人保健食品、运动员营养食品等，为低值鱼的综合利用开辟了途径。

三角帆蚌是江浙一带淡水珍珠养殖的主要品种，采珠后的蚌肉数量相当大，含丰富的蛋白质，其中必需氨基酸及谷氨酸、天冬氨酸、甘氨酸等含量较高，具有较高的营养价值和独特的鲜味，长期以来主要用做鲜食、干制，甚至用作饲料。利用枯草杆菌中性蛋白酶对蚌肉进行酶解，其水解液可用于生产功能性蛋白饮料、调味配料及保健饮料等，为取珠后蚌肉加工提供了理论依据。

8.2.2 酶在乳品加工中的应用

酶应用于乳品加工主要有以下几个方面：

1）乳糖酶分解乳糖

乳糖是哺乳动物乳汁中特有的糖类，牛乳中含乳糖6%～7%。由于乳糖不易发酵，溶解度低，在冷冻制品中易形成结晶而影响食品的加工性能。液态牛奶在通过管道进行超高温瞬时杀菌时，乳糖的存在会产生胶状物堵塞管道。如果在牛乳中加入乳糖酶，则可使乳糖水解生成葡萄糖和半乳糖，不仅大大改善加工性能，而且更有利于乳酸发酵生产酸奶，克服“乳糖不耐症”，提高乳糖消化吸收率，改善制品口味。此外，常作为废水排除的乳清经乳糖酶处理后，可供食用或作为饲料

2）凝乳酶制造干酪

干酪又称奶酪，是乳中的酪蛋白凝固而成的一种营养价值高、容易消化吸收的食品，其主要成分是蛋白质和乳脂，还含有少量的无机盐及丰富的维生素。全世界干酪生产所耗牛奶达一亿多吨，占牛奶总产量的25%。凝乳酶是干酪生产的主要用酶，其产值占整个酶制剂总产值的15.5%。干酪通过凝乳酶水解κ-酪蛋白，在酸性环境下，钙离子使酪蛋白凝固，再经切块加热压榨后熟化而成。

凝乳酶除皱胃酶外，还有动物性凝乳酶（胃、胰蛋白酶等）、植物性凝乳酶（无花果蛋白分解酶、木瓜蛋白分解酶等）、微生物凝乳酶（如霉菌性凝乳酶）及遗传工程凝乳酶等。

3）乳品杀菌消毒

乳制品是除母乳以外营养最为丰富和均衡的全价食品，含有人体所必需的全部营养成分。由于乳的营养全面性和均衡性，使其在婴儿营养和成年膳食中占有极其重要的地位。溶菌酶是一种有效的消毒抗菌剂，广泛应用于医药、生化、食品工业中，加在鲜牛奶中可以增加吃牛奶婴儿的抗菌能力。过氧化氢酶则可用于清除乳品中多余的过氧化氢。

4）除不良气味

牛乳加热消毒时易产生蒸煮味，产生原因主要是乳清蛋白中的β-乳球蛋白因加热产生了硫氢基。若加热前在原料奶中加入巯基氧化酶，把巯基转化成二硫化物可避免高温消毒产生的蒸煮味。如果在牛乳中加入胰蛋白酶，可水解多肽、酰胺和酯，同时产生相对分子量低的肽，就可有效抑制乳脂肪因不利条件作用产生的乳氧化味。

5）生产豆乳

在豆乳的生产中，传统工艺中存在着原材料利用低、稳定性差、复溶性不好等缺点。利用蛋白酶的水解作用，豆乳中的蛋白质和碳水化合物被降解，这样就可以提高原材料利用率，增加产品稳定性，改进产品营养价值。如从大豆发酵食品中可提取一种蛋白酶，其最适反应 pH 和温度分别为 9.0 和 48℃，它可以在碱性和受热环境下水解纤维蛋白。

此外，超氧化物酶可用于乳清脱色；脂肪酶能够增加干酪和黄油的香味；将固定化酶系统与微电流计连接能快速准确地测定乳糖的含量（这对于乳制品生产中质量控制具有重大意义）；转谷氨酰胺酶能改善蛋白质的塑性、持水性、水溶性和功能性，作为一种蛋白质的改良剂被广泛用于肉制品、乳制品和植物蛋白制品中来提高产品的品质。

8.3 酶在果蔬类食品生产中的应用

在果蔬类食品的生产过程中，为了提高产量和产品质量，常常使用各种酶。水果蔬菜加工用酶中最常用的有果胶酶、纤维素酶、半纤维素酶、淀粉酶、阿拉伯糖酶等。将酶制剂应用于果蔬加工，主要有以下几方面的作用。

8.3.1 提取果蔬汁

果蔬本身所含有的果胶、纤维素、淀粉和蛋白质等是引起果蔬汁浑浊、褐变等不良因素

的主要原因，以传统的压榨和过滤等生产工艺难以使果蔬汁达到较高品质，并且营养成分大量损失。而酶技术的应用，不仅克服了传统加工工艺的缺点，且大幅度增加了果蔬汁的品质。在提高果蔬出汁率方面应用最广泛的酶是果胶酶，其次是纤维素酶。

果浆榨汁前添加一定量果胶酶可以有效地分解果肉组织中的果胶物质，使果汁黏度降低，容易榨汁、过滤，从而提高出汁率。纤维素酶可以使果蔬中大分子纤维素降解成分子量较小的纤维二糖和葡萄糖分子，破坏植物细胞壁，使细胞内容物充分释放，提高出汁率以及可溶性固形物含量。目前已成功地利用纤维素酶将柑橘皮渣酶解制取果肉饮料，其中粗纤维有50%转化为可溶性糖，另50%被水解为短链低聚糖，构成含果肉饮料的膳食纤维，具有一定的保健医疗价值。在生产中，两种酶适当配比使用，则更有效提高产率。果胶酶是水果加工中最重要的酶，应用果胶酶处理破碎果实，可加速果汁过滤，促进澄清等。如将果胶酶应用于苹果酒生产中的榨汁工艺，可提高出汁率20%，澄清度可达90%以上。应用复合酶系作用效果更加明显，如采用果胶酶和纤维素酶的复合酶系制取南瓜汁，可以大大提高南瓜的出汁率和南瓜汁的稳定性。通过扫描电子显微镜观察南瓜果肉细胞的超微结构，显示出单一果胶酶制剂或纤维素酶制剂对南瓜果肉细胞壁的破坏作用远不如复合酶系。

可使用果胶水解酶来分裂细胞、分解果胶组织。另外，果胶水解酶还有使水果组织变软的作用，此法处理可以大幅度地提高压榨和过滤的效率，既可以节约能源，又可以提高出汁率。据报道，将热烫的李子通过打浆机后直接压榨，果汁产量很低，但在49℃静置6～12 h后加入果胶水解酶后，产汁率可达86%。同时，由于酶处理生产出的果汁受力和热的作用小于未处理样，对色泽和风味均有很好的保护作用。实践证明，果胶酶的利用可以大大提高柠檬、橘子、李子、葡萄和草莓等果汁的产量，同时可提高产品的储藏稳定性、色泽和风味。

近年来，采用果胶酶和其他的酶(如纤维素酶等)处理蔬菜，大大提高了蔬菜的出汁率，简化了工艺步骤，并且可制得透明澄清的蔬菜汁，再经过种种调配就可以制成品种繁多的饮料食品，如胡萝卜汁，南瓜汁，番茄汁，洋葱汁饮料等。经酶处理的果汁比较稳定，可防止混浊。果胶酶已广泛用于苹果汁、葡萄汁、柑橘汁等的生产。用于果汁处理的果胶酶一般均是混合果胶酶，其中含有果胶酯酶、内切聚半乳糖醛酸酶、外切聚半乳糖醛酸酶、内切聚半乳糖醛酸裂解酶、外切聚半乳糖醛酸裂解酶、内切聚甲基半乳糖醛酸裂解酶、外切聚甲基半乳糖醛酸裂解酶。在应用果胶酶处理苹果汁时，要特别注意pH、温度、作用时间和酶量等对果汁澄清速度的影响。

果汁生产中的一个关键环节是澄清，一般加工工艺生产的原果汁是混浊的，影响产品感观，制约着它的利用。而造成果汁的混浊主要原因是其中的果胶成分，果胶由于自身的理化特性，对悬浮物形成稳定的胶体保护体系。一般的过滤和分离很难达到理想的效果，利用果胶水解酶就可以很容易地破坏这一体系，果胶酶与果胶作用生成低甲氧基果胶，然后用Ca^{2+}沉淀过滤后就可以得到澄清的果汁。研究表明，用果胶酯酶和聚半乳糖醛酸酶处理苹果汁有很好的效果，但大部分商品酶对柠檬汁、酸橙汁等pH低的果汁的澄清作用不理想，原因主要是过低的pH抑制了酶的活性，研究发现利用酶作用的产物即聚半乳糖醛酸可以起到澄清作用。现在的研究趋向是使用固定化的多果胶酶系统进行果汁澄清，这些酶中包括降低果汁黏度、降解果实组织的酶，甚至包括除去果汁中淀粉的淀粉酶系统，因为一般果汁中都含有一些淀粉，这些淀粉的存在会引起储藏过程中果汁的混浊，必须除去。

果汁经浓缩成为高浓度果汁后，在高浓度的糖存在的条件下，可以凝结形成果冻。但糖含量太多不仅影响风味，而且不符合当今人们对健康食品的要求。用纯化的果胶酯酶处理果汁，使果胶的甲基化程度降低就能在低糖状态下形成凝冻。

在果蔬制品的脱色方面也用到酶制剂处理。许多水果和蔬菜，如葡萄、桃、草莓、芹菜等都含有花青素。花青素是一类水溶性植物色素，其颜色随 pH 的不同而改变，在光照和稍高的温度下，很快变为褐色，与金属离子反应则呈灰紫色。因此，含花青素的果蔬制品，如葡萄汁、草莓酱、桃子罐头、芹菜汁等，必须用花青素酶处理，使花青素水解成为无色的葡萄糖和配基，以保证产品质量。

8.3.2 酶在果蔬加工上的新用途

1）增香、除异味

果蔬汁在加工过程中鲜味物质损失，但风味前体物质仍然存在。研究表明，单萜类化合物是嗅觉最为敏感的芳香物质。果蔬中大多数单萜物质均以吡喃、呋喃糖以键合态形式存在，并且在果蔬成熟后仍有大量这种键合态的萜类未被水解。通过添加 β-葡萄糖苷酶可释放果蔬汁中的萜烯醇，增加香气。有实验证明，α-L-呋喃阿拉伯糖苷酶可释放水果中的沉香醇和香叶醇，使果汁增香。酶制剂在柑橘果汁中可除去由柚皮苷和柠檬苦素类似物而引起的苦味。如添加柚皮苷酶可使柚皮苷水解成野黑樱素和鼠李糖，加入柠檬苷素脱氢酶可把柠檬苦素氧化成柠檬苦素环内酯，从而达到脱苦降苦的目的。

2）提取果胶

果实中的果胶在未成熟前是以不溶性的原果胶形式存在的，在水果成熟过程中逐渐转变成可溶性果胶。原果胶也可在酸、热作用下转变为可溶性。由枯草杆菌、黑曲霉、酵母、担子菌等所生产的原果胶酶已被开发用于橘皮、苹果、葡萄皮、胡萝卜中果胶的提取。用酶法提取果胶与酸热法相比，工艺简单，无污染，成本低，产品质量除含糖量稍高外，无甚区别。

3）真空或加压渗酶法处理完整果蔬

利用加压或真空浸渍果蔬，使果胶酶渗入细胞间隙或细胞壁中而起作用。此法已用于完整橘子的软化，橘皮容易剥除；还用于桃肉硬化处理，将果胶甲基酯酶与 Ca^{2+} 渗入桃肉，可使罐头糖水桃子硬度提高 4 倍（因脱甲酯的果胶可同 Ca^{2+} 结合而增强硬度）。腌制蔬菜用此法处理可防止软化而保持脆性。此法也用于橘皮的柚苷酶脱苦处理，脱苦率达 81%。

4）去除酚类化物

澄清果汁经超滤过滤，浓缩后仍发生白色混浊，其原因就在于果汁中含有酚类化合物，可在过滤前用漆酶处理，使之氧化聚合成不溶性高分子而过滤去除。

5）提取蔬菜汁

近年来果蔬加工业发展迅速，采用纤维素酶等酶制剂开发出各种蔬菜制品，如蔬菜汁、干燥蔬菜粉末、速溶食品等。由于各种蔬菜原汁是直接从新鲜蔬菜提取的，含有丰富的天然营养物质，特别适合于婴幼儿和病人食用，也适合于食品的加工，如以蔬菜汁制造的蔬菜饼干，以其独特的口味和丰富的营养而风靡国际市场。此外，以蔬菜汁为主要原料，经适当加工即可制成具有特殊功能的保健食品和饮料，有些蔬菜汁还可用于药品和化妆品的制造。

8.3.3 酶在葡萄酿酒中的应用

在葡萄酒生产的过程中，已广泛应用酶制剂，主要应用的酶有果胶酶和蛋白酶等，其作用如下：

(1) 果胶酶

在葡萄酒生产过程中，使用果胶酶处理葡萄汁或葡萄浆，可以改善压榨、过滤性能，促进果汁的澄清，从而提高原料的出汁率和出酒率。另外，还有利于改善葡萄酒的风味。例如，在酿制白葡萄酒时，使用果胶酶后，由于改善了压榨性能，缩短了压榨时间，可防止一些单宁的过量抽出，从而提高了葡萄酒的风味。在红葡萄酒酿制过程中使用果胶酶，可提高色素的抽提率，还有助于酒的老熟，增加酒香。果胶酶的用量一般为 10～40 mg/L，视添加成品酶的活力而定。

(2) 蛋白酶

在葡萄酒的生产中常用的是酸性蛋白酶。酸性蛋白酶能促进葡萄酒中的蛋白质的水解，从而防止葡萄酒中蛋白质混浊沉淀的发生，提高了葡萄酒的非生物稳定性。

(3) 花青素酶

葡萄酒中的花色苷主要来源于葡萄果皮中，少数情况下也源于果肉中，例如在野生种、一些欧美杂种及少数欧洲品种中。加入花青素酶，可分解葡萄酒中的游离的色素，在一定程度上能够防止红葡萄酒色素沉淀的产生，同时也可用于白葡萄酒的脱色。

(4) 固定化微生物

所谓固定化微生物就是将具有一定生理功能的微生物用一定的方法进行固定，作为固体催化剂使用。对固定化微生物的研究，国外已有一些专家成功地用来分解红葡萄酒中的苹果酸，完成葡萄酒的苹果酸乳酸发酵。这样，不仅降低了酸度，而且使葡萄酒的风味变得更加柔和、肥硕，香气加浓。

尽管酶技术的发展较快，但在葡萄酿酒方面的应用毕竟是近几年的事，有些尚属探讨阶段。从另一角度讲，酶技术在葡萄酿酒方面的研究仍有大量空白。这就需要更多的科研工作者在酶的大规模生产，新酶的开发和利用，酶制剂和激活剂的开发及利用，以及固定化微生物在供试菌种、固定方法等方面有新的突破。在酶传感器方面，结合微机技术，利用酶的特异性和灵敏性，在葡萄酒生产中用来定量测定其中的特定组分，不必像如今这样定时、分批地从发酵罐中取样后再去测定，而是在发酵罐内安置酶传感器和微型计算机，进行直接、连续、动态的测量，实现发酵过程中的自动化控制。

8.4 酶在功能食品生产中的应用

8.4.1 功能性低聚糖的制备

近年来，随着酶技术的迅速发展，酶在功能性低聚糖的制备中发挥着越来越重要的作用。功能性低聚糖是由 3～9 个单糖苷键连接而成的低度聚合糖，人体不能消化或难以消化，但摄取后能促进人体肠道内固有的有益细菌(双歧杆菌)的增殖，从而抑制肠道内腐败菌的生长，减少有毒发酵产物的产生，促进人体健康。目前通过酶法转化的各种功能性低聚糖年销售量已超过 10 万吨，异麦芽糖、海藻糖、帕拉金糖、低聚果糖、低聚木糖等功能性低聚糖正在成为 21 世纪流行的健康糖源。

1）异麦芽糖

异麦芽糖（isomalto - oligosaccharides）是淀粉经α-淀粉酶液化、β-淀粉酶糖化和α-葡萄糖苷酶转苷反应而生成的包括含α-1,6键的异麦芽糖、潘糖、异麦芽三糖等分枝低聚糖的糖浆。异麦芽糖在高温、微酸性和酸性环境下稳定，可以添加于各种食品和饮料中。

异麦芽糖难消化低聚糖，不被唾液、胰液所分解，但在小肠可部分被分解和吸收。热值为蔗糖和麦芽糖的70%～80%。对肠道直接刺激性较小。小鼠急性毒性试验LD_{50}为44 g/kg以上，安全性不逊于蔗糖和麦芽糖。人体最大无作用量1.5 g/kg（摄取后24 h不发生腹泻的上限量），而其他难消化低聚糖或糖醇的最大无作用量只有0.1～0.4 g/kg。研究表明，人每日摄取异麦芽糖16 g，一周后肠道中双歧杆菌、乳酸菌等有益菌明显增加，而拟杆菌、梭状杆菌等有害菌受到抑制，便秘改善，粪便pH下降，有机酸增加，腐败物减少，血脂改善，免疫力明显增强。

生产异麦芽糖的α-葡萄糖苷酶是黑曲霉生产糖化酶的副产品，将糖化酶发酵液经离子交换吸附去除所含α-葡萄糖苷酶经洗脱浓缩而成。用α-葡萄糖苷酶转化麦芽糖生产异麦芽低聚糖，其生成量一般仅50%左右，另外还含有20%～40%的麦芽糖与葡萄糖。市场上的异麦芽糖分含量50%与90%两种，后者是将含量50%的异麦芽糖用离子交换法或酵母发酵法去除葡萄糖而成，增加了加工成本。目前我国生产异麦芽糖的企业多达五六十家，生产能力约5万吨以上，α-葡萄糖苷酶的用量以0.1%计，需50吨，消耗外汇甚巨（以每吨75万元计，就需3 750万元人民币），有必要自给。目前工业上已能实现转化率60%以上，我国已开发了一次性将麦芽糖转化成功能性低聚糖达87%的转苷酶，这可以说是高转化率低聚异麦芽糖生产技术的重大突破。

2）海藻糖

海藻糖（Trehalase）是二分子葡萄糖以α,α-1,1-糖苷键连接而成的非还原性低聚糖，广泛分布于细菌、真菌、酵母、藻类、低等植物、昆虫、无脊椎动物体内，是一种典型代谢应激物。它的主要作用是在恶劣环境条件下保护生物膜及生物活性物质，使生物可在不利条件下（干燥、高温、低温、高渗透压）维持生命，保持生物活性成分的稳定。因此，海藻糖的用途广泛，可用于食品保鲜、各种疫苗、酶、干扰素、蛋白质的保藏等。

海藻糖耐酸耐热，化学稳定性好，不易同蛋白质、氨基酸发生反应，对淀粉老化、蛋白质变性、脂肪氧化有较强抑制作用。海藻糖还可消除某些食物的苦涩味、肉类的腥臭。此外，海藻糖不被龋齿突变链球菌利用，食后不会引起蛀牙，并具有双歧杆菌的增殖作用。

过去海藻糖系从酵母中提取，最大含量也只有20%，成本甚高，每千克高达2～3万日元，难以广泛使用。20世纪90年代初以来，国际上开始尝试用酶法或发酵法生产海藻糖，成本大大下降。日本从淀粉发酵法生产海藻糖，转化率达80%以上，开拓了廉价原料生产海藻糖的新途径，使海藻糖成为一种新的功能性甜味剂。

3）帕拉金糖

帕拉金糖（palatinose）学名为异麦芽酮糖（isomaltotulose），是以蔗糖为原料，经产朊杆菌或普利茅斯沙雷氏菌的α-葡萄糖基转移酶的作用，蔗糖分子的葡萄糖和果糖由α-1,2键结合转变为α-1,6键结合而成。

由于结构的改变，帕拉金糖的甜度减少到蔗糖的42%，吸湿性较低，对酸的稳定性增加，耐热性略为降低，生物学、生理学特性发生改变，不能为多数细菌、真菌所利用。食后不被口腔、胃中的酶所分解，直到小肠才可被酶水解成为葡萄糖和果糖而进入代谢。帕拉金糖不为口腔龋齿突变链球菌所利用，食后不易发生蛀牙，血糖也不会迅速升高，故可为糖尿病人使用。

帕拉金糖在低水分和低 pH 下便会失水而缩合成为 2～4 个分子的低聚帕拉金糖，甜度为蔗糖的 30%，不为肠道消化酶所消化，食后可直达大肠而为双歧杆菌选择性利用，起到双歧因子的保健作用。将帕拉金糖在高温高压下，用雷尼尔镍为催化剂氧化便生成帕拉金糖醇。这种糖醇甜度为蔗糖的 45%～60%，热值为蔗糖的二分之一，食后不易消化吸收，不会引起血糖和胰岛素升高，不会引起蛀牙，适合糖尿病人、老人、肥胖者作甜味剂。因其物理性质酷似蔗糖，可用其制作低热值糖果，是国际上流行的新一代甜味剂。

异麦芽糖、海藻糖和帕拉金糖在欧美、日本等已经大量生产，并被广泛利用；在我国国内虽已研究成功，但在生产和应用上尚存在不少阻力。

4) 低聚果糖

低聚果糖(fructo-oligosaccharides)是以蔗糖为原料，经黑曲霉 β-果糖基转移酶的作用，将蔗糖分子的 D-果糖以 β-2,1 键连接 1～3 个果糖分子而成的蔗果三糖、蔗果四糖以及蔗果五糖与蔗糖、葡萄糖以及果糖的混合物，甜度为蔗糖的 60%。用离子交换树脂将其中葡萄糖与果糖除去后，可得到含低聚果糖 95%以上的产品，甜度为蔗糖的 30%。

低聚果糖的主要成分蔗果三糖与蔗果四糖，在人体中不被唾液、消化道、肝脏、肾脏中的 α-葡萄糖苷酶水解，本身是一种膳食纤维，食后可直达大肠，为大肠中的有益细菌优先利用。食用低聚果糖不会引起血糖、胰岛素水平的升高，热值为 1.5 kcal①/g，通过双歧杆菌的增殖，肠道得以净化，肌体免疫力增强，营养改善，血脂降低。以年龄 50～90 岁老人进行试验，日食低聚果糖 8 g，8 天后肠道双歧杆菌可由 5%增加到 25%。便秘者食用低聚果糖每天 5～6 g，4 天后 80%便秘者症状改善，粪便变为柔软，色泽转黄，臭味减少，肠道腐败得到控制。

低聚果糖也存在于菊芋、菊苣、芦笋等植物中，西欧都用菊粉做原料，用菊粉酶局部水解而成。日本政府将低聚果糖批准为特定保健食品，西欧、芬兰、新加坡和我国台湾等国家和地区将低聚果糖作为功能性食品配料，广泛使用在各种食品。

5) 低聚木糖

低聚木糖(xylo-oligosaccharides)是由 2～8 个木糖以 β-1,4 糖苷键连接而成。它具有独特的酸稳定性和难发酵性，故可用于果汁等酸性饮料。因其不被多数肠道细菌利用，只有双歧杆菌等少数细菌能利用，因此是一种强力双歧因子，每天摄取 0.7 g 即可见效。这种糖是以玉米芯为原料，提取其木聚糖后，用曲霉木聚糖酶水解而得。低聚木糖由日本首先生产，我国也已开发成功。

除了上述几种功能性低聚糖，其他功能性低聚糖如低聚半乳糖、低聚甘露糖等在我国也已相继开发成功。

8.4.2 酶在功能性大米开发中的应用

有些人因先天性高过敏体质遗传因素影响，食用大米后大米中的球蛋白可引起过敏性皮炎，为此可将大米浸泡于油酸单甘油酯水溶液中使其组织膨润后进行抽真空处理，然后用

① 1 cal=4.184 0 J。

猕猴桃蛋白酶处理分解大米中的球蛋白，充分洗净后进行米表面蒸煮以改善口感，干燥后即为低变应原米。

8.4.3 功能性糖醇的生产

功能性糖醇包括山梨糖醇、麦芽糖醇、异麦芽糖醇、甘露糖醇等，它们都是由淀粉经α-淀粉酶等处理制得相应的糖，糖再经镍催化加氢制得的。例如，异麦芽糖醇是由蔗糖经葡萄糖基转移酶处理制得帕拉金糖，然后再经镍催化加氢制得的；赤藓糖醇由淀粉经酶解成葡萄糖后，由嗜高渗酵母发酵制得。

8.4.4 酶在功能性肽生产中的应用

1）功能性肽的概念及类别

(1) 功能性肽的概念

功能性肽类是一定的氨基酸系列，这种氨基酸序列在未从蛋白质上水解下来之前并无活性。这些功能性肽是很小的短链氨基酸，除了酪蛋白巨肽（caseinomacropeptide，CMP）含有 64 个氨基酸外，其余的通常只有 3～10 个氨基酸。功能肽在体内吸收快、利用率高，并能有效地修补残缺细胞，激活细胞活力，有效地清除对人体衰老有害的自由基；清除人体内的金属化合物；抵抗 X 射线、紫外线等对人体的损害；维持细胞正常的新陈代谢；保护肝、肾、心脑血管等重要组织器官，有效地增强机体免疫功能。

(2) 功能性肽的类别

按照来源，可大致分为以下几类：

① 源于大豆和其他植物的肽：源于大豆的功能肽有降压肽、高 F 值寡肽、抗氧化肽等。大豆肽不仅易消化吸收，还能与机体内的胆酸结合，具有降低胆固醇和血压等功能；豌豆多肽有良好的溶解性、乳化性等，是一种良好的食品添加剂营养液；玉米肽还具有抗疲劳、促进运动后机体恢复、改善肝肾功能、促进酒精代谢等功能。

② 乳源肽：乳蛋白肽种类很丰富，包括降压肽、酪蛋白磷酸肽、糖巨肽、抗菌肽、阿片肽等。

③ 谷胱甘肽(GSH)：GSH 是谷氨酸、半胱氨酸和甘氨酸通过肽键缩合而成的三肽化合物，因其结构中含有巯基，易被氧化脱氢，GSH 具有抗氧化性、清除自由基及使生物大分子、生物膜免受损害等主要生理功能。

④ 其他功能肽：如丝蛋白肽、蜂毒肽、畜产类和水产类多肽类制品等。

2）酶在功能性肽生产中的应用

目前，酶工程被广泛应用于功能性肽的生产中，如大豆肽、玉米肽、谷胱甘肽等功能性肽的制备。

应用酶反应生产大豆肽的工艺流程如下：

大豆分离蛋白→加水混合→高速搅拌→预处理→调 pH→加酶→搅拌反应→灭酶→调 pH→离心→蒸馏浓缩→高温杀菌→喷雾干燥→成品

曹玉华等人采用固定化胰蛋白酶水解大豆蛋白，较好地解决了溶液酶稳定性差、只能采用分批生产的缺点，并对固定化酶制备大豆肽的工艺条件进行了正交实验，认为大豆蛋白的最佳处理温度为90℃。固定化胰蛋白酶的表观米氏常数为12.5 mg/mL。在底物浓度2.7 mg/mL、温度60℃、pH 8.7、流速0.6 mL/min的条件下，利用固定化胰蛋白酶制备大豆肽，酶解液中的可溶性蛋白含量最大为1.414 mg/mL，水解度可达41.51%。

目前玉米肽制备通用的方法是对玉米蛋白进行酶解而获得的。通常直接以玉米蛋白粉作为酶解底物，应用水解蛋白酶对其进行酶解。水解蛋白酶种类繁多，其中碱性蛋白酶使用较为频繁，如LASE 7089酶、COROLASE PN-L、COROLASE LAP和菠萝蛋白酶，对玉米黄粉进行水解，确定Asl，398中性蛋白酶的酶解效果最好。

酶法也可应用在谷胱甘肽的生产中。如陶锐等人以含有γ-谷氨酰半胱氨酸合成酶(GSH-I)和谷胱甘肽合成酶(GSH-II)的S. cerevisiae emulsifier. E472c酵母菌株为酶源，以谷氨酸、半胱氨酸、甘氨酸为底物，酶法制备谷胱甘肽(GSH)。γ-谷氨酰半胱氨酸合成酶(GSH-I)是一个调解酶，受终产物GSH的反馈抑制。当GSH在细胞中积累达一定量时，GSH与酶分子中的调节部位结合使活性中心变构失活，从而抑制GSH继续合成。故采用酵母细胞固定化酶制备GSH，使转化产物GSH能自行从胞内分泌至胞外，从而减少产物对GSH-I的反馈抑制，提高酶活。该酶具有很理想的催化能力，用此法制备GSH成本低、工艺过程简单，有生物转化合成GSH产业化的前景。

此外，应用酶技术还可以生产酪蛋白磷酸肽(casein calcium peptide，CCP)、糖巨肽(glycomacropeptide，GMP)、γ-氨基丁酸。CCP是酪蛋白经胰酶或胰蛋白酶水解、精制、纯化制成的一种富含磷酸、丝氨酸的天然生理活性肽，可与钙结合，防止钙与其他物质形成不溶性钙盐，从而减少钙的流失，促进钙的吸收。GMP摄入后能抑制人的食欲，从而起到减肥的作用，可用κ-酪蛋白经凝乳酶处理制得。以L-谷氨酸为原料，通过固定化L-谷氨酸脱羧酶转化制得具有降血脂及健脑益智功能的γ-氨基丁酸(GABA)。

8.4.5 功能性活性成分的辅助提取

许多动植物中的活性成分被包裹于细胞组织内部，或与蛋白质、果胶、纤维素等混合。利用水解酶将活性成分以外的大分子物质水解，可提高活性成分的提取率。例如大多数天然植物的细胞壁由纤维素等构成，其活性成分(多糖、黄酮类物质等)往往被包裹在细胞壁内，利用纤维素酶破坏植物细胞壁，可以增加有效成分的溶出。

8.5 酶在食品储藏保鲜中的应用

食品在加工、运输和保藏过程中，常常由于受到氧气、微生物、温度、湿度、光线等因素的影响，而使食品的色、香、味及营养发生变化，甚至导致食品败坏、降低食品的食用价值。因此，如何尽可能地保存食品原有的优良品质特性又始终是食品加工、运输和保存过程中的一个重要环节。酶法保鲜作为一种新型的保鲜技术正引起人们的极大关注，具有非常广泛的前景。

8.5.1 利用葡萄糖氧化酶保鲜

葡萄糖氧化酶在有氧条件下能催化葡萄糖氧化成与其性质完全不同的葡萄糖酸-δ-内酯。该酶对β-D-葡萄糖具有高度专一性，就连与葡萄糖结构很相似的其他己糖、戊糖和双糖，该酶也几乎不能催化(<1%)。由于葡萄糖氧化酶催化过程不仅能使葡萄糖氧化变性，而且在反应中消耗掉一个氧分子，因此，它可作为除葡萄糖剂和脱氧剂广泛应用于食品保鲜。

1) 防止食品氧化

葡萄糖氧化酶在食品保鲜及包装中最大的作用是除氧，延长其食品的保鲜保质期。很多食品，尤其是生鲜食品，其保藏过程中或加工过程中，氧的存在使其保鲜受到很大影响，除氧是食品保藏中的必要手段。很多除氧方法效果都不佳，从选择抗氧剂的特性来说，利用葡萄糖氧化酶除氧是一种理想的方法，葡萄糖氧化酶具有对氧非常专一性的理想的抗氧作用。对于已经发生的氧化变质作用，它可阻止进一步发展；或者在未变质时，它能防止发生氧化变质。如在啤酒加工过程中加入适量的葡萄糖氧化酶可以除去啤酒中的溶解氧和瓶颈氧，阻止啤酒的氧化变质。葡萄糖氧化酶又具有酶的专一性，不会对啤酒中的其他物质产生作用，因此葡萄糖氧化酶在防止啤酒老化，保持啤酒风味，延长保质期有显著的效果。研究表明，在果汁加工生产过程中添加葡萄糖氧化酶的能把溶解氧迅速降低到 10^{-6} 以下，从而显著地保护柑橘果汁中的 L-抗坏血酸。国外已采用各种不同的方式将葡萄糖氧化酶应用于茶叶、冰淇淋、奶粉等产品的除氧包装或罐头。葡萄糖氧化酶也可直接加入到罐装果汁、果酒、水果罐头及色拉调料中，起到防止食品氧化变质的作用，如防止白葡萄酒在多酚氧化酶的作用下而变色、果汁中的维生素 C 因氧化而破坏、多脂食品中脂类因氧化而酸败等等。此外，也可有效地防止罐装容器内壁的氧化腐蚀。

2) 脱糖保鲜

用葡萄糖氧化酶去除食品中残留的葡萄糖，目前应用最多的是脱水制品生产(如蛋白粉、蛋白片等)。因为蛋的蛋白中含有 0.5%～0.6%的葡萄糖，葡萄糖的羰基与蛋白质的氨基发生“美拉德反应”，而使产品发生褐变、出现小黑点或使全蛋粉的溶解度下降等。在蛋液中加入适量的葡萄糖氧化酶(100～200 mg/kg)，不断地供给适量的氧气，在合适的条件下(30～32℃)处理一段时间，使葡萄糖完全氧化，从而很好地保持蛋类制品的色泽和溶解性。葡萄糖氧化酶可以在有氧条件下，将蛋类制品中的少量葡萄糖除去，从而有效地防止蛋制品的褐变，提高产品的质量；此外，葡萄糖氧化酶也可应用于容易发生褐变的马铃薯、苹果、梨、果酱、脱水蔬菜、肉类及虾类食品中，防止因葡萄糖引起的褐变反应。

8.5.2 利用溶菌酶保鲜

溶菌酶可以水解细菌细胞壁肽聚糖的 β-1,4 糖苷键，导致细菌自溶死亡。用溶菌酶处理食品，可有效地防止和消除细菌对食品的污染，起到防腐保鲜作用。

研究发现，溶菌酶对革兰氏阴性菌、好气性孢子形成菌、枯草杆菌、地衣型芽孢杆菌等都有抗菌作用，能杀死肠道腐败球菌，增加抗感染力；同时还能促进婴儿肠道双歧乳酸杆菌增殖，促进乳酪蛋白凝乳利于消化，所以是婴儿食品、饮料的优良添加剂。此外，溶菌酶是一种碱性球蛋白，无毒、无害、安全性高，而且溶菌酶化学性质非常稳定，耐酸性、耐热性强，最适 pH 6～7，温度 50℃，在酸性条件下很稳定。pH 3 时能耐 100℃加热 45 min，并且溶菌酶在含食盐、糖等的溶液中稳定。已有研究证实，溶菌酶对人体完全无毒、无副作用，具有抗菌、抗病毒、抗肿瘤的功效，是一种安全的天然防腐剂，现已在香肠、鱼片、火腿、新鲜果蔬、豆腐、婴幼儿奶粉、酸奶、低度酒、香肠、奶油、糕点、面条、饮料及乳制品防腐保鲜中广泛应用。在应用溶菌酶作为食品保鲜剂时，必须注意到酶的专一性，对于酵母、霉菌和革兰氏阴性菌等引起的腐败变质，溶菌酶不能起到防腐作用。另外，溶菌酶同植酸、聚合磷酸盐、甘氨酸等结合使用，可大大提高其防腐效果。由于溶菌酶对多种微生物有很好地抑菌作用，溶菌酶在食品保藏中的作用引起了人们广泛的重视，尤其是在日本、加拿大、美国等，这类研究和应用更加广泛深入。

8.5.3 控制酶的基因表达进行果蔬保鲜

促进果实和器官衰老是乙烯最主要的生理功能。在果实中，乙烯生物合成的关键酶主要是乙烯的直接前体——1-氨基环丙烷-1-羧酸合成酶(ACC 合成酶)和 ACC 氧化酶。在果实成熟中这两种酶的活力明显增加，导致乙烯的产生急剧上升，促进果实成熟。在对这两种酶基因克隆成功的基础上，可以利用反义基因技术抑制这两种基因的表达，从而达到延缓果实成熟，延长保质期的目的。利用反义 RNA 技术抑制酶活力已有许多成功的例子，其中最为成功的就是延缓成熟和软化的反义 RNA 转基因番茄。Hamilton 等于 1990 年首次构建了 ACC 氧化酶反义 RNA 转基因番茄，在纯合转基因番茄果实中，乙烯的合成被抑制了 97%，从而使果实的成熟延迟，储藏期延长。导入 ACC 合成酶反义基因的番茄也得到了类似的结果，转基因番茄的乙烯合成也被抑制了 99.5%，果实中不出现呼吸跃变，叶绿素降解和番茄红素合成也都被抑制。果实不能自然成熟，不变红，不变软，只有用外源乙烯处理 6 天后才能使转基因番茄正常成熟。因此，利用反义基因技术可以成功的培育耐储藏果蔬。目前，有关的研究正在继续进行，并已扩大到了草莓、梨、香蕉、芒果、甜瓜、桃、西瓜、河套蜜瓜等，所用的目的基因还包括与细胞壁代谢有关的多聚半乳糖醛酸酶(PG)、纤维素酶和果胶甲酯酶基因。反义 PG 转基因番茄还具有更强的抗机械操作和抗真菌侵染能力，且有更高的果酱产率。

8.6 酶在食品添加剂生产中的应用

8.6.1 酶在天然香料香精生产中的应用

酶进行催化反应的专一性强，特别是立体选择性很高，而且生产过程中反应条件温和、节能、对环境友好，如果只有一种异构体，特别是立体异构体或对反映体具有所需的生理活性时，这种优势就特别重要。香料中这种情况是常见的，例如，L 构型与 D 构型页篙酮的味道相差很大，只有 L-页篙酮具有留兰香；薄荷醇有 3 个手性中心，因而有 8 个异构体，但只有 L-薄荷醇具有所需要的薄荷味和清凉感。相比之下，化学法生产的香料，通常不具定向性，或定向性差，生产过程中对环境污染较大，特别是使用重金属催化剂时污染更大。

1）水解酶的利用

利用脂肪酶生产香料已广为人知。通常脂肪的氧化分解与臭气的生成有关，另一方面好的香料也是在脂肪酶的作用下生成的。选择适当的培养基及适宜的培养条件，利用脂肪酶可以生产出奶油、酪素及其他各种干酪的重要香料成分。这样脂肪酶可用来改善乳制品的香气及强化水果香味。在干酪香气中，主要成分是短链脂肪酸及 2-甲基酮类，它们是很重要的特性香气成分。试验证明，当以奶油为原料，使用三种脂肪酶生产脂肪酸时，有各种脂肪酶所生产的短链脂肪酸的量是不同的。由此可见，所用的微生物脂肪酶具有可水解短链脂肪酸而不能分解长链脂肪酸的性质。

酶解奶油生产奶味香精的生产方法基于选择适宜的奶油品种，通过它们的作用使奶油中的脂肪酸(饱和与不饱和的)甘油三酯、酮酸和羟酸的甘油三酯酶解成饱和及不饱和脂肪酸、酮酸和羟酸。脂肪酸中偶数碳的香气贡献较大，羟酸进一步脱水环化生成不同碳数的丙、丁位内酯，尤其是偶数碳丁位内酯，其含量虽少，香气贡献却很大。酮酸进一步脱 CO_2，生成甲基酮类化合物，起到增香作用。奶香组分一般包括醇类、醛类、酸类、酮类、酯类、内酯、硫化物等，其香气来源一是鲜奶中的天然香气成分，二是乳品加工中形成的香气成分，主要包括双乙酰(2,3-丁二酮)、乙偶姻、丁位内酯类、丁位十二内酯和牛奶内酯等。

近年，还发现某些菌种和酶能在非水系统中作用(一般生化反应多在水系中进行)，这对于一些油溶风味、油质食品的意义极大，已引起风味学家的关注。大量研究结果表明，酶在有机溶剂中不仅能保持其生物活性，而且有许多突出的优点：可以增加有机底物的溶解度从而提高底物浓度；有机溶剂影响反应平衡，控制反应向产物侧移动，减少水介质可能带来的副反应；产物的分离与纯化比在水中容易；酶不溶于有机溶剂，利于酶的回收与再利用；反应条件温和，反应易于进行；可抑制微生物的污染等。

在酶法水解制备奶味香精的生产中采用非水溶剂进行酶解，其实验过程如下：

奶制品→加非水溶剂(奶油或奶酪：非水介质＝1：10)→搅拌→85℃，5 min 巴氏杀菌→降温至 40～60℃→添加脂肪酶→40～60℃水解→85℃，30 min 灭酶→干燥(非水介质要进行蒸馏浓缩)→感官评定

在非水介质下水解，得到了奶香浓郁、赋香效果明显的奶味香精。水解时以乙醇或丙酮为溶剂，在 pH 7.0，50℃下水解 4 h，酶用量为 1%～1.5%时得到的奶味香精香气最浓郁。经感官评定认为此产品香气自然、柔和，可作为调配奶味香精的香基。

2) 固相酶技术

固相酶技术的应用可追溯到 20 世纪 50 年代，人们通过有目的地将酶包裹于聚合材料中或连接于载体分子而限制酶的移动；也可采用酶的交联，通过蛋白质的交联或无活性材料的加入，可以生产无数用不同材料的固定方法。酶被固定化后，闭锁在一定空间内，能连续地进行反应，反应后的酶可以回收重复使用。使用固定相酶技术，可以改变脂肪中脂肪酸的成分和位置，所以可以采用该技术用植物油制取奶油的风味。

使用 β-糖苷酶和苯乙醇腈酶做催化剂，可以生产苯甲醛，这两种酶都存在于杏仁粉中。同样的，鼠李糖苷酶存在于工业化生产的果胶酶中，可用于从苦味的橙皮苷、柚皮苷等糖苷中释放出 6-去氧蔗糖鼠李糖。这种鼠李糖是广泛使用的一种香料的前体，即 2,5-二甲基-4-羟基-2,3-二氢呋喃-3-酮的前体，它天然存在于凤梨等水果中。在这个工艺中非常重要的是，如果采用没有选择性的化学法水解，则柚糖苷的非选择性水解将产生其他糖，如葡萄糖，从而大幅度降低呋喃的得率。所以，采用鼠李糖苷酶来酶促水解，不仅使选择性水解成为可能，而且也可以除去其他残留的葡萄糖，既可以通过固定化细胞的发酵，也可以用固定化葡萄糖氧化酶将其氧化成葡萄糖酸。

利用酶催化法，制造肉香和坚果香是一种重要的复合风味剂制取途径。如先将肉、骨类抽提物进行酶解，生成氨基酸和短肽后与还原糖进行美拉德反应，可以制造肉味和坚果类香精。

8.6.2 酶在天然色素生产中的应用

酶工程法生产天然色素是利用现代生物工程技术从农副产品中提取无毒、无害的天然植物色素，这类天然色素可广泛应用于食品、化妆品、制药、保健品等行业。用酶工程法得到的辣椒红色素是无毒、无害的天然植物色素；从玉米中提取的天然黄色素纯度高、性质稳定、着色力强；从姜黄中提取的天然黄色素具有良好的着色性和分散性，还可得到副产品姜黄粉。

通过酶反应可生产所需要的颜色，如栀子果实用水提取出的黄色色素，食品加工中经酶处理产生栀子蓝色素、红色素。日本采用酶处理法生产栀子蓝色素、栀子红色素、栀子绿色素等，其工艺过程如下：

栀子果实提取液 $\longrightarrow$ 基质溶液
大豆蛋白 $\xrightarrow{\text{食用水解蛋白酶}}$ 一级氨基酸及其肽
} 混合液 $\xrightarrow{\text{酶处理}}$ 酶失活 $\xrightarrow{\text{过滤}}$ 分离 $\xrightarrow{\text{浓缩}}$ 干燥 $\longrightarrow$ 成品

此外，利用酶催化分解作用，可使杂质通过酶反应去除，起到精制的作用。如蚕纱提取叶绿素，利用酶精制法，可除去令人不快的气味，得到优质的叶绿素。

酶反应也可以应用在色素的提取上，如番茄红素的提取。林关羽等人利用酶和乙醇浸提的方法成功的提取了番茄红素，其实验过程如下：

制备番茄清汁或番茄粉 ↓（加入过滤步骤）
番茄→捣碎→调 pH→果胶酶、纤维素酶处理→过滤→用酒精和植物油浸取→过滤→萃取→番茄红素

实验结果表明，加酶量为 0.5%，果胶酶：纤维素酶为 4：1，pH 为 4，酶解 3 h 时效果最好。

日本有人利用番茄皮自身酶反应来提取番茄红素。在微碱条件下（pH 7.5～9），使番茄皮中的果胶酶和纤维素酶反应，分解果胶和纤维素，使得番茄红素的蛋白质复合物从细胞中溶出。

8.7 酶在其他食品生产中的应用

8.7.1 酶在冷饮生产中的应用

目前，冷饮行业竞争日益激烈，降低生产成本，提高营养价值已成为冷饮新产品的开发趋势。酶制剂在冷饮加工中的应用，可以在不改变冷饮内在品质的同时大幅度地降低生产成本，使冷饮产品物更美、价更廉。冷饮中的常见酶有淀粉酶、蛋白酶、葡聚糖酶、果胶酶、葡萄糖氧化酶、磷酸脂酶等。需要注意的是，单一酶制剂在冷饮生产中会有一定的局限性，而复合酶类则可弥补各个酶的缺点，收到较好的效果。

雪糕、冰砖等冷饮中固形物含量的高低，是影响产品品质、口感、膨胀率等的主要因素。冷饮生产中，淀粉是主要原料之一。由于淀粉糊具有老化的物理性质，低温静置后会形成不溶性的硬性凝胶块，故限制了冷饮加工过程中淀粉的大量应用。淀粉酶的加入，能较快地将淀粉水解成糊精，急速降低料液黏度，提高料液的流动性，从而可在冷饮中使用淀粉作为配

料。此外，淀粉酶的最佳作用温度范围为85～94℃，符合冷饮加工过程中巴氏杀菌的要求。淀粉酶在雪糕、冰砖中的应用，可以提高固形物含量，而固形物含量的升高，能使产品组织更加细腻、润滑，提高成品品质。

蛋白酶能将高分子蛋白质分解为低分子的肽和氨基酸，这些产物对冷饮营养、口味和非稳定性方面都有重要作用。应用于冷饮中的还有其他一些酶类，如葡萄糖氧化酶、磷酸脂酶等。葡萄糖氧化酶可催化氧与葡萄糖生成葡萄糖酸内酯而消耗溶解氧，因而常被用作抗氧化剂；磷酸脂酶则可以催化酸和醇生成酯，提高冷饮中香味物质的含量。

传统冰淇淋是一种以饮用水、食糖、食用油脂、乳、鸡蛋等为主要原料，添加适量增稠剂、增味剂和其他辅料，经混合、杀菌、搅打冻结而成的软质或半软质，且有一定膨胀率的食品。目前人们对冰淇淋的要求已从传统的解渴型向营养保健型方向转变，这导致了近年来酶制剂开始应用于冰淇淋。研究发现，SOD能有效清除人体的活性氧自由基，抑制过氧化脂质的产生，提高人体自身的免疫能力。在冰淇淋中应用SOD，既能保持SOD的原有结构及理化性质，又能提高冰淇淋的抗氧化能力，两者的适用性为SOD的应用开辟了一个新领域。从冰淇淋的生产工艺分析，均质温度与料液的含脂量、均质压力有关，从配料、杀菌、均质和老化4个工序分析，最适投加SOD的工序为老化，低温及长时间地缓慢搅拌有利于SOD在冰淇淋料液中分散均匀。

此外，果胶酶、半纤维素和纤维素酶等在冰冻苹果汁、梨汁、猕猴桃汁、浆果汁、蔬菜汁、冰镇茶饮料中都有着极为广泛的应用。随着科学技术的发展，相信会有更多、更适于各种冷饮生产的专用酶制剂产生。

8.7.2 酶在茶叶深加工中的应用

茶叶是最具中国传统文化特色的健康饮品，同时也是我国主要的出口商品之一。制茶过程中用到的酶有过氧化物酶、多酚氧化酶及单宁酶，其主要功能是控制茶的颜色和风味及提高茶的浸出性能。如红茶的冲泡液呈棕褐色就是由于制茶过程揉捻引起细胞破裂导致多酚氧化酶氧化引起链式反应。

近年来，液态茶饮料以其清淡、解渴、天然、保健的特性，在亚洲许多地区已成为消费者的首选饮料，在世界各地饮品消费中已取得牢固地位，在清凉饮料市场上跃居第二位，仅次于咖啡类饮料。但液态茶饮料生产中极易出现絮状沉淀物，即“冷后浑”现象，严重影响了茶饮料的品质。茶饮料的“冷后浑”现象与茶叶中的茶多酚、咖啡碱及高分子的蛋白质、多糖、果胶物质有关，在消除茶汤沉淀上，以单宁酶处理效果最好，但由于其价格昂贵，限制了其在工业上使用。有报道采用果胶酶与木瓜蛋白酶对绿茶汁进行双酶混合处理，结合运用超滤技术，有效提高茶汁的膜过滤通量，在保持茶饮料原有风味不变的情况下成功解决了绿茶饮料的沉淀问题。

8.7.3 酶在油脂加工中的应用

酶在油脂工业上的应用还处于萌芽阶段。

1）榨油

油料用溶剂抽提油后，残渣中残留溶剂很难完全去除，影响饲料应用，为此日本开发了采用纤维素酶、半纤维素酶和果胶酶分解植物组织，来提取油脂。方法是将油橄榄、菜籽等先经破碎或热处理，然后加半纤维素酶反应数小时，离心分离油脂和渣粕，这种工艺已用在橄榄油、橘油提取上。在动物油脂生产上，利用蛋白酶处理，使蛋白质同油脂分离，因可避免高温处理，油脂的质量也就更好。为了去除油脂残余卵磷脂，使用磷酸脂酶去除油中水溶性卵磷脂。

2）制造脂肪酸

脂肪酶对底物有位置专一性和非专一性之分，此外对底物脂肪酸链长、不饱和度也有选择性，用对位置无专一性脂肪酶水解猪油生产脂肪酸，作为制造肥皂的原料。用对不饱和脂肪酸酯无作用的脂肪酶水解鱼油时，因对高度不饱和脂肪酸 DHA 的甘油三酯难水解而保留下来，用此法来制造 DHA 等 ω-3 系列脂肪酸。

3）酯交换

脂肪酶可以催化油脂的水解反应和脂交换反应，主要用于脂肪酸及甘油的改性，利用廉价的、稳定性不好的油脂制取价值较高的、特殊性油脂，例如用棕榈油改性成为可可脂。此外，中碳链低热量脂肪是当今国内外研究热点，如采用 8～10 个碳的脂肪酸和甘油合成的酯，具有和脂肪同类的口感，适宜于低热量食品使用。美欧有多种产品上市，这种脂肪代用品，可以用酶法代替化学法合成或获得高浓度高收率的理想产品。

8.7.4 酶在调味品生产中的应用

调味品是进入一日三餐的主要食品之一，目前主要品种有酱油、食醋、复合调料。传统曲法酿造酱油，虽然工艺上改用无盐发酵，比加盐发酵能缩短发酵周期，但如能和应用酶制剂配合，无疑将能进一步缩短发酵周期并提高产品的收率。酱油分为酿造酱油和配制酱油。1999 年全国食品标准化技术委员会明确规定配制酱油中天然发酵酱油不得少于 50%。配制酱油主要是用蛋白质水解物做配料，蛋白质水解办法有酸解和酶解。但是盐酸水解的溶液中会带来三氯丙醇，研究证明这是一种致癌物。所以要解决配制酱油中三氯丙醇的问题，最好的办法是蛋白质用酶解获得水解液。

酶法水解蛋白质在常温条件下进行，无有害的副反应，也不可能生成三氯丙醇，口味好，营养也丰富，作为一种营养性的风味调料，蛋白质水解物是一个发展方向。特别是植物蛋白水解物，全世界现今估计在 25 万吨以上。欧美国家将用廉价的植物蛋白如玉米蛋白，经酶解精制得膏状产品，每 100 千克蛋白质，可获得同量的水解物。欧洲有专用的动植物蛋白水解酶。德国产的酶，酶解 pH 在 3～9，在较高的温度进行酶解。研究证明，蛋白质酶解液不仅含有谷氨酸等有鲜味的氨基酸，还含有鲜味的肽。

除了蛋白质水解物外，酵母提取物是我国近年新开发的营养性风味调料，含有氨基酸、肽、鸟苷酸和肌苷酸，营养丰富，味道更鲜，已成为各种复合调料和酱油等必加的增鲜剂，至今已有几千吨的生产规模。据报道，全世界每年消费量估计为 10 万吨。但目前国产的酵母提取物生产由于没有选到合适的蛋白酶，酵母酶解后其中增鲜剂鸟苷酸和肌苷酸的含量达不到 3%，而欧洲和日本的产品酶解物中鸟苷酸和肌苷酸含量达到 4%～5%。

8.8 酶在食品分析中的应用

酶在定量分析中的应用可以追溯到 19 世纪中期。当时，曾采用麦芽提取作为过氧化物酶源，以愈创木酚作为共底物或指示剂测定过氧化氢。然而，酶法分析真正的发展应归于它在临床实验室中的广泛应用，如早在1914年临床上就开始采用脲酶测定尿中的尿素。但是在临床实验室中酶分析的真正突破要推迟到1958年，当时转氨酶分析发展成为诊断肝病和心脏病的一个有效手段。到了20世纪50年代前已有60种物质能借助于酶法分析。这以后，酶法分析的进展主要取决于能否以合理的价格提供纯酶、底物和辅助因子。

酶法检测具有准确、快速、特异性和灵敏性强等特点，其中特异性这一特点使得酶法分析不需要物理分离就能辨别试样中被测组分，尤其适合食品这一复杂体系。目前酶在食品分析中的应用涉及食品组分的酶法测定、食品质量的酶法评价及食品卫生与安全检测等多个方面。

8.8.1 酶联免疫测定

酶联免疫测定（enzyme linked immunoassay，ELISA）是继放射免疫测定技术之后发展起来的一项新的免疫学技术，它将酶促反应的高效率和免疫反应的高度专一性有机地结合起来，可对生物体内各种微量有机物的含量进行测定。ELISA自20世纪70年代出现开始，就因其高度的准确性、特异性、适用范围宽、检测速度快以及费用低等优点，在临床和生物疾病诊断与控制等领域中备受重视，成为检验中广泛应用的方法之一。特别是随着蛋白质分离纯化技术和基因工程技术的不断发展，各种高纯度抗体、抗原和抗体复合物得以制备，单克隆抗体技术的应用，使得该诊断检测技术在特异性、灵敏度和客观性方面都有了大幅度的提高，并且在自动化免疫技术的推进之下具有了精确的定量分析能力。由于ELISA技术条件要求低，携带方便，常以试剂盒的形式出现，且易商品化、操作简便和经济实惠，它已成为一种应用最为广泛和发展最为成熟的生物检测与分析技术。

ELISA的基础是抗原或抗体的固相化及抗原或抗体的酶标记，根据酶反应底物显色的深浅进行定性或定量分析。由于酶的催化效率很高，间接地放大了免疫反应的结果，使测定具有极高的灵敏度。在应用中一般采用商品化的试剂盒进行测定，其特点是将抗原或抗体制成固相制剂，在与标本中抗体或抗原反应后，只需经过固相的洗涤，就可以达到抗原抗体复合物与其他物质的分离，简化了操作步骤。完整的ELISA试剂盒包含以下各组分：① 已包被抗原或抗体的固相载体（免疫吸附剂）；② 酶标记的抗原或抗体；③ 酶的底物；④ 阴性和阳性对照品（定性测定），参考标准品和控制血清（定量测定）；⑤ 结合物及标本的稀释液；⑥ 洗涤液；⑦ 酶反应终止液。结合物为酶标记的抗体或抗原，是ELISA中最关键的试剂。良好的结合物既保持了酶的催化活性，也保持了抗体或抗原的免疫活性。ELISA常用的酶为辣根过氧化物酶和碱性磷酸酶，少数商品ELISA中应用的酶有葡萄糖氧化酶、β-D-半乳糖苷酶和脲酶等。国产ELISA试剂一般都用辣根过氧化物酶制备结合物。国外很多ELISA试剂采用碱性磷酸酶作为标记酶。酶标记抗体的制备主要有戊二醛交联法和过碘酸盐氧化法。酶结合物一般需经离子交换层析或分子筛分离纯化。

抗体抗原反应所特有的专一性和敏感性，使得食品在未经分离提取的情况下，即可进行定性定量分析，而一般的化学分析都必须经过分离提取等复杂过程。近年来，ELISA因其操作程序的规范化、简单化和检测的高灵敏性，在农药残留、兽药残留、重要有机物污染、生物毒素、食品添加剂和人畜共患疾病病原体的快速检测和分析等食品安全性检测领域正被逐步推广应用。

1）毒素检测

真菌毒素是真菌产生的次级代谢产物，其中的十几种对人类危害较大，它们一般同时具有毒性强和污染频率高的特点。其中毒性最大、致癌能力最强的是黄曲霉毒素，它在自然界中分布十分广泛，黄曲霉常常和其他多种微生物在一起，生长在粮食、油料作物的种子、各种食品和饲料中。自1977年抗黄曲霉素 B_1 的单克隆问世至今，几乎所有重要真菌毒素如伏马毒素、赭曲毒素、玉米赤霉烯酮、脱氧雪腐镰刀菌烯酮、展青霉素等的 ELISA 检测方法均已建立。在对黄曲霉素 B_1（AFT B_1）的检测中，其检测 AFT B_1 的线性范围 0.25～5.0 μg/mL，灵敏度为 12.5 pg（10^{-12}），整个测定过程仅为 4 h。另外，该方法也正被广泛地应用于各种藻类和贝类毒素的检测。

2）农药残留检测

酶联免疫测定已成为许多国际权威分析机构如 AOAC 分析农药残留的首选方法。迄今为止，应用酶联免疫测定检测食品中的残留农药主要为除草剂、杀虫剂和杀菌剂。草甘膦的 ELISA 检出下限为 0.07 μg/mL，与色谱法测定的结果一致。从目前来看，尽管 ELISA 检测限度还不能完全达到国外发达国家技术法规和限量标准的要求，而且抗体制备不易和不能同时完成多种农药残留检测，但是由于该技术具有样本前处理简单，纯化步骤少，大量样本分析时间短，适合于做成试剂盒现场筛选等优点，使其可在蔬菜产区、蔬菜批发市场和海关配备，工商人员可随身携带或建立固定的农药残留速测点，随时把残毒超标的蔬菜、水果杜绝在食用之前。

3）细菌污染检测

食品中的有害细菌数量达到一定数目，食用后会引起各种疾病。为了有效地控制其传播，就必须有快速和可靠的检测方法。目前有许多种方法，其中通过制备单克隆抗体分析食品中细菌的酶联免疫测定技术研究最多，检测结果准确可靠。例如，对沙门氏菌最低检测量可达 500 CFU/g，仅需 22 h，比常规方法缩短了 3～4 d，与金黄色葡萄球菌、大肠杆菌无交叉反应。此外，以 ELISA 技术为基础的全自动沙门氏菌检测系统，实现了整个过程的自动化，全程耗时仅为 45 min。在对李斯特氏菌的快速检测中，利用三株针对单核细胞增生李斯特氏菌、无害李斯特氏菌和西里杰氏李斯特氏菌共同表位的单抗，以夹心 ELISA 法，在 48 h 内，可从人工模拟肉中检测下限为 5CFU/g 样品。

4）肉类品质检测

ELISA 在肉类食品品质检测中的应用主要包括加热终温判定分析和掺入异种肉的检测两个方面。肠道疾病的爆发和动物性食品有很大关系，而肉食品加热煮制不当是引起该疾病爆发的一个主要原因。在加热过程中一些成分的含量会降低，而一些产物的浓度会提高。当用蛋白质做指示剂时，可制备抗体，这种抗体对单一蛋白质的天然状态或变性状态均具有专一性，这样它就可以指示蛋白质在加热过程中变化，因而 ELISA 可作为商业上快速判定分析肉品终温的一种方法。目前用得最多的是对乳酸脱氢酶的免疫检测，其次是对掺入异种肉的检测，利用多克隆抗体对血清白蛋白的酶联免疫测定法，对鲜肉进行掺假检测。几种以单克隆抗体为基础的 ELISA 反应已得到应用，可以检测出 1%～2%的掺假率。目前在商业上，酶联免疫测定已可以检测十多种动物肉，该方法已为美国农业部使用。同时，ELISA 技术也可以利用对热稳定的肌肉抗原来检测加热处理后的肉掺假情况。目前，该技术可以检测 6 种家畜熟肉制品。

5）动物性食品中药物残留检测

利用ELISA技术测定动物性食品中有害残留成分只是近几年的事。随着研究的深入，由原样品的复杂处理和抽提发展为只需要高度纯化过程，加速了它在实际检测中的应用，特别是对猪肉、禽肉和水产品中重要禁用兽药的检测。如瘦肉精（盐酸克伦特罗）酶联免疫检测法，基于抗原抗体反应进行竞争性抑制测定，不仅可作为一个定性筛选过程，也可以进一步进行定量测定，检测灵敏度可达到 0.5×10^{-9}，完全达到我国农业部目前的 1×10^{-9} 监督检测标准。ELISA法作为盐酸克伦特罗残留量的筛选方法具有操作简便、准确快速的特点，适用于大量样品的测定，并可能成为国家标准检测方法。

6）人畜共患疾病病原体检测

在禽流感病毒检测方面，我国已完成了禽流感流行株的分离和鉴定、禽流感重组核蛋白诊断抗原的研制及应用，建立了禽流感免疫酶诊断方法和技术，已形成试剂盒生产能力。此外，采用ELISA法可以有效检测牛及羊朊病毒蛋白，该蛋白可引起牛的病理性海绵状病毒，是一种致死性神经系统疾病（疯牛病，BSE），与人群发生变异型克雅氏病（VCJD）有关。

7）重金属污染检测

金属硫蛋白遍存于自然界，细菌、植物、动物以及人类肌体中，是一类对重金属离子有很强亲和力，含丰富的半胱氨酸（约1/3），不含芳香族氨基酸和组氨酸的低分子量蛋白质。金属硫蛋白含有大量的—SH，能与Hg、Cd、Cu、Ag等重金属离子结合掩蔽金属的毒性，对细胞内的金属离子有重要的解毒作用。生物细胞，在环境受重金属污染（Cu、Hg、Cd、Pb、Zn与金属离子）的情况下，可被诱导合成出大量的金属硫蛋白，且在一定范围内成正比，是一项对金属污染具特异性的指标。用纯化的金属硫蛋白对兔进行免疫，兔抗血清纯化后并标记辣根过氧化酶，可实现对食品中重金属污染的超微量检测。

8）食物中其他成分检测

ELISA技术同时可以用于食品中其他成分的检测，如：① 检测某些特定的转移基因表达蛋白，以分析食品是否来自转基因生物或者含有转基因成分；② 食品中营养素的测定，最小检出限可达0.05 μg/g；③ 通过合成不同异黄酮的羟酸半抗原，分析植物中含量很低的雌激素；④ 可用于检测食品加工过程中的酶（如磷酸丙糖异构酶和转谷氨酰胺酶）含量的变化等。

随着ELISA在生物检测分析领域的广泛应用，根据试剂的来源和标本的情况以及检测的具体条件，逐渐演变出了几种不同类型的检测方法：① 双抗体夹心法测抗原或抗体；② 间接法测抗体；③ 双位点一步法；④ 竞争法；⑤ 捕获法测IgM抗体；⑥ ABS（Avidin亲和素，Biotin生物素，System系统）-ELISA法；⑦ PCR-酶联免疫测定法；⑧ 斑点免疫酶结合试验（DIA）等。

8.8.2 聚合酶链式反应

聚合酶链式反应（polymerase chain reaction，PCR）以特定的基因片段为模板，利用人工合成的一对寡聚核苷酸为引物，以4种脱氧核苷酸为底物，在DNA聚合酶的作用下，通过DNA模板的变性，达到基因扩增的目的。PCR是目前转基因食品检测较为成熟的方法。我国已应用PCR-酶联免疫测定检测技术，建立了转基因大豆与玉米中常用外源基因的快速检测体系，并应用于进出境产品的转基因检测工作中。结果表明，PCR-酶联免疫测定法具有操作简便、灵敏特异、结果准确的优点，可对转基因大豆、玉米及其他转基因产品进行定性和定量检测。

对热处理后的熟肉样品，要检测出肉制品中肉的组成比较困难。但经 PCR 后检测，牛肉、猪肉、鸡肉和火鸡肉的最小检测量可以达到 1%～2%，而且肉制品中的抗坏血酸添加剂不影响检测结果。目前，PCR 是区分鸡肉和火鸡肉的惟一方法。PCR 也用于食品中腐败菌、病原菌如肠道出血性大肠杆菌、沙门氏菌、弧菌、金黄色葡萄球菌等的检测。

8.8.3 酶生物传感器

酶传感器主要利用它对生物体的催化特性，且对特定底物有反应的特异性，把这种特异性与电化学分析的迅速性和简便性结合起来，从含有多种多样有机物的生物试样中，有选择地把特定物质迅速测定出来。它还具有能反复进行，不需要通常进行酶分析时需要的酶和显示剂，实现无试剂分析，因此，发展较快，现已有多酶传感器，可用在生产线上监控食品加工流程、发酵工艺过程及微生物浓度的控制，又可在包装材料上测知食品是否经过不当温度的储存，冷冻时微生物含量及储存寿命的预警。

利用酶电极进行食品分析，已能测定多种氨基酸和一些糖类，如用脲酶电极法测定食品中赖氨酸含量。由固定化蔗糖转化酶、葡萄糖变旋酶及葡萄糖氧化酶的复合酶膜组成的过氧化氢双电极系统，可同时测定样品中蔗糖和葡萄糖的含量，具有操作简单、测定快速、结果准确可靠、仪器稳定性好、酶膜使用寿命长的特点，一次进样可同时测定样品中蔗糖和葡萄糖的含量，而且样品无需特别处理。该方法适用于食品发酵液中蔗糖和葡萄糖的测定。

酶电极已在食品行业得到了广泛应用，如在酿酒过程中，将乙醇酶和葡萄糖氧化酶固定成酶膜，与电极连接，制成的生物传感器可监控葡萄糖和乙醇的浓度；利用嘌呤氧化酶电极，检测酶催化反应中过氧化氢的产生量，可对鱼新鲜度进行测定；淀粉双酶传感器能够测定食品中淀粉的含量。此外，测定猪肉、牛乳鲜度的酶传感器也已开发出来。

8.8.4 酶抑制率法

在一定条件下，有机磷和氨基甲酸酯类农药对乙酰胆碱酯酶的活性有抑制作用，在底物的作用下，酶分解成可发生显色反应的硫代胆碱。与显色剂反应后，用分光光度计测定吸光度随时间的变化值，计算出酶抑制率，通过酶抑制率判定蔬菜中农药残留的存在情况。如用固定化小麦酯酶测有机磷农药，所得固定化酶对 10^{-7} mol/L 水平下敌敌畏的抑制仍有明显的响应，效果明显优于游离酶的抑制响应。将该法作为蔬菜生产、销售企业进行日常农残监测和质量管理的快速检测手段是非常经济和有效的，具有广泛的实用性，也可作为质监部门监督抽查中的筛选检测方法。

此外，用溶液凝胶法固定 α-淀粉酶、葡萄糖淀粉酶和葡萄糖氧化酶，将其用于流动注射化学发光分析体系，可实现对淀粉的快速检测，测定的线性范围为 10～200 mg/L，检出限为 0.2 mg/L，10 次测定的相对标准偏差为 1.8%。用酶-重量法，可分别测定总的、不溶性及可溶性的膳食纤维，精确度高，适于一般食物如谷类、水果、蔬菜和保健食品测定。

8.9 酶在食品科学与工程中的应用前景

酶制剂产业是当今中国最具发展潜力的新兴产业之一。最近 30 年间，酶技术的发展相当迅速。自1965年,我国酶制剂实现工业化生产以来,从无到有,从小到大,酶制剂由单一品种发展到20多个品种,已形成了较完整的体系。2000年,我国酶制剂产量达25万吨,为1992年的2.4倍,其中α-淀粉酶4.22万吨,糖化酶15.87万吨,蛋白酶4.49万吨。据不完全统计,我国2001年酶制剂产量达32万吨,占世界酶制剂销售额的5%左右。与此同时,行业集团化经营得到了发展,企业规模扩大,品种增多,主要品种的发酵水平大幅度提高,酶制剂的发展推动了发酵工业和相关行业的发展,产生了巨大的经济效益和社会效益,酶制剂工业已经成为国民经济中不可或缺的重要组成部分。

酶制剂的主要应用领域是食品工业,全世界食品工业用酶约占总量的60%,我国更高达85%以上。酶制剂对我国食品工业的技术进步作出过突出贡献:啤酒生产中,采用淀粉酶的新型辅料液化工艺以及复合酶制剂的应用对提高我国啤酒的产量和质量有重要意义;在白酒和酒精生产中,利用糖化酶替代酒曲实现了我国酿酒工艺的重大变革;在玉米深加工领域,采用的耐高温淀粉酶和糖化酶的"淀粉喷射液化"技术以及"双酶法"糖化技术全面带动了我国淀粉糖、味精、柠檬酸等生产工艺的改革;近年来,蛋白酶、果胶酶、纤维素酶等在果酒、果汁、调味品、烘焙、肉制品、中药有效成分提取以及多肽保健品生产中的应用也取得了较大进展。

随着空气绝对过滤技术、发酵自动化控制技术、超滤膜后处理技术、无菌技术、保存技术等先进生产技术在酶制剂工业中的应用普及,我国酶制剂生产逐渐摒弃传统工艺,产品品种和规格多样化,液体酶、复合酶替代固体酶和单一酶,占据了市场主流。酶制剂产品执行国家行业标准,优质产品在理化指标、卫生指标等方面均采用了联合国粮农组织(FAO)、世界卫生组织食品添加剂联合专家委员会(WHO/JECFA)和美国食品化学药典(FCC)对食品级酶制剂推荐的规定和标准。目前,我国的商品酶制剂多达十几大类,广泛应用于各种工业加工过程,其中糖化酶、淀粉酶、葡聚糖酶等主要产品已批量出口东南亚、日本、澳大利亚、欧洲以及中东国家,出口量呈逐年增加趋势。

酶制剂在食品加工中已得到了广泛应用,随着食品新制品的多样化,酶的需要也将多样化。同时,随着生物技术的发展及基因工程技术的应用,可用于食品中的酶也会有新的进展。展望未来,随着时代的进步,人们营养保健意识的增强,具有保健效用的功能性食品将会有很大发展潜力,酶在食品中的应用前景将更为广阔。

思考与练习

举例说明酶在食品科学与工程中的应用。

9 酶与食品质量安全

酶可以改善食品品质和加工性能，酶在食品工业中的应用日益深入、广泛，极大地促进了酶制剂工业的发展。然而，酶的来源及其性质也关系到食品质量安全，特别是随着生物技术的发展，通过基因工程手段改造部分微生物的基因，从而改变酶蛋白的基本结构，达到强化酶在某方面功能特性目的的做法已成为商业上成功的典范，同时，这种做法给食品酶的应用带来安全隐患。对食品工业用酶制剂的生产及应用进行安全卫生管理，需建立一套科学使用规范及酶制剂安全性评价体系。

9.1 酶与食品质量安全

酶存在于所有的新鲜食品当中，例如坚果、乳、奶油、干酪、新鲜水果和蔬菜、未烧煮的肉、鱼和蛋中都富含各种酶类。当人们食用这些食品时，相当数量的酶就摄入人体中。在摄入的酶中，不仅有动物和植物来源的，而且还有微生物来源的。在发酵和腌制食品中，例如干酪、酸奶、啤酒和腌黄瓜，就含有微生物来源的酶。作为微生物来源的食品酶制剂，通常除了包括酶蛋白本身以外，还含有微生物的代谢产物，以及添加的保存剂和稳定剂。如果将加入食品中的酶看作为食品添加剂，就应该考虑到卫生和安全方面的问题。

9.1.1 酶制剂作为食品添加剂进入食品的潜在危害

酶不仅来源于动植物，也有来源于微生物的，酶与其他混入酶制剂的蛋白质，作为外源蛋白质在随同食品进入人体后，有可能引起过敏反应。虽然目前还极少见这样的例子，但在新的酶制剂出现时必须予以考虑。在食品中浓度最高的活性酶或许是新鲜菠萝中的菠萝蛋白酶。当食用未经处理的新鲜菠萝时，口腔黏膜将有明显的刺激感，然而并没有任何报道提到，食用新鲜菠萝会对人体健康有不良影响。另外，来源于微生物的酶制剂也可能带有毒素，必须选择那些不产生毒素的菌种来生产酶制剂，或检查每一批酶制剂以确定其不含毒素。酶制剂作为食品添加剂使用时应符合国家标准《食品添加剂使用卫生标准》(GB 2760)的规定。迄今为止，还没有充分的证据表明，用于食品工业中的酶是有害于人体健康的。此外，在大多数情况下，酶在加工中已失活，且在加工中失活的酶经进一步的单元操作是否尚存在于食品中，在很多情况下也是不确定的，因此在标签上注明添加的酶反而会引起误解。

9.1.2 酶催化有毒物质的产生

在生物材料中，酶和底物处在细胞的不同部位，仅当生物材料破碎时，酶和底物的相互作用才有可能发生，其次，湿度、pH、温度、辅酶和金属离子等条件也是重要的。有时底物本身是无毒的，在经酶催化降解后变成有害物质。例如，木薯含有生氰糖苷，虽然它本身并无毒，但是在内源糖苷酶的作用下，产生氢氰酸。如果将木薯根切成小块后彻底清洗，那么留在组织中的微量 HCN 在随后的烧煮中就很容易挥发除去。十字花科植物的种子以及皮和根含有葡萄糖芥苷，葡萄糖芥苷属于硫糖苷，在芥苷酶作用下会产生对人和动物体有害的甲状腺肿素。可用加热的方法使芥苷酶失活。因此，食品加工的条件必须按照终产物的物理化学性质而变化。

9.1.3 酶作用导致食品中营养组分的损失

虽然在食品加工中营养组分的损失是由于非酶作用所引起的，但是食品材料中一些酶的作用也是不能忽视的。例如，脂肪氧合酶催化胡萝卜素降解使面粉漂白，在其他食品如一些蔬菜的加工过程中脂肪氧合酶也参与了胡萝卜素的破坏过程。另外，在食品加工过程中，酶也参与了维生素 B 的破坏过程，例如，在一些用发酵方法加工的鱼制品中，由于鱼和细菌中的硫胺素酶的作用，使这些食品缺少维生素 B。

抗坏血酸是最不稳定的维生素，在食品加工和保藏中，常由于酶或非酶的因素而被氧化，虽然抗坏血酸氧化酶能催化抗坏血酸氧化生成脱氢抗坏血酸，但是后者易于通过温和的还原作用重新转变成抗坏血酸。因此，抗坏血酸被氧化成脱氢抗坏血酸并不意味着完全失去维生素 C 活性，仅当脱氢抗坏血酸内酯进一步水解生成 2,3-二酮古罗糖酸后，维生素 C 的活性才完全丧失。这种水解反应在中性或 pH 高于中性的条件下进行得很快。因此，在酸性条件下，即使食品材料中含有抗坏血酸氧化酶的活力，仍然能保留维生素 C 的活性。果蔬中其他氧化酶也能通过间接作用破坏抗坏血酸。例如，在橘汁和香蕉泥的混合物中，由于多酚氧化酶的作用所产生的醌的氧化作用，使抗坏血酸生成脱氢抗坏血酸，又由于香蕉泥的缓冲能力使橘汁的 pH 升高，最终导致脱氢抗坏血酸转变成二酮古罗糖酸，使维生素 C 活性丧失。

9.1.4 酶作用的解毒反应

1) 去除食品中的抗营养因子

植酸以钙、镁和钾盐的形式存在于豆类和谷类中，易于同膳食中的铁、锌和其他金属离子形成难溶的络合物，因而使人体吸收这些元素变得困难。此外，植酸还能同蛋白质形成稳定的复合物，从而降低豆类蛋白质的生理价值。另外，由于人体内缺乏 α-D-半乳糖苷酶和 β-D-果糖苷酶，不能水解豆类中的一些寡糖，这不仅减少了人体对一些单糖的吸收，而且这些寡糖在肠道中发酵所产生的气体会引起人体不适。植酸酶能催化植酸水解成磷酸和肌醇，如果在加热处理豆类食物之前，先将其粉碎并调成糊状，然后在 55℃ 和 pH 5.2 条件下利用豆中内源的植酸酶和 α-D-半乳糖苷酶分解，这样处理可以显著降低植酸和寡糖的含量。由于豆类和谷类中植酸酶的活力通常是较低的，因此，可以外加植酸酶或富含植酸酶的小麦芽，以促进植酸的分解。近年植酸酶还用于酿造，以改善原料中磷的利用以及用于去钾大豆蛋白食物的生产，成为肾脏病人蛋白质的来源。

2) 水解牛乳中的乳糖

牛奶中所含的乳糖是一种双糖，因为分子太大，要在小肠中消化成较小的葡萄糖及半乳糖才能穿过肠壁进入血管中被吸收。但当小肠中的乳糖酶未能发挥作用时，乳糖就在大肠内发酵，0.5～2 h 内出现胀气、腹痛、呕吐或拉肚子等症状。乳糖不耐症是一种相当普遍的现象，特别是亚洲人的乳糖酶缺乏发生率高达 90%以上。根据中国疾病控制中心营养与食品安全研究所对京、沪、穗、哈四城市调查，7 至 8 岁儿童乳糖不耐症发生率为 32.3%，11 至 13 岁儿童为 29%。如果用乳糖酶预处理乳或乳制品，就可以克服人体消化乳糖的困难。

3）降低淀粉类食品高温产生丙烯酰胺含量

自从 2002 年 4 月瑞典斯德哥尔摩大学 Margareta Tornqvist 教授首次发现，在油炸或焙烤的马铃薯和谷物类食品中存在具有神经毒性的潜在致癌物——丙烯酰胺，有关丙烯酰胺的问题立即引起了全世界的广泛关注。随后，英国、美国、加拿大等发达国家也开展了相关研究。许多国家和国际性机构对丙烯酰胺在食品中形成机理、危害评估和消除方法等方面进行广泛而深入研究。目前，淀粉类食品在加工中丙烯酰胺的生成机理的研究已有突破性进展；在食品储藏和加工方法方面，欧美和日本等国对食物加工前的保存条件、加工温度和对食品中丙烯酰胺含量的影响进行了研究，并提出减少丙烯酰胺的方法，如降低加工温度、体系 pH，减少原料中天门冬酰胺的含量等。瑞士科学家 Vass 等研究发现天门冬酰胺酶应用可降低薄脆饼干 70%丙烯酰胺含量，但作用机理还有待于进一步深入分析和研究。

4）其他

另有研究发现，α-葡萄糖基转移酶用于甜叶菊加工，可以脱苦涩味，黄曲霉毒素 B_1 经黄曲霉毒素脱毒酶处理后毒性、致畸性极大降低。所有这些都证明酶法解毒是一种安全、高效的解毒方法，对食品无污染，有高度的选择性，且不影响食品的营养成分。

9.2 酶制剂生产的安全卫生管理

9.2.1 酶的生产工艺及技术

食品工业用酶的来源包括动物、植物和微生物。来源于动物的酶主要从动物的胃黏膜、胰脏和肝脏中提取得到，例如从动物的胃中可以提取胃蛋白酶和凝乳酶，从胰脏中可以提取胰蛋白酶和胰凝乳蛋白酶等。能够提供食品工业用酶的植物品种较多，包括大麦芽、菠萝、木瓜、无花果和大豆粉等。例如，从大麦芽中提取的 α-淀粉酶和 β-淀粉酶，从菠萝茎、木瓜汁和无花果汁中提取的菠萝蛋白酶、木瓜蛋白酶及无花果蛋白酶。目前工业上主要以微生物为原料生产酶制剂。利用微生物生产生物酶制剂要比从植物瓜果、种子、动物组织中获得更容易，因为动、植物来源有限，且受季节、气候和地域的限制，而微生物不仅不受这些因素的影响，而且种类繁多、生长速度快、加工提纯容易、加工成本相对比较低，充分显示了微生物生产酶制剂的优越性。现在，除少数几种酶仍从动、植物中提取外，绝大部分是用微生物来生产的(见表 9-1)。据统计，目前从微生物中至少已发现 2 500 多种不同的酶类，其中绝大部分用于食品工业。

表 9-1 食品加工中使用的酶制剂

酶(俗名)	主要来源	主要应用
丙氨酸脱氢酶和甲酸脱氢酶	枯草芽孢杆菌和博伊丁假丝酵母(Candida boidinii)	有丙酮酸生成丙氨酸
氨基酰化酶	大肠杆菌	拆分消旋氨基酸混合物
天冬氨酸酶	大肠杆菌	生产天冬氨酸
天冬氨酸脱羧酶	德阿昆哈假单孢菌(Pseudomonasdacunhae)	生产丙氨酸
细菌 α-淀粉酶(α-葡聚糖酶)	枯草芽孢杆菌,地衣形芽孢杆菌,淀粉液化芽孢杆菌	葡萄糖浆生成过程中预糊化淀粉,啤酒酿造及蒸馏前水解淀粉,造纸、纺织、清洗剂、制药及动物饲料加工
真菌 α-淀粉酶	米曲霉和黑曲霉	淀粉液化、果蔬加工、啤酒酿造、烘烤食品、糖果加工及造纸
细菌 β-淀粉酶	蜡状芽孢杆菌、环状芽孢杆菌、多黏芽孢杆菌以及链霉菌	将淀粉降解成麦芽糖和葡萄糖浆以用于食品及饮料产品以及乙醇生产
细菌异淀粉酶	蜡状芽孢杆菌	将淀粉降解成麦芽糖和葡萄糖浆以用于食品及饮料产品以及乙醇生产
植物 α-淀粉酶和 β-淀粉酶	大麦和大豆	生产应用于啤酒和面包的一系列含有葡萄糖和麦芽糖的麦芽提取物
β-淀粉酶	黑曲霉、米曲霉和芽孢杆菌	生产应用于啤酒和面包的一系列含有葡萄糖和麦芽糖的麦芽提取物
淀粉葡萄糖苷酶	黑曲霉、泡盛曲霉、米曲霉、雪白根酶、米根酶、德氏根酶、绿色木酶	用预糊化的淀粉生产葡萄糖浆,用于酿啤酒、乙醇、烘烤食品、纺织、造纸、发酵、制药、软饮料、糖果
花色素酶	黑曲霉	红葡萄酒脱色
过氧化氢酶	黑曲霉	在牛奶、干酪和蛋品加工中去除过氧化氢,亦用于灭菌、氧化、发泡和塑料、橡胶的生产
纤维素酶	里氏木霉(Trichoderma reesei)、黑曲霉、米曲霉、海藻曲霉、温特曲霉、米曲毛霉	果蔬加工
环糊精葡糖基转移酶	浸麻芽孢杆菌、巨大芽孢杆菌	生成环状糊精
葡聚糖酶	产气克雷伯氏菌、绳状青霉、淡紫青霉、镰孢、黄杆菌	制糖和食品加工中水解多糖
双乙酰还原酶	产气杆菌	去掉啤酒中有异味的双乙酰
环氧琥珀酸水解酶	酒石酸诺卡氏菌(Nocardia tartaricus)	生产酒石酸
延胡索酸酶	产氨短杆菌	生产苹果酸
α-半乳糖苷酶	黑曲霉、葡酒色被孢霉、酿酒酵母	炼糖时水解寡糖、豆浆生产
β-半乳糖苷酶	大肠杆菌、芽孢杆菌、黑曲霉、米曲霉、脆壁克雷伯氏菌、脆壁酵母、乳酸酵母	水解乳中的乳糖,其他乳品加工,特别用于水解乳清中的乳糖,也用于制药

续表 9-1

酶(俗名)	主要来源	主要应用
β-葡聚糖酶	枯草芽孢杆菌、患者芽孢杆菌、黑曲霉、米曲霉、埃默森青霉、酿酒酵母	制啤酒过程中水解多糖,从植物材料中提取果汁和其他产品,如调味品
葡萄糖异构酶	密苏里游动放线菌、凝结芽孢杆菌、白色链霉菌、橄榄色链霉菌、橄榄色产色链霉菌、暗色产色链霉菌、节杆菌	把葡萄糖异构化成高果糖浆
葡萄糖氧化酶	黑曲霉、灰绿青霉、特异青霉、产黄青霉	抗氧化剂(用于水果及蛋清的保存,控制葡萄酒的颜色,生成葡萄糖酸)
组氨酸解氨酶	无色杆菌(*Achrombacter liquidium*)	生产脲苷酸
11α-羟化酶	少根根霉及其他微生物来源	黄体酮11α羟化、合成可的松、氢化可的松、氢化强的松、强的松
菊粉酶	脆壁克鲁维酵母、曲霉和假丝酵母	生成甜味剂
蔗糖酶	脆壁克鲁维酵母、卡尔斯伯酵母、酿酒酵母、假丝酵母	作为生产糖果及湿润剂的转化酶,制啤酒、制人造蜂蜜
异麦芽糖合成酶	大黄欧文氏菌、红色鱼精蛋白杆菌	生成异麦芽蔗糖(Isomaltulose)
脂肪酶/脂酶	黑曲霉、米曲霉、爪哇毛霉、微小毛霉、米黑毛霉、雪白根霉、解脂假丝酵母、圆柱形假丝酵母,小牛、小山羊、小绵羊及猪的胰脏	皮革和羊毛加工、改良干酪和黄油的香味、油脂改良、废弃物处理
乳过氧化物酶	动物初乳	牛乳冷灭菌
胆固醇氧合酶	短杆菌	去除食品胆固醇
脂肪氧合酶	大豆粉	面包增白、氧化植物油
苹果酸脱羧酶	酒明串珠菌	饮料生产
柚苷酶	黑曲霉	柑橘类果汁脱苦味
乳酸链球菌肽酶	蜡状芽孢杆菌	从牛乳中去除乳酸链球菌肽(一种抗生素)
果胶酶/果胶酯酶	黑曲霉、米曲霉、赭曲霉、米根霉、里氏木霉、简青霉	提取及澄清,用于软饮料、啤酒及葡萄酒的果汁,以及香料和咖啡的提取
青霉素酶	地衣形芽孢杆菌、蜡状芽孢杆菌	去除牛奶中的抗生素
青霉素酰胺酶(青霉素酰化酶)	巨大芽孢杆菌、大肠杆菌、担子菌、无色杆菌	生成半合成抗生素所需的6-氨基青霉烷酸
苯丙氨酸解氨酶	酵母	生成苯丙氨酸
肌醇六磷酸酶	无花果曲霉	去除谷物中的肌醇六磷酸
植物蛋白(木瓜蛋白酶、无花果蛋白酶、菠萝蛋白酶)	木瓜、无花果、菠萝	酵母膏生产,防止啤酒冷变浊、烘烤食品、制革、纺织、制药以及包括肉嫩化在内的人和动物食品加工

续表 9-1

酶(俗名)	主要来源	主要应用
动物蛋白酶(包括胰蛋白酶、胰凝乳蛋白酶等)	牛、绵羊、猪	制革和制药工业、食品加工,尤其是干酪、乳清等蛋白质的水解、肽合成
微生物蛋白酶	黑曲霉	干酪、肉、鱼、谷物、水果加工、饮料及烘烤食品
微生物蛋白酶	黑曲霉	干酪、肉、鱼、谷物、水果加工、饮料及烘烤食品
微生物蛋白酶	黄曲霉	食品加工
微生物蛋白酶(酸性蛋白酶)(中性蛋白酶)	米曲霉	蛋白质水解,特别是肉和鱼的加工、啤酒酿造、烘烤食品
微生物蛋白酶	蜜蜂曲霉、栗疫菌、米黑毛霉、微小毛霉	干酪制造(凝乳)
微生物蛋白酶(碱性蛋白酶)	地衣形芽孢杆菌、枯草芽孢杆菌	洗涤剂及制革工业,肉、鱼及乳品加工
微生物蛋白酶(中性蛋白酶)	枯草杆菌	饮料、烘烤食品
微生物蛋白酶	蜡状芽孢杆菌	饮料、烘烤食品
浊霉多糖霉(支链淀粉酶)	产气克雷伯氏菌、芽孢杆菌	葡萄糖浆生成过程中除淀粉支链、啤酒酿造
凝乳酶	未断奶的牛犊及绵羊的第四胃	干酪制作中凝乳
核糖核酸酶	菊青霉、米曲霉、灰色链霉菌	生成用作调味剂的核苷酸
巯基氧化酶	乳清	减少牛乳的煮熟样味道
鞣酸酶	米曲霉、黑曲霉	饮料加工,如茶和啤酒
嗜热菌蛋白酶	解蛋白芽孢杆菌	生产高甜度的甜味剂天冬甜精(天冬氨酸-苯丙氨酸甲酯)

在酶制剂生产中,常用的细菌主要是芽孢菌属的几个菌及大肠杆菌等,常用的酵母主要有啤酒酵母、脆壁酵母和假丝酵母等。酶的发酵生产根据细胞培养方式不同,可分为固体培育发酵、液体深层发酵和固定化细胞发酵等。其中液体深层发酵不仅适用于生物细胞,也适用于植物、动物细胞及工程菌的发酵,是目前发酵生产的主要方式。固定化细胞发酵,虽具有稳定性好、易于控制、能提高产品质量等优点,但其技术较复杂,而且只适于胞外酶的生产,故还有待研究改进。

9.2.2 食品用微生物酶制剂的安全问题及应对措施

随着生物技术,尤其是微生物发酵技术(包括菌种选育和发酵设备)的快速发展,酶制剂产品的成本迅速下降,加之广大用户对酶制剂产品使用效果的认同,使得越来越多的酶制剂应用于食品工业中。但一些企业对酶制剂产品的作用宣传力度很大,过分强调酶制剂产品的有利方面,忽视了其安全性方面,给广大用户造成了认识上的误区。

在国外食品用酶制剂作为食品添加剂对其安全卫生规定很严。酶本身虽是生物产品,比化学制品安全,但酶制剂并非单纯制品,常含有培养基残留物、无机盐、防腐剂、稀释剂等,在生产过程中还可能受到沙门氏菌、金黄色葡萄球菌、大肠杆菌的污染。酶制剂还可能含有生物毒素,尤其是黄曲霉素,即使是黑曲霉,有些菌种也可能产生黄曲霉毒素。黄曲霉毒素或由于菌种本身产生或由于原料(霉变粮食原料)所带入。此外,培养基中都要使用无机盐,难免混入汞、铜、铅、砷等有毒重金属。因此,为保证产品绝对安全,对原料、菌种、后处理等每一道工序都要严格把关。酶制剂的生产场地要符合 GMP,即良好的生产规程要求,其一般的生产工艺如图 9-1 所示。

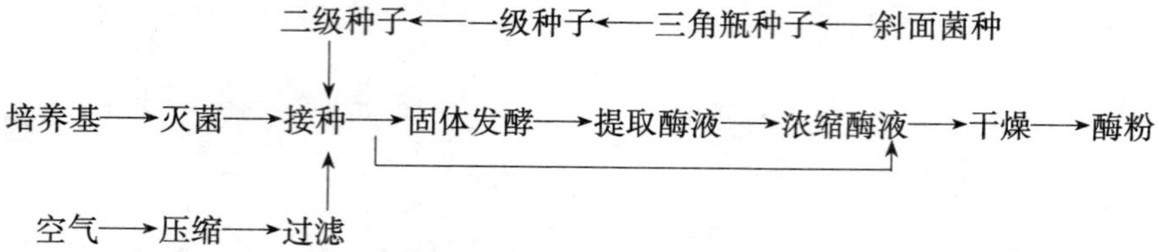

图 9-1　酶生产工艺流程图

由图可知,从“斜面菌种”到“接种”是微生物菌种监控的关键部分,在这一过程中,若让有害菌种混入,它们便可随着发酵过程产生一些有毒、有害物质,这些有毒、有害物质最终可贮留在酶制剂产品中,进而对食品安全构成威胁。所以,必须对这一过程的每一个环节进行严密监控以防止有害微生物的混入。从“培养基”到“酶粉”的各个环节,有害微生物及重金属污染也是酶制剂产品安全性的一大隐患。有的企业采用工业废品作为微生物培养基,这就可能带来重金属污染,因此,在选用培养基时一定要谨慎,尽量选用天然的植物作为培养基。培养基的充分灭菌对防止有害微生物及其代谢产物的污染也十分重要,在固体发酵时同样也要防止其他微生物的污染。最后,还要防止有害微生物及重金属经其他途径进入酶制剂的生产过程。

世界能源在日益减少,而人口却在不断增加,水资源和粮食日见短缺,使得工业界用酶来改革传统工艺的需求更为迫切。因此,提高酶的产量,降低生产成本,开发酶的新品种、新用途更是当务之急。基因工程、蛋白质工程的发展,为酶制剂工业发展创造了有利条件。开发耐热、耐酸碱,对底物有特殊作用的酶,以及将动植物生产的酶改由微生物发酵方法来生产,或者将还不能使用的微生物所产的酶改由安全菌种来生产,都将成为现实。

9.3　酶制剂的安全性评价

9.3.1　酶制剂的安全评价

对酶制剂产品的安全性要求,联合国粮农组织(FAO)和世界卫生组织(WHO)食品添加剂专家委员会(JECFA)早在 1978 年 WHO 第 2 届大会就提出了对酶制剂来源安全性的评估标准。内容如下:

(1) 来自动植物可食部位即传统上作为食品成分,或传统上用于食品的菌种所生产的酶,如符合适当的化学与微生物学要求,即可视为食品,而不必进行毒性试验。

(2) 由非致病的一般食品污染微生物所产的酶要做短期毒性试验。

(3) 由非常见微生物所产生的酶要做广泛的毒性试验,包括实验动物的长期喂养试验。

这一标准为各国酶的生产提供了安全性评估的依据,即生产菌种必须是非致病性的,不产生毒素、抗生素和激素等生理活性物质,菌种需经各种安全性试验证明无害才准使用于生产。对于毒素的测定,除化学分析外,还要做生物分析。

英国对添加剂的安全性是由化学毒性委员会(COT)进行评估的,并向政府专家咨议委员会FACE食品添加剂和污染委员会提出建议。COT成员关心的是菌种毒性问题,建议微生物酶至少要做90天的老鼠喂养试验,并以高标准进行生物分析。COT认为菌种改良是必要的,但每次改良后应作生物检测。

美国对酶制剂的管理制度有两种:一是符合安全物质(general recognized as safe, GRAS),二是符合食品添加剂要求。被认为GRAS物质的酶,在生产时只要符合操作规程就可以;而认为食品添加剂的酶,在上市前须经批准,并在联邦管理法典上登记。申请GRAS要通过两大评估,即技术安全性和产品安全性试验结果的接受性评估。GRAS的认可除食品和药品管理局有权进行外,任何对食品成分安全性具有评估资格的专家也可独立进行评估。

在美国,用以生产食品酶的动物性原料必须符合肉类检验的各项要求,并执行良好生产操作规范(GMP)生产,而植物原料或微生物培养基成分在正常使用条件下进入食品的残留量不得有碍健康。所用设备、稀释剂、助剂等都应是适用于食品的物质,必须严格控制生产方法及培养条件,使生产菌不致成为毒素与有碍健康的来源。

近年来世界食品市场推行KOSHER食品认证制度,即符合犹太教规要求的食品制度,只有有了KOSHER证书的食品才可进入世界犹太组织的市场。在美国不仅是犹太人,连穆斯林、素食者、对某些食物过敏的人,大多数也购买KOSHER食品。按规定KOSHER食品中不得含有猪、兔、马、驼、虾、贝类、有翼昆虫和爬虫类的成分。加工KOSHER食品的酶制剂同样要符合KOSHER食品的要求,故国外许多食品酶制剂都有符合KOSHER食品的标记。要将我国酶制剂向海外开拓,对此不可不加以注意。食品是否符合KOSHER要求由专门权威机构审批,其标准比FDA还严。

酶制剂经毒理试验后,可根据最大无作用剂量,给予一定的安全系数来确定对人的无毒作用剂量。由于食品加工中使用的酶用量小,残留量低,安全系数通常采用大于100,所以FAO/WHO根据酶制剂的化学、生化、毒理的数据基础,ADI值(每日允许摄入量)一般要求无需作特殊规定。无需作特殊规定,但酶制剂的生产和产品质量方面还应加强卫生管理。我国已批准使用于食品工业的酶制剂有α-淀粉酶、糖化酶、固定化葡萄糖异构酶、木瓜蛋白酶、果胶酶、β-葡聚糖酶、葡萄糖氧化酶、α-乙酰乳酸脱羧酶等。

9.3.2 微生物来源的食品酶制剂的安全特性评价

对于通过常规方法改造菌种得到的食品酶制剂,通常要考虑的安全因素包括:菌种产毒素的可能性和潜在的致病性、致过敏性和刺激性、致癌性和诱导突变性、影响生育和导致胎儿畸形,以及酶反应的产率、酶与其他食品成分之间的反应和酶对消费者的直接作用等。

1) 潜在的产毒素性

作为菌种必须具备基本的安全性,一般来说,菌是否具有潜在的产毒素的特性,尤其是那些通过口服起作用的毒素应作为重点考虑的因素。由于在商品酶制剂中不会含有活微生物,因此潜在的致病性不是重点考虑的因素,但是对酶制剂生产工厂的工人来说,这一点要尤为注意。

通常经口起作用的微生物毒素由特定的细菌和特定的放射菌产生,酵母一般不产生此类毒素。放射菌产生的毒素一般是小分子量的有机分子,称作毒枝菌素。大多数毒枝菌素的毒性很强，而且它们中的多数毒素可以诱发慢性疾病(如癌症)。细菌产生的经口起作用的生物毒素还可以引起食物中毒，此类毒素以蛋白质类物质的形式存在，能够引起快速的反应。因此，在使用微生物酶制剂时，必须选择从不产生真菌毒素的菌种生产的酶，或者检查每一批酶制剂以确定是否含有真菌毒素。

目前，通过实验可以确定这些毒素引起食物中毒的主要的细菌毒素是否已经被纯化，与产毒素性质相关的基因序列也已确定，这些产毒素的细菌和放射菌的特征也被充分研究，这些研究的成果都为获得新的用于生产食品酶制剂菌种奠定了基础。

2）潜在的致病性

一般来说，明显的人类致病菌不能在食品酶制剂工厂的生产中应用，同时微生物也不可能在成品的酶制剂中存活。即便如此，作为常规的工业化操作规范，还是要通过动物模型来确定未知微生物的潜在的致病危害。

区分致病性和偶然的感染非常重要，许多微生物可以通过寄主的免疫系统到达一定位置就可以产生感染。已有研究证实，无论寄主健康与否，真正的致病性细菌可以侵入免疫系统，从而产生疾病和感染。

另外，分清微生物自身作用和寄主对微生物的反应是非常重要的。研究表明，给动物注射已死的细菌会导致代谢紊乱，最终死于败血病，因为注射的是已死的细菌不会产生病变，所以动物的死亡不是微生物的致病性引起的，人体自身的免疫系统释放的类荷尔蒙激素物质才是致死的主要原因。因此，通过简单的注射微生物进入动物体内来评价微生物致病性的方法是不可取的。

3）安全菌株

国际食品与饮料咨询委员会(IFBC)认为，已确定无致病性、不产毒素的菌种，尤其是那些在安全用于食品酶制造方面具有悠久历史的微生物，即便它们经过传统的或导入DNA的改造，仍然是产生安全菌种系属的最优的选择。建立一个安全的菌种还需彻底搞清楚寄主机体的特征，确保所有导入寄主机体的DNA的安全，保证整个改造寄主机体的过程适合食品生产的应用。原有的生产食品酶制剂的菌种被筛选出来以便能在工业规模的发酵条件下旺盛地生长，同时能够生产大量酶，被筛选出的菌种通过诱变(如化学诱变、紫外线照射诱变)从而获得产酶量高的菌种。最近报道导入DNA技术提供了更为直接的生产酶的方法，那就是通过直接分离和诱变基因的方法来增大产酶量。

微生物分类学在过去10年中得到了很大的发展，尤其是在细菌和放射菌方面。同源DNA扩增技术和微生物基因序列的确定让我们更加了解微生物的分类学、发展史和致病性，DNA序列的数据可以帮助我们准确评价用于工业化生产的微生物种类的安全性。最近研究资料表明，生产食品酶制剂微生物的安全性的评价依赖于对细菌、酵母和放射菌的致病性和系统分类的研究，因此，利用传统的方法和现代分子生物学的手段都可以确定生产食品酶的微生物之间的关系的程度。

为了提高菌种产酶效率，通过菌种改造，直接或间接达到增加菌种的产酶蛋白数量及酶蛋白利于纯化目的，利用基因修饰可以增加生长速率，扩大基因复制的数量，增强基因表达，从而提高酶的分泌。

利用传统的方法和基因技术可以减少和消除一些不想要的内源酶和其他物质。例如，许多微生物会分泌蛋白酶，虽然这一特征在特殊场合下是有用的，但它会造成目的酶水解，还有可能会对食品有不好的影响。因此,一些特殊的菌种被开发出来,它们的产蛋白酶的基因被去除或钝化。

在有些情况下,可以在不适合通过工业化发酵的方法生产酶的菌种中得到某些有用的酶,此时可以利用基因技术将此菌种中与那些有用的酶合成相关的基因,克隆到非常安全而且适于发酵的菌种中去表达,诸如此类的做法,在目前的酶制剂工业中已是非常普遍。

4）工程化酶

蛋白质工程是通过改变蛋白质肽链内在的氨基酸的排列顺序从而影响蛋白质功能,可以通过化学诱变、紫外线辐射、菌种突变等诱导和随机诱变技术实现。另外,也可采用定点突变技术,该法是针对确定蛋白质功能的基因片断直接突变,从而获得所需的蛋白质功能。最近又出现基因重组技术,亦即将与蛋白质功能相关联的基因片断或基因功能模块进行重组,从而得到所需的蛋白质。蛋白质工程可以改变酶本身的很多特性,如可以改变酶的最适pH,增强热稳定性、化学氧化性,减少如金属离子等辅助因子。

蛋白质分子修饰是否会对酶的安全性造成影响,要说明这个问题,首先得搞清酶结构和功能的自然变化。基因核苷酸的排列顺序决定酶蛋白的氨基酸排列顺序,从而决定酶的功能特性,同时还决定了酶蛋白的三维空间结构。这有利于搞清楚酶在改进后相互之间的关系,也更进一步的为搞清楚结构与功能之间的关系提供了帮助。

同一类或同一大类微生物来源的酶维持原有的三级结构和酶的特征,但在稳定性、专一性等方面的特定功能有所不同。目前并无直接证据表明,酶的这种变化致使酶产毒素。事实上通过口服起作用的生物毒素相对数以千计的食物蛋白来说非常少,而且生物毒素的结构和作为商品的食品酶在结构上差异很大。有进一步的研究表明,同一类和同一大类的酶通过上述所有的技术改造,它们仍然保持原有的特征三维结构和催化功能。因此,工程酶表现出的不同与自然界中观察到的情况非常相似。

酶的结构和功能实验表明,通过改造酶而获得某种功能不致使酶具有产毒性。正是如此,对于仅在理论上推测有危险的工程酶进行毒理学的测试要非常慎重,对于那些通过同一系统向同一寄主导入基因的方法获得系列产品的制造商会认为,对一些附加产品作进一步的测试是多余的。基因重组等高新技术在菌种改造中的应用,给酶制剂的发展开拓了很大的空间。但由于这项技术及其应用尚未十分完善,对基因工程菌株的安全性评价问题尚待解决,酶制剂产品使用的安全性也无法在短期内确证,所以,利用基因重组甚至转基因技术改造菌种来生产酶制剂时,要充分认识该技术的安全性和可靠性,由此而产生的对人体健康的影响也要经长期的考察。

5）体外基因毒理学测试

新的食品酶制剂需要进行诱导有机体突变的活性实验,但在部分地区仍然只进行常规的测试。就我们所知,目前新的酶制剂在进行体外基因毒理学测试时,已不能揭示单一的致诱变性,除非使用一种更加复杂的评价体系,它涉及化学分析和动物限制喂养实验。

采用复杂的评价体系有三个方面的原因。首先,蛋白质包括一些细菌产生的食品带入肠毒素和神经毒素并不是基因毒素;其次,诸如霉菌毒素等基因毒素的作用可以非常容易地通过对动物的短期喂养试验确定;最后,已有可靠的化学分析方法来检测食品来源的蛋白质毒素和霉菌毒素,这些方法也正在用来检测新的生产食品酶制剂的菌株的安全性测试。

截至1999年6月,酶技术协会的成员已经报道了102个微生物致诱变性的实验,以及

63个酶制剂的染色体畸变实验。染色体的畸变实验包括哺乳动物细胞培养等细胞遗传学的体外试验，通过体外试验的方法来检测对染色体和细胞有丝分裂的破坏。

6）新的食品酶安全评价的策略

目前食品酶的改性的方法很多，如：基因改造（蛋白质工程）、蛋白质培养、化学改性以及从新开发的环境分离等等。因此，适时的更新酶的安全性评价机制紧跟生物技术的发展是非常重要的，评价的模式如图9-2所示。

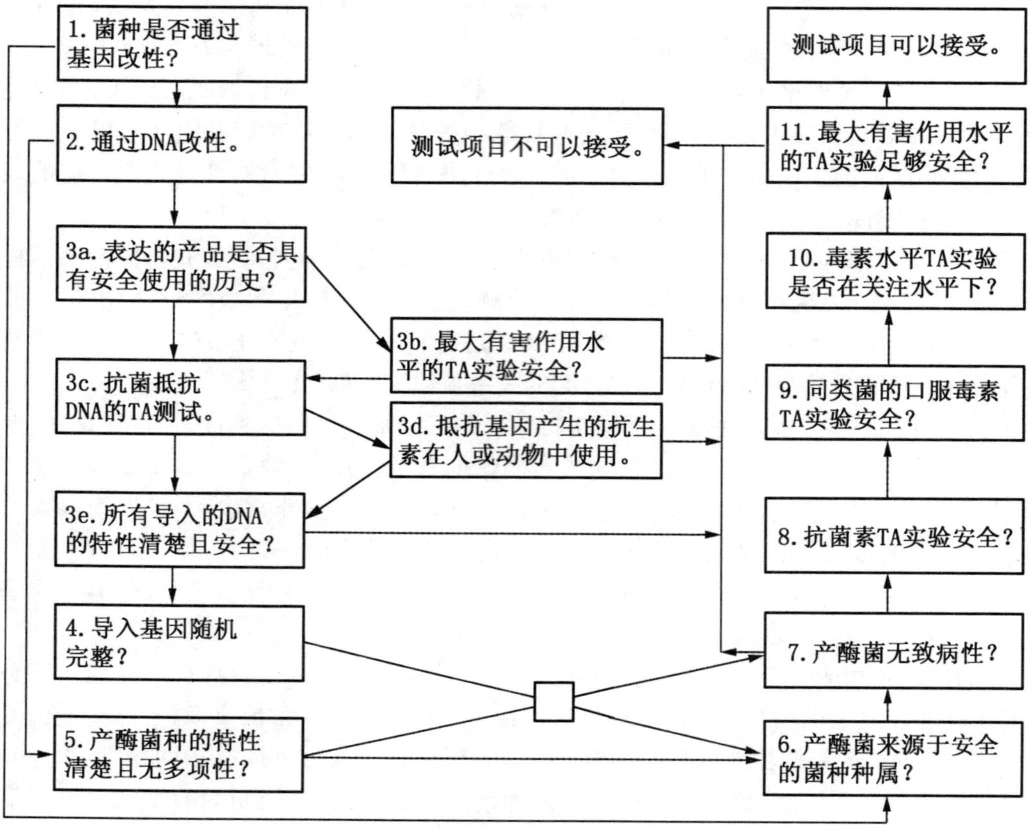

图9-2 食品安全评价的模式

注：AT测试是指酶的包含物的实际测试。

总之，对经改造，尤其是经过基因技术改造的食品酶必须经过合理的、必要的安全评价才能工业化生产，并在食品工业中应用。

思考与练习

1. 酶与食品质量安全的关系是什么？
2. 如何对酶制剂的安全性进行评价？

10 酶的分析与检测

10.1 α-淀粉酶

10.1.1 细菌α-淀粉酶活力的测定

(一) 实验目的

掌握液化型淀粉酶活力的测定方法。

(二) 实验原理

液化型淀粉酶能将淀粉分子链的α-1,4葡萄糖苷键任意切断成长短不一的短链糊精，使可溶性淀粉对碘呈蓝紫色的特异反应逐渐消失，根据颜色由蓝至红棕色的速度计算酶活力。

(三) 实验材料、仪器和试剂

1. 实验材料

枯草杆菌 BF7658 α-淀粉酶制剂。精确称取酶制剂 1.000 g(以大约 2000 U/g 计)，先用少量 40℃蒸馏水溶解、浸提。将上层液小心倾入 200～250 mL 容量瓶内，沉淀再加水捣研。如此重复，最后全部移入容量瓶中，定容后摇匀，用四层纱布过滤，滤液供测定用。

2. 仪器

试管 25 mm×200 mm(×2)；白瓷板(×1)；平头移液管(可用磨去尖头的 2 mL 移液管制)(×1)；刻度吸管 5 mL(×1)；移液管 20 mL(×1)；秒表(×1)；吸耳球(×1)；电热恒温水浴锅。

3. 试剂

(1) 原碘液　称取碘(I_2)11 g，碘化钾(KI)22 g，先用少量蒸馏水使碘-碘化钾完全溶解，定容至 500 mL，贮于棕色瓶内。

(2) 稀碘液　取原碘液 2 mL，加碘化钾 20 g，用蒸馏水定容至 500 mL，贮于棕色瓶内。

(3) 标准终点色溶液

① 精确称取氯化钴($CoCl_2 \cdot 6H_2O$) 40.243 9 g 和重铬酸钾($K_2Cr_2O_7$)0.487 8 g，以蒸馏水溶解，并定容至 500 mL。

② 0.04%铬黑 T　精确称取铬黑 T($C_{20}H_{12}N_3NaO_7S$)40 mg，以蒸馏水定容至 100 mL。使用时，取①液 40 mL 与②液 5 mL 混合，于冰箱中保存。使用 15 天后需重新配制。

(4) 2%可溶性淀粉　精确称取可溶性淀粉 2.000 g，用少量蒸馏水调匀。徐徐倾入煮沸的蒸馏水中，加热煮沸至透明，冷却后定容至 100 mL，此液需当天配制。

(5) 0.02 mol/L pH 6.0 磷酸氢二钠-柠檬酸缓冲液　称取磷酸氢二钠($Na_2HPO_4 \cdot 12H_2O$)45.23 g 和柠檬酸($C_6H_8O_7 \cdot H_2O$)8.07 g,用蒸馏水溶解定容至 1 000 mL。用酸度计或精密 pH 试纸校正 pH。

(四) 操作步骤

在 25 mm×200 mm 试管中加入 2%可溶性淀粉 20 mL,缓冲液 5 mL,在 60℃水浴中平衡温度 4~5 min,加入 0.5 mL 稀释好的酶液,立即记时,充分摇匀。每隔 1 min 用平头吸管从试管中取出一滴混合液,滴于预先充满比色稀碘液(约 1.5 mL)的白瓷板空穴内。颜色反应接近红棕色时,要增加滴加混合液的频率。当穴内颜色反应与标准终点色溶液相同时,即为反应终点,立即记录时间 T(min)。

(五) 计算

酶活力单位:1 g 酶粉(或 1 mL 酶液)于 60℃、pH 6.0 的条件下,在 1 h 内液化可溶性淀粉的克数为 1 个活力单位($D_{60°}^{60'}$):

$$\text{活力单位}\,(D_{60°}^{60'}) = \frac{60}{T} \times 20 \times 2\% \times n \div 0.5 = 48 \times \frac{n}{T}$$

式中:n——酶稀释倍数;

T——测定记录时间。

(六) 注意事项

1. 可溶性淀粉使用浙江菱湖淀粉厂生产的化学纯试剂。其他产品需作对照试验。

2. 反应时间应控制在 2~2.5 min 之内。测定时采用照明灯为 40 W 日光灯,灯与白瓷板的间距为 60 cm 左右。

10.1.2　α-淀粉酶活力的测定(Bernfeld 法测定)

(一) 实验原理

α-淀粉酶从淀粉中分解出还原官能团,这些官能团与二硝基水杨酸作用后形成一个有色的络合物。可用分光光度法了解这一反应情况。

(二) 定义

一个 α-淀粉酶单位相当于在规定条件下,于 25℃和 pH 6.9,从可溶性淀粉中释放出 1 μmol 还原物质(以麦芽糖算)时所需的酶量。

(三) 试剂

1. 底物溶液　通过加热将 1.0 g 可溶性淀粉溶于磷酸盐缓冲液,冷却后用磷酸盐缓冲液定容至 100 mL。

2. 磷酸盐缓冲液(pH 6.9)　称取 0.712 g 二水磷酸氢二钠和 0.070 g 氯化钠溶于 150 mL蒸馏水,用磷酸将 pH 调至 6.9,并用蒸馏水定容至 200 mL。

3. 2 mol/L 氢氧化钠溶液。

4. 显色剂溶液　向 1.0 g 3,5-二硝基水杨酸滴入少许蒸馏水,搅拌和加入 2 mol/L 氢氧化钠溶液 20 mL 后,使二硝基水杨酸溶解。取 30.0 g 四水酒石酸钾钠溶于此溶液,用蒸馏水将此指示剂定容至 100 mL。

5. 酶溶液　用蒸馏水溶解此酶。1 mL 配制溶液应含 3 U。

6. 麦芽糖溶液　取 180.0 mg 一水麦芽糖溶于蒸馏水,并定容至 100 mL。

(四) 操作步骤

用移液管将 0.5 mL 酶溶液移入试管，并在水浴中调温至 25℃。加 0.5 mL 已同样预热到 25℃的底物溶液。3 min 后加 1.0 mL 显色剂，反应终止。置试管于沸水浴中 5 min，流水冷却后再用 10.0 mL 蒸馏水稀释。用分光光度计于 540 nm 处以空白值为参比测定吸光度(1 cm 比色皿)。

用同样方法测定空白值，只不过这里不加酶溶液，而是加 0.5 mL 蒸馏水。

	主　值	空 白 值
酶溶液	0.5 mL	—
蒸馏水	—	0.5 mL
调温至 25℃，加底物溶液(25℃)	0.5 mL	0.5 mL
混合，在 25℃下保温 3 min，加显色剂溶液	1.0 mL	1.0 mL
混合，置于沸水浴中 5 min，冷却，加蒸馏水	10.0 mL	10.0 mL
混合，用分光光度计于 540 nm 处以空白值为参比测定吸光度		

(五) 计算

借助一标准曲线进行计算。如用新配制的显色剂溶液，则需对标准曲线的数值进行检查，以免出错。根据下表绘制出标准曲线。

试 液 号	麦芽糖溶液(mL)	蒸馏水(mL)	试液中的麦芽糖(μmol)	E_{540}
空 白 值	—	1.00	—	
1	0.20	0.80	1	
2	0.40	0.60	2	
3	0.60	0.40	3	
4	0.80	0.20	4	
5	1.00	—	5	

所有试管中各有总体积为 1.0 mL 的试液。各加 1.0 mL 显色剂溶液，然后按“操作步骤”所述继续进行。在绘制标准曲线时测得以下数值：

试 液 号	试液中的麦芽糖(μmol)	E_{540}
1	1	0.125
2	2	0.282
3	3	0.408
4	4	0.572
5	5	0.719

由此得出计算试液中的麦芽糖公式为：

$$6.758 \times E_{540} + 0.154 = \mu\text{mol 麦芽糖/试液}$$

计算活性的公式为：

$$\alpha\text{-淀粉酶活性(U/mg)} = \frac{\mu\text{mol 麦芽糖}}{3 \times E_W}$$

式中：μmol 麦芽糖——从标准曲线上查得的数值；

3——反应时间(min)；

E_W——每 0.5 mL 所用酶液中含酶的重量(mg)。

举例：

测定一个 α-淀粉酶样品。从该样品中称取 23.8 mg，定容至 25 mL，并按 1∶10 稀释。0.5 mL稀释溶液中含有 0.047 6 mg 样品，测得的吸光度为 0.428。根据这一吸光度，从标准曲线上查得麦芽糖值为 3.046。

$$\alpha\text{-淀粉酶活性} = \frac{3.046}{3 \times 0.0476} = 21.33(\text{U/mg})$$

10.1.3 麦芽液化型淀粉酶活力的测定(滴定法)

(一) 实验目的

用滴定法测定麦芽的 α-淀粉酶活力。

(二) 实验原理

将麦芽浸出液加热至 70℃，利用 β-淀粉酶不耐热特点将其破坏，消除对 α-淀粉酶的干扰。根据 α-淀粉酶水解淀粉能生成一部分醛糖，醛糖在碱性碘液中定量氧化为相应的羧酸。剩余的碘，以淀粉作指示剂，用标准硫代硫酸钠滴定，根据测得的醛糖量确定酶活力。

(三) 实验材料、仪器和试剂

1. 实验材料

细碎麦芽粉。

2. 仪器

烧杯 600 mL(×1)；棕色滴定管 20 mL(×2)；容量瓶 200 mL(× 4)；量筒 100 mL(×1)；刻度吸管(5 mL×3，10 mL×1，25 mL×1，50 mL×1)；碘量瓶 150～250 mL(×8)；恒温水浴锅；秒表；离心机。

3. 试剂

(1) 醋酸钙粉末。

(2) 醋酸-醋酸钠缓冲液(pH 4.7)　取 120.0 mL 冰醋酸和 164.1 g 无水醋酸钠用水溶解并稀释到 1 000 mL，此溶液 20℃的 pH 为 4.7。

(3) 1 mol/L 氢氧化钠溶液。

(4) 1 mol/L 硫酸溶液。

(5) 0.1 mol/L 硫代硫酸钠标准溶液，配制和标定见附录(一)。

(6) 0.1 mol/L 碘标准溶液　将 13 g 碘和 35 g 碘化钾溶于 100 mL 水中，加 3 滴盐酸，加水定容至 1 000 mL，混匀后保存于棕色瓶中，标定。

(7) 2%淀粉溶液　将可溶性淀粉在 105℃烘干 2 h，称取 10.00 g，用少量冷蒸馏水调匀后注入 400 mL 沸水中，残留淀粉用水冲入沸水之内，煮沸至透明。迅速冷却至 20℃，稀释到 500 mL。

(四) 操作步骤

1. 麦芽浸出液的制备

(1) 在已知重量的烧杯中加入 20.00 g 麦芽粉，再加水 480 mL。

(2) 将烧杯放入 40℃水浴内，在不断搅拌下(100 r/min)保温 1h。

(3) 冷至 20℃，加 20℃水使内容物总重量为 520.0 g。

(4) 搅拌均匀后，用双层干燥滤纸过滤，弃去初始滤液 200 mL。取随后滤液 50 mL 供测定。

2. 取 10 mL 麦芽浸出液置于试管中，加 0.020 g 醋酸钙粉，摇匀，室温放置 1 h。

3. 将此试管浸于 70℃恒温水浴内保温准确记时 15 min。冷却、离心(或静置)。取清液测定 α-淀粉酶活力。

4. 按 1、2(样品)和 3、4(空白)将 200 mL 容量瓶标号，每瓶加入 100 mL 淀粉溶液。

5. 在 1、2 号容量瓶各加入 5 mL 醋酸－醋酸钠缓冲液，然后将四只容量瓶放入 20℃水浴中保温 20 min。

6. 在 1 号容量瓶中加入 5 mL 麦芽浸出液；1 min 后在 2 号容量瓶中加入 5 mL 麦芽浸出液。分别准确记时，摇匀，各保温 30 min 后，立即各加 4 mL 1 mol/L 氢氧化钠溶液杀酶。

7. 在 3 号和 4 号容量瓶中各加 4 mL 1 mol/L 氢氧化钠溶液，之后再各加 5 mL 麦芽浸出液，摇匀。

8. 将四瓶溶液分别加水定容至刻度，摇匀。

9. 测定醛糖含量

(1) 分别取四瓶的反应液 50 mL，置于各自碘量瓶中，加入 25 mL 0.1 mol/L 碘液和 3 mL 0.1 mol/L 氢氧化钠溶液。

(2) 盖严瓶塞，置暗处反应 15 min。

(3) 向各瓶加 4.5 mL 1 mol/L 硫酸。用硫代硫酸钠标准液滴至蓝色消失，记录消耗量。

(五) 计算

以 100 g 无水麦芽在本试验条件下，α-淀粉酶作用后生成的麦芽糖量(g)表示酶活力。

$$\alpha\text{-淀粉酶活力(U/g)} = \frac{100 \cdot (V_1 - V_2)c \cdot F}{(100 - M) \times 1\,000}$$

式中：V_1——空白消耗硫代硫酸钠溶液的毫升数(3、4 平均值)；

V_2——样品消耗硫代硫酸钠的毫升数(1、2 平均值)；

c——硫代硫酸钠溶液的浓度，mol/L；

M——麦芽水分(%)；

F——转换系数。

F 由式$\frac{342}{1\,000}\times\frac{200}{50}\times\frac{500}{5}\times\frac{100}{W}$求得，式中 342 为麦芽糖的分子量，$W$ 为所用麦芽样品重量(g)。所以不同样品量的转换系数 F 根据上式计算后为：

W(g)	F
10	136.8
20	68.8
40	34.2

10.1.4 麦芽液化型淀粉酶活力的测定(比色法)

(一) 实验目的

掌握麦芽液化力的分析法。

(二) 实验原理

利用碘与淀粉的呈色反应,根据一定时间内颜色由蓝→紫→棕色的消失程度,衡量酶液化淀粉的能力。

(三) 实验材料、仪器和试剂

1. 实验材料

麦芽,要求粉碎后均匀取样。

2. 仪器

具塞比色管 20 mL(×4);刻度吸管(1 mL×1,2 mL×1,0.5 mL×2,5 mL×3);容量瓶 250 mL(×1);电热恒温水浴锅(×1);721 型分光光度计(×1);秒表(×1)。

3. 试剂

(1) 0.02 mol/L pH 6.0 磷酸氢二钠-柠檬酸缓冲液　配法与本节的"细菌 α-淀粉酶活力的测定"方法相同。

(2) 0.2%可溶性淀粉。

(3) 1 mol/L 醋酸。

(4) 碘液　同"细菌 α-淀粉酶活力的测定"的稀碘液。

(四) 操作步骤

1. 酶液的制备

精确称取麦芽粉 0.2 g(或适当量),用蒸馏水浸提并定容为 100 mL(40℃水浴,浸 30 min),立刻过滤,取清液备用。

2. 测定

在 20 mL 具塞试管中加 0.02 mol/L pH 6.0 磷酸氢二钠－柠檬酸缓冲液 1 mL,酶液 0.4 mL,水 1.1 mL,使总体积为 2.5 mL,于 40℃保温 10 min,加入同温度 0.2%淀粉溶液 5 mL,立即记时,摇匀。30 min 后立刻加入 1 mol/L 醋酸 5 mL,摇匀以终止酶反应。将溶液移至 250 mL 容量瓶内,用蒸馏水冲淡至约 200 mL,加 5 mL 碘液使之发色,再加水定容至 250 mL,混匀。以蒸馏水作空白,用分光光度计在 700 nm 波长处,用光径 10 mm 比色杯,测定光密度(OD)。同时测定以水代替酶液,经过同样操作的对照光密度(OD')。

(五) 计算

在以上实验条件下,使可溶性淀粉的碘呈色度减少 10%的酶量定为 1 U。按下式计算酶活力(U/g 麦芽)。

$$酶活力(\mathrm{U/g}\ 麦芽)=\frac{OD'-OD}{OD'}\times 100\div 10\times\frac{100}{0.4}\div W$$

式中:W——麦芽粉重量(g)。

(六) 注意事项

1. 要严格控制时间。

2. 麦芽样品一定要均匀。

3. 酶液 0.4 mL 必须准确，半滴之差对结果就有很大影响。

参考：

测定次数	酶活力
1	3.4
2	3.7
3	3.3
4	3.2
5	3.5

10.2 β-淀粉酶

10.2.1 β-淀粉酶活力的测定(比色法)提纯

(一) 实验原理

β-淀粉酶(α-葡萄糖麦芽糖水解酶，EC3.2.12)，也称为糖化淀粉酶或α-1,4-葡聚糖麦芽糖水解酶，常用名称是糖化淀粉酶等。它存在于大多数高等植物中，不存在于哺乳动物中。也有关于微生物存在β-淀粉酶的报道。β-淀粉酶又称该酶从葡聚糖链的非还原性末端顺次切下麦芽糖分子，故属于外酶。淀粉酶主要有两种：α-淀粉酶和β-淀粉酶，各有其一定的特性，如β-淀粉酶不耐热，在高温下易失活，而α-淀粉酶不耐酸，在 pH 3.6 以下失活。通常提取液中同时有两种淀粉酶存在，测定时，可根据它们的特性分别加以处理，使其中一种酶失活，即可测出另一种酶的活性。将提取液加热到 70℃维持 15 min 以钝化β-淀粉酶，便可测出α-淀粉酶的活性；或者将提取液用 pH 3.6 醋酸在 0℃加以处理以钝化α-淀粉酶，可测定β-淀粉酶的活性。

(二) 酶的分离提纯

1. 抽提：称取一定量的甘薯，洗净，加入等质量的蒸馏水，匀浆，离心(5 000 r/min，10 min)去沉淀。

2. 热处理：在上述滤液中加入几滴辛醇，置 60℃的恒温水浴中，待温度恒定后继续保持 8 min，然后用流动冷水冷却至室温。热处理后的酶液加入一定量的甲苯，在 4℃下保持 4 d。离心(15 000 g，10 min)去沉淀。

3. 乙酸铅处理：向上清液中慢慢加入 20%乙酸铅溶液直至不再有沉淀产生为止。一般每 1 000 mL 加入 30 mL 乙酸铅溶液，离心去沉淀。

4. 硫酸铵沉淀：向上清液中加入固体硫酸铵粉末至 70%饱和溶液，离心(15 000 g，20 min)收集沉淀。沉淀悬浮于适量的蒸馏水中，再离心去沉淀，取上清液。

5. 硫酸铵再沉淀：向上清液中加硫酸铵粉末至 70%饱和溶液，离心(15 000 g，20 min)收集沉淀，沉淀再悬浮于少量蒸馏水中。

6. 透析脱盐：悬浮液装入透析袋中，加入 10 倍体积的蒸馏水在 4℃下透析过滤。离心(15 000 g，20 min)去沉淀，上清液为提纯酶液。

10.2.2 β-淀粉酶活力测定(二硝基水杨酸法)

(一) 实验原理

淀粉酶水解淀粉生成的麦芽糖,可用 3,5-二硝基水杨酸试剂测定。根据酶催化可溶性淀粉生成的麦芽糖量,确定其活力大小。由于麦芽糖能还原 3,5-二硝基水杨酸,生成 3-氨基-5-硝基水杨酸,其反应如:

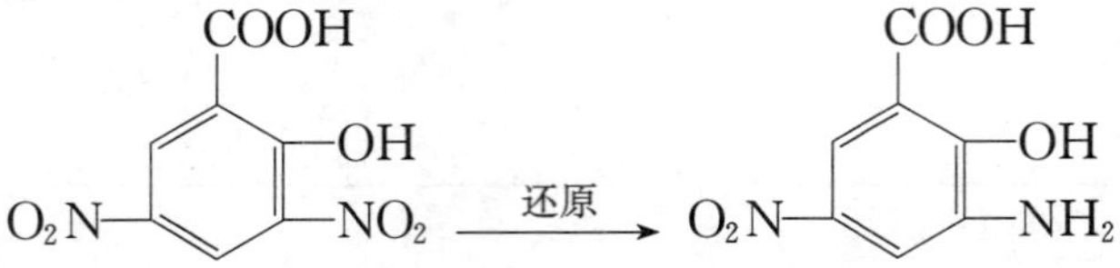

在一定范围内其显色基团的颜色深浅与糖浓度成正比,故可求出麦芽糖的含量,以麦芽糖的毫克数表示淀粉酶活力的大小。

(二) 实验材料

β-淀粉酶酶制剂或甘薯、大豆等(用此类植物性材料,要经提纯后再测定);方眼纸。

(三) 仪器

刻度吸管(2 mL×3,1 mL×3);20 或 25 mL 具塞比色管(×12);恒温水浴锅(×2);721 分光光度计;秒表。

(四) 试剂

1. 0.1 mol/L,pH 5.8 柠檬酸-磷酸氢二钠缓冲液　配制方法见附录。

2. 2%可溶性淀粉溶液(配制方法见“麦芽液化型淀粉酶活力”的测定试验)。

3. 3,5-二硝基水杨酸(DNS)试剂　称取 6.3 g DNS 和 262 mL 2 mol/L 氢氧化钠溶液,加到 500 mL 含有 182 g 酒石酸钾钠的热水溶液中,再加入 5 g 重蒸酚和 5 g 亚硫酸钠,搅拌溶解,冷却后加水定容至 1 000 mL,贮存于带胶塞的棕色瓶中。

4. 0.3%麦芽糖　逐渐升温烘麦芽糖(最终 80℃)至绝干,配制 0.3%麦芽糖溶液。

(五) 操作步骤

1. 麦芽糖标准曲线的制作

取 25 mL 比色管 6 支,按“麦芽糖标准曲线制作的试剂表”顺序加入 0.3%麦芽糖溶液、水及 3,5-二硝基水杨酸试剂(DNS 试剂)混合均匀后在沸水浴中加热 5 min,取出立即用冷水冷却,用蒸馏水稀释至 25 mL,摇匀。用分光光度计测定 540 nm 处的光密度(*OD* 值)。以麦芽糖含量(mg)为横坐标,光密度为纵坐标,作标准曲线。

麦芽糖标准曲线制作的试剂表

管　号	含糖量(mg)	0.3%麦芽糖(mL)	水(mL)	DNS(mL)	*OD* 值
1	0	0	2.0	1.5	
2	1.8	0.6	1.4	1.5	
3	2.4	0.8	1.2	1.5	
4	3.0	1.0	1.0	1.5	
5	3.6	1.2	0.8	1.5	
6	4.2	1.4	0.6	1.5	

2. 取适量酶粉用少量水溶解，移入合适容量的容量瓶中，如此重复。最后将残渣全部转移入容量瓶内，加水至刻度，混匀。用四层纱布过滤或者离心，取清液备用。

3. 测定程序

(1) 主试验

向试管中加入 1 mL 2%可溶性淀粉溶液和 1 mL 0.1 mol/L pH 5.8 的柠檬酸-磷酸盐缓冲液。于 40℃水浴保温 3 min 后，再加入 1 mL 酶液，立刻记时，混匀。3 min 后，加入 DNS 试剂 1.5 mL，混匀以杀酶。放于沸水中煮 5 min 后，立即用冷水冷却。定容至 25 mL，混匀，作二次平行试验。

(2) 空白试验

向试管内加入 1 mL 2%淀粉溶液，1 mL 0.1 mol/L pH 5.8 柠檬酸-磷酸缓冲液，1.5 mL DNS 试剂后，再加入 1 mL 酶液。其余步骤与主试验相同。重复两次，当二者的 *OD* 值在同一位点时，取其一作空白。用 721 分光光度计测定波长 540 nm 处的光密度(*OD* 值)，用空白试验调零点。

(六) 计算

在本试验条件下以产生 1 mg 麦芽糖量为 1 个酶活力单位。

$$酶活力(U/g)=\frac{A}{3}\times 60\times n$$

式中：A——主试验光密度(*OD*)值在标准曲线上对应的麦芽糖量(mg)；

60——换算为 1 h；

n——酶的稀释倍数。

10.2.3 β-淀粉酶活力测定(费林试剂法)

(一) 试剂及其配制

1. 乙酸盐缓冲液(pH 5.0)　将 6.8 g 三水乙酸钠溶于 30 mL 蒸馏水中，用乙酸将 pH 调至 5.0，再用蒸馏水定容至 50 mL。

2. 费林溶液　取 34.0 g 四水酒石酸钾钠和 10.0 g 氢氧化钠溶于 100 mL 蒸馏水中。

3. 费林铜溶液　取 7.0 g 五水硫酸铜溶于 100 mL 蒸馏水中。

4. 碘化钾溶液　取 30.0 g 碘化钾溶于蒸馏水中，并定容至 100 mL。

5. 25%硫酸溶液。

6. 0.05 mol/L 硫代硫酸钠溶液。

7. 0.5%可溶性淀粉(底物)　1.0 g 可溶性淀粉与少许蒸馏水调和，倒入 100 mL 煮沸的蒸馏水中，继续煮沸 5 min，冷却后加 5 mL 乙酸缓冲液，并用蒸馏水定容至 200 mL。

(二) 测定

10 mL 底物溶液置于 100 mL 三角瓶中，于水浴中加热至 40℃，加 1 mL 酶液，在 40℃下精确保温 30 min，然后加 2.0 mL 费林溶液和 2.0 mL 费林铜溶液，反应终止。煮 2 min 后立即用冷水冷却。然后加 2.0 mL 碘化钾溶液和 2.0 mL 硫酸溶液使沉淀溶解。用硫代硫酸钠溶液滴定分解出的碘。空白以蒸馏水或溶解酶的缓冲液代替酶液。

(三) 计算

一个酶活力单位(U)定义为在上述条件下每分钟分解出 10 mg 还原糖的酶量。

10.2.4 麦芽糖化力的测定

(一) 实验目的

测定麦芽的糖化淀粉酶(β-淀粉酶)活力,掌握分析麦芽糖化力的方法。

(二) 实验原理

麦芽浸出液的糖化淀粉酶水解淀粉后产生麦芽糖等还原糖,可用碘量法测定其生成量(测定原理见 10.1 节中"麦芽液化型淀粉酶活力的测定"的原理)。

(三) 材料、仪器和试剂

1. 实验材料

取细碎的麦芽粉测定糖化力。

2. 仪器

同本章 10.1 节中"麦芽液化型淀粉酶活力的测定"的仪器。

3. 试剂

(1) 醋酸-醋酸钠缓冲液(pH 4.3) 取 30 g 醋酸(分析纯)用水稀释至 1 L;34 g 醋酸钠(分析纯,$CH_3COONa \cdot 3H_2O$)溶于蒸馏水,稀释至 500 mL。将两溶液混合,pH 应为 4.3±0.1。

(2) 其余试剂同 10.1 节中"麦芽液化型淀粉酶活力的测定"的试剂(3)～(7)。

(四) 操作步骤

1. 麦芽浸出液的制备

同 10.1 节中"麦芽液化型淀粉酶活力的测定"的麦芽浸出液的制备。

2. 测定

同 10.1 节中"麦芽液化型淀粉酶活力的测定"的操作(2)～(9),但缓冲液 pH 为 4.3。

(五) 计算

100 g 无水麦芽在 20℃、pH 4.3 条件下,水解可溶性淀粉 30 min,产生 1 g 麦芽糖为一个维一柯(WK)糖化力单位。

$$\text{糖化力(单位)} = \frac{100 \cdot (V_1 - V_2)c \cdot F}{100 - M}$$

式中:V_1——硫代硫酸钠溶液滴定空白消耗的体积(3、4 瓶平均值);

V_2——硫代硫酸钠溶液滴定样品消耗的体积(1、2 瓶平均值);

c——硫代硫酸钠溶液浓度,mol/L;

M——麦芽水分(%);

F——转换系数(与实验 10.1.3 相同)。

以上维一柯(WK)糖化力单位,可换算为林奈单位(近似值)。

$$\text{林奈单位} = 0.3\ \text{维一柯单位} + 4$$

结果表示方法 WK,取整数。按以上方法:

良好的淡色麦芽糖化力为 250～350 WK;

良好的浓色麦芽糖化力为100～200 WK；

甚为不良淡色麦芽糖化力为70～150 WK；

甚为不良浓色麦芽糖化力为70 WK以下。

10.3 葡萄糖淀粉酶

10.3.1 葡萄糖淀粉酶活力的测定(碘量法)

(一) 实验目的

掌握葡萄糖淀粉酶酶制剂的酶活力测定方法。

(二) 实验原理

葡萄糖淀粉酶又名γ-淀粉酶、淀粉葡萄糖苷酶、葡萄糖糖化酶等，习惯上简称糖化酶(以上均为常用名)。糖化酶作用于淀粉时，从淀粉分子非还原性末端开始逐一地分解α-1,4糖苷键，生成β-葡萄糖。葡萄糖具有还原性，能被碘氧化。过剩的碘与氢氧化钠作用，生成次碘酸钠。

$$I_2 + 2NaOH \longrightarrow NaIO + NaI + H_2O$$

加酸后析出游离的碘，用硫代硫酸钠定量。

$$I_2 + 2Na_2S_2O_3 \longrightarrow Na_2S_4O_6 + 2\,NaI$$

根据滴定结果计算酶作用后葡萄糖的成量。

(三) 试验材料、仪器和试剂

1. 材料

纯化酶酶制剂(固体或液体)。

2. 仪器

烧杯50 mL(×1)；棕色滴定管25 mL(×1)；容量瓶(50 mL×1,100 mL×1)；试管25 mm×200 mm(×6)；刻度吸管(25 mL×1,15 mL×1,5 mL×2,2 mL×2,0.2 mL×1)；碘量瓶200 mL(×4)；滴管；玻璃棒；恒温水浴锅(×1)；秒表(×1)。

3. 试剂

(1) 0.1 mol/L pH 4.6醋酸-醋酸钠缓冲液。

(2) 0.025 mol/L硫代硫酸钠溶液。

(3) 0.05 mol/L碘液　称取碘化钾(KI)36.0 g，溶解在100 mL蒸馏水中，再加入碘(I_2)12.691 g，溶解定容至100 mL，贮存于棕色瓶中。

(4) 0.05 mol/L氢氧化钠溶液　称取4.0 g氢氧化钠，加蒸馏水溶解定容至1 000 mL。

(5) 1 mol/L硫酸　取浓硫酸(比重1.84)5.6 mL，慢慢加入80 mL水中，冷却后定容至100 mL，摇匀。

(6) 20%氢氧化钠溶液　称取20.0 g氢氧化钠，溶解定容至100 mL。

(7) 2%可溶性淀粉溶液　称取2 g可溶性淀粉，用少量蒸馏水调匀。徐徐倾入煮沸的蒸馏水中，加热煮沸至透明，冷却后定容至100 mL。

(四) 操作

1. 酶液的制备

精确称取酶制剂粉 1.000 g,倒入 50 mL 烧杯中,用少量 0.1 mol/L pH 4.6 的醋酸-醋酸钠缓冲液溶解,并用玻璃棒捣研。将清液小心倾入 100 mL 容量瓶内。向沉渣再加少量缓冲液,捣研。如此重复,直到全部转移入容量瓶中,用缓冲液定容至刻度,摇匀,四层纱布过滤。取清液。以酶活力每克 30 000 U 计,可稀释 250 倍左右,浓缩酶液制剂可以直接取一定量加于适当容量瓶内,用缓冲液定容至刻度。

2. 测定

甲、乙两组(各平行 2～3 次)大试管中分别加入 2%可溶性淀粉溶液 25 mL、0.1 mol/L pH 4.6 醋酸-醋酸钠缓冲液 5 mL,摇匀。将甲管置于 40℃恒温水浴中预热 5 min,向其中加入酶液 2 mL(酶活力总量 11～170 U),立即记时,摇匀。在此温度下准确反应 1 h 后,立即加入 20%氢氧化钠溶液 0.2 mL,摇匀。迅速用水冷却。向加入底物和缓冲液的乙管加入 20%氢氧化钠溶液 0.2 mL,摇匀后再补加 2 mL 酶液(作对照)。

分别取上面甲或乙管反应液 5 mL 注入碘量瓶中,准确加入 0.05 mol/L 碘液 10 mL,再加 0.1 mol/L 氢氧化钠 15 mL(边加边摇动)。暗处放置 15 min 后,加入 1 mol/L 硫酸 2 mL,用 0.025 mol/L 硫代硫酸钠滴定至无色为终点,记录消耗的毫升数。

(五) 计算

本实验条件下 1 h 酶解产生 1 mg 葡萄糖为一个酶活力单位。

$$\text{酶活力(U/g)} = \frac{1}{2}(B-A)c \times 180.1 \times \frac{1}{2} \times \frac{32.2}{5} \times n \times 1$$

式中：A——试验消耗硫代硫酸钠毫升数；

B——空白消耗硫代硫酸钠毫升数；

$\frac{1}{2}$——折算为 1 mL 酶液；

c——硫代硫酸钠溶液的浓度,mol/L;

180.1——1 mL 0.5 mol/L 硫代硫酸钠溶液相当的葡萄糖毫克数；

5——吸取反应液毫升数；

n——酶液稀释倍数；

1——反应 1 h。

(六) 注意事项

1. 酶浓度最好控制在消耗 0.025 mol/L 硫代硫酸钠(空白－样品)的差数为 3～6 mL,以每毫升 50～90 U 为佳。

2. 可溶性淀粉为化学纯,用其他产品时必须做对照试验。

10.3.2 葡萄糖淀粉酶活力的测定(费林法)

(一) 实验目的

掌握固体曲或液体曲的糖化酶(测定方法)。

(二) 实验原理

成曲经水浸泡可将糖化酶提出来(此酶为胞外酶),根据酶在 55℃ pH 4.8 条件下对可溶性淀粉水解后生成的还原糖量，确定酶活力，并判断成曲的糖化力高低。

(三) 材料、仪器和试剂

1. 实验材料

酿造酱油、醋和白酒等的固体成曲或液体曲。

2. 仪器

三角瓶 250 mL(×7)；刻度吸管 5 mL(×5)；容量瓶(100 mL×1，2 mL×2)；碱式滴定管 25 mL×1)；电热恒温水浴锅(×1)；秒表(×1)。

3. 试剂

(1) 0.2 mol/L pH 4.80 醋酸-醋酸钠缓冲液(配法见附录)。

(2) 费林试剂甲液　取结晶硫酸铜 34.639 g，加适量水溶解，加硫酸 0.5 mL，再加水至 500 mL。

(3) 费林试剂乙液　取酒石酸钾钠 173 g 与氢氧化钠 50 g 加适量水溶解，稀释至 500 mL，贮存于带橡皮塞的玻璃瓶内。

(4) 亚甲基蓝指示液 1%水溶液。

(5) 2%可溶性淀粉。

(6) 0.1%葡萄糖标准溶液　称取烘干的无水葡萄糖 1 g，溶于蒸馏水，加水稀释，并加入比重 1.19 的盐酸 3 mL，定容至 1 000 mL。

(四) 操作步骤

1. 酶液的制备

准确称取样品 5.0 g，加水 95 mL，在 40℃水浴中保温 1 h，经常摇动。过滤，取酶液备用。

2. 测定

向三角瓶内加入蒸馏水 4 mL、缓冲液 5 mL 和淀粉溶液 10 mL，混合。置 40℃水浴预热 3 min 后，加入酶液 1 mL，记时，摇匀，保温 30 min。立即取此反应液 2 mL 加至盛有费林试剂甲液和乙液各 5 mL 的三角瓶中，再加入 0.1%标准葡萄糖 10～20 mL，加热煮沸 30 s，继续用 0.1%标准葡萄糖滴定，由蓝紫色变为淡黄色为终点，记录消耗 0.1%葡萄糖标准液的总毫升数(A)。平行 2 次，取平均值。

空白试验：向三角瓶内加入蒸馏水 4 mL、缓冲液 5 mL、淀粉溶液 10 mL 和煮沸失活酶液 1 mL。其他操作同上，记录消耗 0.1%葡萄糖标准液毫升数(B)。平行 2 次，取平均值。

(五) 计算

在本试验条件下 1 h 酶解产生 1 mg 葡萄糖为一个酶活力单位。

$$\text{酶活力(U/g)} = (B - A) \times 2n$$

式中：B——对照消耗标准葡萄糖毫升数；

A——试验消耗标准葡萄糖毫升数；

2——换算为每 1 h；

n——酶稀释倍数。

10.4 异淀粉酶

10.4.1 异淀粉酶活力的测定(滴定法)

(一) 实验目的

掌握麦芽异淀粉酶(*R* 酶)的活力测定法及支链淀粉的制取方法。

(二) 实验原理

异淀粉酶专一的水解支链淀粉及由其衍生的某些寡糖中的 α-1,6-葡萄糖苷键。测定方法不只一种。本试验以糯米淀粉作底物(100%为支链淀粉)。异淀粉酶水解支链淀粉生成直链淀粉和糊精,与碘的呈色反应由红色转为蓝色。根据蓝色深浅显示酶活力高低。

(三) 材料、仪器和试剂

1. 实验材料

麦芽粉、玉米粉等植物材料。

2. 仪器

刻度试管 50 mL(×6);试管 10 mm×150 mm(×6);刻度吸管(25 mL×1,15 mL×1,5 mL×1,2 mL×2,0.5 mL×1);721 型分光光度计;秒表;恒温水浴锅。

3. 试剂

(1) 1%可溶性糯米淀粉可在实验室提取。用纯净的米 1 000 g,将其浸于 1 800 mL 的 0.4%氢氧化钠溶液中,使蛋白质溶解。不时搅拌,经 18~24 h 后放掉碱水,用清水洗涤一次。利用组织捣碎机捣成约 25%干物质的乳液(捣时加 0.3%~0.5%氢氧化钠溶液)。将碱淀粉用 100~120 目筛子过滤,除去纤维状物质。使淀粉乳在烧杯中沉积(下层沉积物为蛋白质)。将上层淀粉乳倒在烧杯中静置 2~3 天,淀粉沉下,上部为蛋白质水液。将淀粉沉淀再用水洗 3 次,离心后得到纯支链淀粉。脱水、干燥后即为成品。纯支链淀粉易分散于凉水中;加热搅拌后可形成稳定的黏稠液体,冷冻后不变化。

(2) 0.1 mol/L pH 5.8 醋酸-醋酸钠缓冲液。

(3) 0.005 mol/L 碘液。

(4) 0.005 mol/L 硫酸。

(四) 操作步骤

1. 酶液制备

准确称取麦芽细粉 1.000 g 加入蒸馏水 100 mL,在 40℃水浴中搅拌、浸提 30 min,立即过滤。取澄清液测活力(酶活力控制在 60 U/mL)。

2. 测定

1%可溶性支链淀粉 2.5 mL、0.1 mol/L pH 5.8 醋酸-醋酸钠缓冲液 0.5 mL 加于小试管内,于 40℃水浴中预热 2~3 min 后,加入 0.5 mL 酶液,立即记时,摇匀,反应 30 min 后,立即从其中取出 2 mL 反应液加至 25 mL 0.005 mol/L 硫酸中(硫酸预先置于 50 mL 刻度试管内)终止酶反应。再加 2 mL 0.005 mol/L 碘液,用蒸馏水定容至 50 mL,放置 15 min 后,用分光光度计在 620 nm 波长处用 1 cm 光径的比色杯测定光密度(*OD* 值)。将部分酶液在沸水浴中灭酶 5 min，冷至室温后按前述操作方法测定，所测得光密度值作为空白。

(五) 计算

按本试验确定的测定步骤，反应 1 h，在 620 nm 波长处光密度(*OD* 值)每增加 1.00 时所需要的酶量为 100 U。

$$酶活力(U/g)=\frac{\Delta OD}{30\times 0.5}\times 60\times 100\times 2\times n$$

式中：ΔOD——空白 *OD* 值－试验 *OD* 值；

n——酶稀释倍数($\frac{3.5}{2}$×酶材料稀释倍数)；

2——换算为 1 mL 酶液；

$\frac{3.5}{2}$——为从总反应体系 3.5 mL 中取 2 mL 定量。

10.4.2 异淀粉酶活力的测定(比色法)

(一) 实验原理

异淀粉酶(EC 3.2.1.9)首先在酵母菌抽提液中发现，其后在许多微生物、植物和高等动物中亦发现有异淀粉酶的存在。异淀粉酶只能水解构成分支点的 α－1,6 键，而不能水解直链分子中的 α－1,6 键，并且对 α－1,6 键所处位置要求严格，所以使它成为研究碳水化合物结构很有价值的工具。

(二) 酶的制备

1. 菌体培养

采用产气杆菌 ATCC 9621 制备异淀粉酶，培养条件请参考文献。

2. 酶的抽提

菌体培养终了以后，将培养基离心，便分离出胞外酶液。然后沉降细胞用 0.1%SDS 悬浮，于 30℃下振荡 30 h，离心去沉淀取上清液。

3. 硫酸铵沉淀

上清液中加入固体硫酸铵粉末至 40%饱和度溶液，离心(15 000 g，20 min)弃去上清液取沉淀。沉淀悬浮于 pH 5.8 的 0.1 mol/L 乙酸缓冲液中，对相同缓冲液透析过夜。酶液为部分提纯酶，如需进一步提纯。

(三) 酶活力测定方法

1. 试剂及其配制

(1) 0.1 mol/L 乙酸缓冲液(pH 5.8)。

(2) 0.02 mol/L 硫酸溶液。

(3) 碘液　11 g 碘，22 g 碘化钾加水溶解并定容至 500 mL。

(4) 1%可溶性糯米淀粉溶液(底物)。

2. 测定

将 2.5 mL 底物和 0.5 mL 缓冲液于 50℃水浴中预热 2～3 min。混匀后再加入 0.5 mL 酶液，准确反应 1 h。立即取出 2 mL 反应液，加入 25 mL 0.02 mol/L 硫酸溶液终止酶反应，再加 2 mL 碘液，用蒸馏水定容至 50 mL，放置 15 min 后，用分光光度计在波长 620 nm 处比色测定。以溶解酶的溶液代替酶作空白对照。

(四) 计算

一个酶活力单位可定义为：在 50℃和 pH 5.8 时，每小时光密度增加 0.01 U 所需要的酶量。

10.5 蛋白酶

10.5.1 木瓜蛋白酶活力的测定(明胶法)

(一) 实验原理

木瓜蛋白酶从明胶中分解出氨基酸和肽，其氨基型氮可用甲醛复分解，产生氢离子，浓度可用氢氧化钠溶液滴定。

(二) 定义

一个木瓜蛋白酶单位相当于在规定条件下分解 1 μg 分子量的肽键时所需的酶量。

(三) 试剂

1. 底物　明胶。

2. 柠檬酸盐缓冲液(pH 5.0)　取 70.000 g 一水柠檬酸溶于 720 mL 1 mol/L 氢氧化钠溶液中。用 1 mol/L 氢氧化钠溶液将 pH 调至 5.0，用蒸馏水定容至 1 000 mL。

3. 37%甲醛溶液。

4. 酚酞溶液　取 0.5 g 酚酞溶于 95%的乙醇中，并定容至 50 mL。

5. 0.1 mol/L 氢氧化钠溶液。

6. 酶溶液　用蒸馏水溶解酶，每毫升配制溶液应含有 40 U 左右。酶的称量一定得按以下原则确定：用于主值和空白值试验的耗量之差应在 1.8～2.2 mL 这一范围内。此外需用一个合适的称量重复测定几次。

(四) 操作步骤

称取 500 mg 明胶放入一只 100 mL 锥形烧瓶内，加 5 mL 蒸馏水，加热后明胶溶解。待明胶完全溶解后加 2.0 mL 柠檬酸盐缓冲液，置于水浴中冷却至 40℃。加 5.00 mL 已预热至 40℃的酶溶液，于 40℃下保温 60 min，加 10.0 mL 甲醛溶液终止反应。加 0.5 mL 酚酞溶液后用 0.1 mol/L 氢氧化钠溶液滴定，直至第一次出现明显的粉红色为终点。

用同样方法测定空白值，只是这里在添加酶溶液之前先添加甲醛溶液。在空白值测定方面耗去大约 5 mL 0.1 mol/L 氢氧化钠溶液。

	主　值	空　白　值
明胶	500 mg	500 mg
蒸馏水	8.0 mL	8.0 mL
加热溶解后，调温至 40℃，加		
柠檬酸盐缓冲液	2.0 mL	2.0 mL
甲醛溶液	0	10.0 mL
酶溶液(40℃)	5.0 mL	5.0 mL

（续表）

	主 值	空 白 值
于40℃保温60 min，加		
甲醛溶液	1.0 mL	0
酚酞溶液	0.5 mL	0.5 mL
混合，并用氢氧化钠溶液滴定，直至出现明显的粉红色为终点		

（五）计算

用以下公式计算酶活性：

$$酶活力(U/mg) = \frac{(H-B)}{E_W} \times 100$$

式中：H——用于主值的滴液耗量(mL)；

B——用于空白值的滴液耗量(mL)；

100——相当于1 mL 0.05 mol/L 氢氧化钠溶液；

E_W——每5.0 mL所用酶液中含有酶的重量(mg)。

举例：

测定一个木瓜蛋白酶样品。从该样品中称取68.2 mg，定容100 mL。5 mL此溶液中含有3.41 mg样品。8.52 mL滴液耗于空白值试验，10.57 mL耗于主值试验。则酶活性为：

$$\frac{(10.57-8.52)\times 100}{3.41} = 60.1\ U/mg$$

10.5.2 菠萝蛋白酶活力的测定

（一）实验目的

掌握测定菠萝蛋白酶等酶活力的方法。

（二）实验原理

我国生产菠萝蛋白酶时，用5-氨基四唑重氮盐将酪蛋白中部分组氨酸和酪氨酸重氮化，得到黄色的重氮5-氨基四唑酪蛋白(DHT-酪蛋白)。DHT-酪蛋白可被蛋白酶水解成DHT-肽，形成稳定的可溶性红色螯合物；锌离子可以迅速沉淀DHT-酪蛋白，而不沉淀DHT-肽，选择合适比例的锌镍离子作为沉淀剂和显色剂，利用比色法测定菠萝蛋白酶和其他蛋白酶的活力。

菠萝酶、无花果酶、木瓜酶等植物蛋白酶及某些链球菌蛋白酶的活性依靠巯基(—SH)来维持，烷化剂、氧化剂和重金属都能使其失活。所以测定中要加入半胱氨酸和EDTA(乙二胺四乙酸二钠)作保护剂。

（三）材料、仪器和试剂

1. 实验材料

菠萝蛋白酶制剂。滤纸(直径7 cm)。

2. 仪器

刻度吸管 2 mL(×2),0.5 mL(×1),0.2 mL(×2);小漏斗;试管 10 mm×100 mm(×12);秒表;恒温水浴锅;721 分光光度计。

3. 试剂

(1) DHT-酪蛋白制备　称取 500 g 酪蛋白(干酪素),溶于 2 L 水中,预浸 1 h,再加入 8 L水和 150 g 碳酸氢钠,于沸水浴中加温,待溶解后冷却至 15℃以下。重氮化前再加入 4 mol/L氢氧化钠 250 mL。此试剂为甲液。

将 22 g 5-氨基四唑溶解于 542 mL 1.6 mol/L 盐酸中,在冰浴中冷却后,慢慢加入亚硝酸钠溶液(14.6 g 亚硝酸钠溶于 316 mL 水中制得),不时搅拌。本反应在冰浴中进行,此试剂为乙液。

将乙液用 4 mol/L 氢氧化钠(约 152 mL)调 pH 至 1～2,立即将溶液慢慢倾入甲液中,立即剧烈搅拌,加几滴正辛醇减少泡沫,约加入 850 mL 后,放置 10 min 后检验。取本溶液 0.05 mL,用 0.1%硫酸镍溶液测全显色值,于 540 nm 波长处测光密度值,达到 0.320～0.330即可。若未达到此值,再加乙液后测定。达到此值后用 4 mol/L 盐酸酸化至 pH 4,离心得 DHT-酪蛋白沉淀,用 6 L 水洗一次,再分别用 3 L 和 2 L 乙醇洗两次,可加少量食盐便于分离。再用 2 L 乙醚洗涤,滤干。室温下干燥、磨碎。40℃下干燥后保存,得产品约450 g 于溶解 5-氨基四唑的盐酸,切不可少,以防加亚硝酸钠后引起爆炸。0～15℃内重氮反应效果相同,15℃时速度快些。

(2) 1% DHM-酪蛋白液溶于 pH 7.0 的 0.05 mol/L 磷酸缓冲液中(不宜高于 0.05 mol/L,否则对显色有干扰)。

(3) 锌镍试剂　含 10%硫酸镍($NiSO_4 \cdot 7H_2O$)和 1.2%硫酸锌的水溶液,每毫升加 0.3 mL冰醋酸。

(4) 0.2 mol/L pH 7.0 磷酸盐缓冲液。

(5) 0.1 mol/L 乙二胺四乙酸　每升含 37.2 g 乙二胺四乙酸钠,用氢氯化钠调 pH 7.0(若测定 pH 8 以上的酶时,锌镍试剂加较多冰醋酸,维持显色 pH 在 4～5)。

(6) 0.05 mol/L 半胱氨酸　称 78 mg 半胱氨酸盐酸盐,加 9.4 mL 水,0.5 mL 1 mol/L 醋酸钠溶液,0.1 mL 4 mol/L 氢氧化钠溶液,使 pH 为 5～6 内,用前配制。

(四) 操作步骤

1. 酶液制备

将酶配成 0.05%～0.1%的水溶液,40℃保温 30 min。若为无盐酶制剂,用 0.5%氯化钠配制。鲜菠萝汁不需要激活。

2. F 值的测定

取一定量 1% DHT-酪蛋白溶液,与测定酶活力相同条件下,加过量酶,水解至加沉淀剂后不生成沉淀(完全水解)。反应总体积为 5 mL。用 1 cm 光径的比色杯测定 540 nm 之光密度。求出每毫克 DHT-酪蛋白完全水解后的光密度值(F)。不同批次制备的 DHT-酪蛋白完全水解后的光密度值稍有差异,需要重新测定完全水解时的光密度值。

3. 测定

取 0.2 mL 酶液,0.4 mL 0.05 mol/L 半胱氨酸溶液,0.2 mL 0.1 mol/L EDTA,0.2 mL 水,40℃保温 15 min,再加 2 mL 1%DHT-酪蛋白溶液,记时,摇匀。40℃反应10 min后,迅速加入 2 mL 镍锌试剂,摇匀。用滤纸过滤,测定滤液于 540 nm 波长处的光密度(A)。用对

照滤液调零点。对照试验的酶混合液先加镍锌试剂，最后加入DHT-酪蛋白。试验和对照反应体积都为5 mL。

（五）计算

在本试验条件下，每分钟水解DHT-酪蛋白释放出相当于1 mg DHT-酪蛋白完全水解时产生的光密度值为1个酶活力单位：

$$蛋白酶活力(U/g)=\frac{A}{10F}\times\frac{1\,000\times n}{W\times 0.2}$$

式中：A——光密度；

10——反应10 min；

1 000——折合成1 g酶粉；

n——稀释倍数；

W——取样量；

F——每毫克DHT-酪蛋白完全水解后之光密度值。

10.5.3 蛋白酶活力的测定（福林-酚法）

（一）实验目的

掌握不同微生物蛋白酶活力测定的常用方法。

（二）实验原理

福林试剂（磷钨酸与磷钼酸的混合物），在碱性条件下极不稳定，使酚类化合物还原，而呈蓝色反应（钨蓝和钼蓝的混合物）。蛋白质或水解物中带有含酚基的氨基酸（酪氨酸、色氨酸、苯丙氨酸等）也呈这个反应。因此可以利用这个原理测定蛋白酶活力强弱。以酪蛋白为作用底物，在一定pH与温度下，同一定体积的酶液反应一定时间后，加入三氯醋酸终止酶反应。并使残余的酶蛋白沉淀。过滤后，取滤液（即含有蛋白水解产物的三氯醋酸）用碳酸钠碱化。再加入福林试剂使之发色（蓝色反应）。颜色强弱与酶水解产物量成正比，用分光光度计或比色计测定光密度值后计算酶活力。

（三）材料、仪器和试剂

1. 实验材料

工业生产的酶制剂；滤纸（直径70 mm）；纱布；坐标纸。

2. 仪器

容量瓶500 mL（×1），200 mL（×1），50 mL（×1）；刻度吸管10 mL（×2），5 mL（×2），1 mL（×4）；小漏斗（直径70 mm）（×6）；试管10 mm×150 mm（×36）；电热恒温水浴锅；721型分光光度计；秒表。

3. 试剂

(1) 福林（Folin）试剂　于2 000 mL磨口回流装置内（如用胶塞、软木器时外面包以锡纸）装入钨酸钠（$Na_2WO_4\cdot 2H_2O$）100 g，钼酸钠（$Na_2MoO_4\cdot 2H_2O$）25 g，水700 mL，85%磷酸50 mL，浓盐酸100 mL，小心沸腾回流10 h，去除冷凝器，放冷后加入硫酸锂100 g，蒸馏水60 mL和99%浓溴水数滴（3%溴水数mL），摇匀。在通风橱中进行煮沸15 min，除去多余的溴（冷后若仍有绿色时需再加溴水煮沸）。冷却后呈金黄色时，加水定容至1 000 mL，再用细菌漏斗（NO：4～5）过滤于棕色瓶中保存。此浓福林试剂在使用时用水稀释（1份试剂加2份水)。

(2) 0.4 mol/L 碳酸钠溶液　取无水碳酸钠(Na_2CO_3)42.4 g 用水溶解和定容至1 000 mL,存放于具胶塞的试剂瓶中。

(3) 0.4 mol/L 三氯醋酸　用小烧杯称取 65.4 g 三氯醋酸,加水溶解后定容至1 000 mL。

(4) L-酪氨酸。

(5) 缓冲液　根据酶制剂的性质,选用相应的缓冲液。根据我国蛋白酶制剂的种类,选择以下缓冲液。

① 1398 中性蛋白酶　用 0.02 mol/L pH 7.5 磷酸缓冲液。称取 $Na_2HPO_4 \cdot 12H_2O$ 6.02 g,$NaH_2PO_4 \cdot 2H_2O$ 0.5 g,用水溶解并定容至 1 000 mL。

② 166 和 3942 中性蛋白酶　用 0.02 mol/L pH 7.2 磷酸缓冲液。*A* 液:称取 $NaH_2PO_4 \cdot 2H_2O$ 31.2 g,用水溶解,定容至 1 000 mL;*B* 液:称取 $Na_2HPO_4 \cdot 12H_2O$ 71.7 g,用水溶解,定容至 1 000 mL。取 *A* 液 28 mL、*B* 液 72 mL,稀释 10 倍,即成 0.02 mol/L pH 7.2 缓冲液。

③ 3350 酸性蛋白酶和 537 酸性蛋白酶　用 0.05 mol/L 乳酸缓冲液。*A* 液:80%～90%乳酸 10.6 g,加水稀释至 1 000 mL。*B* 液:70%乳酸钠 16 g,加水稀释至 1 000 mL。3350 酸性蛋白酶用 pH 2.5 乳酸缓冲液,按 *A* 液 16 mL、*B* 液 1 mL 比例混合后稀释 1 倍即可。537 酸性蛋白酶用 pH 3.0 乳酸缓冲液,按 *A* 液 8 mL、*B* 液 1 mL 比例混合后稀释 1 倍即可。

④ 2095 碱性蛋白酶和 289 碱性蛋白酶　用 pH 10 硼砂-氢氧化钠缓冲液;2709 碱性蛋白酶用 pH 11.0 硼砂-氢氧化钠缓冲液。*A* 液:称取硼砂 19.08 g,用蒸馏水溶解,定容至 1 000 mL(0.05 mol/L)。*B* 液:称取氢氧化钠 8 g,用蒸馏水溶解定容至 1 000 mL。取 *A* 液 250 mL,*B* 液 215 mL,加水定容至 1 000 mL,即为 pH 10 的缓冲液,用于 209 碱性蛋白酶和 289 碱性蛋白酶的活力测定。取 *B* 液加 1 倍水后与 *A* 液等量混合,用于 2709 碱性蛋白酶的活力测定。

(6) 酪素溶液　精确称取酪素 2 000 g,先用少量 0.5 mol/L 氢氧化钠湿润后(用于测定酸性蛋白酶活力的酪素应加乳酸 2～3 滴湿润),加入适量的相应缓冲液,在沸水浴中加热,经常但不要激烈的搅拌使完全溶解。冷却后移入 100 mL 容量瓶中,并用相应的缓冲液定容至刻度。若定容时泡沫过多,可加 1～2 滴乙醇消泡。酪素溶液可在 4℃保存一周,变质时不能使用。

(四) 操作步骤

本方法可用于酸性、中性和碱性蛋白酶。以下用 1398 中性蛋白酶为例说明。

1. 酶液制备

精确称取 2.000 g 酶粉,用 pH 7.5 的磷酸缓冲液溶解,并用玻璃棒仔细研磨,将上层清液小心倾入容量瓶中,沉渣部分再加入少量缓冲液,如此捣研、溶解 3～4 次,直至全部移入容量瓶中,用缓冲液定容至刻度后,摇匀,用 4 层纱布过滤或离心。根据酶活力的估计值按"酶粉稀释倍数参考表"稀释到适当倍数。最终酶的稀释液应使水解产物与福林试剂显色的 *OD* 值在 0.2～0.4 范围内。

酶粉稀释倍数参考表

粉剂单位(大约)	总倍数	第一次稀释	第二次稀释
3万	2 500	2 g→500 mL(250倍)	10 mL→100 mL(10倍)
4万	4 000	2 g→200 mL(100倍)	5 mL→200 mL(40倍)
5万	5 000	2 g→500 mL(250倍)	5 mL→100 mL(20倍)
6万	6 000	2 g→500 mL(250倍)	5 mL→100 mL(20倍)
8万	10 000	2 g→500 mL(250倍)	5 mL→100 mL(20倍)
10万	12 000	2 g→500 mL(250倍)	5 mL→200 mL(40倍)

在没有最后确定样品的酶活力时,可将第一次稀释液低温贮存,以便更正第二次稀释倍数。高单位酶粉可按表推算适当的稀释倍数。

2. 绘制标准曲线

精确称取预先于105℃干燥2～3 h的酪氨酸0.100 g,逐步加入1 mol/L盐酸6 mL使溶解。用0.2 mol/L盐酸定容至100 mL,即得1 mg/mL的酪氨酸溶液。取此浓溶液10 mL,用0.2 mol/L盐酸定容至100 mL,即成100 mg/mL的酪氨酸溶液。按"酪氨酸的稀释表"配置不同浓度的酪氨酸。

酪氨酸的稀释表

管　号	酪氨酸浓度(μg/mL)	100 μg/mL酪氨酸溶液体积(mL)	蒸馏水体积(mL)
1	0	0	10
2	10	1	9
3	20	2	8
4	30	3	7
5	40	4	6
6	50	5	5
7	60	6	4

取按上表配成的各种浓度酪氨酸1 mL(需作平行试验),分别加入0.4 mol/L碳酸钠溶液5 mL、稀福林试剂1 mL,置40℃恒温水浴中显色20 min,以721分光光度计在波长680 nm处测定光密度(*OD*值)。用0.2 mol/L盐酸调整零点测定。

以*OD*值为纵坐标,酪氨酸浓度(μg)为横坐标,绘制标准曲线。此线应是通过零点的直线。

根据标准曲线中*OD*值为1时所相当的酪氨酸微克数(μg/mL),确定*K*值(比色计常数)。也可根据不同浓度酪氨酸的光密度值求出各斜率的平均数,即为*K*值。如$K_{20}=20/0.208=96.1$,$K_{30}=30/0.313=95.8$,$K_{40}=40/0.415=96.3$,*K*平均值为96.1。

3. 测定

将酪蛋白溶液放入40℃恒温水浴中预热3～5 min。取1 mL酶液注入试管内,按以下过程操作:

2%酪蛋白溶液 1 mL……加入时立即记时，准确反应 10 min
+
0.4 mol/L 三氯醋酸 2 mL……立即摇匀，终止反应
↓
从水浴取出静置 10 min 后过滤
+
滤液 1 mL
+
0.4 mol/L 碳酸钠 5 mL
+
稀福林试剂 1 mL
↓……摇匀，40℃恒温水浴显色 20 min
测定 *OD* 值……用 721 分光光度计测定(波长 650 nm)

空白试验：酶液 1 mL，先向其中加入三氯醋酸，然后加酪蛋白溶液。其余步骤同试验。

(五) 计算

1 g 酶粉或 1 mL 酶液在一定温度和一定 pH 条件下，每分钟水解酪蛋白产生 1 ug 酪氨酸的酶量为一个酶活力单位。

公式 1：

$$\text{酶活力}(\mathrm{U/g}) = 4/10 \times K \times OD \times n$$

式中：4——反应总体积 4 mL；
10——反应 10 min；
K——比色计常数；
n——酶液稀释倍数。

公式 2：

$$\text{酶活力}(\mathrm{U/g}) = A/10 \times 4 \times n$$

式中：A——酶活力测定的光密度值，在标准曲线上查得相应的酪氨酸的毫克数；
4——反应总体积 4 mL；
10——反应 10 min；
n——酶稀释倍数。

10.5.4 蛋白酶的测定(F.I.P.法)

(一) 实验原理

蛋白酶分解酪蛋白生成肽和氨基酸，这些遇到三氯醋酸后不会沉淀的肽可用分光光度计于紫外线波长范围内测定。

(二) 定义

一个 F.I.P. 蛋白酶单位相当于在规定条件下以如下的初速度水解酪蛋白：每分钟释放出来的能溶于三氯醋酸的肽所造成的吸光度与 1 μmol 酪氨酸造成的吸光度相等。

(三) 试剂

1. 氯化钙溶液　取 2.94 g 二水氯化钙溶于 900 mL 蒸馏水中。用 0.1 mol/L 氢氧化钠溶液或用 0.1 mol/L 盐酸将 pH 调至 6.0～6.2。用蒸馏水定容至 1 000 mL。在低温条件

下，该溶液可长期保存。

2. 硼酸盐缓冲液(pH 7.4～7.6)　取 1.25 g 氯化钠、1.425 g 十水四硼酸二钠、5.25 g 硼酸溶于蒸馏水中。用 0.1 mol/L 氢氧化钠溶液或 0.1 mol/L 盐酸将 pH 调至 7.4～7.6，用蒸馏水定容 500 mL。在低温条件下该溶液可长期保存。

3. 三氯醋酸溶液　用蒸馏水将 50.0 mL 20％三氯醋酸溶液稀释至 200 mL。

4. 肠激酶溶液　取 25.0 mg 肠激酶溶于氯化钙溶液，定容至 25 mL。该溶液具有的活性为 1 F.I.P.-U/mL。

5. 底物溶液　取 1.25 g 酪蛋白与 5 mL 蒸馏水混合，加 10 mL 0.1 mol/L 氢氧化钠溶液，搅动 1 min，然后再加 60 mL 蒸馏水，搅动至酪蛋白全部溶解(必要时需加热)，用0.1 mol/L 氢氧化钠溶液或 0.1 mol/L 盐酸将该溶液的 pH 调至 8.0，并用蒸馏水定容至 100 mL。

6. 酶溶液　将酶溶于冷的氯化钙溶液之中，其浓度应为 1 mg/mL。取 10.0 mL 此溶液与 10.0 mL 肠激酶溶液混合，在 35℃左右的水浴中保温 90 min。随后冷却，用冷的硼酸盐缓冲液稀释，使浓度达到约 0.065 U/mL。假如在测定工作结束时，分光光度计 275 nm 处的吸光度为 0.15～0.60，则说明酶溶液的浓度是选对的。

F.I.P. 标准酶不需激活，也就是说先将它溶于冷的氯化钙溶液，然后再用冷的硼酸盐缓冲液加以稀释。

(四) 操作步骤

用移液管将 1.0 mL 硼酸盐缓冲液和 2.0 mL 酶溶液移入一支试管中，并在水浴中调温至 35℃，加 2.0 mL 底物溶液，摇动，并按动秒表。于 35℃保温 30 min 后加 5.0 mL 三氯醋酸溶液，使反应终止。于室温静置 20 min，然后在一只事先已用三氯醋酸溶液洗过两遍的(每次用 5 mL)过滤器上过滤两遍。用分光光度计于 275 nm 处以空白值为参比测定吸光度(1 cm 比色皿)。像测定主值那样测定空白值，只是这里在加底物溶液之前加了三氯醋酸溶液。

	主　值	空 白 值
硼酸盐缓冲液	1.0 mL	1.0 mL
酶溶液	2.0 mL	2.0 mL
三氯醋酸溶液	0	5.0 mL
混合后，在水浴中调温至 35℃，加		
底物溶液	2.0 mL	2.0 mL
振摇，于 35℃精确保温 20 s，加		
三氯醋酸溶液	5.0 mL	0
混合，于室温下静置 20 min，在一只用三氯醋酸溶液洗过的过滤器上过滤两遍。用分光光度计于 275 nm处以空白值为参比测定吸光度		

(五) 计算

$$\frac{E_{275}}{E_{W} \times 0.116 \times 30} = \text{F.I.P.-U/mg}$$

式中：E_{275}——275 nm 处的吸光度；

E_W——每 2 mL 所用酶液中含有酶的重量(mg)；

0.116——1 μmol 酪氨酸/10 mL 在 275 nm 处的吸光度；

30——反应时间(min)。

举例：

测定 F. I. P. 标准酶，从该酶中称取 51.3 g，定容至 50 mL，再按 1∶25 稀释。2 mL 此稀释溶液中含有 0.082 08 mg F. I. P. 标准酶。吸光度为 0.472。

$$\frac{0.472}{0.08208 \times 0.116 \times 30} = 1.65 \text{ F. I. P.-U/mg}$$

测定某个胰酶样品，从该样品中称取 525 mg 和定容至 50 mL。激活以后先按 1∶2 稀释此溶液，然后再作 1∶25 稀释。2 mL 此稀释溶液中含有 0.042 0 mg 酶样品。测得的吸光度为 0.358。

$$\frac{0.358}{0.042 \times 0.116 \times 30} = 2.45 \text{ F. I. P.-U/mg}$$

10.6 纤维素酶

10.6.1 纤维素酶活力的测定(CMC 糖化力法)

(一) 实验目的

掌握纤维素酶的 Cx 酶系的酶活力测定法。

(二) 实验原理

纤维素酶系中的 Cx 酶系能分解短链纤维素成纤维寡糖、纤维二糖、葡萄糖等还原糖，能将 3,5-二硝基水杨酸试剂(DNS)中硝基还原成橙黄色氨基化合物，利用比色法测定还原物生成量表示酶的活力。CMC 糖化力主要代表内切 β-1,4-葡聚糖酶的活力和外切酶活力的总和。

(三) 材料、仪器和试剂

1. 材料

柠檬酸发酵后的黑曲霉菌丝体，或者制白酒用绿色木霉(纤曲)等。

2. 仪器

试管 15 mm×150 mm(×6)；刻度吸管 2 mL(×4)，0.5 mL(×2)；恒温水浴锅；秒表；方格计算纸；721 型分光光度计。

3. 试剂

(1) DNS 显色剂　溶液 *A*：称取分析纯的 NaOH 104 g，溶于 1 300 mL 水中，加入 30 g 分析纯 3,5-二硝基水杨酸。溶液 *B*：称取分析纯酒石酸钾钠 910 g，溶于 2 500 mL 水中，再称取 25 g 重蒸苯酚和 25 g 无水亚硫酸钠加入酒石酸钾钠溶液中；将 *A*、*B* 溶液混合，加入 1 200 mL水，贮存于棕色瓶中，暗处放置一星期后过滤使用。

(2) CMC-Na(羧甲基纤维素钠盐)溶液　称取 2.0 g CMC-Na 溶于 200 mL 蒸馏水中，加醋酸缓冲液 100 mL，混匀后贮于冰箱内备用，配后隔天使用。

(3) 0.1%标准葡萄糖溶液。

(四) 操作

1. 酶液制备

将菌丝体磨碎后按 1∶4～6 加水浸提,过滤(或离心)去渣,用 0.2 饱和度硫酸铵粉末盐析,去沉淀。再加硫酸铵粉至 0.6 饱和度。离心或过滤后取沉淀物(纤维素酶)适当溶解后测定活力。

2. 绘制标准曲线

取 25 mL 比色管 11 支,按下表顺序加入 0.1%标准葡萄糖溶液、水及 DNS 试剂。混合均匀后,在沸水浴加热 5 min,取出立即用冷水冷却,以蒸馏水稀释至 25 mL,摇匀。测 540 nm光密度(*OD* 值)。以葡萄糖含量(mg)为横坐标,光密度为纵坐标,作出标准曲线。

葡萄糖标准曲线制作的试剂表

管　　号	含糖量(μg)	0.1%葡萄糖(mL)	水(mL)	DNS 试剂(mL)	*OD* 值(540 nm)
1	0	0	2	1.5	
2	0.2	0.2	1.8	1.5	
3	0.4	0.4	1.6	1.5	
4	0.6	0.6	1.4	1.5	
5	0.8	0.8	1.2	1.5	
6	1.0	1.0	1.0	1.5	
7	1.2	1.2	0.8	1.5	
8	1.4	1.4	0.6	1.5	
9	1.6	1.6	0.4	1.5	
10	1.8	1.8	0.2	1.5	
11	2.0	2.0	0	1.5	

3. 测定

取 1.5 mL CMC-Na 缓冲液与 0.5 mL 适当稀释的酶液于试管中,40℃水浴中保温 30 min后立即加 1.5 mL DNS 显色剂。沸水浴煮沸 5 min,冷却后于 540 nm 波长下比色。与先加 DNS 试剂,后加酶液再煮沸的试验(不保温)作对照,用对照调节分光光度计零点。

(五) 计算

在本试验条件下每分钟 1 mL 酶液或 1 g 样品生成的葡萄糖微克数表示酶活力。

$$酶活力[U/(mL 或 g)] = \frac{OD}{30 \times 0.5} \times n \times 1\,000$$

式中：*OD*——相应的葡萄糖毫克数(查曲线)；

30——酶解 30 min；

0.5——取 0.5 mL 酶液参加反应；

n——酶稀释倍数；

1 000——换算为 μg 葡萄糖。

10.6.2 纤维素酶活力的测定(CMC 液化力法)

(一) 实验目的

掌握促使黏度下降的内切型 β-1,4-葡聚糖酶活力的测定方法。

(二) 实验原理

内切型 β-1,4-葡聚糖酶(Cx 酶)以随机形式水解 β-1,4-葡聚糖,主要产物是纤维糊精、纤维二糖和纤维三糖。实际上在酶促反应中黏度下降并不一定是单一的内切型(Cx 酶)的作用,所以 CMC 液化力只能说主要代表该酶的活力。

(三) 材料、仪器和试剂

1. 材料

与 CMC 糖化力法相同。

2. 仪器

奥氏黏度计(或其他适当黏度计)(×1);刻度吸管 5 mL(×3);试管 15 mm×150 mm(×6);恒温水浴锅(×2);1 000 mL 高型烧杯装成的 20℃水浴。

3. 试剂

(1) 0.2 mol/L pH 5.0 醋酸-醋酸钠缓冲液(配法见附录)。

(2) 1% CMC-Na(羧甲基纤维素钠盐)。

(四) 操作步骤

1. 酶液制备

与 CMC 糖化力法相同。

2. 测定

取 2.5 mL 适当稀释的酶液,加 2.5 mL 0.2 mol/L pH 5.0 醋酸缓冲液,30℃下,准确反应 30 min 后沸水浴灭酶 5 min,冷却至 20℃,用置于 20℃水浴中的黏度计测定比黏度。取 2.5 mL酶液,加 2.5 mL 缓冲液,立即在沸水浴灭酶 5 min,冷却后测 20℃下的比黏度。

(五) 计算

在本试验条件下,每分钟的比黏度变化为 1 000 U。

$$\text{CMC 酶活力(U/mL)} = \left(\frac{1}{\text{反应后黏度}} - \frac{1}{\text{反应前黏度}}\right) \times \frac{1\,000}{\text{反应时间(min)}}$$

10.6.3 纤维素酶活力的测定(滤纸崩溃法和滤纸糖化力法)

(一) 实验目的

测定纤维素二糖水解酶(C1)酶的相对活力和纤维素酶总活力。

(二) 实验原理

Cx 与 C1 酶协同作用使纤维素最终水解为纤维二糖等。C1 酶是纤维素酶系中的重要组分,在天然纤维的降解中起主导作用。天然纤维的纤维素不溶于水。已经化学法脱除木质素的滤纸基本消除了酸反应中的障碍,与酶的接触面增大。C1 酶不容易作用于羧甲基纤维素。利用滤纸在酶作用下崩坏的时间表示 C1 酶的相对活力。滤纸糖化力代表总纤维素酶活力。

(三) 材料、仪器和试剂

1. 材料

新华滤纸1号；产纤维素酶的固体麸曲。

2. 仪器

试管15 mm×150 mm(×6)；吸管5 mL(×4)，1 mL(×1)；恒温水浴锅；秒表；721型分光光度计。

3. 试剂

(1) 0.1 mol/L pH 4.6 醋酸-醋酸钠缓冲液(见附录)。

(2) DNS试剂(见10.6.1)。

(3) 甲苯。

(四) 操作步骤

1. 酶液的制备

与CMC糖化力法相同。

2. 测定

滤纸崩溃法：把1 mL缓冲液和4 mL适当浓度的酶液加到试管中，加入1 cm×3 cm 1号新华滤纸一条，液面加数滴甲苯防腐。在40℃水浴中反复震荡(100次/min)，也可静止反应24 h，每隔一定时间观察滤纸崩坏程度，以"+"表示。以煮沸水浴处理5 min的酶液作同样试验作为对照。最后统计滤纸完全消灭所需时间，确定C1酶的相对活力。

滤纸糖化力法：上述相同的酶反应系统，在保温1 h后，取反应液0.5 mL，用DNS试剂定糖，扣去空白后，换算总纤维素酶活力。本试验可不加甲苯。定糖的方法与纤维素酶活力测定CMC糖化力法相同。

(五) 计算

通常以24 h每毫升酶液作用生成的葡萄糖毫克数表示酶活力(简称滤纸糖)：

$$\text{酶活力(U/mL)} = \frac{OD_{540}}{4} \times 24$$

式中：OD_{540}——相当的葡萄糖毫克数(查曲线)。

10.6.4 纤维素酶活力的测定

(一) 实验目的

本检测方法是用来确定纤维素酶类的催化活性。本方法适用于各种固体和液体纤维素酶制剂。

(二) 实验原理

纤维素被纤维素酶水解最终降解生成β-葡萄糖。鉴于纤维素结构的复杂性，没有任何一种酶能将纤维素彻底水解。1950年Reese提出了C1-Cx概念。C1是一水解因子，作用于纤维素的结晶区(如棉花纤维即为高度结晶性纤维)，使氢键破裂，呈无定形可溶态，成为长链纤维素分子。再由Cx最终催化形成还原性单糖。而Cx通常包括：① 内切葡萄糖苷酶(endo-1,4-β-D-glucanase，EC 3.2.1.4，简称EG)。这类酶随机水解β-1,4-糖苷键，将长链纤维素分子[羧甲基纤维素钠(CMC)即为人工合成的一种线形纤维素钠盐]截短。

② 外切葡萄糖苷酶(exo-1,4-β-D-glucanase,EC 3.2.1.91),又称纤维二糖水解酶(cellobiohydrolase,简称 CBH)。这类酶作用于β-1,4-糖苷键,每次切下一个纤维二糖分子。③ β-葡萄糖苷酶(β-glucosidase,EC 3.2.1.21,简称 BG),这类酶将纤维二糖(水杨素即为葡萄糖苷键连接的纤维二糖)水解成葡萄糖分子。

据上述理论,分别设计以滤纸(filter paper)、棉球、CMC、水杨素为底物,分别衡量纤维素的总体酶活性(FPA)、C1、Cx、Cb 酶活性。将底物水解后释放还原性糖(以葡萄糖计)与3,5-二硝基水杨酸(DNS)反应产生颜色变化,这种颜色变化与葡萄糖的量成正比关系,即与酶样品中的酶活性成正比。通过分光光度计在 550 nm 的光吸收值查对标准曲线(以葡萄糖为标准物)可以确定还原糖产生的量,从而确定出酶的活力单位。

纤维素酶类活性的定义:

(1) 1 g 酶粉(1 mL 酶液)于 50℃ pH 4.8 条件下,每分钟水解 1 cm×6 cm 的滤纸(FPA)产生 1 μg 还原糖(以葡萄糖计)的酶量定义为 1 个 FPA 酶活力单位。

(2) 1 g 酶粉(1 mL 酶液)于 50℃ pH 4.8 条件下,每分钟水解 50 mg 的脱脂棉球产生 1 μg还原糖(以葡萄糖计)的酶量定义为 1 个 C1 酶活力单位。

(3) 1 g 酶粉(1 mL 酶液)于 50℃ pH 4.8 条件下,每分钟水解 1% CMC 溶液产生 1 μg 还原糖(以葡萄糖计)的酶量定义为 1 个 Cx 酶活力单位。

(4) 1 g 酶粉(1 mL 酶液)于 50℃ pH 4.8 条件下,每分钟水解 1%水杨素溶液产生 1 μg 还原糖(以葡萄糖计)的酶量定义为 1 个 Cb 酶活力单位。

(三) 材料、仪器和试剂

1. 材料

本标准所使用所有的试剂若无任何说明,均为分析纯。

纤维素酶,无水醋酸钠,冰醋酸,3,5-二硝基水杨酸(DNS),无水葡萄糖,无水酒石酸钾钠,氢氧化钠,重蒸苯酚,无水亚硫酸钠,叠氮化钠,定性滤纸,脱脂棉球,羧甲基纤维素钠,水杨素。

2. 仪器

恒温水浴锅,电热干燥箱,721 型分光光度计,分析天平,冰箱。

3. 试剂

(1) 0.1 mol/L 乙酸-乙酸钠缓冲溶液(pH=4.8)　溶液 A:量取冰醋酸 6 mL,定容至 1 000 mL,制成 0.1 mol/L 醋酸溶液。溶液 B:称取 8.2 g 醋酸钠,溶解后定容至 1 000 mL,制成 0.1 mol/L 醋酸钠溶液。使用时以 $A:B=4:6$ 的比例混合,低温冷藏备用。

(2) DNS 显色剂(见 10.6.1)。

(3) 1% CMC　准确称取 1.000 g 羧甲基纤维素钠,用 pH 4.8 醋酸缓冲液溶解并定容至 100 mL。

(4) 1%水杨素　准确称取 0.25 g 水杨素,用 pH 4.8 醋酸缓冲液溶解并定容至 25 mL。

(5) 标准葡萄糖溶液的配制　无水葡萄糖于 80℃下烘干至恒重,准确称取 100 mg 溶于 100 mL 水中,加 1 mg 叠氮化钠防腐,4℃冷藏备用。

(6) 酶样的制备　准确称取 1.000 g 固体酶或移取 1 mL 液体酶样,用 pH 4.8 醋酸缓冲液溶解并定容至 100 mL,则该酶已经稀释 100 倍。

(四) 操作步骤

1. 标准曲线的绘制

(1) 取 7 支带有 15 mL 刻度的试管，按下表取试剂：

试管号	0	1	2	3	4	5	6
取标准葡萄糖溶液(mL)	0	0.2	0.4	0.6	0.8	1.0	1.2
蒸馏水(mL)	2	1.8	1.6	1.4	1.2	1.0	0.8
葡萄糖的实际含量(mg/mL)	0	0.1	0.2	0.3	0.4	0.5	0.6
DNS 显色剂(mL)	2	2	2	2	2	2	2
沸水浴(min)				10			
定容(mL)				15			
OD_{550}							

(2) 上述过程同时进行三个平行测试，测得 OD 值与葡萄糖毫克数在计算机上或人工拟合曲线，求得 $Y=ax+b$ 一元线性方程中间的 a 和 b 值。要求所绘曲线相关系数 $r\geqslant 0.999$。

2. FPA 活力单位的测定

(1) 取 4 支 15 mL 刻度的试管，各加 0.2 mL 酶液，再加 pH 4.8 醋酸缓冲液 1.8 mL。

(2) 取其中 3 支作为测定管，各加 1 cm×6 cm 滤纸条，充分浸泡置(50±0.5)℃恒温水浴60 min。

(3) 另一支作为空白管同时置(50±0.5)℃恒温水浴 60 min。

(4) 然后分别加入 DNS 显色液 2 mL，空白管同时加 1 cm×6 cm 滤纸条。

(5) 放入沸水浴锅反应 10 min，冷却后加水至 15 mL，以空白管调零点，在 550 nm 吸收峰下用分光光度计测 OD 值。

3. C1 活力单位的测定

(1) 取 4 支 15 mL 刻度的试管，各加 0.2 mL 酶液，再加 pH 4.8 醋酸缓冲液 1.8 mL。

(2) 取其中 3 支作为测定管，各加 50 mg 的脱脂棉球，充分浸泡置(50±0.5)℃恒温水浴 60 min。

(3) 另一支作为空白管同时置(50±0.5)℃恒温水浴 60 min。

(4) 然后分别加入 DNS 显色液 2 mL，空白管同时加 50 mg 的脱脂棉球。

(5) 放入沸水浴锅反应 10 min，冷却后加水至 15 mL，以空白管调零点，在 550 nm 吸收峰下用分光光度计测 OD 值。

4. Cx 活力单位的测定

(1) 取 4 支 15 mL 刻度的试管，各加 0.2 mL 酶液。

(2) 取其中 3 支作为测定管，各管再加 1.8 mL 1% CMC，另一支作空白管，同时加 pH 4.8 醋酸缓冲液 1.8 mL。然后置(50±0.5)℃恒温水浴 60 min。

(3) 然后分别加入 DNS 显色液 2 mL。

(4) 放入沸水浴锅反应 10 min，冷却后加水至 15 mL，以空白管调零点，在 550 nm 吸收峰下用分光光度计测 OD 值。

5. Cb 活力单位的测定

(1) 取 4 支 15 mL 刻度的试管，各加 0.2 mL 酶液。

(2) 取其中 3 支作为测定管，各管再加 1.8 mL 1%水杨素，另一支作空白管，同时加 pH 4.8 醋酸缓冲液 1.8 mL。然后置(50±0.5)℃恒温水浴 60 min。

(3) 然后分别加入 DNS 显色液 2 mL。

(4) 放入沸水浴锅反应 10 min，冷却后加水至 15 mL，以空白管调零点，在 550 nm 吸收峰下用分光光度计测 *OD* 值。

(五) 计算

(1) 将测得的各平行样，求 *OD* 值的均值。

(2) 计算纤维素酶类的活性单位依据以下公式：

$$\text{纤维素酶活力}[\text{U}/(\text{g 或 mL})] = \frac{(bx + a) \times n \times 1\,000}{0.2 \times T}$$

式中：x——为样品 *OD* 值的平均值；

b 和 a——由葡萄糖浓度和相应的 *OD* 值通过回归方程求得；

n——酶粉(液)的稀释倍数；

T——酶促反应的时间；

0.2——所加酶液的量。

10.6.5 纤维素酶快速定性检测方法

(一) 实验目的

掌握纤维素酶酶活快速定性检测方法。

(二) 实验原理

根据纤维素酶对滤纸的水解情况，定性判别不同的纤维素酶的活性。

(三) 材料、仪器

酶制剂、试管、试管架、新华滤纸、剪刀。

(四) 操作步骤

1. 酶制备

液体酶制剂　取欲定性对比的两种酶制剂各约 20 mL，放于容量相同的试管中，备用。

固体酶制剂　各称取约 5 g 欲定性对比的两种酶制剂，用同等重量的去离子水溶解后，将溶液倒入容量相同的试管中，备用。

2. 底物制备　买最薄规格的新华滤纸，裁剪成相同的宽约 2 mm，长约 5 mm 的纸条，均匀折叠成小块，备用。

3. 检测　将制备好的两条滤纸条完全浸入制备好的酶液中，对两支试管用同一力度振摇相同次数，一般 10～15 次。摇后，静置于同一环境 30 min 后，同时取出酶液中所浸的滤纸条，观察该纸条被侵蚀的情况，被侵蚀严重的相应酶液酶活性高。

(五) 注意事项

1. 酶液制备，要保证具有相同的浓度。需要溶解稀释时，须保证稀释液相同的水质、温度和 pH。

2. 作为检测底物的新华滤纸须厚薄均匀一致，裁出面积、形状和折叠的方式要一致。

3. 振摇的次数要一致，振摇后放置的时间要一致。

4. 总原则是，要保证被测酶液的各项检测环境一致，才能有较准确的结论。

10.7 果胶酶

10.7.1 果胶酶活力的测定(黏度法)

(一) 实验目的

用黏度计测定含有 PE、PMG 和 PG 的果胶酶制剂的酶活力和掌握果胶提取方法。

(二) 实验原理

果胶酶制剂中的 PE、PMG 和 PG 酶对果胶协同作用的结果，使黏度下降。用奥氏或平氏黏度计测定黏度下降的百分率，确定酶活力。

(三) 材料、仪器和试剂

1. 材料

果胶酸制剂或制酱油的固体曲等。

2. 仪器

奥氏黏度计(或其他黏度计)；恒温水浴锅；沸水浴锅；秒表。

25 mL 具塞试管(×6)；刻度吸管 5 mL(×2)，15 mL(×1)；高型烧杯 1 000 mL(×1)。

3. 试剂

(1) 0.1 mol/L pH 4.2 柠檬酸盐缓冲液(见附录)。

(2) 5%果胶　取橘子果胶粉 5 g，用 0.1 mol/L pH 4.2 柠檬酸盐缓冲液溶解定容至 1 000 mL。

(四) 操作步骤

1. 酶液制备

(1) 酶制剂，根据估计的活力单位，用适量水稀释定容后过滤即可。

(2) 测定菌丝体的胞内果胶酶时，可用 0.8%氯化钠水溶液湿润后，加入研磨粉研磨，破碎细胞壁后，再以 0.86%氯化钠水溶液于室温下浸提、定容和过滤，取滤液。

也可将湿菌体在冰冻之后缓慢解冻，用组织捣碎机制成匀浆后，用 0.86%氯化钠水溶液在 40℃水浴中浸提 2 h 后，定容、过滤，取滤液。

2. 测定

将 3 mL 酶液加入到 15 mL 含 1%果胶的 0.1 mol/L pH 4.2 的柠檬酸盐缓冲液中，于 50℃水浴中反应 30 min(15 mL 底物要在 50℃水浴内预热至 50℃)后，立即置沸水浴内灭酶 10 min。用黏度计测定反应液在 23℃时的流下时间 T_0(s)。

空白试验用经沸水浴处理 10 min 的酶液按前法与底物混合，用黏度计测定在 23℃时的流下时间 T(s)。

用黏度计测定 0.1 mol/L pH 4.2 的柠檬酸盐缓冲液在 23℃时的流下时间 T_a(s)。

(五) 计算

在本试验条件下每 30 min 使黏度下降 50%的酶量为 1 个果胶酶活力单位。

$$\text{酶活力(U/mL 或 g)} = \frac{100 \cdot (T_0 - T)}{(T_0 - T_a)} \times 6 \div 50 \times n = \frac{T_0 - T}{T_0 - T_a} \times 12n$$

式中：6——反应系统为18 mL，换算为1 mL酶液(18/3)。

10.7.2 果胶酶活性的检测

(一) 实验目的

掌握用次碘酸钠法进行半乳醛酸的定量，从而测定果胶酶活力的方法。

(二) 实验原理

果胶物质主要存在于植物初生壁和细胞中间，果胶物质是细胞壁的基质多糖。果胶包括两种酸性多糖(聚半乳糖醛酸、聚鼠李半乳糖醛酸)和三种中性多糖(阿拉伯聚糖、半乳聚糖、阿拉伯半乳聚糖)。果胶酶本质上是聚半乳糖醛酸水解酶，果胶酶水解果胶主要生成β-半乳糖醛酸，可用次碘酸钠法进行半乳醛酸的定量，从而测定果胶酶活力。本方法适用于各种固体和液体果胶酶制剂。

果胶酶活力单位定义：1 g(或1 mL液体酶)酶粉，于50.0℃、pH 3.5条件下，每分钟催化果胶水解生成1 μg半乳糖醛酸的酶量为一个活力单位。

(三) 材料、仪器和试剂

1. 试剂和仪器

(1) 试剂：醋酸，碘，碘化钾，浓硫酸，果胶，硫代硫酸钠，碳酸钠，可溶性淀粉(均为分析纯)。

(2) 仪器：水浴锅、碘量瓶。

2. 试剂的制备

(1) pH 3.5的酸水(用醋酸将蒸馏水调至3.5)。

(2) 1%果胶溶液　准确称取分析纯果胶1 g，用酸水溶解煮沸，冷却后过滤，定容至100 mL。

(3) 0.05 mol/L碘液　准确称取碘化钾5 g，用蒸馏水溶解后，加入2.54 g碘，溶解后定容至100 mL。

(4) 0.025 mol/L硫代硫酸钠　准确称取6.2 g硫代硫酸钠，加蒸馏水溶解后定容至1 L。

(5) 0.5%可溶性淀粉指示剂　准确称取可溶性淀粉0.5 g放入沸水中煮至透明。

(6) 1 mol/L碳酸钠溶液　准确称取10.6 g碳酸钠，定容于100 mL的水中。

(7) 1 mol/L硫酸　吸取10 mL的浓硫酸加入170 mL的水中。

(8) 酶样的制备　准确称取1.000 g固体酶或移取1 mL液体酶样，定容至100 mL，于50℃水浴浸取1 h，过滤，滤液为供试酶液。则该酶已经稀释100倍。

(四) 实验步骤

1. 取1%果胶酶10 mL并加入5 mL酶液和5 mL蒸馏水(pH 3.5)，在50℃水浴中保温反应1 h。

2. 取出后加热煮沸2～3 min，冷却后，补水至20 mL。

3. 取5 mL反应液于100 mL碘量瓶中，加入1 mol/L碳酸钠溶液1 mL，0.05 mol/L碘液5 mL，摇匀，加塞，于室温暗处放置20 min。

4. 取出后加入1 mol/L硫酸2 mL，立即用0.025 mol/L硫代硫酸钠溶液滴定至浅黄色，加1 mL 0.5%可溶性淀粉溶液，继续滴定至蓝色消失为止。

5. 空白试验以煮沸失活的酶液或蒸馏水代替酶液进行滴定。

6. 每个酶样最少做两个平行样。

(五) 计算

1. 将测得的各平行样求 OD 值的均值。

2. 计算酶的活性单位依据以下公式：

$$酶活力[U/(g或mL)]=\frac{(B-A)\times c\times 175\times 20\times n\times 1\,000}{51\times 52\times W\times 60}$$

式中：A——样品滴定所消耗硫代硫酸钠的毫升数；

B——空白滴定所消耗硫代硫酸钠的毫升数；

c——硫代硫酸钠溶液的浓度，mol/L；

20——反应液总体积；

51——酶液体积以 1 mL 计；

52——吸取反应液；

n——稀释倍数；

W——酶粉重量 g 或酶液体积 mL。

10.7.3 果胶酶活力的测定(还原法)

(一) 实验目的

在 PE、PG 和 PM 果胶酶协同作用下，果胶质被分解生成半乳糖醛酸，其醛基具有还原性。通过测定还原力掌握果胶酶复合物的酶活力测定方法。

(二) 实验原理

PE、PMG 和 PG 分别对果胶质起解酯作用产生甲醇和果胶酸；水解作用产生半乳糖醛酸和寡聚半乳糖醛酸；裂解作用产生不饱和醛酸和寡聚半乳糖醛酸。此外还有半乳糖醛酸酯和具不饱和键的半乳糖醛酸酯。这些产物的醛基在碱性溶液中与二价铜离子共热，可使铜离子还原成氧化亚铜(Cu_2O)沉淀。氧化亚铜与砷钼酸反应生成蓝色物质。根据已知半乳糖醛酸显色反应确定产物量，表示酶活力。

(三) 材料、仪器和试剂

1. 材料

果胶酶制剂或果实。

2. 仪器

比色管 25 mL(×12)；刻度吸管 1 mL(×5)；恒温水浴锅(×2)；秒表。

3. 试剂

(1) 半乳糖醛酸钠标准液，100 μg/mL。

(2) 0.1 mol/L pH 4.2 磷酸氢二钠-柠檬酸缓冲液(见附录)。

(3) 0.25%果胶溶液　用前面缓冲液配制。

(4) 甲试剂　称取纯酒石酸钾钠 12 g，无水碳酸钠 24 g，加水 250 mL，搅匀混合，向此液中缓慢加入 10%硫酸铜溶液 40 mL，碳酸氢钠 16 g。另取 500 mL 热水，加入无水硫酸铜 80 g，煮沸驱逐溶存的气体，冷却后，注入 1 L 容量瓶中，两液混合定容至 1 L。长期存放后，如有少量红色氧化亚铜沉淀，应予以过滤，滤液可在室温下长期保存。

(5) 乙试剂　称取钼酸铵[$(NH_4)MO_7O_{24}\cdot 4H_2O$] 25 g 溶于 450 mL 水中，再缓慢加入浓硫酸 21 mL。另取 25 mL 水，溶解纯结晶砷酸氢二钠($Na_2HAsO_4\cdot 7H_2O$) 3 g(可用

$H_4As_2O_7$ 1.28 g，以 1 mol/L 氢氧化钠 19.24 mL 溶解，再加水 4.75 mL 替代此液)。然后慢慢加入上述溶液中，充分混合，在 37℃放置 24～48 h，溶液逐渐变黄色，移至棕色细口瓶中保存。

(四) 操作步骤

1. 酶液制备

将酶粉适当稀释、过滤备用。果实均质后，离心取上清液，稀释备用。

2. 绘制标准曲线

取 100 μg/mL 半乳糖醛酸钠 0.2、0.4、0.6、0.8、1.0 mL，再分别加水至 1.0 mL。向各管加甲试剂 1 mL，置沸水浴煮沸 10 min，冷至不烫手时加乙试剂 1 mL，稀释至 12.5 mL。用分光光度计在波长 620 nm 处比色，以 *OD* 值为纵坐标，半乳糖醛酸钠微克数为横坐标绘标准曲线。

3. 测定

取果胶溶液 0.5 mL，在 50℃水浴中保温 3 min 平衡后，加稀释酶液 0.5 mL。保温30 min后立即加入甲试剂 1 mL，沸水浴煮沸 10 min，冷却，加乙试剂 1 mL，加水定容至12.5 mL。用分光光度计在波长 620 nm 处比色。查标准曲线确定 0.5 mL 稀酶液作用后生成的产物微克数。

(五) 计算

在上述条件下，每小时由底物产生 1 mg 半乳糖醛酸的酶量为一个酶活力单位。

$$\text{酶活力(U/g)} = \frac{OD_{620}}{30 \times 0.5} \times 60 \times n \times \frac{1}{1\,000}$$

式中：OD_{620}——相当的半乳糖醛酸微克数(查表)；

30——反应 30 min；

0.5——0.5 mL 酶液；

60——换算为 1 h；

n——酶稀释倍数；

$\frac{1}{1\,000}$——由微克数换算为 mg。

10.7.4 果胶酯酶(PE)活力测定方法

(一) 试剂及其配制

1. 缓冲液　0.4 mol/L NaCl 的 0.01 mol/L 乙酸盐缓冲液，pH 4.0。
2. 果胶酸甲酯溶液　取 0.75 g 低分子量果胶酸甲酯溶于上述缓冲液中。
3. 0.1 mol/L NaOH 溶液。

(二) 测定

20 mL 果胶酸甲酯溶液，加 1 mL 蒸馏水和 1 mL 酶液，于 30℃下反应 30 min。然后于100℃ 热处理 5 min，用 NaOH 溶液调节反应液的 pH 至 7.5，加入蒸馏水，使体积达 50 mL，测定释放羧基的量。

(三) 计算

一个酶活单位定义为在上述反应条件下于 30℃每分钟释放 1 μg 羧基所需的酶量。

10.8 半纤维素酶的活力测定

10.8.1 DNS法

(一) 实验目的

掌握通过3,5-二硝基水杨酸(DNS)法测定半纤维素酶的活力的方法。

(二) 实验原理

半纤维素被定义为碱溶性植物细胞壁的一类多糖,其中包括木聚糖、葡甘露聚糖、半乳糖甘露聚糖等多糖成分。木聚糖是半纤维素中最丰富的一种,植物界也分布最广。本法用半纤维素酶水解底物产生还原糖(以木糖计)与3,5-二硝基水杨酸(DNS)反应,产生颜色变化,这种颜色变化与释放的还原性糖(以木糖计)的量成正比关系,即与酶样品中的酶活性成正比。通过分光光度计在550 nm处的光吸收值查对木糖标准曲线可以确定还原性糖产生的量,从而确定出酶的活力。

半纤维素酶活性的定义:1 g酶粉(或1 mL酶液)于50℃、pH 4.8条件下,每分钟分解1%木聚糖溶液产生1 μg还原糖(以木糖计)的酶量定义为一个半纤维素酶活力单位。

(三) 材料、仪器和试剂

1. 材料

无水醋酸钠、冰醋酸、木聚糖、3,5-二硝基水杨酸(DNS)、木糖、四水合酒石酸钾钠、氢氧化钠、苯甲酸、叠氮化钠、无水乙醇(本方法所使用的所有试剂若无任何说明,均为分析纯)。

2. 仪器

水浴锅、计时表、分光光度计、沸水水浴器、振荡混合器。

3. 试剂

(1) 0.1 mol/L乙酸-乙酸钠缓冲溶液(pH=4.8) 溶液*A*:量取冰醋酸6 mL,定容至1 000 mL,制成0.1 mol/L醋酸溶液。溶液*B*:称取8.2 g醋酸钠,溶解后定容至1 000 mL,制成0.11 mol/L醋酸钠溶液。使用时以*A*∶*B*=4∶6的比例混合,低温冷藏备用。

(2) 1%木聚糖溶液的配制 准确称取1.000 g木聚糖用醋酸缓冲液(pH 4.8)溶解并定容至100 mL。

(3) 3,5-二硝基水杨酸(DNS)溶液 称取30 g四水合酒石酸钾钠放入500 mL锥形瓶内,加16 g NaOH,加50 mL无离子水,缓慢加热溶解,溶液变清澈后逐渐加入1 g 3,5-二硝基水杨酸,直至彻底溶解,冷却到室温,用无离子水定容至100 mL。避光,避CO_2保存,操作中戴手套。

(4) 1 mg/ mL标准木糖溶液的配制 木糖在80℃下烘干至恒重,准确称取1.000 g溶于1 000 mL水中,加10 mg叠氮化钠防腐。4℃冷藏备用。

(5) 酶样的制备 准确称取1.000 g固体酶或移取1 mL液体酶样,用pH 4.8醋酸缓冲液溶解并定容至100 mL,则该酶已经稀释100倍。

(四) 操作步骤

1. 曲线的绘制

(1) 取7支带有15 mL刻度的试管,按下表取试剂:

试管号	0	1	2	3	4	5	6
取标准木糖溶液(mL)	0	0.2	0.4	0.6	0.8	1.0	1.2
蒸馏水(mL)	2	1.8	1.6	1.4	1.2	1.0	0.8
木糖的实际含量(mg/mL)	0	0.1	0.2	0.3	0.4	0.5	0.6
50℃保温(min)				10			
DNS显色剂(mL)	2	2	2	2	2	2	2
沸水浴(min)				5			
定容(mL)				15			
OD_{550}							

(2) 上述过程同时进行三个平行,测得 OD 值与木糖毫克数在计算机上或人工拟合曲线,求得 $Y = ax + b$ 一元线性方程中间的 a 和 b 值。要求所绘曲线决定系数 $r_2 \geqslant 0.999$ 。

2. 分析程序

(1) 对每个酶样需做三个平行,取4支试管各加0.2 mL酶液。

(2) 其中3支做测试管,各加入1.8 mL的1%木聚糖底物,另一支做空白管,加入1.8 mL的pH 4.8的醋酸缓冲液。

(3) 4支试管均于50℃反应60 min。

(4) 取出后每管加2 mL DNS试剂,具塞,沸水煮10 min。

(5) 冰浴冷却后,补水定容至15 mL,充分混匀。

(6) 用分光光度计于550 nm处测 OD 值,用空白管调零。

(五) 计算

(1) 将测得的各平行样求 OD 值的均值。

(2) 计算酶的活性依据以下公式:

$$\text{半纤维素酶的活力}[\mathrm{U/(g 或 mL)}] = \frac{(bx + a) \times n \times 5 \times 1\,000}{60}$$

式中: x——样品 OD 值的平均值;

b 和 a——由木糖浓度和相应的 OD 值通过回归方程求的;

n——酶粉(液)的稀释倍数;

60——酶促反应的时间;

5——吸取了0.2 mL酶液。

10.8.2 Amano法的改进型

(一) 实验原理

半纤维素酶主要是从各种曲霉菌制取的。食品工业中,半纤维素酶可以用于果汁生产,用它来降低黏度。此酶也用于饲料工业(能破坏细胞壁)和医药工业(制造消化药)。半纤维素酶催化水解甘露聚糖、半乳甘露聚糖和葡甘露聚糖中的 β-1,4-D-甘露糖苷键。半纤维素酶的最适合条件为: pH 4.5、温度40℃。半纤维素酶水解半纤维素,产生还原物质。用显色剂作用于这些还原物质，并用分光光度计测定。定义 100 个半纤维素酶单位相当于在 1 min内释放出相当于 1 mg 木聚糖的还原物质所需的酶量。

（二）试剂

1. 醋酸盐缓冲液（pH 4.5） 称取 13.61 g 三水醋酸钠溶于 400 mL 蒸馏水，用浓醋酸将 pH 调至 4.5，定容至 500 mL。

2. 底物溶液 取 500 mg 木聚糖与 25 mL 蒸馏水混合，并放在 80℃左右的热水浴中搅动，直至木聚糖溶解。随后冷却，并用蒸馏水定容至 50 mL。

3. 2 mol/L 氢氧化钠溶液。

4. 甲试剂（配制方法同 10.7.3）。

5. 乙试剂（配制方法同 10.7.3）。

6. 木糖溶液 取 10.0 mg D-木糖溶于蒸馏水中，并定容至 100 mL。

7. 酶溶液 用醋酸盐缓冲液溶解酶，其浓度应为 10～50 U/mL。

（三）操作步骤

用移液管将 1.0 mL 底物溶液和 3.0 mL 醋酸盐缓冲液移入一支有刻度的、容量为 25 mL的试管中，并调温至 40℃，加 1.0 mL 酶溶液，振摇，于 40℃精确保温 30 min。加 2.0 mL氢氧化钠溶液后反应即终止。随后加 2.0 mL 甲试剂，振荡，在沸水浴中精确置放 10 min后，流水冷却，加 2.0 mL 乙试剂，振摇，让它在室温下静置 20～30 min，最后用蒸馏水定容至 25 mL。用分光光度计（500 nm）以空白值为参比测定清澈、蓝色的溶液的吸光度（1 cm比色皿）。空白值的试验与主值试验相同，只是前者不加酶溶液，而是多加 1.0 mL 醋酸盐缓冲液。

	主 值	空 白 值
底物溶液	1.0 mL	1.0 mL
醋酸盐缓冲液	3.0 mL	4.0 mL
用移液管将以上两种溶液移入一支具有刻度的、容量为 2.5 mL 的试管内，混合，调温至 40℃，加		
酶溶液	1.0 mL	—
混合，于 40℃精确保温 30 min，加		
氢氧化钠溶液	1.0 mL	1.0 mL
甲试剂	2.0 mL	2.0 mL
混合，置于沸水浴中 10；冷却，加		
乙试剂	2.0 mL	2.0 mL
混合，于室温下静置 20～30 min，用		
蒸馏水定容至	25 mL	
用分光光度计于 500 nm 处以空白值为参比测定吸光度		

（四）计算

借助于一标准曲线进行计算。如果两种指示剂溶液中有一种是新配制的，则需检查标准曲线的数值，以免出错。

根据下表中的木糖溶液情况绘制标准曲线：

试液号	木糖溶液(mL)	醋酸盐缓冲液(mL)	E_{500}
空白值	0	5.0	
1	1.0	4.0	
2	2.0	3.0	
3	3.0	2.0	
4	4.0	1.0	
5	5.0	0	

将各组试液分别同 2.0 mL 甲试剂混合，置于沸水浴中，并按“操作步骤”所述继续进行。在绘制标准曲线时测得以下吸光度：

试液号	试液中的木糖	E_{500}
1	0.10 mg	0.114
2	0.20 mg	0.243
3	0.30 mg	0.397
4	0.40 mg	0.550
5	0.50 mg	0.663

由此得出计算每组试液中木糖量的公式为：

$$\text{木糖量(mg)/试液} = E_{500} \times 0.7099$$

按下式计算酶的活性：

$$\text{酶的活力(U/g)} = \frac{\text{木糖量} \times 100}{30 \times E_W}$$

上二式中：木糖量——从标准曲线上查得的值(mg)；

100——100 个半纤维素酶单位产生 1 mg 木糖；

30——反应时间(min)；

E_W——1 mL 所用酶液中含酶的重量(g)。

举例：

测定一个半纤维素酶样品，从该样品中称取 0.013 6 g，定容至 50 mL，按 1∶25 稀释。1.0 mL 此稀释溶液中含有 0.000 088 g 样品。从已测出的吸光度可算出木糖量为 0.15 mg(利用标准曲线得出的公式进行计算)。

10.9 α-半乳糖苷酶

10.9.1 α-半乳糖苷酶(Boehringer 法的改进型)

(一) 实验原理

α-半乳糖苷酶(EC 3.2.1.22；α-D-半乳糖苷半乳糖水解酶)主要存在于植物之中，如豆类植物、薄荷植物和玫瑰香植物，同样也存在于咖啡豆和大麦麦芽之中。动物组织内基本上不存在这种酶。可利用霉菌、细菌和酵母来获取α-半乳糖苷酶。这种酶主要用在制糖工业上，水解糖蜜中的蜜三糖和改善结晶情况。α-半乳糖苷酶分解低聚糖（如α-半乳糖苷、半乳糖甘露聚糖和半乳糖脂等）中结合于端部的非还原性α-D-半乳糖。例如，蜜三糖被水解为半乳糖和蔗糖。这种酶的最佳pH为4.0～6.0，最佳温度为37℃。巯基指示剂和某些重金属离子可作它的抑制剂。

测定α-半乳糖苷酶：α-半乳糖苷酶分解对-硝基苯α-D-半乳糖吡喃糖苷，生成对-硝基苯酚和半乳糖。在碱性介质里对-硝基苯酚呈黄色。显色的深度可用分光光度计测定。

（二）定义

一个α-半乳糖苷酶单位相当于在试验条件下每分钟分解1 μmol对-硝基苯-α-D-半乳糖吡喃糖苷所需的酶量。

（三）试剂

1. ① 醋酸盐缓冲液（pH 5.0） 取1.36 g三水醋酸钠溶于大约80 mL蒸馏水中，用醋酸将pH调至5.0，定容至100 mL（用于以曲霉为酶源的α-半乳糖苷酶的测定）。

或②磷酸盐缓冲液（pH 6.5） 用磷酸氢二钾溶液溶于蒸馏水，将磷酸二氢钾溶液pH调至6.5。

2. 底物溶液 取12 mg对-硝基苯-α-D-半乳糖吡喃糖苷溶于4 mL蒸馏水。

3. 硼酸盐缓冲液（pH 9.8） 取1.24 g硼酸溶于蒸馏水，用2 mol/L氢氧化钠溶液将pH调至9.8，定容至100 mL。

4. 酶溶液 将酶在30 min内溶于缓冲液（1.①或1.②）中，浓度应约为0.1 U/mL。

（四）操作步骤

用移液管将0.80 mL缓冲液（1.①或1.②）和0.20 mL底物溶液滴入一只1 cm比色皿，混合，调温至25℃。加0.05 mL酶溶液，混合，并按动秒表，精确保温5 min，然后加2.0 mL硼酸盐缓冲液，使反应终止。用分光光度计（405 nm）以空白值为参比测定吸光度。

	主 值	空 白 值
缓冲溶液	0.80 mL	0.80 mL
底物溶液	0.20 mL	0.20 mL
将上述试液都滴入一只1 cm比色皿内混合，调温至25℃，加		
酶溶液	0.05 mL	—
混合，于25℃精确保温5 min，加		
硼酸盐缓冲液	2.0 mL	2.0 mL
酶溶液	—	0.05 mL
混合，用分光光度计于405 nm处以空白值为参比测定吸光度		

（五）计算

$$\text{酶的活力(U/g)} = \frac{E_{405} \times 3.05}{18.5 \times 5 \times E_W}$$

式中：E_{405}——405 nm处的吸光度；

3.05——反应物的总体积；

18.5——1 μmol 对-硝基苯酚/mL 的吸光度系数；

5——反应时间(min)；

E_W——每 0.5 mL 所用酶液中含酶的重量(g)。

举例：

测定一个以曲霉为酶源的 α-半乳糖苷酶样品，从该样品中称取 0.026 7 g，定容至 25 mL。0.05 mL 此稀释溶液中含有 0.000 053 4 g 样品。吸光度为 0.142。

$$\text{酶的活力} = \frac{0.142 \times 3.05}{18.5 \times 5 \times 0.000\,053\,4} = 87.7\ \text{U/g}$$

10.9.2 α-半乳糖苷酶的测定(Amano 法的改进型)

(一) 实验原理

α-半乳糖苷酶从水苏糖中分解出还原物质，这些还原物质可以根据索默季-内尔森法用分光光度计测定。

(二) 定义

一个 α-半乳糖苷酶单位相当于在规定条件下释放出 1 μmol 还原物质(以葡萄糖计算)时所需的酶量。

(三) 试剂

1. 醋酸盐缓冲液(pH 5.0)　取 1.36 g 三水醋酸钠溶于约 80 mL 蒸馏水中，用醋酸将 pH 调至 5.0，并定容至 100 mL。

2. 底物溶液　取 50.0 mg 水苏糖溶于醋酸盐缓冲液，并定容至 25 mL。

3. 索默季氏铜指示剂　取 17.6 g 二水磷酸氢二钠和 20.0 g 四水酒石钾钠溶于 250 mL 蒸馏水中。然后加 50.0 g 1 mol/L 氢氧化钠和 4.0 g 五水硫酸铜(II)同样溶于蒸馏水。取 90.0 g 硫酸钠溶于此混合溶液，并用蒸馏水定容至 500 mL。如装在密封良好的深色瓶中保存，则该指示剂可使用 3 个月而不变质。

4. 砷钼酸盐指示剂　取 25.0 g 四水七钼酸六铵溶于 450 mL 蒸馏水。小心地加 21.0 g 浓硫酸。取 3.0 g 七水砷酸氢二钠溶于此混合溶液，随后用蒸馏水定容至 500 mL。该指示剂在使用前需于 37℃保温 24～48 h。如装在深色瓶内并很好密封，则该指示剂可保持 3 个月稳定。

5. 2 mol/L 氢氧化钠溶液(NaOH)。

6. 葡萄糖溶液　取 22.7 mg 葡萄糖溶于蒸馏水，并定容至 250 mL。

7. 酶溶液　用蒸馏水溶解酶，配制酶溶液的浓度应约为 0.05 U/mL。

(四) 操作步骤

用移液管将 4.0 mL 底物溶液加入一支具有刻度的容量为 25 mL 的试管中，调温至 37℃，加 1.0 mL 酶溶液，摇匀，按动秒表。于 37℃保温 30 min。加 2.0 mL 索默季氏铜指示剂，反应终止。随后将它置于沸水浴中 10 min。流水冷却后再加入 2.0 mL 砷钼酸盐指示剂，振摇，直到沉淀物全部溶解。用蒸馏水定容至 25 mL。25～30 min 后用分光光度计于 500 nm处以空白值为参比(1 cm 比色皿)测定吸光度。空白值试验方法与主值的基本相同，只是在空白值试验中不加酶溶液而多加 0.1 mL 蒸馏水。

	主　值	空白值
底物溶液	4.0 mL	4.0 mL
蒸馏水	—	1.0 mL
调温至 37℃，加		
酶溶液	1.0 mL	—
混合，于 37℃保温 30 min，加		
索默季氏铜指示剂	2.0 mL	2.0 mL
混合，置于沸水浴中 10 min；冷却；加		
砷钼酸盐指示剂	2.0 mL	2.0 mL
摇动，直至沉淀物全部溶解，用		
蒸馏水定容至	25 mL	
25～30 min 后用分光光度计(500 nm)以空白值为参比测定吸光度		

(五) 计算

借助于一标准曲线进行计算。如果两种指示剂溶液中有一种是新配的，则需对标准曲线的数值进行检查，以免出错。

根据下表绘制标准曲线：

试液号	葡萄糖溶液(mL)	葡萄糖试液(μmol)	蒸馏水(mL)	E_{500}
空白值	—		—	5.0
1	1.0	0.505	4.0	
2	2.0	1.010	3.0	
3	3.0	1.515	2.0	
4	4.0	2.020	1.0	
5	5.0	2.525	—	

向所有各组试液各添加 2.0 mL 索默季氏铜指示剂，并按“操作步骤”所述继续进行。

在绘制标准曲线时测得以下吸光度：

试液号	葡萄糖试液(μmol)	E_{500}
1	0.505	0.154
2	1.010	0.335
3	1.515	0.460
4	2.020	0.612
5	2.525	0.770

由此得出计算葡萄糖值的公式为：

$$\text{葡萄糖量}(\mu\text{mol})/\text{试液} = E_{500} \times 3.325 - 0.0329$$

计算酶的活性公式为：

$$\text{酶的活力}(\text{U/g}) = \frac{\text{葡萄糖量}}{30 \times E_W}$$

式中：葡萄糖量——从标准曲线上查得的数值(μmol)；

30——反应时间(min)；

E_W——1 mL所用酶液中含酶的重量(g)。

举例：

测定一个α-半乳糖苷酶样品，从该样品中称取0.0523 g，定容至25 mL。1.0 mL此溶液中含有0.002092 g样品。吸光度为0.485。从标准曲线上查得葡萄糖量：

$$0.485 \times 3.325 - 0.0329 = 1.58\ \mu mol\ 葡萄糖/试液$$

$$酶的活力 = \frac{1.58}{30 \times 0.002092} = 25.2\ U/g$$

10.10 其他水解酶

10.10.1 脂肪酶活力的测定

(一) 实验原理

脂肪酶(EC 3.1.1.3)普遍存在于动、植物各种组织及许多种微生物中。但来源不同的酶，性质是有差别的。一般微生物脂肪酶具有比动植物酶广的作用PH、作用温度范围以及对底物的专一性类型，又便于进行工业生产和获得高纯度的制剂，所以微生物脂肪酶在酶理论研究及实际应用中起着重要作用。脂肪酶先催化三酸甘油酯水解成二酸甘油酯和脂肪酸，然后进一步水解成单酸甘油酯，甚至甘油。脂肪酶只能在异相系统中发生作用，对均匀分散的或水解底物不能作用。

(二) 酶的分离提纯

1. 菌体培养

30 L发酵罐中装有10 L培养液，培养液中含5%玉米浸泡液、1%的黄豆油、0.5%的硝酸铵，pH 6.0。在120℃下处理30 min；消毒，然后接种 *G. Candidum Link*。在28℃下通气(3 L/min)，搅拌(200 r/min)培养30 h。将发酵液过滤，滤液用于酶的提纯。

2. 酶的提纯步骤

(1) 硫酸铵盐析：发酵滤液中加入硫酸铵粉末至35%饱和度溶液，离心(15 000 g，10 min)除去沉淀。向上清液中继续加硫酸铵粉末至75%饱和溶液，离心收集沉淀。沉淀再溶于少量蒸馏水中。

(2) DEAE-Sephadex柱层析：悬浮溶液对pH 5.0的0.01 mol/L乙酸缓冲液透析2 d，再离心除去沉淀，上清酶液上预先用pH 5.0的0.01 mol/L乙酸缓冲液平衡好的DEAE-Sephadex50柱(6.2 cm×60 cm)。柱子先用平衡的缓冲液洗涤，酶用线性梯度洗脱(0～0.6 mol/L NaCI溶液于pH 5.0的0.01 mol/L乙酸缓冲液中)，洗脱速度为42 mL/h。收集蛋白峰和活力峰重叠部分。收集的酶液装入一透析袋中用聚二乙醇吸水浓缩至50 mL。

(3) SephadexG-100凝胶过滤：浓缩液上预先用pH 5.0的0.01 mol/L乙酸缓冲液平衡好的SephadexG-10 0柱(3.8 cm×120 cm)，然后用与平稳液相同的缓冲液洗脱，洗脱速度为15 mL/h。收集蛋白峰与活力峰重叠部分。收集酶液对蒸馏水透析2d，然后冻干成酶粉。

(4) SephadexG-200 凝胶过滤：冻干酶粉(约 1.5 g)溶于 60 mL pH 5.0 的 0.01 mol/L 乙酸缓冲液中，然后上预先用相同缓冲液平衡好的 SephadexG-200 柱(2.82 cm×104 cm)。60 mL 酶液分三次进行，每次上 20 mL。然后用相同的缓冲液洗脱，流速为15.2 mL/h，收集蛋白峰和活力峰重叠部分为提纯的脂肪酶。

(三) 酶活力测定方法

1. 试剂及其配制

(1) 聚乙烯醇(PVA)。

(2) 乙醇-丙酮溶液(1∶1)。

(3) 0.1 mol/L Tris-HCl 缓冲(pH 5.0)。

(4) 0.1 mol/L HCl。

(5) 0.05mol/L 和 0.1 mol/L NaOH。

(6) 1%酚酞。

(7) 底物溶液　取 109 PVA，加 1 L 水，充分振荡，直到分散良好，加入 0.1 mol/L HCl 5 mL混合物加热至 75～85℃，直到完全溶解，冷却后，用 0.1 mol/L NaOH 溶液把 pH 调到 5.0，然后加入橄榄油至 0.1 mol/L 浓度，在振荡器上充分摇动 5 min，使底物充分乳化。

2. 测定

取 2 只 125 mL 三角瓶，各加 10 mL 新配制的 PVA 乳化底物、5 mL Tris-HCl 缓冲液和 5～10 mL 酶液。其中一瓶加热使酶失活作对照。然后加塞置 37℃下保温 4h，加入 30 mL 乙醇一丙酮溶液，中止酶活力和破坏乳剂。接着加数滴酚酞指示剂，用精确标定的 0.05 mol/L NaOH 溶液滴定。

(四) 计算

按每滴定 1.0 mL 0.05 mol/L NaOH 溶液所需酶量作为一个酶活力单位，计算单位时间单位组织的脂肪酶活力。

10.10.2　脂蛋白脂酶的测定(Amano 法的改进型)

(一) 实验原理

来源于假单孢菌的脂蛋白脂酶从脂肪中分解出脂肪酸来，脂肪酸的浓度可用氢氧化钾溶液滴定。

(二) 定义

一个脂蛋白脂酶单位相当于在规定条件下每分钟释放出 1 μmol 脂肪酸时所需的酶量。

(三) 试剂

1. 磷酸盐缓冲液(pH 7.0)　用 0.1mol/L 磷酸氢二钠溶液将 100 mL 0.1 mol/L 磷酸二氢钾溶液的 pH 调至 7.0。

2. 底物溶液　取 0.8 g 白朊(来源于牛血清；Serva，Nr. 11930)溶于 14 mL 磷酸盐缓冲液。将此溶液与 6 mL 芝麻油调和。

3. 终止反应溶液　取 20 mL 正庚烷、80 mL 2-丙醇和 2 mL 1 mol/L 硫酸加以混合。

4. 正庚烷。

5. 百里酚蓝溶液　取 0.50 g 百里酚蓝溶于 95%的乙醇，并定容至 50 mL。

6. 乙醇-氢氧化钾(0.01 mol/L)　取 0.56 g 氢氧化钾溶于 10 mL 蒸馏水，并用 95%的乙醇定容至 1 000 mL。

7. 酶溶液　用蒸馏水溶解酶，配制溶液的浓度不得超过 0.3 U/mL。

(四) 操作步骤

取 1.0 mL 底物溶液和 0.5 mL 磷酸盐缓冲液滴入一支试管，置于水浴中加热至 37℃。加 0.5 mL 酶溶液，同时按动秒表，摇动试管，让此反应液于 37℃精确保温 20 min。然后加 5.00 mL 终止反应溶液，并用 3.0 mL 正庚烷和 2 mL 蒸馏水萃取游离脂肪酸。小心地将 3.0 mL正庚烷(液相)取出，加一滴百里酚蓝溶液，用乙醇-氢氧化钾溶液滴定，以颜色由黄变蓝为终点。

用同样方法作空白值试验，只不过这里不加酶溶液，而是加 0.50 mL 蒸馏水。

	主　值	空 白 值
底物溶液	1.0 mL	1.0 mL
磷酸盐缓冲液	0.50 mL	0.50 mL
混合，调温至 37℃，加		
酶溶液	0.50 mL	—
蒸馏水	—	0.50 mL
混合，于 37℃精确保温 20 min 加		
终止反应溶液	5.0 mL	5.0 mL
正庚烷	3.0 mL	3.0 mL
蒸馏水	2.0 mL	2.0 mL
取出 3.0 mL 正庚烷，与		
百里酚酞	1 滴	1 滴
混合，用乙醇-氢氧化钠溶液滴定		

(五) 计算

$$活性(U/g) = \frac{(H-B)\times 1.327\times 10}{20\times E_W}$$

式中：H——主值方面滴定液的耗量(mL)；

B——空白值方面滴定液耗量(mL)；

10——1 mL 0.01 mol/L 氢氧化钾溶液里等于 10 μmol 脂肪酸；

1.327——换算系数(从 3.98 mL 正庚烷中取出 3 mL)；

20——保温时间(min)；

E_W——每 0.5 mL 所用酶液中含有酶的重量(g)。

举例：

测定一个脂酶样品，从该样品中称取 0.037 5 g，定容至 100 mL，以 1∶500 稀释。0.5 mL 此稀释溶液中含有 1×10^{-8} g 样品。主值与空白值的滴定液消量之差为 0.231 mL。其脂酶活性为：

$$\frac{0.15\times 100}{30\times 1.088\times 10^{-8}} = 45\,960\,000\ U/g$$

10.10.3 蔗糖酶活力的测定

(一) 实验目的

掌握酵母蔗糖酶活力测定方法和细胞自溶方法。

(二) 实验原理

酵母细胞含丰富的蔗糖酶(胞内酶)。细胞破碎以后释放出来的蔗糖酶可以从果糖末端切开蔗糖的果糖糖苷键,生成葡萄糖和果糖。用3,5-二硝基水杨酸试剂(DNS试剂)测定反应中还原糖数量就可表示酶的活力。又由于蔗糖酶在碱性环境中极易失活,所以用碱停止酶的作用。

(三) 材料、仪器和试剂

1. 材料

鲜酵母(面包酵母、啤酒酵母等)或用水调成糊状的干酵母。

2. 仪器

比色管 20～25 mL(×11);刻度吸管(10 mL×1,5 mL×1,2 mL×4,0.5 mL×2);试管(×6);三角瓶 100 mL(×1);恒温水浴锅;秒表;恒温培养箱;离心机。

3. 试剂

(1) 0.1%标准葡萄糖溶液。

(2) DNS 试剂(见 10.6.1)。

(3) 醋酸钠。

(4) 甲苯。

(5) 4 mol/L 醋酸。

(6) 精密 pH 试纸(pH 4.5 左右)。

(7) 1 mol/L 氢氧化钠溶液。

(8) 5%蔗糖溶液(*W*/*V*) 取 5 g 蔗糖以 pH 4.6 的 0.1 mol/L 醋酸缓冲液配成 100 mL 溶液。

(四) 操作步骤

1. 酶液制备

在 100 mL 三角瓶中加入鲜酵母 20 g,加 1.6 g 醋酸钠,搅拌 15～20 min 后,团块液化。加 3 mL 甲苯。用适当软木塞塞瓶口,摇动 10 min。37℃保温 60 h 左右。取出后加 3.2 mL 4 mol/L 醋酸和 10 mL 水,使 pH 为 4.5 左右。混合物在 3 000 r/min 离心 30 min,形成三层,取中层,即为蔗糖酶粗酶液。

2. 标准曲线的制作

见 10.6.1 节"纤维素酶活力的测定(CMC 糖化力法)"。

3. 测定

将粗蔗糖酶液用蒸馏水稀释 20 倍。

取稀释酶液 2 mL 加入试管中,再加 0.25 mL 1 mol/L 氢氧化钠灭酶,作对照。另取稀释酶液 2 mL 加于试管内,于 35℃水浴内预热 3 min,作为试验管将 5%蔗糖液在 35℃预热 10 min后,取 2 mL 加到试验管内,立即记时,摇匀。准确保温 3 min 后,再向试验管加 0.5 mL 1 mol/L 氢氧化钠灭酶,摇匀,并向对照管补加预热的 5%蔗糖液 2 mL。

从试验管和对照管分别取0.45 mL反应液加到各自的比色管内，再向其中各加1.5 mL DNS试剂。沸水浴煮5 min。冷却后用分光光度计在540 nm波长下比色(以对照管调节分光光度计的零点)。记下光密度(*OD*值)后在标准曲线上查得对应的葡萄糖毫克数。试验作2～3次平行。

(五) 计算

在本试验条件下，每3 min使5%蔗糖溶液水解释放1 mg还原糖(以葡萄糖计)的酶量定为1个酶活力单位。

$$酶活力(U/mL)=\frac{OD_{540}\times 10}{2}\times n$$

式中：OD_{540}——相当的葡萄糖毫克数；

2——取2 mL酶液测定；

10——取反应混合液总量(4.5 mL)的1/10定糖(0.45 mL)；

n——粗酶液稀释的倍数(20倍)。

10.10.4 花青素酶活力的测定

(一) 实验目的

掌握花青素酶活力的测定方法。

(二) 实验原理

花青素酶是β-葡萄糖苷酶的一种，水解以花青素酶糖体形式存在的花青素为葡萄糖和花青素。由于花青素不稳定，分解为无色物，根据花青素酶对果汁等物质中花青素苷色素的脱色程度测定其活力。

(三) 材料、仪器和试剂

1. 材料

黑豆果；商品花青素酶或产柠檬酸的黑曲霉菌丝体抽提液。

2. 试剂

(1) 1 mol/L盐酸。

(2) 1 mol/L氢氧化钠。

(3) pH 4.0的0.5 mol/L醋酸缓冲液。

(4) 含1%浓盐酸的甲醇溶液。

3. 仪器

三角瓶500 mL(×1)；试管(15 mm×150 mm×6)；刻度移液管(10 mL×1，5 mL×2，1 mL×1)；秒表；吸耳球；恒温水浴锅。

(四) 操作步骤

1. 配制底物溶液

(1) 称市售黑豆约50 g，在蒸馏水中洗净后，放入500 mL三角瓶中，同时加入1 mol/L盐酸10 mL，蒸馏水200 mL，把三角瓶置恒温振荡器内，在40℃下不断振荡1 h，抽出色素。

(2) 用滤纸过滤取滤液，在滤液中加入1mol/L氢氧化钠至pH 4.0(花青素酶的最适pH)，把产生的沉淀滤除。

(3) 在调配到 pH 4.0 的约 150 mL 滤液中,加入等量的 0.5 mol/L 醋酸缓冲液(pH 4.0),混合均匀,此为底物原液,在冰箱中保存。使用时用蒸馏水稀释 5 倍,即为底物溶液。底物原液在冰箱中保存过程中会逐渐生成沉淀,故稀释时必须要先过滤,用其滤液。由于原液不能长期保存,尽可能要在 2～3 天使用完毕。

2. 测定

(1) 取适当稀释的酶液 1 mL 置试管"1"中,于 40℃保温 2 min。向其中加入预先在 40℃保温的底物(pH 4.0 的黑豆提取液)4 mL,立刻记时和混匀。10 min 后加入 4 mL 甲醇-盐酸溶液终止酶反应。继续在 40℃保温 30 min,使发色。对照(试管"2")用蒸馏水代替酶液。其余过程同主试验。

(2) 用分光光度计将反应液与对照均在 520nm 处测光密度(*OD* 值)。在配制底物原液时,大致稀释到对照 $OD = 0.400$ 为准。

(五) 计算

酶活力单位:将黑豆抽出的底物溶液(pH 4.0),在 40℃作用 10 min,以 10%褪色为 1 U。

$$花青素酶(\text{U/mL}) = \frac{OD_{空白} - OD}{OD_{空白}} \times \frac{100}{10} \times n$$

式中:$OD_{空白}$——反应液消光值;

n——酶液稀释倍数。

反应液消光值的减少在 30%以下时,测定值与酶量之间可得到直接关系。

10.10.5 β-葡聚糖酶活性的检测

(一) 实验目的

掌握 β-葡聚糖酶水解通过释放出的还原性双糖与 3,5-二硝基水杨酸(DNS)发生反应,测定 β-葡聚糖酶活性。

(二) 实验原理

β-葡聚糖是谷物中的一种重要的非淀粉多糖,它是一种非分支多糖,主要由纤维三糖和纤维四糖单位组成,其中包括 70%的 β-(1→4)糖苷键和 70%的 β-(1→3)糖苷键。由于 β-(1→3)键的存在,使 β-葡聚糖分子形状不规则,表现出水溶性,同时 β-葡聚糖具有一定的黏性。β-葡聚糖酶(EC 3.2.1.6)水解内切 β-1,3(4)-D-葡聚糖苷键。释放出的还原性双糖基因与 3,5-二硝基水杨酸(DNS)发生反应,产生颜色变化,这种变化与释放的还原性双糖的量成正比关系,即与酶样品中的酶活性成正比。通过分光光度计在 540 nm 的光吸收值查对标准曲线(以葡萄糖为标准物)可以确定还原糖产生的量,从而确定酶的活力单位。

β-葡聚糖酶活性的定义:1 g 酶粉(或 1 mL 酶液)于 50℃ pH 5.0 条件下每分钟水解 1%β-葡聚糖溶液产生 1 μg 葡萄糖的酶量定义为一个 β-葡聚糖活力单位。

(三) 试剂和仪器

1. 试剂

无水醋酸钠、冰醋酸、β-葡聚糖、3,5-二硝基水杨酸(DNS)、葡萄糖、四水合酒石酸钾钠、氢氧化钠、苯甲酸、无水乙醇(本方法所使用所有的试剂若无任何说明,均为分析纯)。

2. 仪器

水浴锅、计时表、分光光度计、沸水水浴器、振荡混合器。

3. 试剂的制备

(1) 0.1 mol/L 乙酸-乙酸钠缓冲溶液(pH 5.0)　溶液 A：量取冰醋酸 6 mL，定容至 1 000 mL，制成 0.1 mol/L 醋酸溶液。溶液 B：称取 8.2 g 醋酸钠，溶解后定容至 1 000 mL，制成 0.1 mol/L 醋酸钠溶液。使用时以 A∶B=3∶7 的比例混合，低温冷藏备用。

(2) 1%的 β-葡聚糖溶液的配制　准确称取 0.25 g β-葡聚糖放入 100 mL 锥形瓶中，加 2 mL 无水乙醇摇匀到无可见颗粒。加 20 mL 无离子水混合 15 min，盖紧塞子在沸水中煮 5 min，放置室温自然冷却，或用自来水流水降温。将已冷却到室温的底物溶液倾入一只 25 mL容量瓶中，加入 2.5 mL 1 mol/L 醋酸缓冲液(pH 5.0)，并用无离子水定容至 25 mL。

(3) 3,5-二硝基水杨酸(DNS)溶液　称取 30 g 四水合酒石酸钾钠放入 500 mL 锥形瓶内，加 16 g NaOH，加 50 mL 无离子水，缓慢加热溶解，溶液变清澈后逐渐加入 1 g 3,5-二硝基水杨酸，直至彻底溶解，冷却到室温，用无离子水定容至 100 mL。避光，避 CO_2 保存，操作中戴手套。

(4) 0.1%苯甲酸　0.1 g 苯甲酸加入大约 80 mL 无离子水中溶解，用无离子水定容至 100 mL。

(5) 10 mg/ mL 标准葡萄糖溶液　称 1 g 葡萄糖(恒重)溶于 80 mL 0.1%苯甲酸溶液中，彻底溶解后，转移到 100 mL 容量瓶中，用 0.1%苯甲酸溶液定容至 100 mL，配好的溶液可以在 4℃保存三个月。

(6) 酶样的制备　准确称取 1.000 g 固体酶或移取 1 mL 液体酶样，用 pH 5.0 醋酸缓冲液溶解并定容至 100 mL，则该酶已经稀释 100 倍。

(四) 操作步骤

1. 标准曲线的绘制

(1) 制作标准曲线　做 5 个标准，准备一系列干净试管，每个稀释浓度做 3 个平行管，按下表取试剂：

试管号	0	1	2	3	4	5
取葡萄糖原液体(mL)	0	0.2	0.4	0.6	0.8	1.0
蒸馏水(mL)	10	9.8	9.6	9.4	9.2	9.0
葡萄糖实际含量(mg/mL)	0	0.2	0.4	0.6	0.8	1.0
移取稀释液至新管(mL)	0	1	1	1	1	1
蒸馏水(mL)	2	1	1	1	1	1
50℃保温(min)			10			
DNS 显色剂(mL)	2	2	2	2	2	2
沸水浴(min)			5			
蒸馏水(mL)	10	10	10	10	10	10
OD_{540}						

(2) 测得 OD 值与葡萄糖毫克数在计算机上或人工拟合曲线，求得 $Y=ax+b$ 一元线性方程中间的 a 和 b 值。要求所绘曲线相关系数 $r\geqslant 0.999$。

2. 分析程序

(1) 对于每一个被测酶样品需作三个平行样,取4支试管各加入1 mL底物溶液,3支供测试酶活性,1支作空白,(50±0.5)℃保温2~3 min。

(2) 加1 mL酶稀释液向三个测试管中,空白管中加1 mL无离子水代替酶稀释液。

(3) 4支试管均于50℃反应10 min。

(4) 取出后每管加2 mL DNS试剂,加塞,沸水煮5 min。

(5) 冰浴冷却后,加10 mL无离子水,充分混匀。

(6) 用分光光度计于540 nm处测*OD*值,用空白管调零。

(五) 计算

将测得的各平行样求*OD*值的均值。

计算酶的活性公式为:

$$\beta\text{-葡聚糖酶的活力(U/g 或 mL)} = \frac{(bx+a)\times n\times 1\,000}{10}$$

式中:x——样品*OD*值的平均值;

b和a——浓度和相应的*OD*值通过回归方程求的;

n——酶粉(液)的稀释倍数;

10——酶促反应的时间。

10.10.6 β-葡糖苷酶活力的测定(Haruah & Swain法)

(一) 实验原理

β-D-葡糖苷葡糖水解酶(EC3.2.1.21),自然界中许多植物籽实内部存在β-葡糖苷酶。人们最初是在甜杏仁中发现了这种酶,称之为"杏仁酶",直到今天,人们主要还是从杏仁中获取这种酶。可是后来发觉,这种"杏仁酶"是一个由几种酶构成的混合体。β-葡糖苷酶还存在于一些酵母、曲霉菌和木霉菌属以及细菌体内。β-葡糖苷酶主要用于饮料生产中。此酶能分解β-葡聚糖,从而免除了过滤困难。β-葡糖苷酶水解结合于末端的、非还原性的β-D-糖苷键,同时释放出β-D-葡萄糖。最佳反应条件与酶源、底物和缓冲液的种类有很大关系。最佳pH为4.5~6.8。重金属对它具有可逆钝化作用。而氧化剂(如臭氧)则对此酶起完全钝化的作用。

水杨苷被β-葡糖苷酶水解为水杨醇和β-D-葡萄糖。可以用4-氨基安替比林作显色剂,用分光光度计测定水杨醇。

(二) 定义

一个β-葡糖苷酶单位相当于每分钟释放出1 mg葡萄糖时所需的酶量。(1 μg葡萄糖相当于0.69 μg水杨醇)。

(三) 试剂

1. 显色剂溶液 取0.1 g 4-氨基安替比林($C_{11}H_{13}N_3O$)溶于10 mL乙醇-水混合液(50%,*V/V*),加25 mL 2 mol/L氨溶液,用蒸馏水定容至250 mL。

2. 六氰铬铁酸钾溶液 取0.2 g六氰铬铁酸钾[$K_3(CN)_6$]溶于蒸馏水中,并定容至100 mL。

3. 醋酸盐缓冲液(pH 5.0) 取1.36 g三水醋酸钠($CH_3COONa\cdot 3H_2O$)溶于70 mL

蒸馏水中，用冰醋酸(CH_3COOH)将 pH 调至 5.0。用蒸馏水定容至 100 mL。

4. 底物溶液　取 0.425 g 水杨苷($C_{13}H_{18}O_7$)溶于醋酸盐溶液，定容至 25 mL。

5. 酶溶液　用醋酸盐缓冲液溶解酶，配制酶溶液的浓度应为 90～300 U/mL。

(四) 操作步骤

用移液管将 2.5 mL 底物溶液滴入一支试管，并调温至 35℃。加已预热至 35℃的 5.0 mL 酶溶液，按动秒表，于 35℃保温 5 min。每隔 1 min 从上述反应混合液中取出 0.50 mL，总共取 6 次，将它们分别滴入 9.5 mL 乙醇中，振摇。用蒸馏水按 1∶10 稀释此乙醇混合液。将 5.0 mL 显色剂溶液加入 5.0 mL 已稀释过的混合液，随后再加 5.0 mL 六氰铬铁酸钾溶液。5 min 后用分光光度计于 515 nm 处以空白值为参比测定吸光度。空白值方面的试液由 5.0 mL 蒸馏水、5.0 mL 显色剂溶液和 5.0 mL 六氰铬铁酸钾溶液组成。

	主　值	空 白 值
底物溶液(35℃)	2.5 mL	—
酶溶液(35℃)	5.0 mL	—
按动秒表，混合，于 35 保温 5 min，在 5、6、7、8、9、10 min 后各取出 0.50 mL 保温溶液，滴入		
乙醇 9.5 mL，		
用蒸馏水按 1∶10 稀释		
从中取出 5.0 mL，加		
蒸馏水	—	5.0 mL
显色剂溶液	5.0 mL	5.0 mL
六氰铬铁酸钾溶液	5.0 mL	5.0 mL
5 min 后用分光光度计于 515 nm 处以空白值为参比测定吸光度		

(五) 计算

按下式计算酶的活性：

$$\text{酶的活性(U/mg)} = \frac{E_{515} \times 180\,400 \times 1.5}{E_W \times 18.7}$$

式中：E_{515}——每分钟内吸光度的增大值(515 处)；

E_W——每毫升所用酶液中含酶的重量(mg)；

180 400——1 mol/L 葡萄糖溶液相当于 180 400 μg/mL 葡萄糖溶液；

18.7——水杨醇的摩尔吸光度系数(515 nm 处)；

1.5——换算系数(5 mL 酶溶液被稀释成 7.5 mL 保温溶液)。

举例：

测定一个 β-葡糖苷酶样品，从该样品中称取 30.2 mg。稀释至 100 mL，1 mL 此溶液中含有 0.302 mg 样品。

每分钟吸光度的平均增大值为 0.007 8。

$$\text{酶的活性} = \frac{0.007\,8 \times 180\,400 \times 1.5}{0.302 \times 18.7} = 374\ \text{U/g}$$

10.10.7 溶菌酶活力的测定

(一) 材料、仪器和试剂

1. 材料

溶菌酶结晶或无定形粉末；菌种 *M. LYsodikicus*。

2. 仪器

试管(1.5 mm×15 mm)若干；容量瓶 50 mL(×1)；接种针；酒精灯；刻度吸管 0.2 mL，5 mL；秒表；烧杯；离心机；分析天平；恒温培养箱；匀浆器；721 型分光光度计；冷冻干燥机。

3. 试剂

磷酸缓冲液(0.1 mol/L、pH 6.2)。

(二) 操作

1. 底物的制备　菌种 *M. LYsodikicus* 接种于固定培养基上，于 35℃培养 48 h。用蒸馏水将菌体冲洗下来，纱布过滤酶，离心，弃去上清液。菌体用蒸馏水洗几次，然后将菌体冻干，得淡黄色粉末，供测定用。

2. 样品的称取　准确的称取溶菌酶样品 5 mg，加入适量磷酸缓冲液(浓度为 0.1 mol/L，pH 6.2)，使每毫升磷酸缓冲液含有溶菌酶样品 1 mg，另取底物 10 mg，加少量上述缓冲液，匀浆 2 min 后倾出。准确稀释到 50 mL，此悬浊液用分光光度计于 450 nm 处测得的吸收度应为 0.7 左右。

3. 活力测定　将样品稀释成每毫升含溶菌酶 50 μg。测定时，光吸收底物悬浮液 4 mL，于比色杯中，用分光光度计在 450 nm 波长处读出吸收度，此即零时读数。然后量取 0.2 mL 样品液加入比色杯中，迅速混合，用时用秒表计算时间，每隔 30 s 读一次吸收度，到 90 s 时共记下四个读数。根据单位活力定义，在 pH 为 6.2，波长 450 nm 时，每分钟引起吸收度下降 0.001 为一个酶活力单位。计算公式为：

$$\text{酶活力(U/mg)} = (\text{零时的}\,OD\,\text{值} - 60\ \text{s 的}\,OD\,\text{值}) \times \frac{1\,000}{\text{样品微克数}} \times 1\,000$$

4. 说明与讨论

(1) 溶菌酶活力测定方法有比浊法、琼脂平板扩散法、血球凝集法、黏度法、还原糖法、比色法等。常用底物有细菌细胞壁碎片，甲壳素及其衍生物等。比浊法操作简便、快速，但只是半微量性质。底物的制备、离子强度、pH、温度等对测定都有影响，因此测定时需用固定标准作对照，结果才可靠。

(2) 培养基：蛋白胨 0.5 g，氯化钠 0.5 g，酵母膏 0.1 g，牛肉混合 0.3 g，琼脂 20 g，蒸馏水 100 mL，必要时加氢氧化钠调节至灭菌后 pH 为 7.2。

10.10.8 酯酶活力的测定

(一) 实验原理

酯酶(EC 3.1，甘油三醋酸酯酰基水解酶)存在于几乎所有动物的器官内，但人们主要从马肝提取酯酶。酯酶不仅用于制药工业，而且还用于食品工业和饲料工业。酯酸可水解具有一元醇的有机酸单酯。它同样也可水解脂肪和甘油酯，尽管速度要慢得多。与脂酶相反，酯酶受油酸钙的抑制。而牛磺胆酸盐却相反，同对脂酶一样，也能对酯酶起激活作用。酯酶从甘油三醋酸酯中分解出醋酸。醋酸的浓度可用滴定法测定。

(二) 定义

一个酯酶单位相当于在试验条件下释放出 1 μmol 醋酸所需的酶量。

(三) 试剂

1. 底物溶液　取 5.9 mL 甘油三醋酸酯同 90 mL 蒸馏水混合，摇动，直到甘油三醋酸酯完全溶解，然后用蒸馏水定容至 100 mL。

2. 0.05 mol/L 氢氧化钠溶液。

3. 酶溶液　用蒸馏水溶解此酶，浓度应约为 400 U/mL。

(四) 操作步骤

取 50.0 mL 底物溶液放入一只可以调温的反应器皿，边搅动边加热至 30℃。用氢氧化钠溶液将 pH 调至 6.2～6.4，然后加 1.0 mL 酶溶液，同时按动秒表。在 30℃温度下，中速搅动反应混合液达 30 min，滴加氢氧化钠溶液使 pH 保持在 6.2～6.4。保温结束时读取氢氧化钠溶液的耗量。用相同方法利用已在 100℃左右的水浴中钝化了 4 min 的酶溶液来测定空白值。

	主　值	空　白　值
底物溶液	50.0 mL	50.0 mL
用氢氧化钠将 pH 调至 6.2～6.4，调温至 30℃， 将上述试液都滴入一只 1 cm 比色皿内混合，调温至 25℃，加		
酶溶液	1.0 mL	—
已钝化过的酶溶液	—	—
边搅动边于 30℃精确保温 30 min，然后用氢氧化钠溶液连续滴定， 结束后读取氢氧化钠溶液耗量		

(五) 计算

用下式计算酯酶的活性：

$$酶的活性(\mathrm{U/g})=\frac{(H-B)\times 50}{E_{\mathrm{W}}}$$

式中：H——用于主值的氢氧化钠溶液耗量(mL)；

B——用于空白值的氢氧化钠溶液耗量(mL)；

50——1 mL 0.05 mol/L 的氢氧化钠溶液里 50 μmol 醋酸；

E_{W}——1 mL 所用酶液中含酶的重量(g)。

10.11　转移酶

10.11.1　转移葡萄糖苷酶的测定

(一) 实验目的

在葡萄糖淀粉酶制剂中常含有葡萄糖苷转移酶。该酶可切开麦芽糖的 α-1,4 键，将游离出的一个葡萄糖转移到另一个葡萄糖或麦芽糖分子的 α－1,6 位上，生成潘糖或异麦芽糖，影响产品纯度。用定性方法鉴别糖化酶制剂中的葡萄糖苷转移酶。

（二）实验原理

用纸上层析法，根据潘糖和异麦糖的色斑鉴定该酶的存在情况。

（三）材料、仪器和试剂

1. 材料

糖化酶酶制剂。

2. 仪器

具塞比色管 10 mL(×2)；刻度吸管 5 mL(×2)，2 mL(×1)；量筒 100 mL(×2)，50 mL(×1)；微量注射器 50 μL (×1)；喉头喷雾器(×1)；层析缸(×1)；吹风机(×1)；H 铅笔(×1)；直尺(×1)；细纱手套(×1)；刀片(×1)；白丝线；恒温水浴锅。

3. 试剂

(1) 2%麦芽糖溶液 50 mL。

(2) 0.1 mol/L pH 4.6 醋酸缓冲液(见附录)。

(3) 正丁纯(分析纯)。

(4) 苯胺 2%(W/V)酒精溶液。

(5) 二苯胺 2%(W/V)酒精溶液。

(6) 85%磷酸。

(7) 去离子水(配制以上试剂用)。

(8) 标准麦芽糖和葡萄糖溶液。

（四）操作步骤

向 10 mL 带塞比色管中加 20%麦芽糖液 5 mL，醋酸缓冲液 3 mL，酶液 2 mL，在 50℃恒温水浴中保温 24～48 h。用纸上层析法检验，并用标准麦芽糖和葡萄糖作比较。

展层剂：正丁醇：吡啶：水＝6：4：3(体积比)。

显色剂：苯胺＋二苯胺＋磷酸。其中，2%二苯胺酒精溶液 5 份体积；2%苯胺酒精溶液 5 份体积；85%磷酸 1 份体积；试剂当天混合。二苯胺和苯胺溶液可于暗处保存数星期。上行展层 1～2 次。干燥后 80℃显色。

（五）实验结果

醛糖蓝色，酮糖棕色，五碳糖绿色。

10.11.2 葡萄糖异构酶活力的测定(咔唑法)

（一）实验目的

不同微生物产生的葡萄糖异构酶反应条件有所不同，但基本方法大多数采取咔唑法。通过本试验掌握一般的测定方法。

（二）实验原理

葡萄糖异构酶亦称木糖异构酶。主要功能是将 D－木糖、D－葡萄糖、D－核糖等醛糖转化为相应的 D－木酮糖、D－果糖、D－核酮糖等酮糖。果糖对半胱氨酸盐-咔唑的显色反应呈紫色，与木糖、葡萄糖分别呈红色或浅蓝色反应。利用异构酶转化葡萄糖后生成的果糖量，测定样品的酶活力及转化率。

(三) 材料、仪器和试剂

1. 材料

葡萄糖异构酶酶制剂。

2. 仪器

试管 15 mm×150 mm(1 mL×14);刻度吸管 5 mL(×3),1 mL(×1),0.5 mL(×3);容量瓶200 mL(×2);恒温水浴锅;721 分光光度计。

3. 试剂

(1) 0.2 mol/L、pH 7.2 磷酸盐缓冲液(见附录)。

(2) 0.5 mol/L 硫酸镁溶液。

(3) 0.05 mol/L 硫酸镁溶液。

(3) 0.05 mol/L 氯化钴溶液。

(4) 4%葡萄糖溶液。

(5) 标准果糖溶液　将果糖置称皿中在 55℃真空干燥至恒重,精确称取 1.000 g,用饱和苯甲酸溶液溶解后定容至 1 L。使用时 10 mL 定容至 200 mL,配成 50 μg/mL 的溶液。

(6) 硫酸溶液　AR 级硫酸 450 mL,徐徐加入到 190 mL 蒸馏水中充分混合。

(7) 0.12%乙醇咔唑溶液　取咔唑 0.120 g,用无水乙醇溶解定容至 100 mL,置棕色瓶中,保存。

(8) 1.5%半胱氨酸盐酸盐溶液　称取 150 mg 半胱氨酸盐酸盐,用少量水溶解后定容至 10 mL。

(9) 0.5 mol/L 高氯酸。

(10) 50 μg/mL 的标准葡萄糖液　10 mg 干燥葡萄糖溶解定容至 20 mL。

(四) 操作步骤

1. 酶液制备

将酶制剂适当稀释后过滤,取清液备用。

2. 绘制果糖标准曲线

按下表比例配制果糖标准溶液与葡萄糖溶液的混合溶液。

管　号	果糖含量(μg/mL)	50 μg/mL 标准果糖液(mL)	50 μg/mL 标准葡萄糖液(mL)
1	0	0	2.0
2	10	0.2	1.8
3	20	0.4	1.6
4	30	0.6	1.4
5	40	1.0	1.0
6	50	1.4	0.6
7	60	2.0	0

将以上各管混合液放入冰浴中冷却,加入硫酸 6 mL,剧烈振荡摇匀后,立即加入半胱氨酸 0.2 mL,摇匀,再立即加入咔唑溶液 0.2 mL,置 40℃水浴发色 30 min,取出后在冰浴中平衡 20 min,立即用分光光度计测定 650 nm 波长处的光密度。以果糖量为纵坐标,*OD* 值为横坐标绘标准曲线。

3. 测定

在试管内加入 0.2 mol/L 的 pH 7.2 磷酸盐缓冲液 0.5 mL，0.5 mol/L 硫酸镁 0.5 mL，0.05 mol/L氯化钴溶液 0.5 mL，4%葡萄糖溶液 2.5 mL，70℃水浴预热 5 min，加入样品酶液 1 mL，反应 1 h。以水 1 mL 代替酶液加入同样反应系统内作为空白。1 h 后向各管加 0.5 mol/L 高氯酸 5 mL 终止反应。过滤后取滤液用蒸馏水稀释 400 倍(取 0.5 mL 滤液定容为 200 mL)。用咔唑法测定果糖。

测糖：取 2 mL 稀释后的滤液(果糖含量调整为 100 μg/2 mL 以下)放入试管内，冰浴中冷却。其余步骤与制作标准曲线过程一致。得到试验 *OD* 值和空白 *OD* 值，计算试样果糖含量。

(五) 计算

$$\text{定糖试样中果糖量}(\mu g/mL) = \frac{(\text{试样 } OD \text{ 值} - \text{空白 } OD \text{ 值})\text{在标准曲线上相应糖量}}{2} \times 400$$

式中：2——2 mL 稀释的反应液；

400——每毫升反应液稀释 400 倍。

酶活力计算：

以每小时生成果糖毫克数表示。即在上述条件下，1 h 内生成 1 mg 果糖的酶活力为1 个单位。

$$\text{酶活力}(U/mL) = \frac{\text{定糖试样果糖含量} \times 10}{1 \times 10^3} \times n = \frac{\text{定糖试样糖含量}}{100} \times n$$

式中：10——酶反应系统为 10 mL；

1——取 1 mL 酶液测定；

n——稀释倍数。

10.12 氧化还原酶

10.12.1 葡萄糖氧化酶活力的测定(滴定法)

(一) 实验目的

学习葡萄糖氧化酶活力测定的方法。

(二) 实验原理

葡萄糖氧化酶是需氧脱氢酶，能催化葡萄糖氧化产生葡萄糖酸和过氧化氢。

$$C_6H_{12}O_6 + O_2 + H_2O \xrightarrow{\text{葡萄糖氧化酶}} C_6H_{12}O_7 + H_2O_2$$

$$2H_2O_2 \xrightarrow{\text{过氧化氢酶}} 2H_2O + O_2$$

用过量的标准碱中和葡萄糖酸后，再用标准酸反滴定。根据消耗的标准酸量，计算中和葡萄糖酸消耗的标准碱量。0.1 mol/L 盐酸 1 mL 相当于 18 mg 葡萄糖量，由此可计算葡萄糖的消耗量。以氧化 1 μg 分子葡萄糖的酶量计算酶活力。

（三）材料、仪器和试剂

1. 材料

柠檬酸发酵生产后的黑曲霉菌丝体。

2. 仪器

三角瓶 250 mL(×4)；刻度吸管 25 mL(×1)，20 mL(×1)，1 mL(×1)；酸式滴定管 25 mL(×1)；恒温振荡水浴锅；秒表。

3. 试剂

(1) 0.05 mol/L pH 4.5 醋酸缓冲液　配法见附录。

(2) 2%葡萄糖醋酸缓冲液　用上面(1)的缓冲液溶解 20 g 无水葡萄糖，定容至 1 L。

(3) 0.1 mol/L 标准氢氧化钠溶液。

(4) 0.1 mol/L 标准盐酸溶液。

(5) 酚酞指示剂　取 1 g 酚酞溶于 100 mL 70%乙醇中。

(6) 消泡剂　十八醇酒精饱和溶液(振荡中使用)。

（四）操作步骤

1. 酶液制备

将黑曲霉菌丝体用水充分洗涤后，加石英砂研磨。用 0.05 mol/L pH 4.5 醋酸缓冲液浸提和过滤。缓冲瓶用量为菌体的 4～6 倍。

2. 测定

在 4 个 250 mL 三角瓶中各加入 25 mL 2%葡萄糖洗液。其中两瓶内各加 1 mL 酶液，立即于 30℃ 振荡 1 h(参考：振幅 95 mm，105 次/min)。振荡完毕立即加入 20 mL 0.1 mol/L氢氧化钠标准液滴加酚酞 2 滴，用 0.1 mol/L 标准盐酸滴定至红色恰好消失为终点。记录消耗的盐酸毫升数(A)。对照：在另外两个三角瓶内加入葡萄糖液后，先加氢氧化钠，后加酶液，不必振荡，记录所消耗的盐酸毫升数(B)。

（五）计算

在上述条件下，每分钟催化氧化 1 μg 分子葡萄糖的酶量定义为 1 个酶活力单位。

$$\text{酶活力}[\mathrm{U/(min\cdot mL)}] = (B-A)\times c\times n\times 1\,000\div 60$$

式中：c——盐酸溶液的浓度，mol/L；

n——酶稀释倍数；

60——换算为每分钟；

1 000——换算为 μg 分子。

注意：对照与样品同时滴定。盐酸(0.1 mol/L)消耗之差要控制在 4 mL 之内，酶液浓度应控制在 6.5～7.0 U，否则酶液要稀释。

10.12.2　葡萄糖氧化酶的测定(比色法)

（一）实验原理

葡萄糖氧化产生 D-葡萄糖酸和过氧化氢，葡萄糖氧化酶催化此氧化反应。加过氧化物酶后，从过氧化氢中分解出氧来，氧又与邻-联二茴香胺($C_{14}H_{16}N_2O_2$)发生氧化反应，形成一棕色的物质。用分光光度计从 460 nm 处吸光度的增大值可以确定反应的速度。

(二) 定义

一个葡萄糖氧化酶单位相当于在规定条件下，温度 25℃，pH 6.0，每分钟氧化 1 μmol 邻-联二茴香胺时所需的酶量。

(三) 试剂

1. 底物溶液　取 18.0 g 一水葡萄糖溶于蒸馏水，并定容至 100 mL，此溶液静置过夜后就可以使用。

2. 过氧化物酶溶液　取 2 mg 过氧化物酶溶于蒸馏水中，并定容至 10 mL。

3. 磷酸盐缓冲液(pH 6.0)　取 13.61 g 磷酸二氢钾溶于约 800 mL 蒸馏水中，用 1 mol/L 氢氧化钠溶液将 pH 调至 6.0，并用蒸馏水定容至 1 000 mL。

4. 邻-联二茴香胺缓冲混合液　取 10 mg 邻-联二茴香胺溶于 1.05 mL 蒸馏水中(相当于含 1%邻-联二茴香胺的溶液浓度)。从该溶液中取出 0.1 mL 来与12 mL 0.1 mol/L 磷酸盐缓冲液混合，并通入氧气使其达到饱和。

5. 酶溶液　用蒸馏水溶解酶，浓度应达到 0.03～0.09 U/mL。

(四) 操作步骤

用移液管将 2.5 mL 邻-联二茴香胺缓冲混合液、0.30 mL 底物溶液和 0.10 mL 过氧化物酶溶液滴入一只 1 cm 比色皿中，调温至 25℃，然后加 0.10 mL 酶溶液，在连续大约 5 min 内每隔 1 min 读取吸光度(460 nm 处)，直至每分钟内吸光度的增大值达到稳定为止。

邻-联二茴香胺缓冲混合液	2.50 mL
底物溶液	0.30 mL
氧化物酶溶液	0.10 mL
用移液管将上述三种试液滴入一只 1 cm 比色皿，调温至 25℃，加	
酶溶液	0.10 mL
按动秒表，混合，在 5 min 内每隔 1 min 读取 460 nm 处的吸光度	

(五) 计算

用下式计算酶的活力：

$$\text{酶的活力(U/mg)} = \frac{E_{460} \times 3}{11.3 \times E_{W}}$$

式中：E_{460}——每分钟内吸光度的增大值(460 nm 处)；

E_{W}——0.1 mL 所用酶液中含酶的重量(mg)；

11.3——1 μmol 邻-联二茴香胺/mL 的吸光度(460 nm 处)；

3——反应混合液的总体积。

举例：

测定一个葡萄糖氧化酶样品，从该样品中称取 24.3 mg，定容至 100 mL，按 1∶500 稀释。0.10 mL 此稀释溶液中含有 0.000 048 6 mg 样品。

每分钟内吸光度的增大值为 0.024。

$$\text{酶的活力} = \frac{0.024 \times 3}{11.3 \times 0.000\,048\,6} = 131.1\ \text{U/mg}$$

10.12.3 过氧化氢酶活力的测定(碘量法)

(一) 实验目的

过氧化氢酶除作为一种在食品加工、保鲜中应用的酶之外，常与葡萄糖氧化酶共存，分解葡萄糖氧化酶的催化产物过氧化氢。同时过氧化氢酶普遍存在于植物及果实中，其活力与植物抗寒、抗病、组织代谢强度有一定关系。通过实验掌握过氧化氢酶的测定方法，并可了解在酶制剂中(如葡萄糖氧化酶)和果实等植物组织器官中存在的情况。

(二) 实验原理

过氧化氢酶催化过氧化氢分解。在反应系统中，剩余的过氧化氢用碘量法测定。用过氧化氢被分解的数量表示酶活力。

$$2H_2O_2 \xrightarrow{\text{过氧化氢酶}} 2H_2O + O_2$$

$$H_2O_2 + 2KI + H_2SO_4 \longrightarrow I_2 + K_2SO_4 + 2H_2O$$

$$I_2 + 2Na_2S_2O_3 \longrightarrow 2NaI + Na_2S_4O_6$$

(三) 材料、仪器和试剂

1. 材料

苹果、番茄等水果和蔬菜，或葡萄糖氧化酶酶制剂。

2. 仪器

碘量瓶 100 mL(×4)；刻度吸管 5 mL(×1)，2 mL(×1)，1 mL(×1)，0.5 mL(×1)；碱式棕色滴定管 25 mL(×1)；恒温水浴锅；秒表。

3. 试剂

(1) 0.5 mol/L 硫酸。

(2) 10%碘化钾　称取 10 g 碘化钾用水溶解并定容至 100 mL。

(3) 0.005 mol/L 硫代硫酸钠。

(4) 0.01 mol/L 磷酸盐缓冲液。

(5) 过氧化氢-磷酸盐缓冲液　0.1 mL 30%双氧水，用 0.01 mol/L pH 6.8 磷酸盐缓冲液稀释至 100 mL。本溶液低温保存，避免过氧化氢逸出。

(6) 淀粉指示剂　取 0.3 g 可溶性淀粉与少量水混合，倒入沸水中，冷却后加 0.1 g 碘化钾和 0.1 g 碳酸钠，用水稀释至 50 mL。

(7) 1%钼酸铵溶液。

(四) 操作步骤

1. 酶液的制备

将酶制剂用水稀释后备用。

测果实、蔬菜样品时，可称样品 1 g，加少量水和石英砂研磨成匀浆，移入 100 mL 容量瓶内，定容、混匀和过滤，清液备用。

2. 测定

取 5 mL 过氧化氢-磷酸盐缓冲液于 100 mL 的碘量瓶中，置于 25℃水浴中保温。向其中加入 1 mL 酶液，立刻记时，混匀。3 min 后立即加入 2 mL 0.5 mol/L 硫酸灭酶。再加入

0.5 mL 10%碘化钾和1滴钼酸铵，放置3 min后，用0.005 mol/L硫代硫酸钠溶液滴定，反应液呈浅黄色时，加2～3滴淀粉指示剂，继续滴定至蓝色消失为止。记录硫代硫酸钠消耗的毫升数(A)。对照先加硫酸后加酶液，其余步骤与试验相同，记录消耗硫代硫酸钠的毫升数(B)。

(五) 计算

在本实验条件下，每分钟催化分解1 μg分子过氧化氢的酶量定义为一个活力单位。

$$\text{酶活力}[\text{U/(mL 或 g)}] = \frac{(B-A)c}{3} \times 1\,000 \times n$$

式中：c——硫代硫酸钠溶液的浓度，mol/L；

1 000——硫代硫酸钠的摩尔折合成微摩尔；

3——反应3 min；

n——酶的稀释倍数。

(六) 注意事项

1. 精确记时。因酶反应极快，加入酶后，立即摇匀。

2. 被测定酶液浓度以每毫升100 U为宜。0.005 mol/L硫代硫酸钠消耗6 mL左右最合适。

10.12.4 过氧化氢酶活力的测定(高锰酸钾法)

(一) 实验原理

过氧化氢酶分解过氧化氢，先生成氧和水。这一单分子反应的反应常数是衡量酶活性的一个尺度。该常数可根据保温过程中一定的时刻仍存在的、可用高锰酸钾滴定的过氧化氢量算出。

(二) 定义

一个过氧化氢酶单位相当于在试验条件下每分钟分解出10 μmol过氧化氢所需的酶量。

(三) 试剂

1. 底物溶液　用蒸馏水将0.50 mL过氧化氢(30%的H_2O_2)稀释至1 000 mL。

2. 磷酸盐缓冲液(pH)　取4.539 g磷酸二氢钾(KH_2PO_4)和5.938 g二水磷酸氢二钠溶于蒸馏水，并定容至1 000 mL。

3. 2%硫酸　小心地用蒸馏水稀释1.1 mL浓硫酸至100 mL。

4. 0.002 5 mol/L高锰酸钾溶液　根据说明配制此试剂，并用蒸馏水按1∶20稀释。

5. 酶溶液　用蒸馏水溶解酶。1 mL配制溶液应含有0.3～0.5 U。

(四) 操作步骤

用移液管将35.0 mL底物溶液、5.0 mL磷酸盐缓冲液和9.0 mL蒸馏水移入一只容量为100 mL的锥形烧瓶，混合，冷却至2℃。加1.0 mL(同样也已冷却至2℃的)酶溶液。同时按动秒表。于2℃保温5、10、15、20 min后各取出5.0 mL。滴入1.0 mL硫酸中，反应就此终止。随后用高锰酸钾溶液滴定此混合试液，直至浅玫瑰色出现为终点。

空白值是这样测定的：取35.0 mL底物溶液、5.0 mL磷酸盐缓冲液和10.0 mL蒸馏水加以混合，然后用高锰酸钾溶液滴定5 mL此混合试液和1.0 mL硫酸。

	主　值	空白值
底物溶液	35.0 mL	35.0 mL
磷酸盐缓冲液	5.0 mL	5.0 mL
蒸馏水	9.0 mL	10.0 mL
混合，调温至 40℃，加		
酶溶液(2℃)	1.0 mL	—
于 2℃保温 5、10、15、20 min 后，立即从试液中各取出 5.0 mL，与		
硫酸	1.0 mL	1.0 mL
混合，用高锰酸钾溶液，滴定直至浅玫瑰色出现为终点		

(五) 计算

可按下式算出过氧化氢单分子反应的反应常数：

$$K = \frac{1}{t} \times \log \frac{a}{a-x}$$

式中：t——时间(min)；

a——过氧化氢的起始浓度相当于空白值试验中高锰酸钾溶液的耗量(mL)；

x——已被分解的过氧化氢数量(mL)；

$a-x$——各规定时刻主值试验的高锰酸钾溶液耗量(mL)。

用下式计算出酶活性：

$$酶的活性(U/g) = \frac{K \times 50}{E_W}$$

式中：K——单分子反应常数的平均值；

50——保温试液的总体积；

E_W——1 mL 所用酶液中含酶的重量(g)。

举例：

测定一个过氧化氢酶样品，从该样品中称取 0.032 5 g，定容至 100 mL，以 1∶50 稀释。1 mL 此稀释溶液中含有 0.000 006 5 g 样品。

	滴液耗量(mL)	K
空白值	5.61	0.007 77
5 min 后	5.13	0.007 50
10 min 后	4.72	0.007 70
15 min 后	4.30	0.007 51
20 min 后	3.97	平均值=0.007 62

10.12.5 多酚氧化酶和抗坏血酸氧化酶活力的测定

(一) 实验目的

掌握多酚氧化酶及抗坏血酸氧化酶的测定方法。

(二) 实验原理

在果实、蔬菜保鲜中,测定氧化酶的动态,对了解植物的代谢情况及其与环境条件的关系有重要意义。抗坏血酸氧化酶会使抗坏血酸氧化而变成黄褐色的脱氢抗坏血酸;多酚氧化酶使焦儿茶酚(邻苯二酚)氧化产生黑素类,使果实、蔬菜在不适宜的贮藏条件下品质变劣。抗坏血酸氧化酶的测定是在该酶的最适 pH 及适宜温度下,向反应瓶中加入一定量底物(抗坏血酸及酶液)。根据抗坏血酸的消耗量计算酶活力。抗坏血酸消耗量可用碘液滴定剩余的抗坏血酸来测定。

$$KIO_3 + 5KI + 2H_3PO_4 \rightarrow 3I_2 + 2K_3PO_4 + 3H_2O$$

$$\text{抗坏血酸} + I_2 \rightarrow \text{脱氢抗坏血酸} + 2HI$$

在氧的存在下,多酚氧化酶将邻苯二酚氧化为醌类,醌又进一步氧化抗坏血酸为脱氢抗坏血酸。向反应系统中加入焦儿茶酚和抗坏血酸,可由抗坏血酸的消耗量间接求得多酚氧化酶的活力。

(三) 材料、仪器和试剂

1. 材料

新鲜的马铃薯或苹果等。

2. 仪器

三角瓶 50 mL(×6);刻度吸管 5 mL(×1),2 mL (×2),1 mL(×2);微量滴定管(×2);恒温水浴锅;秒表。

3. 试剂

(1) 0.05 mol/L pH 6 磷酸盐缓冲液(0.2 mol/L Na_2HPO_4 12.3 mL,0.1 mol/L NaH_2PO_4 87.7 mL)

(2) 0.1%抗坏血酸 使用当天配制。

(3) 0.02 mol/L 焦儿茶酚(邻苯二酚) 称取 0.22 g 焦儿茶酚溶于 100 mL 水中,使用当天配制。

(4) 10%偏磷酸。

(5) 1%淀粉溶液。

(6) 0.005 mol/L 碘液 取 2.5 g 碘化钾溶于 200 mL 蒸馏水中,加冰醋酸 1 mL,再加 0.1 mol/L 碘酸钾(0.356 7 g 碘酸钾溶于水,定容至 100 mL)12.5 mL,用蒸馏水定容至 250 mL。

(四) 操作步骤

1. 酶液制备

将新鲜马铃薯或苹果 8 g(去皮),切碎后置组织捣碎机内,加入 60 mL 左右 pH 6 的磷酸盐缓冲液(预先置冰箱内冷却),捣碎 3min 后将全部材料用缓冲液洗入 100 mL 容量瓶内,并定容至刻度。在 20℃水浴上浸提 30 min,中间摇动数次。将匀浆离心(2 500 r/min,10～

15 min)，取出上清液(酶液)备用。

2. 测定

取6个50 mL干燥的三角瓶，标号后按下表准确加入试剂。向各瓶内加水、抗坏血酸。向④、⑤、⑥号瓶加焦儿茶酚，向③、⑥号加偏磷酸。于20℃水浴预热3～5 min后分别测定。向底物中加入酶液2 mL，立刻记时，混匀。20℃保温3min后立即加入1 mL偏磷酸(③、⑥号不必再加)灭酶。加淀粉溶液3滴，用0.005 mol/L碘液滴定至浅蓝色为止。记录各号的滴定值。

抗坏血酸氧化酶和多酚氧化酶测定试剂加量表

瓶号	试剂(mL)					备注
	蒸馏水	抗坏血酸	焦儿茶酚	酶液	偏磷酸	
①	4	2		2		抗坏血酸氧化酶
②	4	2		2		抗坏血酸氧化酶
③	4	2		2	1	空白
④	3	2	1	2		抗坏血酸氧化酶及多酚氧化酶
⑤	3	2	1	2		抗坏血酸氧化酶及多酚氧化酶
⑥	3	2	1	2	1	空白

(五) 计算

以每克鲜样品每分钟氧化抗血酸的毫克数表示酶活力，其酶活力计算公式为：

抗坏血酶氧化酶活力(U/g)

$$=[③-(①+②)/2]\times 0.44\times n\div W\div(3\times 2)$$

多酚氧化酶活力(U/g)

$$=\{[⑥-(④+⑤)/2]-(2③-①-②)/2\}\times 0.44\times n\div W\div(3\times 2)$$

式中：0.44——每毫升0.005 mol/L碘液氧化抗坏血酸毫克数；

n——酶提取液体积(mL)；

W——鲜样品重量(g)。

由于酶液中同时存在以上两种酶，所以测定多酚氧化酶的反应系统中(④、⑤、⑥号)的抗坏血酸的消耗量是两种酶作用的结果。在计算中要减去抗坏血酸氧化酶的底物消耗量。

10.12.6 多酚氧化酶活力的测定

多酚氧化酶又称酪氨酸酶、儿茶酚酶、酚酶等，广泛存在于动物、植物中。

(一) 酶的纯化

150 g去皮的箭叶黄体芋(cocoyams)切成小块，浸于300 mL丙酮(－20℃)冰冻过夜。然后捣碎，真空抽滤。将残渣干燥，作为丙酮粉保存。

缓冲液抽提：取98 g丙酮粉悬浮于392 mL 0.025 mol/L磷酸钾缓冲液(pH 7.0)中，充分混合，捣碎，用纱布过滤后于14 000 g离心20 min。

丙酮沉淀：向上清液以1∶1(体积比)比例加入冷丙酮，于4℃搅拌1 h，于14 000 g离心10 min。沉淀溶于0.025 mol/L磷酸缓冲液(pH 7.0)。硫酸铵分级：向上述酶液加入

$(NH_4)_2SO_4$至为 80%饱和溶液，搅拌 30 min，过夜，于 14 000 g 离心 20 min，沉淀溶于 0.025 mol/L磷酸钾缓冲液(pH 7.0)，对 10 mmol/L Tris-HCl 溶液(pH 8.3)透析 18 h，更换 3 次，即为部分纯化的多酚氧化酶。酶被纯化了 14 倍。

(二) 酶活力测定方法

1. 试剂及配制

(1) 0.05 mol/L 磷酸缓冲液(pH 7.8)。

(2) 底物溶液　*A* 为 0.015 mol/L 邻苯二酚溶液；*B* 为 0.015 mol/L DL-3,4 二羟基苯丙氨酸溶液；*C* 为 0.015 mol/L 焦倍酸溶液。用试剂(1)配制。

2. 测定

吸取 0.1 mL 底物溶液、2.8 mL 磷酸缓冲液(pH 7.8)，于 25℃水浴中恒温 10 min，加入 0.1 mL 酶提取液，用分光光度计测定光吸收变化。测定波长视底物定，邻苯二酚溶液、DL-3,4-二羟基苯丙氨酸溶液或焦倍酸溶液的测定波长分别为 398、434 和 400 nm，连续测定 5 min。以 *A* 对时间作图，取反应最初直线部分，计算出每分钟的减少值 ΔA/min。

(三) 计算

在上述试验条件下，以每分钟光吸收值改变 0.001 所需酶量为 1 个活力单位。

10.12.7 过氧化物酶活力的测定(愈创木酚法)

(一) 实验目的

掌握过氧化物酶活力的测试方法。

(二) 实验原理

过氧化物酶的活力与果蔬的成熟度间接地成正相关，故常称其为“成熟酶”。在用加热方法杀灭食品中有害的酶时，也常以过氧化物酶作指标酶，因为该酶耐热。过氧化物酶能将愈创木酚(邻甲氧基苯酚)氧化成红棕色的 4-邻甲氧基苯酚。用分光光度计在 470nm 波长处测定消化值，即可求酶活力。

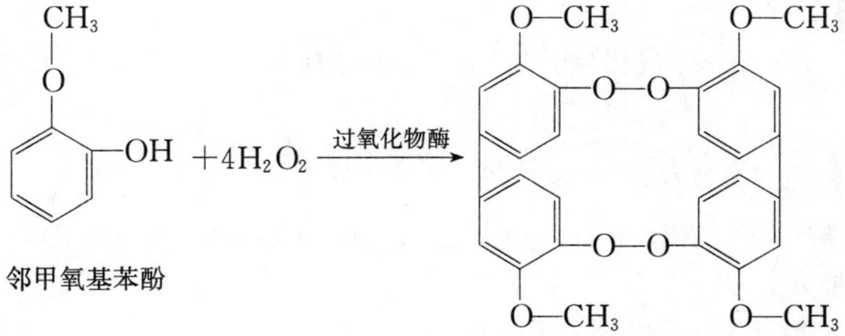

4-邻甲氧基苯酚(红棕色)

(三) 材料、仪器和试剂

1. 材料

苹果或其他果蔬。

2. 仪器

容量瓶 100 mL(×1)；具塞比色管 20 mL(×6)、10 mL(×7)；刻度吸管 1 mL(×5)；分光光度计；秒表；组织捣碎机或研体；恒温水浴锅。

3. 试剂

(1) 0.2 mol/L pH 5.0 醋酸缓冲液(0.2 mol/L NaAc 70 mL、0.2 mol/L HAc 30.0 mL)。

(2) 0.1%愈创木酚　将0.1 g愈创木酚定溶于100 mL水中。

(3) 0.08% H_2O_2　取30% H_2O_2 2.67 mL,稀释到100 mL,混匀。再从其中取出10 mL,用水定容至100 mL。

(4) 英格盐液　吸取5%分析纯重铬酸钾($K_2Cr_2O_7$)溶液12 mL和10%分析纯硝酸钴[$Co(NO_3)_2$]溶液5 mL,混匀后加水7倍稀释,作成标准液,相当于每100 mL含有4-邻甲氧基苯酚675 μg。取此液74.00 mL,稀释至100 mL,配成500 μg/100 mL(5 μg/mL)溶液。

(四) 操作步骤

1. 标准曲线的制作

取7支10 mL具塞比色管,分别加入5 μg/ mL的英格盐液10、8、6、4、2、1和0 mL,然后稀释到10 mL。其浓度分别为每毫升含5、4、3、2、1、0.5和0 μg 4-邻甲氧基苯酚。用分光光度计在470 nm波长处测定光密度(以0作空白)以4-邻甲氧基苯酚含量(μg/mL)为横坐标,*OD*值为纵坐标,绘制标准曲线。

2. 酶液制备

将材料洗净,用滤纸吸干。取样品1 g,切碎,置研钵中,加少量石英砂,研成匀浆。也可用组织捣碎机处理。小心地将匀浆全部用水移入100 mL容量瓶中,定容。混匀后离心,取已清液测定。

在20 mL具塞刻度试管中,分别加入pH 5.0醋酸缓冲液1 mL,0.1%愈创木酚溶液1 mL和酶液1 mL(酶活力强时可稀释后再取1 mL),摇匀。置于30℃水浴中,温度平衡后加入0.08% H_2O_2溶液1 mL,立即记时,混匀。反应1 min,立即倒入比色杯中测 OD_{470} 值。

从标准曲线上求出相应的4-邻甲氧基苯酚的含量。对照试验用1 mL蒸馏水代替0.08% H_2O_2。以对照试验调整分光光度计的零点。

(五) 计算

每1 mg 4-邻甲氧基苯酚相当于1愈创木酚单位酶活力。用GU/(g鲜重·h)表示酶活力,其公式为:

$$酶活力[GU/(g鲜重\cdot h)] = W \times 60 \times n \div 1000$$

式中:*W*——样品 OD_{470} 在标准曲线上对应的4-邻甲氧基苯酚量(ug/mL);

60——换算为1 h;

1 000——换算为mg 4-邻甲氧基苯酚;

n——鲜样品制成匀浆总稀释倍数。

(六) 注意事项

酶的提取纯化需在低温下进行。

10.12.8　过氧化物酶活力的测定(4-氨基安替比林法)

(一) 实验原理

过氧化物酶催化过氧化氢的还原反应,这时4-氨基安替比林可用来作氢供给体。用分光光度计(510 nm)测定吸光度的增大值，以此跟踪4-氨基安替比林的氧化反应。

(二) 定义

一个过氧化物酶单位相当于在规定条件下，于25℃、pH 7.0，每分钟分解1 mol过氧化氢时所需的酶量。

(三) 试剂

(1) 磷酸盐缓冲液(pH 7.0)　用磷酸氢二钠溶液(35.6 g溶于蒸馏水，并定至1 000 mL)将100 mL磷酸二氢钾溶液(27.2 g溶于蒸馏水，并定容至1 000 mL)的pH调至7.0。

(2) 过氧化氢溶液　用蒸馏水将1.0 mL过氧化氢(30% H_2O_2)定容至100 mL。取出1.0 mL，并用磷酸盐缓冲液将它稀释至50 mL。

(3) 4-氨基安替比林溶液　取810 mg苯酚溶于大约40 mL蒸馏水中。加25 mg 4-氨基安替比林，溶解，用蒸馏水定容至50 mL。

(4) 酶溶液　在测定工作即将开始前，用蒸馏水溶解酶，使浓度达到1 g/mL。接着进行稀释，使浓度达到0.05～0.25 U/mL。

(四) 操作步骤

用移液管将1.4 mL4-氨基安替比林溶液和1.5 mL过氧化氢溶液滴入一只1 cm比色皿，并调温至25℃。加0.10 mL酶溶液，混合，按动秒表，用分光光度计(510 nm)以蒸馏水为参比测定吸光度，在5 min内每隔1 min测一次，直至每分钟内吸光度的增大值达到稳定为止。

指示剂溶液	1.4 mL
底物溶液	1.5 mL
混合，调温至25℃，加	
酶溶液	0.10 mL
混合，每隔1 min读取510 nm处的以蒸馏水为参比的吸光度	

(五) 计算

酶活力的计算公式为：

$$酶的活力(U/mg)=\frac{E_{510}\times 3}{6.58\times E_W}$$

式中：E_{510}——510 nm处每分钟内吸光度的增大值；

3——反应液的总体积；

E_W——每0.10 mL所用酶液中含有酶的重量(mg)；

6.58——1个单位能在1 min内使吸光度增大6.58。

举例：

测定一个过氧化物酶样品。从该样品中称取25.3 mg，定容至50 mL。按1∶500稀释。0.10 mL此稀释溶液中含有0.000 101 2 mg样品。每分钟吸光度的增加值为0.036。

$$酶的活力=\frac{0.036\times 3}{6.58\times 0.000\,101\,2}=162.2\ U/mg$$

10.12.9 过氧化物酶活力的测定

过氧化物酶(EC1.11.1.7)几乎存在于所有植物细胞中，也存在于白血球、酵母、牛奶中。在辣根中含量很高，一般从辣根中提取。

(一) 酶的纯化

1. 无细胞提取液的制备：100 g 菌糊加 100 mL pH 7.2 的 0.025 mol/L Tris-HCl 缓冲液。用超声波破碎细胞 30 min，高速离心得提取液。

2. 鱼精蛋白去核酸：向提取液中加入鱼精蛋白(按总蛋白量的 2%加入)，调至 pH 7.0～7.2，搅拌 30 min，离心去掉核酸-鱼精蛋白复合物沉淀。

3. 硫酸铵分级：向上清液中加入硫酸铵使为 30%饱和溶液，离心，弃去沉淀。向上清液中加入 $(NH_4)_2SO_4$ 使为 50%饱和溶液，放置过夜。离心，收集酶沉淀。将酶溶于 0.025 mol/L Tris-HCl 缓冲液(pH 7.2)中，并对此缓冲液透析过夜。

4. 离子交换层析：将透析后的酶液加到 DEAE-52 离子交换纤维素柱上(25 cm×3 cm)，然后分别用含 0.05、0.1、0.15 和 0.3 mol/L 乙酸钠的 0.025 mol/L Tris-HCl 缓冲液(pH 7.2)进行分段洗脱。收集用 0.15 mol/L 乙酸钠溶液洗脱的 POD 活性部分。

将收集的酶液用蒸馏水稀释一倍，上 DEAE-SephadexA-50 柱(15.3 cm×2.5 cm)，然后用含 0.05～0.6 mol/L 乙酸铵的 0.025 mol/L Tris-HCl 缓冲液(pH 7.2)进行线性梯度洗脱，收集活性峰。

5. 分子筛层析：酶液经超滤浓缩至含蛋白 50 mg/ mL。先后用 B10-Gel P300 柱(98 cm×3 cm)、SephadexG-200 柱(116 cm×1.5 cm)、B10-GelP200 柱(6.5 cm×1.0 cm)进行三次提纯。进行下一次柱层析之前均需将样品浓缩，收集活性峰。经过以上步骤，得到电泳纯酶制剂，比活力达 7 211 U/mg。辣根过氧化物酶结晶可参见参考文献。

(二) 酶活力测定方法

1. 试剂及配制

(1) 0.008 mol/L 过氧化氢　取 0.1 mL 30% H_2O_2，用水稀释至 120 mL。

(2) 0.1 mol/L 磷酸缓冲液(pH 7.0)。

(3) 0.018 mol/L 邻甲氧基酚溶液　24.5 g 邻甲氧基酚溶于水并定容至 10 mL。

(4) 待测酶液　将酶液用水稀释至适当浓度。

2. 测定

向比色杯中加入 0.008 mol/L H_2O_2 溶液 0.1 mol/L 0.05 mL 磷酸缓冲液(pH 7.0) 2.5 mL、邻甲氧基酚 0.05 mL，于 25℃水浴中恒温 10 min，迅速加入待测酶液 0.1 mL，以磷酸缓冲液代替酶液作空白对照，反应液总体积 3 mL。用分光光度计于 436 nm 波长处测定光吸收值(A)。每隔 30 s 读数一次，共读 3 min。以 A 对时间作图，取反应最初线性部分，计算出每分钟 A 的增加值为 $\Delta A_{436nm}/\text{min} = \Delta A$ 样$/\text{min} - \Delta A$ 空白$/\text{min}$。

(三) 计算

在上述试验条件下，每分钟催化分解 1 μmol 过氧化氢的酶量为一个活力单位。

$$\text{过氧化物酶的活力(U/mg)} = \frac{\Delta A_{436}/\text{min} \times 3}{25.5}$$

四邻甲氧基酚在波长 436 nm 处的摩尔消光系数为 25.5×10^6。

10.12.10 超氧化物歧化酶的制备及测定

（一）实验目的

超氧化歧化酶（简称 SOD）是一种重要的氧自由基清除剂，属金属酶，它在生物界分布极广，它催化的化学反应是：

$$O_2^- + O^{2-} + 2H^+ \longrightarrow H_2O_2 + O_2$$

由于能专一清除生物氧化产生的超氧阴离子而起保护细胞的作用，引起生物界的极大关注。在食品工业中，可以作为一种天然的抗氧化剂而广泛应用。通过本实验掌握以猪血为原料制备 SOD 的方法。并用 SOD 抑制连苯三酚在空气中自氧化速率的方法测其活性。

（二）实验原理

SOD 是一种酸性蛋白，在酶分子上共价连接金属辅基，因此它对热、pH 及某些理化性质表现出异常的稳定性，如离子强度非常低，即使加热到 95℃，SOD 活性丧失也很少，是迄今发现热稳定性最高的球蛋白之一。利用此性质将猪红血球中其他蛋白质沉淀除去，再用 DEAE-Sephadex A-50 进行离子交换层析，因为 DEAE-Sephadex A 是弱碱阴离子交换树脂，可吸附 SOD，然后用磷酸盐缓冲液进行梯度洗脱，收集具有 SOD 活性的洗脱液，浓缩，冷冻干燥可得成品。

（三）材料、仪器和试剂

1. 材料

新鲜猪血。

2. 仪器

烧杯 500 mL 及 1 000 mL；恒温水浴；层析柱 1 cm×17 cm；自动部分收集器；离心机；超过滤器；离心浓缩干燥器；pH 计；紫外分光光度计。

3. 试剂

0.9%氯化钠溶液；95%乙醇；氯仿；丙酮；磷酸缓冲液（2.5～50 mmol/L pH 7.6）；SOD；45 mmol/L 连苯三酚缓冲液；50 mmol/L pH 8.2 Tri s-HCl 缓冲液；10 mmol/L 盐酸。

（四）操作步骤

1. 猪血 SOD 的制备

(1) 取新鲜猪血，离心（3 000 r/min，20 min）除去黄色血浆，红血球用 0.9%氯化钠清洗二次，接着用两倍量的水搅拌溶血 30 min。

(2) 在溶血后的血液中缓慢加入 0.25 倍体积的 95%乙醇和 0.15 倍体积的氯仿，搅拌 15 min，离心除去血红蛋白得清液。

(3) 向清液中缓慢加入丙酮出现沉淀，离心后得沉淀。

(4) 使沉淀溶解于水，然后置恒温水浴中于 55～65℃，进行热处理 15 min 以使杂蛋白变性沉淀，离心分离得到沉淀供层析用。

(5) 用 DEAE-Sephadex A-50 装好层析柱（1 cm×17 cm），以沉淀上柱层析；用pH 7.6 的2.5～50 mmol/L 磷酸缓冲液进行梯度洗脱，每 4 mL 收集一管，前 20 管不含 SOD 活性，收集具有 SOD 活性的洗脱液。

(6) 把具有 SOD 活性的洗脱液超过滤浓缩，(SOD 分子量约为 32 000)然后冷冻干燥，可得淡蓝绿色成品。在各制备环节测定酶的总回收率和比活力。计算后将结果填入下表。

超氧化物歧化酶的制备及测定

纯化步骤	结果				
	酶活力(U/mL)	蛋白质浓度(mg/mL)	总体积(mL)	比活力(U/mg)	酶活力总回收率(%)
除血红蛋白					
丙酮沉淀(一)					
热变性					
丙酮沉淀(二)					
柱层析					

2. 活力测定——连苯三酚自氧化法

(1) 连苯三酚自氧化速率的测定

取 3 支试管分别标号 0、1、2，各加入 3 mL 50 mmol/L 的 Tris-HCl 缓冲液(含 1 mmol/L 乙二胺四乙酸二钠)，在 25℃下保温 15 min，试管加入预热的 45 mmol/L 连苯三酚 10 μL 左右，记时，以 0 号试管溶液做空白对照，用分光光度计在 325 nm 处测定 4 min 内每分钟 *OD* 值变化为 ΔA_{325}连。

(2) SOD 或粗酶提取液活力的测定

在 2 号试管中加入预热酶液 10 μL，摇匀，再加入预热的 45 mmol/L 连苯三酚 10 μL，计时，仍以 0 号管作对照在 325 nm 处测定 4 min 内每分钟 *OD* 值变化为 ΔA_{325}酶。

(五) 酶活力计算

酶活力定义：在 25℃时，1 mL 反应液中每分钟抑制连苯三酚自氧化速率达 50%时的酶量为一个活力单位。

$$\text{酶的活力(U/mL)} = \frac{\dfrac{\Delta A_{325}\text{连} - \Delta A_{325}\text{酶}}{\Delta A_{325}\text{连}} \times 100}{50\%} \times \text{反应液总体积} \times \frac{\text{酶液稀释倍数}}{\text{加酶液体积}}$$

(六) 注意事项

1. 严格控制连苯三酚的自氧化率在 0.070 0 *OD*/min。只有控制连苯三酚最终浓度在 0.070～0.10 mmol/L 范围内，SOD 对自氧化抑制程度才基本不变，如果连苯三酚浓度大于 0.10 mmol/L 不仅自氧化速率线性范围减小，而且要大大降低 SOD 对连苯三酚自氧化的抑制程度。

2. SOD 对连苯三酚自氧化抑制应控制 50%左右，这样测得的酶单位才可靠。实验表明，随着 SOD 加样量的增加，相应酶液的酶单位数却减少。也就是说，以 SOD 对连苯三酚自氧化抑制 50%为标准，如大于这个数值，则实际测得的数据偏低；反之，若酶量过小，测得的数据偏高。为此要适当调节样液的稀释倍数。

3. 连苯二酚和被测样液的加入量采用微量进样，只有 10 μL 左右，因此在整个反应系统中这个值可以忽略不计。

10.12.11 乳酸脱氢酶的测定(来源于肌肉组织的乳酸脱氢酶)

(一) 实验原理

乳酸脱氢酶[EC 1.1.27(S)-乳酸盐：NAD^+ 氧化还原酶(来源于动物组织或细胞)。EC 1.2.3(S)-乳酸盐：铁细胞色素 C 2-氧化还原酶(来源于面包酵母)]存在于各种动物组织内。人们可以从猪心、牛心或兔子肌肉或枯草杆菌中获得此酶。而 L-乳酸脱氢酶(EC 1.1.2.3)则只能从面包酵母中离析出来。食品工业上此酶可用来作富含碳水化合物的食品的添加剂。虽然这两种 L-乳酸脱氢酶(L-LDH)均可氧化 L-乳酸盐，生成丙酮酸，然而它们却有着明显区别：在从面包酵母中获得的 L-乳酸脱氢酶(EC 1.2.3)(又称细胞色素 b_2)方面，铁细胞色素 C 起电子受体的作用，它与 2,6-二氯苯酚-靛酚和 1,2-四硫化萘醌同样都能发生剧烈的反应；来源于动物组织的 L-乳酸脱氢酶(EC 1.2.27)则需用 NAD^+ 作电子受体。两种酶只与 L-(+)-乳酸盐反应，而不与 D-异构体反应。来源于面包酵母的 L-乳酸脱氢酶另外还能与 α-羟基-n-丁酸盐发生反应。来源于面包酵母的 L-乳酸脱氢酶的最适条件是 pH 为 8.0～8.5、温度为 25℃；而来源于动物组织的 L-乳酸脱氢酶的最适条件是 pH 为 7.0～7.5、温度为 25℃。

在有 NADH 存在的情况下，乳酸脱氢酶催化丙酮酸的还原反应生成乳酸盐。这时 NADH 被氧化，生成 NAD。由于 NAD 在 340 nm 处无吸光度显示，所以可以根据吸光度的降低情况来跟踪了解氧化反应速度。

(二) 定义

一个乳酸脱氢酶单位相当于在规定条件下，温度 25℃、pH 7.3，每分钟氧化 1 μmol NADH 所需的酶量。

(三) 试剂

1. Tris 缓冲液(pH 7.3)　取 2.42 g 三羟甲基氨基甲烷-盐酸盐，溶于 70 mL 蒸馏水中，用 1 mol/L 盐酸将 pH 调至 7.3，并定容至 100 mL。

2. 底物溶液　取 33.0 mg 丙酮酸-钠盐溶于 Tris 缓冲液中，并定容至 10 mL。

3. NADH 溶液　取 46.5 mg β-烟酸胺腺嘌呤二核苷酸(NADH)溶于 Tris 缓冲液，并定容至 10 mL。

4. 酶溶液　在测定即将开始前，用蒸馏水溶解酶，每毫升溶液应含有 1.0～2.5 U。

(四) 操作步骤

用移液管将 2.5 mL Tris 缓冲液、0.10 mL 底物溶液和 0.10 mL NADH 溶液移入一只 1 cm 比色皿，混合，调温 25℃。然后滴加 0.10 mL 酶溶液。用分光光度计(340 nm)以 Tris 缓冲液为参比测定吸光度，一连测 5 min，每隔 1 min 读取结果，直至测到的每分钟内吸光度的下降值达到稳定为止。起始吸光度(未加酶溶液时)应为 1.3～1.5。如果不是这样，则说明底物不洁净。这种不洁净的底物是不允许使用的。

	主　值	空 白 值
Tris 缓冲液	2.50 mL	3.00 mL
底物溶液	0.10 mL	—
NADH 溶液	0.10 mL	—

（续表）

	主　值	空 白 值
用移液管将它们移入一只 1cm 比色皿，混合，并调温至 25℃，测定起始吸光度，加		
酶溶液	0.10 mL	—
混合，用分光光度计（340 nm）以空白值为参比测定吸光度，一连测 5 min 左右，每隔 1 min 读取结果。		

（五）计算

酶的活力计算公式为：

$$\text{酶的活性(U/mg)} = \frac{E_{340} \times 3.1}{6.2 \times E_W}$$

式中：E_{340}——每分钟内吸光度的降低值（340 nm 处）；

3.1——反应混合液的总体积；

E_W——每 0.10 mL 所用酶液中含酶的重量（mg）；

6.2——1 μmoL NADH/mL 的吸光度（340 nm 处）。

举例：

测定一个乳酸脱氢酶样品，从该样品中称取 25.6 mg 定容至 100 mL，按 1∶10 稀释。0.1 mL 此稀释溶液中含有 0.002 56 mg 样品。每分钟内吸光度的降低值为 0.378。

$$\text{酶的活性} = \frac{0.378 \times 3.1}{6.2 \times 0.00256} = 73.8\ \text{U/mg}$$

10.12.12　L-乳酸脱氢酶的测定（来源于酵母 L-乳酸脱氢酶）

（一）实验原理

在有六氰铬铁酸钾（Ⅲ）存在的情况下，L-乳酸脱氢酶氧化 L-乳酸盐，生成丙酮酸。六氰铬铁酸钾（Ⅲ）同时进行的还原反应可用分光光度计（420 nm）测定。

（二）定义

一个 L-乳酸脱氢酶单位相当于在上述条件下，于 25℃、pH 5.4，还原 1 μmol 六氰铬铁酸钾（Ⅲ）所需的酶量。

（三）试剂

1. 磷酸盐缓冲液（pH 7.4）　取 2.98 g 二水磷酸氢二钠和 93.1 mg EDTA 溶于蒸馏水中，将 pH 值调至 7.4，定容至 250 mL。

2. 0.01 mol/L EDTA 溶液　取 0.373 g EDTA（同前）溶于蒸馏水中，并定容至 100 mL。

3. 重磷酸四钠缓冲液（pH 8.4）　取 4.46 g 十水重磷酸四钠溶于蒸馏水中。将 pH 调至 8.4，定容至 100 mL。

4. 底物溶液　取 2.80 g DL-乳酸钠溶于蒸馏水，将 pH 调至 7.0，定容至 50 mL。

5. 指示剂溶液　取 137 mg 六氰铬铁酸钾（Ⅲ）溶于蒸馏水中，并定容至 50 mL。

6. 酶溶液　测定即将开始前将该酶溶于磷酸盐缓冲液。其浓度应为 0.5～2.0 U/mL。

(四) 操作步骤

用移液管将 2.0 mL 重磷酸四钠缓冲液、0.50 mL 底物溶液、0.30 mL EDTA 溶液和 0.10 mL 指示剂溶液滴入一只 1 cm 比色皿，调温至 25℃。加 0.10 mL 酶溶液，并按动秒表。用分光光度计(420 nm)以蒸馏水为参比测定吸光度。一连测 5 min 左右，每隔 1 min 读取结果，直至每分钟内吸光度的降低值达到稳定为止。

重磷酸四钠缓冲液	2.00 mL
底物溶液	0.50 mL
EDTA 溶液	0.30 mL
指示剂溶液	0.10 mL
将上述试液滴入一只 1cm 比色皿，混合，并调温至 25℃，加	
酶溶液	0.10 mL
混合，每隔 1 min 读取一次吸光度(以蒸馏水为参比)，直至每分钟内吸光度的降低值得到稳定为止	

(五) 计算

酶的活性计算公式为：

$$\text{酶的活性(U/mg)} = \frac{E_{420} \times 3}{1.040 \times E_W}$$

式中：E_{420}——每分钟内吸光度的降低值(420 nm 处)；

3——反应混合液的总体积；

1.040——1 μmol 六氰铬铁酸钾(Ⅲ)/mL 的吸光度(420 nm 处)；

E_W——每 0.10 mL 所用酶液中含酶的重量(mg)。

10.12.13 半乳糖氧化酶活力的测定(沃辛通法)

(一) 实验原理

半乳糖氧化酶(EC 1.1.3.9 D-半乳糖：氧 6-氧化还原酶)主要存在于真菌中。这种酶可以从多孔环形真菌和分枝状真菌获得。在酶法化验技术上，半乳糖氧化酶可以用来测定半乳糖等。它在工业化生产中还用得不多。在氧的还原反应和释放过氧化氢的情况下，半乳糖氧化酶氧化 D-半乳糖，生成 D-半乳糖-己二醛糖。它与 D-葡萄糖、L-半乳糖、L-阿拉伯糖、D-半乳糖醛盐和其他几种糖都不发生反应。在分子结构上，铜离子是被络合着的。最适条件需视酶的不同来源而定。最佳 pH 为 6.0～7.5，最佳温度为 25℃。半乳糖氧化酶氧化半乳糖，其反应速度可以用一只与过氧化物酶/邻-联甲苯胺偶联的装置来测定，此装置能对 425 nm 处吸光度增大值产生影响。

(二) 定义

一个半乳糖氧化酶单位相当于在温度为 25℃、pH 为 6.0 的条件下使 425 nm 处吸光度增大 1.0 时所需的酶量。

(三) 试剂

1. 磷酸盐缓冲液(pH 6.0) 取 1.36 g 磷酸二氢钾溶解于 70 mL 蒸馏水中，用 1 mol/L

的氢氧化钠溶液将其 pH 调至 6.0，定容至 100 mL。

2. 邻-联甲苯胺缓冲混合液　取 50 mg 邻-联甲苯胺溶于 10 mL 蒸馏水中，加 120 mL 磷酸盐缓冲液，混合。

3. 过氧化物酶溶液　取 10 mg 过氧化物酶溶于蒸馏水中，定容至 50 mL。

4. 底物溶液　取 5.0 g 半乳糖溶于蒸馏水，定容至 50 mL。该溶液最好在使用前放置过夜。

5. 酶溶液　用蒸馏水溶解此酶，使浓度达到 1 mg/mL。随后进行稀释，使最终浓度达到 0.2～0.5 U/mL。

(四) 操作步骤

用移液管将 1.7 mL 邻-联甲苯胺缓冲混合液、1.5 mL 底物溶液和 0.10 mL 过氧化物酶溶液滴入一只 1 cm 比色皿内，调温至 25℃。加 0.10 mL 酶溶液，同时按动秒表，用分光光度计于 425 nm 处每隔 1 min 读取吸光度，直至每分钟内吸光度的增大值达到稳定。

(五) 计算

酶的活性计算公式为：

$$\text{酶的活性(U/mg)} = \frac{E_{425}}{E_{W}}$$

式中：E_{425}——每分钟吸光度的增大值(425 nm 处)；

E_{W}——每 0.10 mL 所用酶液中含酶的重量(mg)。

举例：

测定一个半乳糖氧化酶样品，从该样品中称取 50.7 mg，定容至 50 mL，按 1∶200 稀释。0.10 mL 此溶液中含有 0.000 507 mg 样品。每分钟吸光度增大 0.037。

$$\text{酶的活性} = \frac{0.037}{0.000\,507} = 73.0 \text{ U/mg}$$

附录 缓冲溶液的配制

（一）0.1 mol/L 硫代硫酸钠标准溶液的标定

1. 试剂

(1) 碘化钾(KI)，分析纯。

(2) 硫酸，分析纯。

(3) 碘酸钾，分析纯。

(4) 硫代硫酸钠，分析纯。

(5) 可溶性淀粉，分析纯。

2. 试验仪器、设备及对其要求

(1) 碘量瓶 250 mL。

(2) 称液管 10.00 mL。

3. 方法、步骤

称取 25 g 分析纯的硫代硫酸钠，溶解在煮沸过的蒸馏水中，并稀释至 1 L，贮存在具橡皮塞的试剂瓶中，待标定。

准确称取 0.150 0 g 纯的碘酸钾三份，分别放在 150 mL 三角瓶中，加入 20 mL 蒸馏水，使溶解，再各加入 10%碘酸钾溶液 10 mL 和 0.5 mol/L 硫酸溶液 20 mL，混合后用待标定的硫代硫酸钠溶液滴定，当溶液由棕红色变为黄色时，加入 3 滴 1%淀粉指示剂，继续滴定至蓝色消失为止。记下硫代硫酸钠溶液的滴定体积，并按下式计算其准确浓度。

$$5KI+KIO_3+3H_2SO_4 \longrightarrow 3K_2SO_4+3H_2O+3I_2$$

$$2Na_2S_2O_3+I_2 \longrightarrow Na_2S_4O_6+2NaI$$

$$Na_2S_2O_4\text{ 溶液浓度(mol/L)}=\frac{KIO_3\text{ 的质量(g)}\times 1\,000}{Na_2S_2O_3\text{ 滴定体积}\times\frac{214.01}{6}}$$

（二）0.1 mol/L 碘标准溶液

1. 配制

取碘 13.5 g，加碘化钾 36 g，水 50 mL，溶解后加盐酸 3 滴与适量的水成 1 000 mL，混匀，装入具塞棕色瓶中，定期标定。阴凉处保存。

2. 标定

准确量取 30～35 mL 的 0.1 mol/L 碘液，加 100 mL 蒸馏水及 5 mL 0.1 mol/L 盐酸。用准确的 0.05 mol/L 硫代硫酸钠标准液滴定，近终点时溶液呈淡黄色，加 3 mL 0.5%淀粉指示液，继续滴定至蓝色消失。

3. 计算

$$c=\frac{V_1\times c_1}{V}$$

式中：V_1——硫代硫酸钠标准液的用量，mL；

c_1——硫代硫酸钠标准液的浓度，mol/L；

c——碘液的浓度，mol/L；

V——碘液用量，mL。

0.01 mol/L 碘标准液，用前用 0.1 碘标准溶液稀释制成。

（三）氯化钾-盐酸缓冲液（0.05 mol/L），pH 1.0～2.2

25 mL 0.2 mol/L 氯化钾（14.919 g/1 000 mL）＋x mL 0.2 mol/L 盐酸，加蒸馏水稀释至 100 mL。

pH（25℃）	0.2 mol/L HCl（mL）	pH（25℃）	0.2 mol/ L HCl（mL）	pH（25℃）	0.2 mol/L HCl（mL）
1.0	67.0	1.5	20.7		
1.1	52.8	1.6	16.2	2.0	6.5
1.2	42.5	1.7	13.0	2.1	5.1
1.3	33.6	1.8	10.2	2.2	3.9
1.4	26.6	1.9	8.1		

（四）离子强度恒定的缓冲液，pH 2.0～12.0

按下表配制 0.1 L 或 0.2 L 的缓冲液，加蒸馏水至 2 000 mL，适用于电泳中的缓冲液。

pH	5 mol/L NaCl（mL）		1 mol/L 甘氨酸-NaCl（mL）	2 mol/L HCl（mL）	2 mol/L NaOH（mL）	2 mol/L NaAc（mL）	8.5 mol/L HAc（mL）	0.5 mol/L Na_2HPO_4（mL）	4 mol/L NaH_2PO_4（mL）	0.5 mol/L 二乙基巴比妥钠（mL）
	配成 0.1 I 时	配成 0.2 I 时								
2.0	32	72	10.6	14.7						
2.5	32	72	22.8	8.6						
3.0	32	72	31.6	4.2						
3.5	32	72	86.6	1.7						
4.0	32	72				20.0	33.7			
4.5	32	72				20.0	11.5			
5.0	32	72				20.0	3.7	9.2	6.6	
5.5	32	72				20.0	1.2	16.6	3.7	
6.0	32	72						22.7	1.6	
6.5	32	72						24.3	0.5	
7.0	32	72								
7.5	32	72								
8.0	32	72		10.4						80.0
8.5	32	72		5.3						80.0
9.0	32	72		2.0						80.0

（续表）

pH	5 mol/L NaCl (mL)		1 mol/L 甘氨酸-NaCl (mL)	2 mol/L HCl (mL)	2 mol/L NaOH (mL)	2 mol/L NaAc (mL)	8.5 mol/L HAc (mL)	0.5 mol/L Na_2HPO_4 (mL)	4 mol/L NaH_2PO_4 (mL)	0.5 mol/L 二乙基巴比妥钠 (mL)
	配成0.1 I时	配成0.2 I时								
9.5	32	72	34.5		2.7					
10.0	32	72	28.8		5.6					
10.5	32	72	23.2		8.4					
11.0	32	72	19.6		10.2					
11.5	32	72	17.6		11.2					
12.0	32	72	15.2		12.4					

（五）甘氨酸-盐酸缓冲液(0.05 mol/L)，pH 2.2～3.6

25 mL 0.2 mol/L 甘氨酸(15.01 g/1 000 mL)＋x mL 0.2 mol/L 盐酸，加蒸馏水稀释至100 mL。

pH(25℃)	0.2 mol/L HCl(x mL)	pH(25℃)	0.2 mol/L HCl(x mL)
2.2	22.0	3.0	5.7
2.4	16.2	3.2	4.1
2.6	12.1	3.4	3.2
2.8	8.4	3.6	2.5

（六）邻苯二甲酸氢钾-盐酸缓冲液，pH 2.2～4.0

50 mL 0.1 mol/L 邻苯二甲酸氢钾(20.42 g/1 000 mL)＋x mL 0.1 mol/L 盐酸，加水稀释至100 mL。

pH (25℃)	0.2 mol/L HCl (mL)	pH (25℃)	0.2 mol/L HCl (mL)	pH (25℃)	0.2 mol/L HCl (mL)
2.2	49.5	2.9	25.7	3.6	6.3
2.3	45.8	3.0	22.3	3.7	4.5
2.4	42.2	3.1	18.8	3.8	2.9
2.5	38.8	3.2	15.7	3.9	1.4
2.6	35.4	3.3	12.9	4.0	0.1
2.7	32.1	3.4	10.4		
2.8	28.9	3.5	8.2		

（七）磷酸氢二钠-柠檬酸缓冲液，pH 2.2～8.0

0.1 mol/L 柠檬酸：含 $C_6O_7H_8 \cdot H_2O$ 21.01 g/1 000 mL。

0.2 mol/L 磷酸氢二钠：含 $Na_2HPO_4 \cdot 2H_2O$ 35.61 g/1 000 mL。

pH	0.1 mol/L 柠檬酸 (mL)	0.2 mol/L Na_2HPO_4 (mL)	pH	0.1 mol/L 柠檬酸 (mL)	0.2 mol/L Na_2HPO_4 (mL)
2.2	98.0	2.0	5.2	46.40	53.60
2.4	93.8	6.2	5.5	44.25	55.75
2.6	89.1	10.90	5.6	42.00	58.00
2.8	84.15	15.85	5.8	39.55	60.45
3.0	79.45	20.55	6.0	36.85	63.15
3.2	75.45	24.70	6.2	33.90	66.10
3.4	71.50	28.50	6.4	30.75	69.25
3.6	67.80	32.20	6.6	27.25	72.75
3.8	64.50	35.50	6.8	22.75	77.25
4.0	61.45	38.55	7.0	17.65	82.35
4.2	58.60	41.40	7.2	13.05	86.95
4.4	55.90	44.10	7.4	9.15	90.85
4.6	53.25	46.75	7.6	6.35	93.65
4.8	50.70	49.30	7.8	4.25	95.75
5.0	48.50	51.50	8.0	2.75	97.25

（八）广泛范围缓冲液，pH 2.6～12.0

混合液：6.008 g 柠檬酸，3.893 g 磷酸氢二钾，1.769 g 硼酸和 5.266 g 巴比妥加蒸馏水定容至 1 000 mL。每 100 mL 混合液加 0.2 mol/L NaOH x mL 至所需 pH。

pH (18℃)	混合液 (mL)	0.2 mol/L NaOH (mL)	pH (18℃)	混合液 (mL)	0.2 mol/L NaOH (mL)
2.6	100	2.0	7.4	100	55.8
2.8	100	4.3	7.6	100	58.6
3.0	100	6.4	7.8	100	61.7
3.2	100	8.3	8.0	100	63.7
3.4	100	10.1	8.2	100	65.6
3.6	100	11.8	8.4	100	67.5
3.8	100	13.7	8.6	100	69.3
4.0	100	15.5	8.8	100	71.0
4.2	100	17.6	9.0	100	72.7
4.4	100	19.9	9.2	100	74.0
4.6	100	22.4	9.4	100	75.9
4.8	100	24.8	9.6	100	77.6
5.0	100	27.1	9.8	100	79.3
5.2	100	29.5	10.0	100	80.8
5.4	100	31.8	10.2	100	82.0
5.6	100	34.2	10.4	100	82.9
5.8	100	36.5	10.6	100	83.9
6.0	100	38.9	10.8	100	84.9
6.2	100	41.2	11.0	100	86.0
6.4	100	43.5	11.2	100	87.7
6.6	100	46.0	11.4	100	89.7
6.8	100	48.3	11.6	100	92.0
7.0	100	50.6	11.8	100	95.0
7.2	100	52.9	12.0	100	99.6

(九) 柠檬酸-柠檬酸钠缓冲液(0.1 mol/L),pH 3.0～6.2

0.1 mol/L 柠檬酸:含 $C_6H_8O_7 \cdot H_2O$ 21.01 g/1 000 mL;

0.1 mol/L 柠檬酸三钠:含 $Na_3C_6H_5O_7 \cdot 2H_2O$ 29.40 g/1 000 mL。

pH	0.1 mol/L 柠檬酸 (mL)	0.1 mol/L 柠檬酸三钠 (mL)	pH	0.1 mol/L 柠檬酸 (mL)	0.1 mol/L 柠檬酸三钠 (mL)
3.0	82.0	18.0	4.8	40.0	60.0
3.2	77.5	22.5	5.0	35.0	65.0
3.4	73.0	27.0	5.2	30.5	69.5
3.6	68.5	31.5	5.4	25.5	74.5
3.8	63.5	36.5	5.6	21.0	79.0
4.0	59.0	41.0	5.8	16.0	84.0
4.2	54.0	46.0	6.0	11.5	88.5
4.4	49.5	50.5	6.2	8.0	92.0
4.6	44.5	55.5			

(十) 醋酸-醋酸钠缓冲液(0.2 mol/L),pH 3.6～5.8

0.2 mol/L NaAc:含 $NaAc \cdot 3H_2O$ 27.22 g/1 000 mL;

0.2 mol/L HAc:含冰 HAc 11.7 mL/1 000 mL。

pH (18℃)	0.2 mol/L NaAc (mL)	0.2 mol/L HAc (mL)	pH (18℃)	0.2 mol/L NaAc (mL)	0.2 mol/L HAc (mL)
3.6	7.5	92.5	4.8	59.0	41.0
3.8	12.0	88.0	5.0	70.0	30.0
4.0	18.0	82.0	5.2	79.0	21.0
4.2	26.5	73.5	5.4	86.0	14.0
4.4	37.0	63.0	5.6	91.0	9.0
4.6	49.0	51.0	5.8	94.0	6.0

(十一) 丁二酸-氢氧化钠缓冲液,pH 3.8～6.0

0.2 mol/L 丁二酸:含 $C_4H_6O_4$ 23.62 g/1 000 mL。

pH (25℃)	0.2 mol/L 丁二酸 (mL)	0.2 mol/L NaOH (mL)	水 (mL)	pH (25℃)	0.2 mol/L 丁二酸 (mL)	0.2 mol/L NaOH (mL)	水 (mL)
3.8	25	7.5	67.5	5.0	25	26.7	48.3
4.0	25	10.0	65.0	5.2	25	30.3	44.7
4.2	25	13.3	61.7	5.4	25	34.2	40.8
4.4	25	16.7	58.3	5.6	25	37.5	37.5
4.6	25	20.0	55.0	5.8	25	40.7	34.3
4.8	25	23.5	51.5	6.0	25	43.0	32.0

（十二）邻苯二甲酸氢钾-氢氧化钠缓冲液，pH 4.1～5.9

50 mL 0.1 mol/L 邻苯二甲酸氢钾(20.42 g/L)＋x mL 0.1 mol/L NaOH，加水稀释至100 mL。

pH (25℃)	0.1 mol/L NaOH (mL)	pH (25℃)	0.1 mol/L NaOH (mL)	pH (25℃)	0.1 mol/L NaOH (mL)
4.1	1.2	4.8	16.5	5.5	36.6
4.2	3.0	4.9	19.4	5.6	38.8
4.3	4.7	5.0	22.6	5.7	40.6
4.4	6.6	5.1	25.5	5.8	42.8
4.5	8.7	5.2	28.8	5.9	43.7
4.6	11.1	5.3	31.6		
4.7	13.6	5.4	34.1		

（十三）磷酸氢二钠-磷酸二氢钾缓冲液(1/15 mol/L)，pH 4.92～8.18

1/15 mol/L 磷酸氢二钠：含 $Na_2HPO_4 \cdot 2H_2O$ 11.88 g/1 000 mL。

1/15mol 磷酸二氢钾：含 KH_2PO_4 9.08 g/1 000 mL。

pH (25℃)	1/15 mol/L Na_2HPO_4 (mL)	1/15 mol/L KH_2PO_4 (mL)	pH (25℃)	1/15 mol/L Na_2HPO_4 (mL)	1/15 mol/L KH_2PO_4 (mL)
4.92	0.10	9.90	7.17	7.00	3.00
5.29	0.50	9.50	7.38	8.00	2.00
5.91	1.00	9.00	7.73	9.00	1.00
6.24	2.00	8.00	8.04	9.50	0.50
6.47	3.00	7.00	8.34	9.75	0.25
6.64	4.00	6.00	8.67	9.90	0.10
6.81	5.00	5.00	8.18	10.00	0
6.98	6.00	4.00			

（十四）磷酸氢二钠-磷酸二氢钠缓冲液(0.2 mol/L)，pH 5.8～8.0

0.2 mol/L 磷酸氢二钠：含 $Na_2HPO_4 \cdot 12H_2O$ 71.64 g/1 000 mL。

0.2 mol/L 磷酸二氢钠：含 $NaH_2PO_4 \cdot 2H_2O$ 31.21 g/1 000 mL。

pH (25℃)	0.2 mol/L Na_2HPO_4 (mL)	0.2 mol/L NaH_2PO_4 (mL)	pH (25℃)	0.2 mol/L Na_2HPO_4 (mL)	0.2 mol/L NaH_2PO_4 (mL)
5.8	8.0	92.0	7.0	61.0	39.0
6.0	12.3	87.7	7.2	72.0	28.0
6.2	18.5	81.5	7.4	81.0	19.0
6.4	26.5	73.5	7.6	87.0	13.0
6.6	37.5	62.5	7.8	91.5	8.5
6.8	49.0	51.0	8.0	94.7	5.3

（十五）磷酸二氢钾-氢氧化钠缓冲液，pH 5.8～8.0

50 mL 0.1 mol/L 磷酸二氢钾（13.60 g/1 000 mL）+ x mL 0.1 mol/L NaOH，加水稀释至 100 mL。

pH	0.1 mol/L NaOH (mL)	水 (mL)	pH	0.1 mol/L NaOH (mL)	水 (mL)	pH	0.1 mol/L NaOH (mL)	水 (mL)	pH	0.1 mol/L NaOH (mL)	水 (mL)
5.8	3.6	46.4	6.4	11.6	38.4	7.0	29.1	20.9	7.6	42.4	7.6
5.9	4.6	45.4	6.5	13.9	36.1	7.1	32.1	17.9	7.7	43.5	6.5
6.0	5.6	44.4	6.6	16.4	33.6	7.2	34.7	15.3	7.8	44.5	5.5
6.1	6.8	43.2	6.7	19.3	30.7	7.3	37.0	13.0	7.9	45.3	4.7
6.2	8.1	41.9	6.8	22.4	27.6	7.4	39.1	10.9	8.0	46.1	3.9
6.3	9.7	40.3	6.9	25.9	24.1	7.5	40.9	9.1			

（十六）巴比妥钠-盐酸缓冲液，pH 6.8～9.6

100 mL 0.04 mol/L 巴比妥（8.25 g/1 000 mL）+ x mL 0.2 mol/L HCl 混合。

pH (18℃)	0.2 mol/L HCl (mL)	pH (18℃)	0.2 mol/L HCl (mL)	pH (18℃)	0.2 mol/L HCl (mL)
6.8	18.4	7.8	11.47	8.8	2.52
7.0	17.8	8.0	9.39	9.0	1.65
7.2	16.7	8.2	7.21	9.2	1.13
7.4	15.3	8.4	5.21	9.4	0.70
7.6	13.4	8.6	3.82	9.6	0.35

（十七）硼砂-硼酸缓冲液，pH 7.4～9.0

0.05 mol/L 硼砂：含 $Na_2B_4O_7 \cdot 10H_2O$ 19.07 g/1 000 mL。

0.2 mol/L 硼酸：含硼酸 12.37 g/1 000 mL。

pH	0.05 mol/L 硼砂 (mL)	0.2 mol/L 硼酸 (mL)	pH	0.05 mol/L 硼砂 (mL)	0.2 mol/L 硼酸 (mL)
7.4	1.0	9.0	8.2	3.5	6.5
7.6	1.5	8.5	8.4	4.5	5.5
7.8	2.0	8.0	8.7	6.0	4.0
8.0	3.0	7.0	9.0	8.0	2.0

（十八）硼砂缓冲液，pH 8.1～10.7

50 mL 0.05 mol/L 硼砂含：（$Na_2B_4O_7 \cdot 10H_2O$ 9.525 g/1 000 mL）+ x mL 0.1 mol/L HCl 或 0.1 mol/L NaOH，加水至 100 mL。

pH (18℃)	0.1 mol/L HCl (mL)	pH (18℃)	0.1 mol/L HCl (mL)	pH (18℃)	0.1 mol/L HCl (mL)	pH	0.1 mol/L HCl (mL)
8.1	19.7	8.8	9.4	9.6	11.1	10.2	20.5
8.2	18.8	8.9	7.1	9.7	13.1	10.3	21.3
8.3	17.7	9.0	4.6	9.8	15.0	10.4	22.1
8.4	16.6	9.3	3.6	9.9	16.7	10.5	22.7
8.5	15.2	9.4	6.2	10.0	18.3	10.6	23.3
8.6	13.5	9.5	8.8	10.1	19.5	10.7	23.8
8.7	11.6						

（十九）甘氨酸-氢氧化钠缓冲液，pH 8.6～10.6

25 mL 0.2 mol/L 甘氨酸含：(15.01 g/1 000 mL)＋x mL 0.2 mol/L NaOH，加水至100 mL。

pH (25℃)	0.2 mol/L NaOH (mL)	pH (25℃)	0.2 mol/L NaOH (mL)
8.6	2.0	9.6	11.2
8.8	3.0	9.8	13.6
9.0	4.4	10.0	16.0
9.2	6.0	10.4	19.3
9.4	8.4	10.6	22.8

（二十）碳酸钠-碳酸氢钠缓冲液(0.1 mol/L)，pH 9.2～10.8

0.1 mol/L Na_2CO_3：含 $Na_2CO_3 \cdot 10\ H_2O \cdot$ 28.62 g/1 000 mL。

0.1 mol/L $NaHCO_3$：含 $NaHCO_3$ 8.40 g/100 mL(有 Ca^{2+}，mg^{2+} 时不得使用)

pH		0.1 mol/L Na_2CO_3 (mL)	0.1 mol/L $NaHCO_3$ (mL)	pH		0.1 mol/L Na_2CO_3 (mL)	0.1 mol/L $NaHCO_3$ (mL)
20℃	37℃			20℃	37℃		
9.2	8.8	10	90	10.1	9.9	60	40
9.4	9.1	20	80	10.3	10.1	70	30
9.5	9.4	30	70	10.5	10.3	80	20
9.8	9.5	40	60	10.8	10.6	90	10
9.9	9.7	50	50				

（二十一）硼砂-氢氧化钠缓冲液(0.05 mol/L 硼酸根)，pH 9.3～10.1

25 mL 0.05 mol/L 硼砂(19.07 g/1 000 mL)＋x mL0.2 mol/L NaOH，加水稀释至1 000 mL。

pH	0.05 mol/L 硼砂 (mL)	0.2 mol/L NaOH (mL)	pH	0.05 mol/L 硼砂 (mL)	0.2 mol/L NaOH (mL)
9.3	25.0	3.0	9.8	25.0	17.0
9.4	25.0	5.5	10.0	25.0	21.5
9.6	25.0	11.5	10.1	25.0	23.0

（二十二）磷酸氢二钠-氢氧化钠缓冲液，pH 11.0～11.9

50 mL 0.05 mol/L Na_2HPO_4 + x mL 0.1 mol/L NaOH，加水稀释至 100 mL。

pH (25℃)	0.1 mol/L NaOH (mL)	水 (mL)	pH (25℃)	0.1 mol/L NaOH (mL)	水 (mL)
11.0	4.1	95.9	11.5	11.1	88.9
11.1	5.1	94.9	11.6	13.5	86.5
11.2	6.3	93.7	11.7	16.2	83.8
11.3	7.6	92.4	11.8	19.4	80.6
11.4	9.1	90.9	11.9	23.0	77.0

（二十三）氯化钾-氢氧化钠缓冲液，pH 12.0～13.0

25 mL 0.2 mol/L 氯化钾（14.91 g/1 000 mL）+ x mL 0.2 mol/L NaOH，加水至 100 mL。

pH (25℃)	0.2 mol/L NaOH (mL)	水 (mL)	pH (25℃)	0.2 mol/L NaOH (mL)	水 (mL)
12.0	6.0	94.0	12.6	25.6	74.4
12.1	8.0	92.0	12.7	32.2	67.8
12.2	10.2	89.8	12.8	41.2	58.8
12.3	12.2	87.8	12.9	53.0	47.0
12.4	16.8	83.2	13.0	66.0	34.0
12.5	24.4	75.6			

参考文献

1 陈惠黎,李文杰. 分子酶学[M]. 北京：人民卫生出版社,1983
2 陈运中. 淀粉酶的性质和分类[J]. 武汉粮食工业学院学报,1990(1)：15～22
3 陈曾燮,刘兢,罗丹. 生物化学实验[M]. 合肥：中国科学技术大学出版社,1994
4 范伟平,欧阳平凯. 酶工程技术在食品添加剂生产中的应用[J]. 食品工业科技,1997(6):81～83
5 高雯,蒋培荣,张之佳等. 食品酶学原理与分析方法[M]. 哈尔滨：黑龙江科学技术出版社,1991
6 郭勇,郑穗平. 酶在食品工业中的应用[M]. 北京:中国轻工业出版社,1996
7 郭勇,郑穗平. 酶学[M]. 广州:华南理工大学出版社,2000
8 郭勇. 酶工程[M]. 北京:科学出版社,2004
9 郭勇主编. 酶的生产与应用[M]. 北京:化学工业出版社,2003
10 贺稚非,周泽杨,刘勤晋. 酶制剂在饮料加工中的应用及发展前景[J]. 饮料工业,2001(3):1～4
11 侯保玉. 酶技术在葡萄酒生产中的应用[J]. 山西食品工业,1998(3):34～35
12 胡学智. 国内外酶制剂工业及其应用[J]. 工业微生物. 2001,31(3):41～46
13 姜锡瑞,段钢. 酶制剂实用技术手册[M]. 北京：中国轻工业出版社,2002
14 姜锡瑞主编. 酶制剂应用技术[M]. 北京:中国轻工业出版社,1990
15 金征宇主编. 食品安全导论[M]. 北京:化学工业出版社,2005
16 李建武,萧能,余瑞元等. 生物化学实验原理和方法[M]. 北京：北京大学出版社,1994
17 林翠花,肖素荣,孟庆国. 溶菌酶结构特点及其应用[J]. 潍坊学院学报,2005(3)：108～110
18 林关羽等. 乙醇酶法从番茄中提取番茄红素的研究[J]. 中国食品添加剂,2005(5):23～25
19 刘传富,董海洲等. 淀粉酶和蛋白酶及其在焙烤食品中作用[J]. 粮食与油脂,2002(6):38～39
20 刘群红,李朝品主编. 现代生物技术概论[M]. 北京:人民军医出版社,2005
21 刘钟栋. 食品添加剂原理及应用技术[M]. 北京:中国轻工业出版社,2000
22 伦世仪主编. 生化工程[M]. 北京:中国轻工业出版社,1993
23 罗贵民主编. 酶工程[M]. 北京:化学工业出版社,2002
24 宁正祥. 食品成分分析手册[M]. 北京：中国轻工业出版社,1998
25 彭志英主编. 食品酶学导论[M]. 北京:中国轻工业出版社,2002
26 荣绍丰,张海平等. 海藻糖生产菌株筛选过程中产物鉴定的研究[J]. 微生物学报,2003(1) 104～110
27 邵晨,黄小凤. 现代酶工程及其在食品加工中的应用(续)[J]. 江苏食品与发酵,1995(4):32～35
28 施巧琴. 酶工程[M]. 北京:科学出版社,2005
29 宋思扬,楼士林. 生物技术概论[M]. 北京：科学技术出版社,1999
30 陶慰孙,李惟,姜涌明. 蛋白质分子基础[M]. 北京:高等教育出版社,1995
31 汪世华,白文钊,吕茂洲等. 酶制剂在冷饮中的应用[J]. 冷饮与速冻食品工业,2003,9(3):23～26
32 王镜岩,朱圣庚,徐长法. 生物化学[M]. 第 3 版. 北京：高等教育出版社,2002
33 王燕,车振明. 溶菌酶的提取和应用[J]. 牙膏工业,2005(3):17～19
34 王璋主编. 食品酶学[M]. 北京:中国轻工业出版社,1990
35 吴素萍. 溶菌酶在食品工业中的应用[J]. 食品研究与开发,2005,26(5):190～192

36 肖怀秋,林亲录,李玉珍等. 溶菌酶及其在食品工业中的应用[J]. 中国食物与营养,2005(2):32～34
37 徐凤彩. 酶工程[M]. 北京:中国农业出版社,2001
38 徐威,朱春宝,朱宝泉. 酶定向进化的研究策略. 中国医药工业杂志,2004,35(7)
39 许红,徐奇友,刁新平. 绿色添加剂溶菌酶及其应用[J]. 饲料工业,2005,26(2):10～14
40 薛璐,马莺. 产海藻糖酶菌株发酵培养基的研究. 食品与发酵工业,2002(7) 34～37
41 叶丹,连宾. 溶菌酶及其应用[J]. 贵州科学,2003(3):68～70
42 俞俊棠,唐孝宣,邬行彦等. 新编生物工艺学(下册) [M]. 北京:化学工业出版社,2003
43 俞俊棠,唐孝宣. 生物工艺学(上、下册). 上海:华东化工学院出版社,1992
44 袁勤生,赵健,王维育. 应用酶学. 上海:华东理工大学出版社,1994
45 张柏林等. 生物技术与食品加工[M]. 北京:化学工业出版社, 2005
46 张今等. 分子酶学工程导论[M]. 北京: 科学出版社,2003
47 张迺蘅,张家萍,贾弘禔. 生物化学. 第 2 版. 北京: 北京医科大学出版社,2000
48 张树政. 酶制剂工业(下). 北京: 科学出版社,1998
49. 张勇,温其标,胡飞. 溶菌酶及其食品工业中的应用[J]. 粮油加工与食品机械,2004(3):64～65
50. 赵永芳主编. 生物化学技术原理及应用. 第 3 版. 北京:科学出版社,2002
51. 郑宝东,黄杰,郑金贵. 速冻建莲加工与贮藏过程中多酚氧化酶活性抑制的研究[J]. 中国食品学报,2003,3(4):17～20
52. 郑宝东,曾绍校. 酶处理对绿茶浸提液成分及膜过滤通量影响的研究[J]. 农业工程学报,2003,19(6):212～214
53. 郑建仙主编. 功能性食品[M]. 北京: 中国轻工业出版社,2003
54. 郑元平,袁康培,朱加虹等. 微生物酶制剂在食品工业中的应用与安全. 食品科学,2003,24(8):256～260
55. 周爱儒,查锡良. 生物化学[M]. 第 6 版. 北京: 人民卫生出版社,2005
56. 周保卫,周景宇等. 复合酶在啤酒生产上应用研究. 酿酒,1999(3): 67～70
57. 周海梦,王洪睿. 蛋白质化学修饰[M]. 北京:清华大学出版社, 1998
58. 周晓云. 酶技术[M]. 北京:石油工业出版社,1995
59. (德)B 施特尔马赫著;钱嘉渊译. 酶的测定方法[M]. 北京: 中国轻工业出版社,1992
60. G A Tucher, L F J Woods 著;李雁群,肖功年译. 酶在食品加工中的应用[M]. (第 2 版). 北京:中国轻工业出版社,2002
61 西格尔 I H 著;吴经才,张光兴,静天玉等译. 生物化学计算[M]. 北京: 科学出版社,1983
62. G G Birch, N Blakebrough etc. Enzymes and food processing[M]. Applied Science Publishers LTD. 1981
63. Garrett R H, Grisham C M. Biochemistry[M]. New York, London: Saunders College Publishing, Harcourt Bace College Publishers, 1995
64. Harris J M, Zalipsky S. Poly(ethylene) glycol chemistry and biological applications. American Chemical Society, Washington, DC, USA. 1997, 1～474
65. John R Whitaker, Alphons G J Voragen and Dominic W S Wong. Handbook of food enzymology [M]. Marcel Dekker Inc, 2002
66. Kuraishi C, Yamazaki K, Susa Y. Transglutaminase: its utilization in the food industry[J]. Food Reviews International, 2001, 17(2): 221～246
67 Kurube I, Tamiya E. Food biotechnol[M]. 1987, 1(2): 147～165
68 Mendel Friedman. Chemistry, biochemistry and safety of acrylamide, a review[J]. Agricultural

and Food Chemistry, 2003(51): 4 504~4 526

69 Nelson D L and Cox M M. Lehninger principles of biochemistry[M]. 3rd Edition. New York: Worth Publishers, 2000

70 Oh J T, Kim J H. Enzyme. Microb. Technology, 2000, 26: 356~361

71 Ole Kirk, Torben Vedel Borchert, Claus Crone Fuglsang. Current opinion in Biotechnology[J], 2002, 13: 345~351

72 P F Fox. Food Enzymology[M]. Publisher: Elsevier Applied Science, 1991

73 Stryer L. Biochemistry[M]. 4th Edition. New York: W H Freeman and Company, 1995

74 Vass M, Amrein T M, Schonbachler B. Ways to reduce the acrylamide formation in cracker products[J]. Czech Journal of Food Sciences, 2004(22) Special Issue: 19~21

75 Voet D, Voet J G. Biochemistry[M]. 3rd ed. New York: John Wiley & Sons, Inc. 2001